中国社会科学院重大课题
国家"十五"重点出版项目

列国志

GUIDE TO THE WORLD STATES

中国社会科学院《列国志》编辑委员会

喀麦隆

⊙ 姚桂梅　杨宝荣　编著

社会科学文献出版社
SOCIAL SCIENCES ACADEMIC PRESS (CHINA)

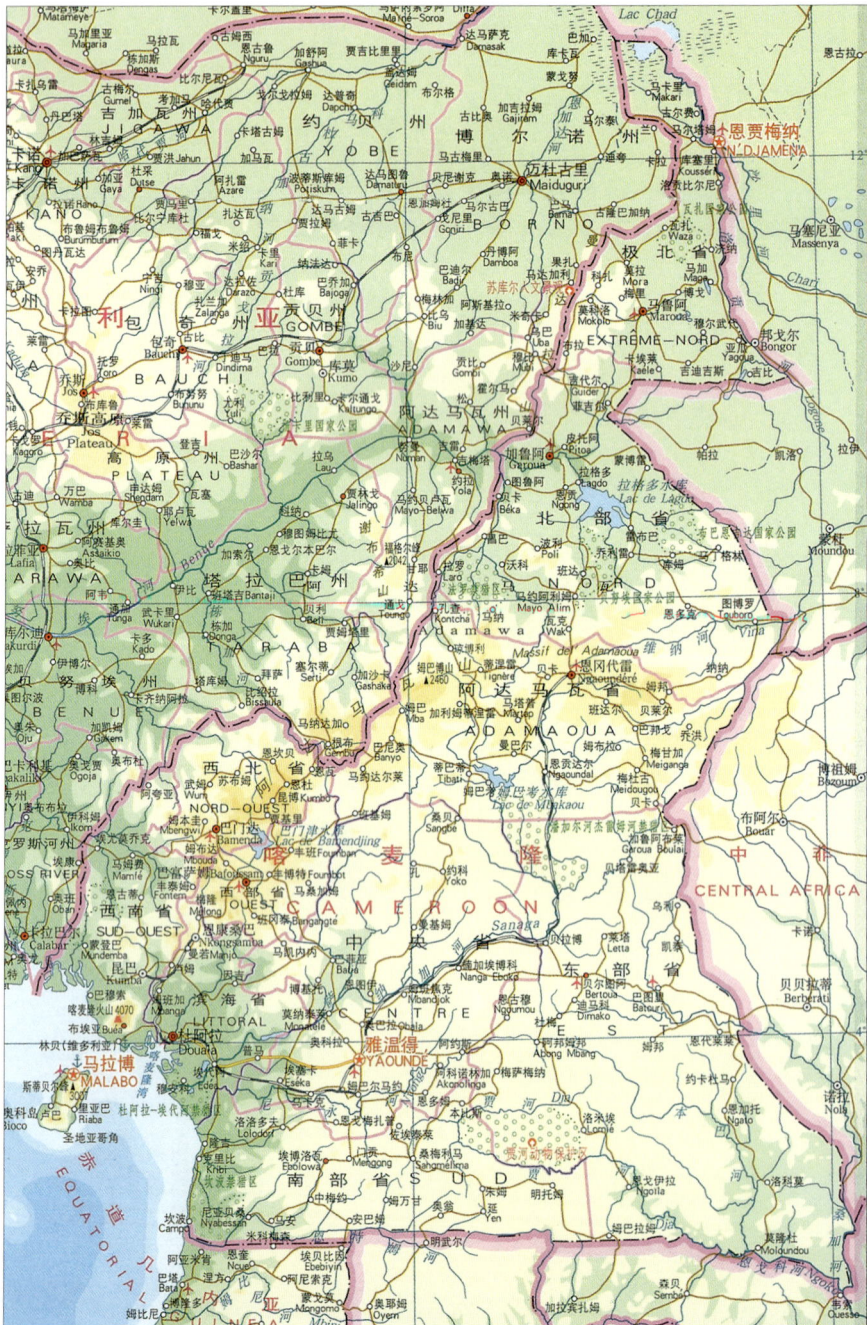

喀麦隆行政区划图

喀麦隆国旗

喀麦隆国徽

古酋长国国王的宝座

由共和国文化部长改任巴蒙酋长国国王的
易卜拉欣·穆薄姆布·恩乔亚

喀麦隆巴蒙酋长国王宫

杜阿拉海港

享有"经济首都"之称的杜阿拉市

杜阿拉市的中国商城

首都雅温得街头

喀麦隆统一纪念塔

高举自由火炬的石制群雕

耸立在西南海滨的喀麦隆火山

木雕作坊

街头摊贩

街头小贩

身穿中式旗袍的喀麦隆姑娘

街头足球场

前　言

　　自 1840 年前后中国被迫开关、步入世界以来，对外国舆地政情的了解即应时而起。还在第一次鸦片战争期间，受林则徐之托，1842 年魏源编辑刊刻了近代中国首部介绍当时世界主要国家舆地政情的大型志书《海国图志》。林、魏之目的是为长期生活在闭关锁国之中、对外部世界知之甚少的国人"睁眼看世界"，提供一部基本的参考资料，尤其是让当时中国的各级统治者知道"天朝上国"之外的天地，学习西方的科学技术，"师夷之长技以制夷"。这部著作，在当时乃至其后相当长一段时间内，产生过巨大影响，对国人了解外部世界起到了积极的作用。

　　自那时起中国认识世界、融入世界的步伐就再也没有停止过。中华人民共和国成立以后，尤其是 1978 年改革开放以来，中国更以主动的自信自强的积极姿态，加速融入世界的步伐。与之相适应，不同时期先后出版过相当数量的不同层次的有关国际问题、列国政情、异域风俗等方面的著作，数量之多，可谓汗牛充栋。它们对时人了解外部世界起到了积极的作用。

当今世界，资本与现代科技正以前所未有的速度与广度在国际间流动和传播，"全球化"浪潮席卷世界各地，极大地影响着世界历史进程，对中国的发展也产生极其深刻的影响。面临不同以往的"大变局"，中国已经并将继续以更开放的姿态、更快的步伐全面步入世界，迎接时代的挑战。不同的是，我们所面临的已不是林则徐、魏源时代要不要"睁眼看世界"、要不要"开放"问题，而是在新的历史条件下，在新的世界发展大势下，如何更好地步入世界，如何在融入世界的进程中更好地维护民族国家的主权与独立，积极参与国际事务，为维护世界和平，促进世界与人类共同发展做出贡献。这就要求我们对外部世界有比以往更深切、全面的了解，我们只有更全面、更深入地了解世界，才能在更高的层次上融入世界，也才能在融入世界的进程中不迷失方向，保持自我。

与此时代要求相比，已有的种种有关介绍、论述各国史地政情的著述，无论就规模还是内容来看，已远远不能适应我们了解外部世界的要求。人们期盼有更新、更系统、更权威的著作问世。

中国社会科学院作为国家哲学社会科学的最高研究机构和国际问题综合研究中心，有11个专门研究国际问题和外国问题的研究所，学科门类齐全，研究力量雄

厚，有能力也有责任担当这一重任。早在 20 世纪 90 年
代初，中国社会科学院的领导和中国社会科学出版社就
提出编撰"简明国际百科全书"的设想。1993 年 3 月
11 日，时任中国社会科学院院长的胡绳先生在科研局的
一份报告上批示："我想，国际片各所可考虑出一套列
国志，体例类似几年前出的《简明中国百科全书》，以
一国（美、日、英、法等）或几个国家（北欧各国、印
支各国）为一册，请考虑可行否。"

中国社会科学院科研局根据胡绳院长的批示，在调
查研究的基础上，于 1994 年 2 月 28 日发出《关于编纂
〈简明国际百科全书〉和〈列国志〉立项的通报》。《列
国志》和《简明国际百科全书》一起被列为中国社会科
学院重点项目。按照当时的计划，首先编写《简明国际
百科全书》，待这一项目完成后，再着手编写《列国
志》。

1998 年，率先完成《简明国际百科全书》有关卷编
写任务的研究所开始了《列国志》的编写工作。随后，
其他研究所也陆续启动这一项目。为了保证《列国志》
这套大型丛书的高质量，科研局和社会科学文献出版社
于 1999 年 1 月 27 日召开国际学科片各研究所及世界历
史研究所负责人会议，讨论了这套大型丛书的编写大纲
及基本要求。根据会议精神，科研局随后印发了《关于
〈列国志〉编写工作有关事项的通知》，陆续为启动项目

拨付研究经费。

为了加强对《列国志》项目编撰出版工作的组织协调，根据时任中国社会科学院院长的李铁映同志的提议，2002年8月，成立了由分管国际学科片的陈佳贵副院长为主任的《列国志》编辑委员会。编委会成员包括国际片各研究所、科研局、研究生院及社会科学文献出版社等部门的主要领导及有关同志。科研局和社会科学文献出版社组成《列国志》项目工作组，社会科学文献出版社成立了《列国志》工作室。同年，《列国志》项目被批准为中国社会科学院重大课题，国家新闻出版总署将《列国志》项目列入国家重点图书出版计划。

在《列国志》编辑委员会的领导下，《列国志》各承担单位尤其是各位学者加快了编撰进度。作为一项大型研究项目和大型丛书，编委会对《列国志》提出的基本要求是：资料翔实、准确、最新，文笔流畅，学术性和可读性兼备。《列国志》之所以强调学术性，是因为这套丛书不是一般的"手册"、"概览"，而是在尽可能吸收前人成果的基础上，体现专家学者们的研究所得和个人见解。正因为如此，《列国志》在强调基本要求的同时，本着文责自负的原则，没有对各卷的具体内容及学术观点强行统一。应当指出，参加这一浩繁工程的，除了中国社会科学院的专业科研人员以外，还有院外的一些在该领域颇有研究的专家学者。

　　现在凝聚着数百位专家学者心血、约计 150 卷的
《列国志》丛书，将陆续出版与广大读者见面。我们希
望这样一套大型丛书，能为各级干部了解、认识当代世
界各国及主要国际组织的情况，了解世界发展趋势，把
握时代发展脉络，提供有益的帮助；希望它能成为我国
外交外事工作者、国际经贸企业及日渐增多的广大出国
公民和旅游者走向世界的忠实"向导"，引领其步入更
广阔的世界；希望它在帮助中国人民认识世界的同时，
也能够架起世界各国人民认识中国的一座"桥梁"，一
座中国走向世界、世界走向中国的"桥梁"。

　　　　　　　　　　　　　　　《列国志》编辑委员会
　　　　　　　　　　　　　　　2003 年 6 月

CONTENTS

目　录

CONTENTS

目 录

CONTENTS

目 录

CONTENTS

目　录

CONTENTS

目 录

CONTENTS

目　录

CONTENTS

目 录

CONTENTS

目 录

CONTENTS

目　录

第一章

国土与人民

第一节　自然地理

一　地理位置

喀麦隆位于非洲中西部，几内亚湾的东北。东西坐标为北纬 2°13′和 4°27′，东经 16°11′30″和 8°22′；南北坐标为北纬 1°39′15″和 13°05′，东经 16°03′20″和 14°05′。西接尼日利亚，东北接乍得，东与中非共和国、刚果为邻，南与加蓬、赤道几内亚毗连。面积 475650 平方公里，其中陆地面积 466050 平方公里，海域面积 9600 平方公里。海岸线长 354 公里。

二　行政区划

1. 行政区划的沿革

1960 年 1 月 1 日，喀麦隆从法国托管区获得独立，定国名为喀麦隆共和国。1961 年 2 月，根据第 14 届联合国大会的决议，在喀麦隆英国托管区的北部和南部分别进行公民投票，南部以绝对优势于同年 10 月并入喀麦隆共和国，组成喀麦隆联邦共和国。这样前喀麦隆共和国成为东喀麦隆，前南喀麦隆成为西喀麦隆。

　　法属喀麦隆即东喀麦隆，第二次世界大战以后被划分为 14 个州：阿达马瓦、巴米累克、巴蒙、贝努埃、上尼永、克里比、洛姆和卡代、姆班、蒙戈、北喀麦隆、恩顿、尼永和萨纳加、萨纳加滨海、伍里。1951 年东喀麦隆由 19 个州组成，其中阿达马瓦、巴米累克、贝努埃、上尼永、克里比、姆班、蒙戈、尼永和萨纳加、萨纳加滨海、伍里 10 个州保持不变，只是洛姆和卡代州分成洛姆和卡代、邦巴恩戈科两个州，蒙戈州分成蒙戈和恩坎两个州，北喀麦隆州分成迪阿马勒、洛贡和沙里、马尔圭范达拉 3 个州，恩顿州分为恩顿和贾河和洛博两个州。1963 年喀麦隆的州级行政单位增加到 30 个：巴米累克州分成班布托、上恩坎、梅努、米费和恩代 5 个州，马约达奈州从迪阿马勒州中分出，洛姆和卡代州分成洛姆和杰雷姆、卡代两个州，尼永和萨纳加分成上萨纳加、莱基埃、梅富、尼永和凯勒、尼永和姆富穆、尼永和索奥 6 个地区。1965 年时喀麦隆的州级行政单位增加到 33 个，分别归属上一级行政单位中南省、东部省、滨海省、北部省和西部省 5 个省管辖。

　　南喀麦隆即西喀麦隆的前身，1949 年划分为两个省：巴门达省（首府：巴门达）和南方省（首府：布埃亚），分别相当于今天喀麦隆的西北省和西南省。1960 年 10 月并入喀麦隆共和国。1968 年时被分成 6 个地区。1972 年 6 月 2 日，喀麦隆取消联邦制，改名为喀麦隆联合共和国。为了便于有效管理，西喀麦隆改为西喀麦隆省，划分为 6 个州：巴门达、恩坎贝、乌姆、昆巴、马姆费、维多利亚。1975 年，巴门达州划分为布伊、梅扎姆和莫莫 3 个州；迪安州从昆巴州和维多利亚州划分出来单独成为一个州；昆巴州剩下的地方改名为梅梅州；维多利亚州剩下的地方改名为法科州，行政中心从维多利亚改名为林贝；马姆费州改名为曼纽州；恩坎贝州的名字改为栋加－芒同州；乌姆州的名字改为门楚姆州。这样，西喀麦隆省就由 9 个州组成。此时的喀麦隆由 6 个省 39 个州组成。

表 1 - 1　1975 年喀麦隆行政区划一览表

省　份	面积(平方公里)	省行政中心	所辖州(区)
西喀麦隆省	42383	布埃亚	梅扎姆、栋加、门楚姆、布伊、莫莫、曼纽、梅梅、恩迪安、法科
滨海省	20800	杜阿拉	蒙戈、恩坎、滨海萨纳加、伍里
中南省	117500	雅温得	克里比、尼永和凯勒、尼永和萨纳加、姆班、贾 - 洛博、恩顿、莱基埃、梅富、尼永和姆富穆,尼永和索奥
北部省	164300	加鲁阿	阿达马瓦、贝努埃、迪阿马雷、洛永和沙里、马尔圭范达拉、马约达奈
东部省	111200	贝图瓦	邦巴恩格科、上尼永、卡代、洛姆和杰雷姆
西部省	13500	巴富萨姆	班布托、巴蒙、上恩坎、梅努、米费、恩代

资料来源：http：//www.statoids.com/ucm.html。

　　1983 年 8 月 22 日，喀麦隆的中南省分为中部省、南部省，南部省由贾河和洛博州、克里比州和恩顿州组成。北部省分为阿达马瓦省、北部省和极北省 3 个省，阿达马瓦省仅包括阿达马瓦，北部省仅包括贝努埃。1984 年阿达马瓦省分为杰雷姆、马约 - 巴尼奥、姆贝雷、韦纳 4 个州；巴门达改名分农河，法罗、马约 - 雷和马约 - 卢蒂从贝努埃州分离出来；凯累从迪阿马勒州分离出来，马尔圭范达拉从马约 - 萨瓦和马约 - 萨纳加州分离出来，姆丰迪从梅富分离出来。1986 年莱基埃的行政中心从奥巴拉迁到莫纳泰莱，克里比省改为滨海省。1987 年喀麦隆的州级行政单位增加到 49 个。1995 年姆班州分为姆班 - 伊努布、姆班 - 基姆两个州，梅富州分为梅富阿法姆巴、梅富阿科诺两个

3

州，恩冈－凯顿贾州从梅扎姆州分离出来，上高原和孔基州从米费州分离出来，恩顿州分为姆维拉和恩代姆瓦利两个州。凯累州更名为马约－卡尼州。1998年莱比亚莱姆州从曼纽州分离出来，库贝－曼恩古巴州从梅梅州分离出来，波约州从门楚姆州分离出来。截至2000年，喀麦隆的州级行政单位增加到58个。

2. 现行行政区划

喀麦隆地方行政机构分为省、州、区、县四级。目前，全国划分为10个省（province）：极北省、北部省、阿达马瓦省、东部省、中部省、南部省、滨海省、西部省、西南省、西北省，58个州（department 或 division），268个区（arrondissement），54个县（district）。

表1－2　2004年喀麦隆行政区划一览表

省　份	面　积 （平方公里）	省　府	下辖州区	州行政中心
阿达马瓦省 （Adamaoua）	63691	恩冈德雷 （Ngaoundéré）	杰雷姆（Djerem）	蒂巴蒂（Tibati）
			法罗－代奥 （Faro-Deo）	蒂涅雷 （Tignere）
			马约－巴尼奥 （Mayo-Banyo）	巴尼奥 （Banyo）
			姆贝雷（Mbéré）	梅甘加 （Meinganga）
			韦纳 （Vina）	恩冈德雷 （Ngaoundéré）
中部省 （Centre）	68926	雅温得 （Yaoundé）	上萨纳加 （Haute-Sanaga）	楠加埃博科 （Nanga-Eboko）
			莱基埃 （Lekié）	莫纳特雷 （Monatele）
			姆班－伊努布 （Mbam-et-Inoubou）	巴菲亚 （Bafia）

续表 1－2

省　份	面　积 （平方公里）	省　府	下辖州区	州行政中心
中部省 （Centre）	68926	雅温得 （Yaoundé）	姆班－基姆 （Mbam-et-Kim）	恩图伊 （Ntui）
			梅富阿法姆巴 （Mefou-et-Afamba）	梅富 （Mfou）
			梅富阿科诺 （Mefou-et-Akono）	恩古马 （Ngoumou）
			姆丰迪 （Mfoundi）	雅温得 （Yaoundé）
			尼永和凯勒 （Nyong et Kéllé）	埃塞卡 （Eseka）
			尼永和姆富穆 （Nyong-et-Mfoumou）	阿科诺林加 （Akonolinga）
			尼永和索奥 （Nyong-et-Soo）	姆巴尔马约 （Mbalmayo）
东部省 （Est）	109011	贝图瓦 （Bertoua）	邦巴恩戈科 （Boumba-et-Ngoko）	约卡杜马 （Yokadouma）
			卡代 （Kadey）	巴图里 （Batouri）
			上尼永 （Haut-Nyong）	阿邦姆班 （Abong-Mbang）
			洛姆和杰雷姆 （Lom-et-Djerem）	贝图瓦 （Bertoua）
极北省 （Extrême-Nord）	34246	马鲁阿 （Maroua）	迪阿马勒 （Diamaré）	马鲁阿 （Maroua）
			洛汞和沙里 （Logone-et-Chari）	库塞里 （Kousseri）
			马约达奈 （Mayo-Danay）	亚瓜 （Yagoua）

5

省　份	面　积 （平方公里）	省　府	下辖州区	州行政中心
极北省 （Extrême-Nord）	34246	马鲁阿 （Maroua）	马约－卡尼 （Mayo-Kani）	凯累 （Kaele）
			马约－萨瓦 （Mayo-Sava）	莫腊 （Mora）
			马约萨纳加 （Mayo-Tsanaga）	莫科洛 （Mokolo）
滨海省 （Littoral）	20239	杜阿拉 （Douala）	恩坎 （Nkam）	亚巴西 （Yabassi）
			滨海萨纳加 （Sanaga-Maritime）	埃代阿 （Edéa）
			蒙戈 （Moungo）	恩康桑巴 （Nkongsamba）
			伍里 （Wouri）	杜阿拉 （Douala）
北部省 （Nord）	65576	加鲁阿 （Garoua）	贝努埃 （Bénoué）	加鲁阿 （Garoua）
			马约－卢蒂 （Mayo-Louti）	吉德 （Guider）
			马约－雷 （Mayo-Rey）	乔利雷 （Tcholliré）
			法罗 （Faro）	波利 （Poli）
西北省 （Nord-Oueste）	17812	巴门达 （Bamenda）	波约 （Boyo）	芬栋 （Fundong）
			布伊 （Bui）	昆博 （Kumbo）
			栋加－芒同 （Donga-Mantung）	恩坎贝 （Nkambé）

续表 1-2

省 份	面 积 （平方公里）	省 府	下辖州区	州行政中心
西北省 （Nord-Oueste）	17812	巴门达 （Bamenda）	门楚姆 （Menchum）	乌姆 （Wum）
			梅扎姆 （Mezam）	巴门达 （Bamenda）
			莫莫 （Momo）	姆本格威 （Mbengwi）
			恩冈-凯顿贾 （Ngo-Ketunjia）	恩多普 （Ndop）
西部省 （Ouest）	13872	巴富萨姆 （Bafoussam）	班布托 （Bamboutos）	姆邦达 （Mbounda）
			上恩坎 （Haut-Nkam）	巴芳 （Bafang）
			上高原 （Hauts-Plateaux）	巴哈姆 （Baham）
			孔基 （Koung-Khi）	巴祖恩 （Badjoun）
			梅努 （Ménoua）	章格 （Dschang）
			米费 （Mifi）	巴富萨姆 （Bafoussam）
			恩代 （Ndé）	班甘特 （Bangangte）
			农河 （Noun）	丰班 （Foumban）
南部省 （Sud）	47110	埃博洛瓦 （Ebolowa）	贾-洛博 （Dja-et-Lobo）	桑梅利马 （Sangmelima）
			姆维拉 （Mvila）	埃博洛瓦 （Ebolowa）

省　份	面　积 （平方公里）	省　府	下辖州区	州行政中心
南部省 （Sud）	47110	埃博洛瓦 （Ebolowa）	欧森恩 （Océan）	克里比 （Kribi）
			恩代姆瓦利 （Vallée-du-Ntem）	安巴姆 （Ambam）
西南省 （Sud-Oueste）	24571	布埃亚	法科 （Fako）	林贝 （Limbe）
			库佩－曼恩古巴 （Koupé-Manengouba）	班盖姆 （Bangem）
			莱比亚来姆 （Lebialem）	门吉 （Menji）
			曼纽 （Manyu）	马姆费 （Mamfe）
			梅梅 （Meme）	昆巴 （Kumba）
			恩迪安 （Ndian）	芒顿巴 （Mundemba）

资料来源：http://www.statoids.com/ycm.html。

3. 主要城市

由于起源、自然条件和人文环境的差异，喀麦隆的一些城市具有各自的风格和特色：北部城市多呈伊斯兰都市风貌；南部城市多具现代欧洲城市特点，其郊区又保留其简陋村落的形态；阿达马瓦省的城市则以要塞式的城堡都市居多；富尔贝族和豪萨族所建城市，其中心都有较大的市场供居民进行商品交易。喀麦隆的主要城市除首都雅温得之外，还有杜阿拉、加鲁阿、巴门达、巴富萨姆等。

雅温得（Yaounde） 喀麦隆首都，人口约 134.5 万（2006

年）。位于中部高原的丘陵地区，西距大西洋岸的杜阿拉港约200公里，萨纳加河和尼昂河从它的两侧蜿蜒流过。这里山峦重叠，高低起伏，市内有海拔700米以上的山峰7座。市北的最高峰——蒙菲贝山高达海拔950米。

雅温得历史悠久，原是土著埃旺多族聚居的小村落，雅温得就是由埃旺多的读音演化而来。雅温得市始建于1880年，1889年德国侵入喀麦隆，并于1907年在此建立行政机构，城市初具规模。1960年喀麦隆独立后，雅温得被定为首都。经过40多年的建设与发展，雅温得已成为一座现代化城市，市区西部是行政区，东部是商业区。现代工业有食品、纺织、化学、机械、木材加工、造纸、建材等工业部门。著名的雅温得大学和许多教育、科研、新闻、出版等机构都设在这里，并建有黑人艺术博物馆。

雅温得还是一个旅游城市，气候宜人，风景秀丽，从山顶俯视，鳞次栉比的住房依山而建，层次分明地掩映在绿树丛中。市中心有许多高层建筑，造型奇特，组成一幅幅美丽的几何图案。中国援建的文化宫是市内大型建筑之一，它耸立在钦加山巅，被称为"友谊之花"。文化宫西北角的另一座山头上，有新建的总统府。两座建筑遥遥相对，成为该市的著名路标。市内的"妇女市场"是一座圆形的5层大楼，因这里的大部分商贩为妇女而得名，面积为1.2万平方米，有390家店铺在大楼内营业，从早到晚，热闹非凡。

为纪念喀麦隆联合共和国成立而建造的统一纪念塔是市内著名的纪念性建筑，1972年5月20日对公众开放。整个建筑呈螺旋锥体状，塔身高10多米。纪念塔的主要入口处是一组石刻群雕，居中为一高举火炬、留有髯须、身体结实的老人，一群儿童环绕在老人周围，仰望着他手中的火炬。纪念塔的底层是一个大厅，四周有几间陈列室，陈列着反映国家重大历史事件的雕刻和绘画。大厅的两边各有一螺旋形阶梯可登上纪念塔顶端。塔尖是一个可转动的灯。

坐落在马格莱区的喀麦隆国家博物馆内收藏着考古出土的史前文物、火枪、河马皮制的盾牌和各种号角等传统武器，以及介绍民间传统舞蹈和现代舞蹈的各种图片等。

雅温得大学是喀麦隆的最高学府，位于市区西南角，创建于1962年，环境优美。在这里，中国援建的第一所汉语培训中心吸引了来自6个非洲国家的学生前来学习中文，由此在喀麦隆引发了一股"中国热"。

杜阿拉（Douala） 喀麦隆第一大城市，也是全国最重要的港口城市，工商业发达。位于北纬4度，非洲西海岸中心及几内亚湾腹地，伍里河（Wouri）河口上游24公里，地理位置极为优越。终年湿热，为热带雨林气候。杜阿拉市属滨海省伍里州，面积1000平方公里（城区250平方公里），辖12个区，人口250万（每年以7%的速度递增）。

杜阿拉历史上最早为渔村。16～19世纪，该地是欧洲列强入侵和贩卖黑奴的据点之一。1884年德国殖民者强迫杜阿拉国王与之签订"保护条约"，在此安营扎寨，并将此地作为向喀麦隆内地拓展的跳板，于1907年建市，取名杜阿拉。第一次世界大战后，法国殖民势力取代德国，开始整治港湾和修建码头。随着铁路和海港的建成，商业和手工业随之繁荣，杜阿拉市逐渐发展成为重要的商贸都市。第二次世界大战时期，杜阿拉市成为法国戴高乐将军领导的自由法国反法西斯抵抗运动的重要基地之一。

杜阿拉市在喀麦隆国民经济中占有重要地位，素有"经济首都"之称。它是全国最大工商业中心和交通枢纽。喀麦隆75%的工业品产于该市，近95%的进出口贸易在此成交，全市生产总值占全国国内生产总值的40%。该市主要工业有食品、化学、木材加工、纺织、造纸、橡胶、水泥、车辆和船舶修配

等。得天独厚的地理条件不仅使杜阿拉市成为喀麦隆水、陆、空
运交通中心和最重要的海上门户，同时使该市成为中部非洲地区
主要的交通枢纽之一，也是乍得、中非等非洲内陆国家主要的出
海口。杜阿拉海港分南、北两区，可泊巨轮，建有输送石油、木
材和香蕉的专用码头。全国 90％ 的出口货物经此输出；中非、
乍得的部分进出口货物由此转口。沿海风景如画，旅游业发达。
铁路东通雅温得、恩冈代雷，北通恩康桑巴。有国际航空站。文
化教育事业基础较好，杜阿拉大学是当地最负盛名的高等学府。

加鲁阿（Garoua） 1983 年以前是北部省的行政中心。
1983 年北部省一分为三后，仍是北部省的省府。这里最初的居
民已经消失，只有极少法利（Fali）人生存的踪迹。富拉尼人的
入侵并建立霸权，使加鲁阿成为富拉尼族首领的都府。

在殖民统治初期，加鲁阿是个外贸城市，但由于远离国家的
权力中心（雅温得、杜阿拉），它还是落在其他城市之后。喀麦
隆独立以后，在阿赫马杜·阿西乔总统倡导的均衡发展政策影响
下，加鲁阿（阿赫马杜·阿西乔的故乡）成了国家的工业、通
信、经济和旅游中心。城市人口从 1967 年的约 3 万人增长到
1976 年的 6.39 万人。后来，由于大量外来人口的不断涌入，
2003 年加鲁阿市人口高达 41.1 万，居全国城市第三位。

巴门达（Bamenda） 既是西北省的省府，又是全国重要的
会展中心，1984 年在该市举办了全国农产品展览会。1985 年举
行喀麦隆民族联盟最后一次代表大会，同时在此成立新党——喀
麦隆人民民族运动。巴门达市在喀麦隆民主运动中具有显著的地
位，喀麦隆最大的激进反对党——社会民主阵线于 1990 年在此
宣布成立。根据 1976 年喀麦隆人口普查的数据，巴门达市人口
为 4.8 万，排在全国城市的第七位。2003 年该市人口已达 32.7
万，位居全国第五位。

马鲁阿（Maroua） 自 1983 年成立极北省后，马鲁阿市一

11

直是极北省省府所在地，也是该省迪阿马勒州的州行政中心。从古至今，马鲁阿都扮演着与加鲁阿的竞争者的角色，直到1930年，马鲁阿一直是法属喀麦隆地区仅次于杜阿拉的第二大城市。前总统阿西乔来自加鲁阿，在他的统治下，加鲁阿和马鲁阿两市经历了不对等的发展。截至1980年，马鲁阿市仅拥有一个玉米榨油厂、一所中学和一个辖区，而且作为古代城市保护地——特有的富拉尼人的魅力也有所减弱。根据1976年国家人口普查的数据，马鲁阿市人口为6.7万，位居全国城市的第四位。2003年该市人口已达30万，位居全国第六位。

恩冈德雷（Ngaoundéré） 1983年，成为阿达马瓦省首府。自从1974年该市至雅温德的铁路连通后，它成了一个快速发展的旅游中心。恩冈德雷不仅是喀麦隆北部和南部地区的会展中心，而且还是西部非洲和中部非洲的过渡区——阿达马瓦高原韦纳州的行政中心。由于这里海拔较高，气候舒适，吸引了大批的游客，这里以花岗岩和火山岩为主的自然环境也增加了学者研究的兴趣，而最具吸引力的还是这里大量的动植物群。基于上述原因，高速路和饭店等城市基础设施得到相当的发展。近年来，该市举办了好几次全国性活动，包括农产品展览会、中学和大学国家级体育竞赛等，这些活动促进了城市的发展。应用工业科学研究中心也推动了该座城市的繁荣，该中心现已演变成恩冈德雷大学，为所有的西部省份服务。根据1976年全国人口普查的数据，恩冈德雷市人口只有3.9万人。2003年时人口已达18.6万，跃居全国第七位。

巴富萨姆（Bafoussam） 既是西部省省府所在地，又是该省米费州的州行政中心，主要居住着巴米累克人。在殖民地时期，这里经常发生喀麦隆人民联盟反对殖民统治的活动。独立后，这里成为全国重要会议的举办地，例如，1965年召开喀麦隆联盟代表大会，1980年召开喀麦隆民族联盟代表大会。今天这个城市已成为喀麦隆重要的商业中心和公路交通枢纽。根据1976 年喀麦隆人口普查的数据，该市人口只有 6.2 万，排在全国城市的第六位，2001 年该城市人口已经增加到 24.2 万。

布埃亚（Buéa） 位于喀麦隆西南部的一座旅游城市，西南省首府。它坐落在著名的喀麦隆火山东麓海拔约 1000 米的山腰上，依山而建，一幢幢白墙红瓦的房屋掩映在绿树丛中，多数房屋的院子以青藤为篱笆，鲜花盛开，溪水潺潺，恬静秀丽，气候凉爽，是喀麦隆著名的旅游避暑胜地。

布埃亚还是一座历史悠久的城市，先后曾作为德国和英国托管地喀麦隆的首府，现在是喀麦隆的可可、咖啡、油棕的集散地和加工中心。根据 1976 年喀麦隆人口普查的数据，该市人口只有 2.5 万，但在 2001 年已经增长到 4.7 万人。①

三 地形特点

喀麦隆国土形状呈三角形，南部宽，往北逐渐狭窄直至乍得湖。南从几内亚湾起北至乍得湖全长约 1232 公里，东西最宽处约 800 公里。全国地形复杂，境内大部地区为高原，平原仅占国土的 12%。全境大致可以分为五个地形区：西部山区、中部高原区、北部热带草原区、东南赤道雨林区、海岸森林平原区。

1. 西部山区

自西南部海边高耸的喀麦隆山起，沿尼日利亚边界一直向东北延伸到乍得湖，中间被贝努埃河截断，基本上是由寒武纪基底的裂隙中向外喷发而形成的火山带，为玄武岩构造。该地区山脉连绵，平均高度在海拔 1200～1800 米之间，有曼恩古巴山（2250 米）、喀麦隆山（4070 米）、库贝山（2070 米）、巴姆布

---

① http://www.citypopulation.de/Cameroon.html.

图山（2740米）、戈特尔山（1740米）、奥库山（2346米）和曼达腊丛山（1442米）。其中的喀麦隆山是喀麦隆甚至西非地区的最高山。

喀麦隆山（也称布埃亚火山）山顶部积雪终年不化，白雪皑皑，十分壮丽。山间到处都是断层崖、峡谷和孤山。高低起伏的丘陵覆盖着坚韧矮草，一些山谷中林木茂密，丘陵和山坡上森林苍翠，悬崖上大小瀑布奔泻，溪流湍急，岩石裸露。喀麦隆山是一座休眠火山，自20世纪初到目前为止多次喷发，分别在1909年、1922年、1955年、1959年、1999年和2000年。

2. 中部高原区

也称低高原区，位于中部阿达马瓦高原。这个地域有一些低矮的、起伏不平的孤立山峰，逐渐向南和西南倾斜，平均海拔高度为1000米左右。它们是喀麦隆南北两个截然不同地域之间的过渡带。平均年降雨量500毫米。

3. 北部热带草原区

从阿达马瓦高原往北一直到乍得湖的辽阔区域为北部热带草原区，平均海拔高度为300~500米，包括贝努埃河平原、乍得平原两部分，它们不是被低矮丛林就是被丛生的杂草所覆盖。从乍得湖往南的一大片地区地势较低，每年1/3时间为沼泽，临近雨季末期常常被水淹没。

4. 东南赤道雨林区

从阿达马瓦高原向南一直到东南部边界，接近热带雨林，称为东南赤道雨林区。全区海拔高度为450~600米，越向南地势越低，森林密度越大，许多森林还从未开采过，处于原始状态。

5. 海岸森林平原区

从里奥德雷经维多利亚、提科、杜阿拉、克里比，一直延伸到木尼河的平原地区。该地区宽窄不一，河口湾道、河汊、沼泽分布其间，在蒙戈河和伍里河河口湾道处（通往杜阿拉港部分）还有沙洲。喀麦隆海岸可分成两类：（1）岩岸，它出现在喀麦隆山临海的地方，从伊得诺延伸到比姆比亚。其特征是沿岸有海湾（如阿姆巴斯湾）、岬角（如纳赫蒂加尔角）、悬崖。（2）低海岸，它出现在两个不同的地方：在北部，位于伊得诺和阿克巴雅费河口湾之间；在南部，位于比姆比亚和克里比之间。低海岸的特征是：红树林沼泽、无数的河汊、沙洲、沙嘴（两个在大桑杰以北，一个在萨纳加河河口湾以北）、低的岛屿（沼泽较少的岛屿，有渔民居住）和泻湖（如位于巴提卡巴木索之间的泻湖）。

四　河流与湖泊

流经喀麦隆的河流大约有十多条。中部的阿达马瓦高原构成了喀麦隆的水塔，几条主要河流都发源于此。其中，萨纳加河是喀麦隆的第一大河，由源出阿达马瓦高原东南部的杰雷姆河与洛姆河汇合而成，流向西南，在杜阿拉以南注入几内亚湾。萨纳加河全长 918 公里（以杰雷姆河上游起算），流域面积 13.5 万平方公里，河口平均流量 2156 立方米/秒，是非洲水量最丰富的河流之一。在埃代阿建有大型水电站。河口至埃代阿瀑布 60 公里及瀑布上游 85 公里河段可通航。洛姆河、韦纳河、班姆河、农河是萨纳加河的主要支流。

尼永河是喀麦隆的第二大河，全长 800 公里，从海岸可通航到阿邦姆班。

南部其他主要河流还有伍里河、蒙戈河、恩特姆河和坎波河等。

北部的主要河流是洛贡河，它顺流而下进入乍得湖，每当洪水期总是把沼泽区泛滥成一片汪洋。

喀麦隆另一条重要的河流是贝努埃河，它流经贝努埃盆地，进入尼日利亚境内。

喀麦隆境内的湖泊主要分为两类。一类是由熄灭火山口形成的凹地变成的湖泊称火山湖,它们包括喀麦隆火山山脉的所有湖泊,其中主要有巴隆比湖、尼奥斯湖、奥库湖,乌姆和贝方地区的众多湖泊以及曼恩古巴湖;另一类是由地表缓慢的升降作用造成的巨大凹陷积水而成的构造湖,如乍得湖等。

乍得湖是非洲第四大湖,属于内陆淡水湖。由于它与喀麦隆、尼日利亚、乍得、尼日尔四国接壤,所以也是个国际湖。湖面积随季节变化,雨季时可达2.2万平方公里,旱季时缩小一半以上。湖面海拔281米,东部深,西部浅,平均深度1.5米,最大深度12米,水位年变幅0.6~0.9米。水源主要补给者为洛贡河和沙里河,占总补给量的2/3;其次是科马杜古约贝河、恩加达河、姆布利河和富尔贝韦尔河等水量的注入。湖东部被水道隔成许多岛屿,较大的有库里岛、布都马岛等。湖滨多沼泽,长芦苇。湖中水产资源丰富,有河豚、鲶鱼、虎形鱼等。沿岸多鸟类。由于气候持续干旱,蒸发强烈,湖面正在不断缩小。今日乍得湖形状多变,浅平宽广。湖泊东部有很多岛屿,岛屿四周芦苇丛生,鱼儿穿梭不停。沿湖地区肥沃的土壤、广布的沼泽、茂盛的芦苇,使这一地区成为重要的农业区。

五　气候

喀麦隆紧靠赤道,属于热带气候,以热、湿为其主要气候特征。然而,由于受时间、海拔高度和距海远近等因素的影响,南部和北部的气候差异较大。从北到南可以分为热带干草原、热带草原和热带雨林三种气候类型:北部为热带干草原和热带草原气候;西部沿海和南部地区属典型的赤道雨林气候,终年湿热,往北过渡到热带草原气候。每年5~10月为雨季,11月至下一年4月为旱季。但由于离海远近的差别,有些地方的干、湿季持续的时间不同。例如，在杜阿拉，湿季长达7个多月，降雨量超过4300毫米，几乎每个月都要下雨。但是，在距海864公里的内地马鲁阿，湿季仅持续2~3个月，全年降雨量仅有810毫米，一年中可能有5、6个月滴雨不降。局部地势的变化严重影响气候。例如，德崩扎坐落于大西洋沿岸和喀麦隆山之间，喀麦隆山的位置正对着来自海洋的风，当暖湿的海风沿着山的一侧上升，发生冷却，在山地的西南坡就会降大雨。德崩扎年降雨量高达10000毫米，成为世界第二个降雨多的地点。其附近的伊桑戈年平均降雨量也达8650毫米。这两个地方均位于喀麦隆山山麓的西南坡上。

海拔高度不仅对降雨量有影响，而且对气温变化也有明显作用。距海的远近、云层薄厚、降雨量的大小都对日平均气温、昼夜温差产生不同影响。这些因素导致局部地区的气温有相当的变化。布埃亚靠近海，海拔高度900米，年平均温度为20℃；杜阿拉也靠近海，海拔高度接近海平面，年平均温度为26℃；巴门达靠近内地，海拔高度提升，年平均气温为19℃；马鲁阿更加靠近内地，海拔较低，年平均气温为28℃。另一个影响气候的因素是哈马丹的干燥风，从北向南刮过广阔的撒哈拉沙漠，挟带着细粒沙尘长驱直下，横扫全国。这种季风尤其对北部地区影响强烈，持续的时间也长，它在北部要连续刮上9个月（10月至次年6月），在南部约为6个月（11月至次年4月）。除了在河谷和沿水路的地方有些绿色植物外，草类被烈日晒得枯萎，大地一片焦黄，景象萧条。小溪干涸，大河及其支流的水量也趋于减少，有些地方的地表几乎寸草不生。在北方，由于空气中含有微小沙粒组成的浓密尘埃，能见度非常差，通常非常干燥，致使人们的嘴唇、脚以及其他部位的皮肤发生开裂。这里早晨和夜间往往很冷，到了白天又热浪逼人，从南向北走，白天的温度可由26.6℃升至32℃以上。

表 1 – 3　雅温得市气候资料

	1 月	2 月	3 月	4 月	5 月	6 月	7 月	8 月	9 月	10 月	11 月	12 月
平均温度（℃）	23.7	25.3	25.0	24.6	24.1	23.4	22.6	23.0	23.1	23.3	23.7	23.7
降雨量（毫米）	17.3	51.4	139.6	180.0	219.7	162.3	69.5	102.3	254.0	296.1	110.9	25.2

资料来源：喀麦隆气象局（Direction de la meteorology nationale）。该气候信息来源于 1961 ~ 1990 年间的月平均值。

第二节　自然资源

喀麦隆的大部分国土位于古老的非洲基底上，该基底曾经发生过褶皱作用和受到不同构造变迁的影响，往往露出片麻岩和花岗岩，使红土壤发育。然而，喀麦隆北部为乍得盆地的近代沉积物，西南部为海岸平原。因此，喀麦隆在地质上可以分为受不同造山事件影响的两个大的构造单元：南部为刚果克拉通（Conggo Craton），北部为中非活动带（Central African Mobile Zone）。

1. 地层

刚果克拉通形成于太古宙，并覆盖了喀麦隆南部大部分区域，称为恩代姆群（Ntem Group）。其主要的岩石类型为片麻岩、花岗岩和紫苏花岗岩。刚果克拉通主要受前寒武纪地层再次活动的控制，包括泛非时期的火山岩及变质岩。一般情况下，刚果克拉通大部分岩层由云母片岩、斜长岩、云母片麻岩和混合岩组成，其中混合岩受石英、闪长岩、花岗闪长岩岩体的侵入。基底在一些地方被下古生界火山岩和较年轻的沉积岩地层所覆盖，例如曼贝（Mangbei）、杜度阿拉（Doula）和里奥 – 德尔雷伊盆地

(Rio-del-Rey Basins)。

　　喀麦隆在新生代发育的岩浆岩类型可以分为两个主要单元：直径在 1 ~ 10 公里的环状杂岩体，常与喀麦隆火山线共生，由各种不同的岩石类型组成，其中包括正长岩和花岗岩，它们的年龄在 60 ~ 30Ma。由此可见，岩浆活动与火山浸出作用在火山活动的中心部位叠加起来。这些环状杂岩可能代表了古老火山在深层被侵蚀后的残留体。这些杂岩体侵入了前寒武纪基底的花岗岩和变质岩，也侵入了第三纪的沉积岩层。喀麦隆发育了 60 多个次生火山环状杂岩，都归为"花岗岩活动带"，绵延约 1000 公里。喀麦隆火山线的大陆火山作用延伸超过 1600 公里，发育于第三纪到全新世时期，呈 Y 形链状排列。一般为碱性火山岩，从大西洋的安诺本岛经过几内亚湾进入西非。喀麦隆山是火山线大陆区域最南端的火山，在过去的两个世纪中，沿火山线附近的火山曾有过火山喷发的记录。然而，众多的火山堆和火山口呈线状分布，这就是次全新世（Sub-Recent）火山活动的证据。这些火山中心部位具有不同的规模、年龄和岩性，其熔岩一般从轻度碱性玄武岩演变为粗面岩和流纹岩。

　　沉积岩仅发育于西南和北部的部分地区。在喀麦隆西南部，最古老的沉积岩岩层发育规模较大。早白垩纪的穆德卡（Mudeck）地层中，砂岩与砾岩为互层状构造，交错排列。这一地层基于不整合结晶基地之上。这些砂岩被土伦统（Turonian）时期的含化石页岩所覆盖。

　　杜阿拉和里奥 – 德尔雷伊盆地是典型的被动陆缘盆地。它们起源于沿赤道大西洋的开端，形成了一个连续的沉积盆地，即空间上从尼日利亚到喀麦隆南部，时间上从白垩纪到中新世时代。北部的乍得湖盆地是由第四纪到全新世的沉积物所覆盖。全新世冲积和崩塌物在沉积平原和大型河流中占主导地位。

2. 地质构造

中非活动带在喀麦隆中央被丰班剪切带（Foumban Shear Zone）的主要断层所横切，曾经连续发育的白垩纪赤道大西洋盆地的延伸方向受正断层控制。而杜阿拉盆地北部的断层是一系列北北东—南南西走向滑移断层。这些断层可能是在火山活动期间形成，且将盆地分割成全新世的杜阿拉和喀里奥－德尔雷伊盆地。火山线位于之前存在的断裂带上的一部分，受到了后期构造的叠加，即中部非洲剪切带。这一剪切带切穿了白垩纪后的一个主要隆起，阿达马瓦隆起（Adamawa Uplift）。北部发育贝努埃地槽（Benue Trough），南部发育丰班剪切带，这二者都是这一区域的主要构造特征。

一 矿物资源

喀麦隆矿产资源比较丰富，已查明的主要矿藏有：石油储量估计为上亿吨；天然气储藏量约 1100 亿立方米；铝矾土储量为 11 亿吨以上，矾土品位为 43%，硅石品位为 3.4%；铁矿约 3 亿吨；金红石约 300 万吨，钛含量 92% 至 95%；此外还有锡矿、黄金矿、钻石矿、钴矿、镍矿等，以及大理石、石灰石、云母等非金属矿产。

1. 石油与天然气

石油 喀麦隆的石油主要储藏在尼日尔三角洲一带。根据美国《油气杂志》公布的数据，截至 2003 年 12 月底，喀麦隆石油剩余探明储量为 5479.5 万吨，为撒哈拉以南非洲第六大石油生产国。然而，随着苏丹、赤道几内亚、乍得等新兴产油国的崛起，喀麦隆的石油储量相比之下非常有限。经过近 30 年的开采，目前喀麦隆石油生产已经进入后期阶段，如果未来没有发现新油田，石油资源将在 2010 年枯竭。对此，喀麦隆政府相继制定了一系列鼓励石油勘探和开发政策。近年，喀麦隆国家石油天然气公司和许多外国石油公司不断加大勘探和研发力度，加紧进行勘探活动。目前的勘探活动主要集中在位于滨海省和南方省的杜阿拉/克里比－坎波盆地、西南省的里奥－德尔雷伊盆地、极北省的洛贡－比尔尼盆地和西南省的芒菲盆地。

里奥－德尔雷伊盆地和杜阿拉/克里比－坎波盆地均系滨海沉积盆地。里奥－德尔雷伊盆地自 1977 年、杜阿拉/克里比－坎波盆地自 1999 年开始出产原油。里奥－德尔雷伊盆地覆盖包括林贝在内的 7000 平方公里海域，与尼日利亚石油主要产地同属一个地理结构体系。由于该盆地浅表地层大部分已处于非常成熟的开发阶段，现在局部勘探的重点是一些尚未钻探的较小断层面；大范围勘探的重点则是在地质风险较高的更深的地层。有的公司如阿达克斯石油公司目前正在对一些现有边际油气田储量进行评估。杜阿拉/克里比－坎波盆地面积 19000 平方公里（其中 7000 平方公里为海滩），现在这里的石油勘探活动十分活跃，几乎对整个盆地都颁发了勘探许可证。有关公司正利用赤道几内亚最近发现石油的经验，对该盆地的石油资源进行认真分析和评估。

洛贡－比尔尼盆地（27000 平方公里）和芒菲盆地（3000 平方公里）系陆地裂变盆地，与尼日尔、乍得等邻国有重大石油发现区域的地质结构十分相似。这两处现在还没有发放任何许可证，仅有喀麦隆国家石油天然气公司开展勘探活动，主要目的是进行宣传和吸引潜在投资者。目前已有一些石油公司对该地区开展勘探活动表现出一定兴趣，正在探讨获得许可证的可能性。

喀麦隆下一步的石油勘探计划是在里奥－德尔雷伊盆地和杜阿拉/克里比－坎波盆地分别新建 1 个和 4 个钻井。

天然气　喀麦隆的天然气主要储藏在杜阿拉、克里比—坎波盆地和里奥德雷盆地，储量约为 1100 亿立方米。

喀麦隆

2. 贵金属矿①

金刚石矿 喀麦隆的金刚石产于白垩纪河湖成因的"塞瑞埃斯特卡诺"（Séries de Carnot）地层中，主要发育于中非共和国边界以西约 70 公里、北纬 2~5 度之间的边界附近。目前主要用手工方法开采砾石矿床，贸易渠道一般是非官方性质的。

黄金矿 除金刚石矿外，金矿是喀麦隆目前唯一开采的矿物。事实上，在全国范围内的结晶基底以及浅变质的岩层中都发现了金异常。然而，东部是含金量最富集的地区，尤其是沿其与中非共和国以及与乍得接壤的边界附近。贝塔雷—奥亚地区东北30 公处的原生金矿床似乎与硅质流体有关，硅质流体与侵位于角砾剪切带的花岗闪长岩及二长正长岩伴生。这些细脉中的金矿含量一般可达 9 克/吨。该矿床的金矿储量估计为 3 吨。

在喀麦隆仍采用与开采金刚石相同的手工方法开采砂金。目前用手工方法开采的产量每年约 1 吨，开采地区包括东部、北部的省区以及阿达马瓦地区，全国大约有 15000 人从事采金业。

3. 有色金属矿

锡矿 在喀麦隆西北部从丰班到巴尼奥的公路旁的一个名叫梅奥达拉（Mayo Darlé）的小矿床中发现了锡矿石。该锡矿床与构造期后的新花岗岩侵入体有关。这是一种罕见的花岗岩，但年代较晚。正如提贝斯提高原地区一样，锡矿石以两种形式产出：含锡石中较少的石英脉和网状石英脉、白色云英岩和云英花岗岩中的锡石矿物。在该侵入体周围的古老冲击层以及河床中也发现了许多异常指标，品位达 74% 甚至更高。

镍、钴矿 在洛米埃（Lomie）以东 30 公里处四个古老的超基性单元发现了一个镍、钴矿床。超基性单元占地面积约 80

---

① 该部分内容引用宋国明"喀麦隆矿业投资指南"，2006 年 3 月 10 日《中国发展观察》。

22

平方公里，矿床发育蚀变黏土层，存在具有经济价值的金属含量钴镍比大于0.1。仅对恩卡姆纳（Nkamouna）的矿石储量进行了评估，钴矿石储量约为8800万吨，品位0.215%；镍矿石储量约为9500万吨，品位0.96%。这些超基性岩体的总储量可达数亿吨。

金红石矿 早在1908年喀麦隆就发现了金红石矿，并在1935～1957年间一直在开采。矿石产于以雅温得的中心地带，所有矿床均为冲击矿床。在位于阿科诺林加（Akonolinga）与楠加埃博科（Nanga-Eboko）之间的地区，可采矿层小而分散，覆盖层通常很薄，为0.3～0.6米，冲洗之后的二氧化钛的平均品位为1.5～3%。已探明的储量为120万吨，但整个地带的含金红石矿远景为300万吨。

4. 大宗矿物

铝土矿 喀麦隆有两个铝土矿矿床，分别位于南部阿达马瓦省的恩冈代雷（Ngaoundal）、米尼姆－马塔普（Minim-Martap）和西部省的丰哥—托哥（Fongo-Tongo），其经济意义不尽相同。未开发的阿达马瓦省的两处矿床由一系列海拔高度1200～1300米的矿化盖层组成。这些红土岩层发育在源于玄武岩和安山岩的紫红色黏土质岩石之上。杂岩产于黑云母花岗岩基底之上，花岗岩基底有时受到构造作用产生斑状结构。红土剖面地表和出露部分的矿石储量估计为11亿吨。三氧化二铝的平均品位为43%，含3.4%的（可溶性和不可溶性）氧化硅，属于世界级矿床，但它有一个重要缺陷，即离海边有500公里之遥。丰哥－托哥矿床占地450公顷，位于喀麦隆西部章格西北14公里处。铝土矿层位于海拔高度为1500～1800米的侵蚀高原上，发育在古老的玄武岩和粗面岩之上。估计矿石储量6400万吨，经过筛选后可达5400万吨，三氧化二铝的品位47%，氧化硅总含量3.6%。

铁矿 喀麦隆有两个铁矿床，位于东南部的姆巴拉姆

（Mbalam）和海边的克里比（Kribi）。克里比矿床的知名度很高，研究程度也较高。它是由整合浅色至暗色片麻岩、石英岩以及含铁石英岩组成。海辉石和角闪石混杂在这些岩石之中，往往含石榴石。矿石均质，质量一般，品位30%～40%。主要是由磁铁矿组成，含赤铁矿、针铁矿和褐铁矿。该矿床的总储量估计为4亿吨。姆巴尔马矿床的储量为2.2亿吨。

5. 建筑石材

石灰岩 北部的菲吉尔（Figuil）矿床靠近加鲁阿至马鲁阿公路与帕拉（Pala）公路的交会处。该石灰岩矿床较为闻名，是早白垩纪褶皱沉积岩层的一部分，储量约为60万吨，碳酸钙含量大于90%。年产量约为5万吨，取决于菲吉尔水泥厂的需求。

大理石 在喀麦隆北部加鲁阿至马鲁阿公路比扎尔（Bidzar）附近开采大理石。大理石透镜体出露发育变质岩中（变质岩是由各种岩石——绢云母片岩、绿泥石片岩、石英岩和石英云母片岩组成的）。花岗岩侵入体矿床切割为两部分，比扎尔和比乌（Biou）两个采石场的储量为250万吨。1983年以来大理石砖的年产量达到200吨。这个变质岩矿床还为菲吉尔水泥厂提供原料。样品分析结果显示表明，碳酸钙平均含量达到95%。

白榴火山灰 北部地区杜阿拉至恩康桑巴铁路附近的德约乌恩哥（Djoungo）采石场正在开采白榴火山灰，尚未估算储量，但一般认为具有百万吨级。德约乌恩哥开采白榴火山灰的年产量15.2万吨，提供给杜阿拉水泥厂。

二　水力资源

喀麦隆的水力资源比较丰富，可利用的水力资源达2080亿立方米，占世界水力资源的3%。理论上蕴藏的发电潜能为29.4亿兆瓦小时/年，其中技术上可行的发电潜能为 11.5 亿兆瓦小时/年（相当于 1.3128 万兆瓦）①，目前，实际利用的只有约 800 兆瓦。水力资源主要集中在萨纳加河干流。该河上游流经高原山区，多急流和瀑布，有巨大的水力发电潜力。现已在埃代阿、松卢卢建有两座大坝用于发电，另一座位于萨纳加河纳赫蒂加尔的大坝正在建设中。喀麦隆已经建成的第三座大坝是位于贝努埃河的拉格都大坝。此外，洛姆河的潘噶尔（Pangar）、韦纳河瓦拉卡（Warak）的比尼（Bini）、恩顿河的芒维勒（Memve'Ele）以及卡代河都具有发展水力发电的潜能。

三 植物与动物

1. 植物

喀麦隆地处世界第二大盆地刚果盆地，森林面积 2230 万公顷，约占全国总面积的 42%，其中 1750 万公顷林地可进行商业开发。木材蓄积总量 40 亿立方米。据喀麦隆林业部门统计，在喀麦隆南部（杜阿拉–雅温得–贝尔图阿以南）和中部（沿中轴线以北）两大林区，分别有永久性林地 490 万公顷和 120 万公顷，非永久性林地 520 万公顷和 480 万公顷，保护区 370 万公顷和 250 万公顷。

森林的树种繁多，有经济和商业开发价值的树种达 300 余种，其中只对 70 多个树种进行了开发。白梧桐（Ayous / Obeche）、筒状非洲楝（Sapele/Sapelli）、大绿柄桑（Iroko/Mandji）、翼红铁木（Azobe/Bakundu）、象牙海岸格木（Tali/Elone）、艳丽榄仁（Limba / Frake）、非洲桃花心木（African Mahogany）等名贵树种被大量开采，占开采总量的 70% 以上。

---

① International Small-Hydro Atlas, Cameroon. see: http：//www. small-hydro. com/index. cfm? Fuseaction = countries. country & Country ID = 122, August 23, 2005.

白梧桐 也称欧贝切、阿优思，梧桐科白梧桐属。该树木高达 45~55 米，直径 1.5 米，枝下高 24 米，树干挺拔笔直，板根高可达 6 米，树皮厚 1 厘米。老树可能出现空心；幼龄树树皮光滑，淡灰色或橙色，树皮浅裂，老时鳞皮状脱落。白梧桐木材具有光泽；生材具难闻气味，干燥后无特殊气味。纹理交错或直，结构细至中，均匀。木材轻，干缩小，强度弱或弱至中。木材干燥快，不出现干裂和翘曲。心材不耐腐，易受昆虫危害。该木材适用于轻型建筑，可为造船、车辆制造、家具制作、造纸提供材料，也可用于制作乐器、玩具、鞋跟、人造假肢、洗衣盆等。

筒状非洲楝 在喀麦隆称萨佩利，楝科非洲楝属。成材树木高达 45 米，直径为 1 米，具小板根或无板根。木材具有一定光泽，新切面有雪松气味；纹理交错，径切面有黑色条状花纹；结构细至中，均匀。木材重量中等（气干密度 0.67 克/立方厘米），干缩大（生材至炉干干缩率，弦向 7.4%，径向 4.6%，体积 14%），强度高。该种木材可作为高级装饰用材和刨切单板、胶合板用材，用于制作高级家具、壁板和地板，还可用于制造船舶、门窗、乐器等。

大绿柄桑 也称埃若科、曼德吉，桑科绿柄桑属。树木高达 45 米，直径 2.7 米，树干通直，多数无板根。主要生长在热带雨林中，为混交落叶林。木材略具光泽，无特殊气味，纹理直或斜，结构中，均匀。木材重量中等（气干密度 0.62 克/立方厘米），干缩中等（干缩系数弦向 0.289%，径向 0.176%，体积 0.486%），强度中等至高。该种木材干燥较快，略有翘裂趋向，适用于制造船舶、车辆，并为桥梁、建筑、细木工和室内装饰提供用材。

翼红铁木 也称阿佐伯，在喀麦隆另有波刚西、巴库杜等地方称谓，金莲木科红铁木属。树高可达 40~45 米，树干通直，直径 1.5 米。不具板根，但树干基部有时膨大。树冠呈三角形，树皮红褐色，薄且紧贴树干上。主要生长在热带雨林和沼泽地区。由于该种木材耐腐性极好,特别适合水下建筑用材,如用作码头桩木、桥墩等,其使用寿命可长达 20 年以上,如作枕木可不用防腐处理;可用于工厂和仓库的承重地板、船只的甲板;还可为雕刻、细木工等提供用材。

象牙海岸格木 也称米三达、塔里、埃伦,苏木亚科格木属。树高可达 30～45 米,直径可达 1 米或以上,具有板根。其种子和树皮有毒。木材可为建筑物和耐久性器物制造提供用材,也是烧炭的好材料。

艳丽榄仁 也称非洲榄仁、莱姆巴、夫拉克,为君子科榄仁树属。树高达 18～45 米,直径可达 1.5 米或以上。树干通直,圆满,板根高可达 2.5 米以上。喀麦隆的艳丽榄仁木材呈现浅黄色,常有明显的浅褐色或深褐色条纹,适宜制作装饰单板、胶合板、家具、室内装修、食品包装、乐器、纸浆等,也是烧炭的好材料。

非洲桃花心木 在喀麦隆也称恩古朗,楝科卡雅楝属。树高30 米,枝下高 12～25 米,直径 1～2 米,具有高大板根。木材适宜制作高档家具、车船车厢、高级装饰面板、门窗、乐器,还可用于制作枪托。

除上述优质树种外,喀麦隆还盛产非洲紫檀（African Padauk）、柚木（Teak）、喀麦隆柿（African Ebony）、曼氏古柯（Landa）、奥克美（Okoume）、革叶斯科大风子（Odoko）、喀麦隆喃喃果（Nkokom）、喀麦隆缅茄（Doussie）、小果假槟榔青（Blekoure）、曼氏阿诺（Ebom）、多果恩南番荔枝（Duasika）、六裂番荔枝（Owui）、光亮木瓣树（Ekui）、昆氏木瓣树（Elo）、刚果灯架木（Alstonia）、非洲野橡胶树（False Rubber Tree）、五雄吉贝（Fuma）、红木棉（Kondroti）、聚伞破布树（Ebe）、非洲橄榄（African Canarium）、中非蜡烛木（Ozigo）、蜡烛木（Igaganga）、诺氏蜡烛木（Ossabel）、柔毛蜡烛木（Safukala）、平果榆绿木（Kane）、厚瓣乌木（Ebene）、盘状木（Akoret）、三丝异态木（Sugar-Plum）、加蓬热非粘木（Oban Ngou）、卢氏琼楠（Kamuani）、鳞琼楠（Kanda）、双雄苏木（Edjin）、尖叶鞋木（Essaben）、多苞鞋木（Ebiara）、大花鞋木（Essabem）、短盖豆木（Naga）、劳氏盖豆木（Bomanga）、西非香脂树（Etimoe）、荚骨髓苏木（Tambacoumba）、丹摘亚木（Mfan）、喀麦隆代德苏木（Ekop Gombe）、代德苏木（Bondu）、大瓣苏木（Limbali）、两蕊苏木（Ayan）、香脂苏木（Agba）、阿诺古夷苏木（Mutenye）、爱里古夷苏木（Ovangkol）、特氏古夷苏木（Bubinga）、热非豆（Mubangu）、小鞋木豆（Zingana）、莱特单瓣豆（Angoung）、尖柱苏木（Tchitola）、厚腔苏木（Mekogho）、赛鞋木豆（Awoura）、蒜皮苏木（Divida）、赛油楠（Geombi）、葱叶状铁木豆（Dina）、特斯苏木（Wamba）、二小叶四鞋木（Ekaba）、塔布四鞋木（Sikon）、单叶单链豆（Idewa）、非洲崖豆木（Wenge）、大美木豆（Afrormosia）、热非合欢（Bangbaye）、锈合欢（Iatandza）、西非合欢（Okuro）、奥布翁萼豆（Calpocalyx）、海氏翁萼豆（Miama）、加蓬圆盘豆（Okan）、菲尔豆（Nieuk）、腺状纽敦豆（Dahoma）、二色球花豆（Essang）、大叶五柳豆（Mubala）、腺瘤豆（Dabema）、良木非洲楝（Utile）、非洲核桃木（African Walnut）、非洲箭毒木（Ako）、热非桑木（Difou）、具柄西非肉豆蔻（Niove）、喀麦隆肉豆蔻（Wanga）、杯头蔻（Sorro）、特斯金莲木（Izombe）、柯拉铁青木（Coula）、泡状铁青木（Afina）、克莱小红树（Bodioa）、富油红木（Ovoga）、大姜饼木（Sougue）、红帽柱木（Bahia）、狄氏黄胆木（Opepe）、软崖椒（Olon）、奥特山榄（Mukulungu）、毒籽山榄（Moabi）、非洲甘比山榄（Longhi）、乳白甘比山榄（Abam）、猴子果（Makore）、非洲银叶树（Niangon）、曼森梧桐（Mansonia）、罂粟尼索桐（Danta）、大果翅平婆（Koto）、黄平婆（Yellow Sterculia）、米氏朴（Gombe）、大叶牡荆（Lokoubo）。

此外，喀麦隆人工栽培的树种包括橡胶、可可、油棕和罗伯特斯种咖啡等。

2. 动物资源

喀麦隆是世界上野生动物种类最多的国家之一，拥有灵长类动物 29 种，居世界第三位。喀麦隆的主要野生动物包括红帽白眉猴、黑猩猩、大猩猩、狮子、大象、长颈鹿、黑犀牛、羚羊、松鼠、青蛙、蛇和种类繁多的鸟类。

昔日的南喀麦隆有大批野生动物，但到了 20 世纪数量已大为减少。不过，在这个国家你几乎可以看到非洲大陆所有的野生动物。尤其是在南部的贾河动物保护区（Dja Faunal Reserve）和北部的瓦扎国家公园（Waza National Park）里，有许多动物受到特别的保护。以贾河动物保护区为例，那里的动物数量和种类都非常可观，既有大型动物，如森林大象和体形粗壮的野牛，也有类人猿类动物，如大猩猩和通体黑色的猩猩；既有如长尾猴、金丝猫、蹄兔等珍稀动物，也有保护区内所特有的鳄鱼、陆地龟、蜥蜴、变色龙、蛇以及其他两栖动物。鸟类中有犀鸟、鹦鹉、猫头鹰等。由于地域广阔、森林茂密、全年中雨天的日子占多数等原因，贾河动物保护区内究竟有多少种野生动物，每一种野生动物的数量是多少，到目前为止仍未能调查清楚。据已经掌握的资料看，野生动物不少于 62 种，其中鸟类约占 21 种。

第三节 居民与宗教（含社会结构）

一 人口

1. 人口规模

非洲开发银行统计数据表明，喀麦隆自独立 40 多年来，人口总量一直处于增长态势。从 1970 年的 661.7 万

人增长到 1980 年的 872.4 万人；再从 1990 年的 1161.4 万人增长到 2000 年的 1511.7 万人；2003 年口达到 1601.8 万人。人口增长速度在 1980 年以前较快，1980 年以后呈现逐渐放慢的势头。

表 1-4　人口规模及增长率

	1970 年	1980 年	1990 年	2000 年	2001 年	2002 年	2003 年
总人口（万人）	661.7	872.4	1161.4	1511.7	1542.9	1572.9	1601.8
年均增长率(%)	2.46	2.89	2.86	2.17	2.04	1.93	1.82
男性增长率(%)	2.49	2.93	2.90	2.17	2.04	1.93	1.84
女性增长率(%)	2.42	2.86	2.82	2.16	2.04	1.92	1.80

资料来源：The African Development Bank, *Gender, Poverty and Environmental Indicators on African Countries*, 2005 Volume VI, Aarhus, Denmark, pp. 100 - 101。

喀麦隆人口快速增长的主要原因是：国民公共卫生和饮食水平不断改善与提高，导致人均寿命有所延长。1950 年人均预期寿命只有 33 岁，1970 年为 44.6 岁，1980 年提高到 49.8 岁，1990 年达到 52.4 岁。与此同时，人口的自然增长率提高而死亡率下降。从人口自然增长率来看，从 1970 年的 2.46% 增长到 1980 年 2.89%，1990 年降到 2.86%，2000 年再下降到 2.17%，2003 年为 1.82%。从婴儿死亡率来看，从 1970 年的 134‰降低到 1980 年的 108.4‰，1990 年的 89.8‰，2000 年的 87.1‰，到 2003 年的 86.5‰。喀麦隆的人口总量虽然不断增加，但从 1990 年起，由于艾滋病在喀麦隆蔓延，使得本就缺医少药的公共卫生状况不断恶化，人口预期寿命缩短，死亡率有所增加。1998 年人口预期寿命为 50.8 岁，2000 年降到 48.5 岁，2002 年降到 46.2 岁，2003 年为 45.7 岁。

尽管喀麦隆人口增长速度和人口自然增长率经历先快后慢的过程，但这并不表明政府对人口已经实施了有控制的计划生育政策。相反，自1960年起，喀麦隆政府的人口政策是鼓励多生育。根据有关专家预测，到2010年，喀麦隆的人口总量将达到2100万。[①]

2. 人口结构

从人口年龄结构看，2003年喀麦隆15岁以下（不包括15岁）人口占总人口的42%，15~49岁以下人口占47%，50~64岁以下的人口占7%，65岁及以上人口仅占3.5%。2003年喀麦隆人口依赖率[②]为0.85，其中，儿童抚养率为0.78，老年赡养率为0.07，这表明喀麦隆是一个人口年龄结构比较年轻化的国家。

表1-5　2003年喀麦隆人口年龄和性别结构

年龄段	总人口		男性		女性	
	总数（万人）	占全国人口（%）	总数（万人）	占全国人口（%）	总数（万人）	占全国人口（%）
0~14岁	672.2	41.96	338.5	21.13	333.7	20.83
15~49岁	752.3	46.97	373.7	23.33	378.6	23.64
50~64岁	114.84	7.17	54.66	3.41	60.18	3.76
65岁以上	55.96	3.49	23.72	1.48	32.24	2.01

资料来源：African Development Bank, *Gender, Poverty and Environmental Indicators on African Countries*, 2005 Volume VI, Aarhus, Denmark, p. 101。

3. 人口分布

2002年，喀麦隆人口密度是每平方公里33.1人，但这并不说明喀麦隆的人口分布是均匀的。实际上，在喀麦隆，城乡之

[①] Sarah C Richards, "Spoiling the Womb: Definitions, Aetiologies and Responses to Infertility in North West Province, Cameroon", *African Journal of Reproductive Health*, Vol. 6, No. 1, April, 2002 pp. 84 - 95.

[②] 人口依赖率是指抚养人口（年龄在15岁以下和65岁以上）与劳动适龄人口（年龄在15~64岁之间的人口）之比。

间、省际之间、省内地区间人口的分布很不平衡。从城乡分布来看，1987年全国62.2%的人口生活在农村地区，37.8%的人口居住在城市。从地区分布来看，大部分人口集中在西部和沿海地带。据喀麦隆1987年人口普查，西部省人口密度最大，每平方公里超过96.6人；西北省次之，每平方公里将近69.5人；滨海省人口密度居全国第三位，接近67人；而在南部省和阿达马瓦省，每平方公里还不到8人；其他省的人口密度详见表1-6。

表1-6 地区人口分布（1987年人口普查）

	人口（人）	城市人口（人）	农村人口（人）	人口密度（人/平方公里）
西部省	1339791	431337	908454	96.6
西北省	1237348	271114	966234	69.5
滨海省	1352833	1093323	259510	66.8
极北省	1855695	366698	1488997	54.2
西南省	838042	258940	579102	34.1
中部省	1651600	877481	774119	24.0
北部省	832165	234572	597593	12.7
南部省	373798	104023	269775	7.9
阿达马瓦省	495185	178644	316541	7.8
东部省	517198	152787	364411	4.7
全国	10493655	3968919	6524736	22.6

资料来源：*Africa South of the Sahara 2005*，Europa publications，September 2004，p. 177。

1980年以来，喀麦隆城市化进程加快，大量人口从农村迁移到城市，导致全国城市人口呈增长态势。1980年城市人口占全国总人口的比例为31.2%，1985年升至35.5%，1990年增长到39.8%，1995年增长到44.4%，2001年已达到50.7%。杜阿

拉、雅温得、加鲁阿、马鲁阿、巴富萨姆、巴门达、恩康桑巴、
昆巴、林贝等城市人口特别集中，尤其是雅温得、杜阿拉这两个
城市是喀麦隆的政治、经济中心，工商业相对发达，是全国最有
活力的地区，拥有全国 36.8%（1987 年）的城市人口。而且两
市人口每年以 7.5% 的速度递增，人口密度不断增大。以杜阿拉
为例，全市总面积为 1000 平方公里（城区面积 250 平方公里），
1987 年却居住着占全国人口 7.7% 的 81 万人，人口密度高达每
平方公里 810 人。2003 年杜阿拉市人口已经上升到 153 万，[①] 人
口密度高达 1533 人/平方公里。

二　民族

地处非洲中心并易于同四周交往的喀麦隆，其部族分布
是在历史上诸多部族的迁徙中形成的，不仅种类多，
相互交错，而且关系也很复杂。据学者和专家估计，当今喀麦隆
大约有 230～282 个部族，主要有：（1）班图族系：包括俾格
米、贝蒂、巴萨、杜阿拉、杨巴萨等，分布在南方省、滨海省、
西南省、中部省、东部省等。（2）半班图族系：包括巴米累克、
巴穆恩、巴利等，主要分布在西部省和西北省。（3）苏丹族系：
包括穆恩当、杜布利、卡伯西利等，主要分布在阿达马瓦省、北
部省和极北省。（4）波尔或富尔贝人，主要分布在喀北方地区。
（5）绍阿阿拉伯人，主要分布在乍得湖盆地。这些部族都有各
自的语言和习惯，而且差别较大。

　　巴米累克人　巴米累克人是喀麦隆最大的部族集团，构成非
常复杂。巴米累克人及其近缘族体维德孔人和巴蒙人在语言文化
上与芳人、杜阿拉人和马卡人十分接近，但他们属于不同的语
族。巴米累克人分布在姆班河和伍里河上游地区，其南部便是芳

---

① EIU, *Country Profile*; *Cameroon 2004*, p. 3.

人和杜阿拉人分布区。由于人口过于稠密，不少巴米累克人逐渐向南方迁移，散入芳人和杜阿拉人分布区之中，其中包括杜阿拉市。与巴米累克人近缘的族体还有蒂夫人、提卡尔人，多聚居在姆班河上游的巴米累克人分布区以北，包括若干支系，如恩索人、孔人、巴富特人等；此外还有蒂夫人、伊比比奥人、朱昆人，这些族体的主要部分在尼日利亚境内。

巴米累克族人所在地区土地肥沃，雨水充足，气候适宜，加上他们勤奋、有技术，该地区已经发展成为喀麦隆的粮仓，也是喀麦隆的蔬菜和水果种植基地。这个部族集团还以手工艺精湛而著名，他们制作的木刻和铜雕艺术品形象逼真，品种繁多。该部族集团很活跃，强悍聪慧，善于理财经商，握有大笔资金，在某种程度上能够左右喀麦隆的经济活动，在政坛上也比较受瞩目，但并不得志。大概因为此种缘故，该族在喀麦隆独立后的几次重大政治事件中虽屡次冒尖，却屡次受挫。巴米累克人大量外迁，现在遍布全国主要在城市，丰班是巴米累克人的经济文化中心。

富拉尼人　　富拉尼人是喀麦隆北方最大的部族集团，信奉伊斯兰教。富拉尼人起源于居住在塞内加尔河流域以及靠南面的富塔托罗热带草原的图科洛人。18 世纪和 19 世纪，富拉尼人把势力扩大到乍得地区的黑人种族之间。他们建立的埃米尔王国、拉米多王国和苏丹国现在基本上都名存实亡，酋长即国王只留下了一个空架子，影响力很有限。喀麦隆北部的几个主要城市马鲁瓦、加鲁瓦、恩冈德雷都是在酋长王国首都的基础上发展起来的，酋长们至今还居住在那里。富拉尼人原以放牧为主，20 世纪 70 年代以后农业得到了很大的发展，其活动地区已是喀麦隆棉花、玉米和高粱等农产品的重要产区。时至 20 世纪 90 年代，该族仍然保留着古老的风俗习惯。他们颇信巫术万能，能赐福除祸，拯救众生。在婚嫁上，男方在婚前要向女方父母送牛、羊和农具，外加一定的礼钱，婚后男方还要到女方家承担一段时间的无偿劳动，不过新娘一过门，她在男方家是没有地位的。富拉尼人的大多数部族以父系续家谱，但仍有不少部族以母系为传承的纽带。

基尔蒂人 基尔蒂人是穆斯林对黑人异教徒的称呼，主要分散在北部山区和闭塞的洛贡河平原。这里多高山丘陵，地势险要，可以躲避穆斯林的驱赶和掠夺。他们信奉拜灵教，普遍排斥现代文明，发展缓慢，相当落后，其中许多人至今还过着半原始的生活，不肯穿衣服。不过，祖祖辈辈住在马鲁瓦，东至乍得湖、西至曼达腊丛山这一带山区的基尔蒂人，因土地贫瘠，常年干旱，既不利农业也不利养畜，非常贫穷，不要说穿衣服，连买盐的钱都没有。但属于基尔蒂族系的巴蒙人却很能干又不保守，他们组织严密，聚集在平原和贝努埃河套地区，从事农业、渔业和畜牧业。他们所建的著名的巴蒙王朝迄今仍保留着朝制和宫殿，现在已传至第44代国王。巴蒙人已经伊斯兰化了。这个部族引为自豪的是有自己的文字，它是由杰出的君主恩乔亚于20世纪初发明的，建在高山之巅的王宫内设有普及这种文字的学校。喀麦隆独立后，巴蒙人对促进祖国统一发挥了重要而积极的作用，所以颇受历届政府的重视。基尔蒂人普遍种植高粱，这种高粱扎根深，耐干旱，能够在龟裂的土地上生长。因为雨水太少，空气甚为干燥，收获的高粱穗就摆放在露天的屋顶上面，随吃随取，终年不会变质，但也有少数人家用草搭一简陋低矮的小棚加以遮掩。

提卡尔人 提卡尔人大部分居住在巴门达草原的北半部。在西部，他们主要住在门楚姆区、栋加区和梅礼姆区的部分地区；在东部，他们大多居住在姆班河和奥库河流域。提卡尔人分别组合成若干大小、语言和血缘关系不同的独立酋长国，其中主要有科姆（Kom）、恩莎（Nsaw）和布姆（Bum），每一个酋长国都有一个称为"芳"的最高统治者。其他独立的酋长国有：芬冈

（Fungom）、瓦尔（War）、坦（Tang）、威亚（Wiya）、姆贝姆（Mbem）、姆博特（Mbot）和恩多普（Ndop）。每个这样的酋长国再分成为若干由酋长统治的独立的村落。

据说提卡尔人是从东北部迁来，定居在东喀麦隆现在称为提巴提、巴尼奥、恩杜博、恩冈德雷和基密等地区的东喀麦隆。后来，他们中的大部分人在冈巴族的压力下被迫南迁，进入西喀麦隆。冈巴族本身则在1804年基哈德时期受富拉尼人的驱逐向南迁移。提卡尔人的语言种类很多，其中主要有布富语、科姆语、拉姆索语和恩莎语。提卡尔人主要从事农业，种植咖啡、玉米、花生、木薯、大薯和豆类等农作物。在旱季，男人集体狩猎或建造房屋，女人下河捕鱼。在巴梅西、巴梅辛、姆贝姆、巴蒙和芬冈的一些村庄中，提卡尔人用黏土制作陶器，从巴本戈、奥库、伊沙和韦城的矿石中提取铁砂，进行炼铁。

芳人（也称帕胡因人、庞格韦人） 他们由许多近缘支族构成，主要包括埃通人、雅温得人、姆韦列人、廷格人、布卢人、格比尔人、贝内人、贝蒂人等。他们分布区域广大，北至喀麦隆境内萨纳加河上游，南至加蓬境内奥果韦河中游，也是赤道几内亚的主要居民。雅温得是芳人的经济文化中心。

杜阿拉人 喀麦隆沿海地区的主人，均属西北班图语系。杜阿拉人接受西方的影响最早，主要从事商业活动，兼顾渔业，也是发展工业的主力军，并在国家政治生活中具有较大的影响力。杜阿拉人分三个支系，即杜阿拉人（又分成若干个小支，如姆博科人、夸里人、潘戈人、乌里人、巴弗人、埃沃迪人、埃孔格人等）、隆杜人（又分成若个小支，如恩戈洛人、孔杜人、巴兰格人等）和巴萨人（又分成若干小支，如科科人、椤人、尼奥孔人、扬贝塔人等）。

马卡人 分布在南部内陆地区，包括若干支系，如恩津人、卡克人、索人、姆瓦利人、恩贡巴人、克韦列人、波莫人等。马卡人以阿邦姆班为他们的经济文化中心。

俾格米人（即矮人）　主要居住在南部的雨林深处，包括宾加人、卡人、科拉人。俾格米人至今生活闭塞，拒绝与外界接触，也不和外族通婚，过着半原始的生活，基本不穿衣服，靠采集野果和渔猎为生。有些俾格米人经政府说服，接受帮助，走出了森林，但为数甚少，即使如此，他们也只是在靠近森林的公路旁安家，不肯远行。

富尔贝人　主要生活在喀麦隆中部和北部。他们是 19 世纪初自西方迁徙来的，其中的支系博罗罗人过着游牧生活。与富尔贝人混居的东阿达马瓦语支部族由昌巴人，包括支系杜鲁人、巴利人、韦雷人等，还有姆布姆人和格巴雅人，他们在东部地区过着半游牧生活。

布拉人　布拉人及与其近缘的巴塔人和马尔吉人，分布在姆比市北部和南部以及加鲁阿市周围地区。

曼达腊人　曼达腊人及其近缘的马塔坎人、达巴人、加梅尔支人、吉达尔人等分布在曼达腊山区及马卡里市和迪夸市之间的地区，同时也散居在莫腊、莫科洛和马鲁瓦地区。

马萨人　马萨人及近缘的穆兹古人、西吉拉人、穆塞伊人、马尔巴人、达里人等，分布在洛贡河河沙里河沿岸及穆兹古市周围地区。

表 1-7　喀麦隆民族成分表

族　　别	人口（1978 年）	
	人数（千人）	占全国人口的（%）
1. 尼日尔—刚果语族各族	6780	84.1
——贝努埃—刚果语支各族	5620	69.7
芳人（帕胡因人）	1600	19.9
巴米累克人威德昆人和巴蒙人	1500	18.6
杜阿拉人隆杜人和巴萨人	1200	14.9

族　　别	人口（1978 年）	
	人数（千人）	占全国人口的（%）
提卡尔人	600	7.4
马卡人	400	4.9
蒂夫人	210	2.6
朱昆人	50	0.6
布特人	30	0.4
伊比比奥人	15	0.2
俾格米部落:宾加人卡人科拉人	15	0.2
——西大西洋语支民族	700	8.7
富尔贝人	700	8.7
——东阿达马瓦语支各族	400	4.9
昆巴人和姆布姆人	300	3.7
格巴雅人	100	1.2
——克瓦语支各族	60	0.8
伊博人	40	0.5
伊乔人	15	0.2
约鲁巴人	5	0.1
2. 乍得语族各族	1140	14.1
曼达腊人	460	5.7
马萨人和穆兹古人	320	4.0
布拉人	160	2.0
豪萨人	100	1.2
科托科人	100	1.2
3. 闪米特语族民族	80	1.0
阿拉伯绍阿人	80	1.0
4. 撒哈拉语族民族	30	0.4
卡努里人	30	0.4
5. 沙里—尼罗语族民族	5	0.1
巴吉尔米人	5	0.1
法国人	12	—
其他（其中包括 1000 英国人）	—	—
6. 全国合计	8060	100

资料来源:葛公尚:《中非民族概况》,1987,第 92 ~ 94 页。

此外，在喀麦隆还生活着一些外国人，他们分别为非洲人、欧洲人、美国人等。20 世纪 60 年代末，喀麦隆大约有 5000 名来自其他非洲国家的外国人，大多数是尼日利亚人。其中，豪萨人主要以游商、手艺人的身份出现；伊博人控制着西喀麦隆的小规模贸易，因此，招致当地人的怨恨。其他的非洲外国人有尼日利亚的约鲁巴人、加纳的埃维人，这些人主要从事纺织、工艺和粮食生产。非技术性劳工主要来自加蓬、中非共和国。而来自法语西非国家多哥或者更远的毛里塔尼亚的人，主要在私人企业中当技术工人或经商。

欧洲人大都控制着喀麦隆重要的工业和商业部门。1968 年喀麦隆大约有 13000 名法国人、1500 名英国人、300 名美国人，300 名加拿大人、300 名德国人。而为数较少的希腊人、塞浦路斯人、叙利亚人、黎巴嫩人在喀麦隆主要从事商业活动。

三　语言

喀麦隆是世界上为数不多的同时使用两种官方语言的国家之一，而这两种语言都不是当地的民族语言，国家规定以法语和英语为官方语言。英语使用于西喀麦隆，面积占全国的 1/10，人口占全国的 1/5；其他地区使用法语。由于大多数人使用法语，所以实际上法语在喀麦隆占主导地位，但近年来，英语使用范围在扩大。喀麦隆还有 286 种民族语言，但均无文字。其中 279 种为正在使用中的语言，3 种语言为二类语言，已经没有讲母语的人，4 种语言已经绝迹。[①] 在喀麦隆南部，民族语言——芳语、杜阿拉语也广泛使用；在喀麦隆中部，各族除使用母语外，还广泛通用巴米累克语、豪萨语，尤其是富拉语。

---

① http：//www.ethnologue.com/show_ country. asp? name = CM.

四　宗教

喀麦隆是一个具有多元宗教的国家。在欧洲殖民者入侵之前，喀麦隆人多信仰传统宗教和伊斯兰教。但随着殖民者对喀麦隆的渗透，以天主教、新教为主体的基督教逐渐为大多数居民所接受。据有关资料记载，1978年全国居民中有10％的人信奉传统宗教，19％的人信奉伊斯兰教，66％的人信奉基督教（其中36％为罗马天主教徒、30％是新教徒）。①

如按地区划分，在南部及沿海地区的人们大多信奉天主教和基督教新教，富尔贝族和西北部一些部族信奉伊斯兰教，内地及边远地区的部族信奉拜物教。值得注意的是，喀麦隆境内还有一些人不信奉上述宗教，他们认为，上述宗教是主体民族或部族的分支从内部搞分裂。

1. 基督教

19世纪初期，基督教传教士开始在喀麦隆沿海地区传教。1844年牙买加浸礼教会的传教士杰克逊·富勒（Jackson Fuller）为后来的英国浸礼教会传教士阿尔佛莱德·萨克尔（Alfred Saker）的传教打下了基础。后来的各种殖民势力都鼓励在境内建立特别的教会组织。在德国殖民时期，巴赛尔教会和天主教帕洛蒂修道会分别在1886年和1889年成立。

在委任和托管制度下，喀麦隆分别建立了法国圣修道会和圣心教会。1875年美国长老会在巴沙成立。1922年洛丁·赛姆（Lotin Same）牧师成立了纯粹的非洲本土浸礼教会，并从法国新教教派中分离出来。

基督教教会在喀麦隆的主要活动大多集中在教育领域，喀麦

---

① Mark W. DeLancey, *Cameroon: Dependence and Independence*, London: Westview Press, 1989, p.97.

隆境内的许多小学和中学都是教会所有并受教会监督。现在在雅温得还有一所天主教大学。尽管这些教会学校学费较高，但是它们的教育质量却是公认的。某些教会还在喀麦隆设立医院和其他的卫生设施。

基督教中最大的和较重要的新教团体有浸礼会、美国长老教会、路德教会、本土浸礼教会和巴赛尔布道会等。

浸礼会　它是喀麦隆境内第一个基督教团体。1846 年浸礼会伦敦传教士会开始在喀麦隆活动，向非洲传播基督教福音，他们的想法来源于向牙买加传教的经验。牙买加传教士杰克逊·富勒（Jackson Fuller）和约瑟夫·梅里克（Joseph Merrick），以及英国传教士阿尔佛莱德·萨克尔（Alfred Saker），陆续抵达斐南多波岛，他们从该地开始向比姆比亚和杜阿拉传教。直到 1884 年喀麦隆沦为德国保护地和 1886 年德国人建立戈斯内教会之前，浸礼会伦敦传教士会一直是喀麦隆海岸最活跃的基督教团体，它修建教堂或任命牧师，向喀麦隆人广泛传教。1890 年，一个援助喀麦隆浸礼会礼拜教堂的委员会在柏林成立。在第一次世界大战期间，德国的浸礼会教友留在喀麦隆境内，在喀麦隆法语区建立了巴黎福音教会，在英语区发展了美国浸礼会教友。

美国长老会　它是喀麦隆境内最早的基督教团体之一，1875 年在靠近海岸的巴坦加开始传教。1890 年美国长老会才开始向内地扩展，在洛洛多夫（Lolodorf）建立了一个传教站，长老会的工作以布卢和巴沙为中心。大多数人相信教会在教育领域的作用，成为激发喀麦隆民族主义者的热情和在该地区成立喀麦隆人民联盟的一个因素。

路德教会　喀麦隆路德教徒受到美国和挪威路德教会的双重影响，他们在穆斯林占统治地位的北喀麦隆和东部省建立教会。路德教会在梅甘加开办一所圣经学校，在凯累建有一个印刷厂和一座医院。喀麦隆路德教会的教堂位于恩冈德雷。

巴赛尔布道会 这是一个德国人和瑞士人组成的教会组织。应德国政府的请求，该教会于 1886 年开始在喀麦隆活动。它接管了 1846 年到达喀麦隆的英国浸礼会。1914 年以前，该教会快速扩展，但在第一次世界大战期间却损失巨大。在 1924 年英国委任统治期间，该教会恢复了在喀麦隆的活动，它建立了一个以教堂、学校、书店、手工艺品商店、教师培训站等为据点的广泛的传教网络。这些机构在 1957 年逐渐被美国长老会接管，1966 年几乎和瑞士－德国人创立的教会没有了关联。在喀麦隆法语区，巴赛尔布道会的活动大多局限在杜阿拉、巴沙和布卢等地。它们和美国长老会一样创办教会学校，促进了喀麦隆教育事业的发展。

本土浸礼教会 它是殖民统治期间及独立前夕喀麦隆重要的宗教机构，1955 年共有 3000 名教徒。本土浸礼会教友由在德国浸礼会之前的英国浸礼会教友组成。在其宗教组织内，教友被给予更多的独立和自治。本土浸礼教会的教堂大多集中在杜阿拉、维多利亚（现在的林贝）和西克里。在德国殖民统治时期的维多利亚，本土牧师威尔逊与德国人联系紧密，巧妙地保持着教会的准自治。在杜阿拉，德国传教士本德在 1908 年任命洛丁·赛姆（Lotin Same）为牧师，1915 年洛丁·赛姆成为本土浸礼教会的负责人。但是，该教会与后来的法国殖民统治者麻烦不断。尽管法国决定传教士应维护它的殖民统治，但是本土浸礼教会拒绝与巴黎福音教会结成联盟，这使得本土浸礼教会成为一个第一顺序的自治的宗教机构。该教会强调基督徒本土化和多宗教共存。这些主张使法国人非常反感，认为本土浸礼教会是政治混乱的一个诱因，而且它的教徒被打上了德国浸礼教的烙印。目前，本土浸礼教会在杜阿拉、雅温得和其他的地方仍然存在。

2. 伊斯兰教

喀麦隆人皈依伊斯兰教，最早可以追溯到北方的商人和牧人的活动。19 世纪初期，奥斯曼·丹·福迪奥发动的"吉哈德穆斯林护教战争"，通过和平结合的方式使得皈依伊斯兰教的人数大量增加。除了北方的省份，西部省的巴蒙人从 16 世纪皈依苏丹后一直信奉伊斯兰教。喀麦隆国内穆斯林人数实际上并没有得到准确的统计，因为在提卡尔人、格巴雅人、恩索人和巴米累克人中还有小部分伊斯兰教信徒。伊斯兰学校和机构也遍布全国各地。据估计，喀麦隆 20% 的人口（约 280 万人）信奉伊斯兰教。[①]

穆斯林大多聚集在北部省份的部族中，这些部族组成了诸如富拉尼人这样的部族集团。尽管在部族集团内部他们有一个共同的信仰，但是每一个部族仍然保留着其独特的社会文化特征。

富拉尼人是北方最大的穆斯林群体。18 世纪末富拉尼人通过不断移民确定了现在的地位。今天，他们基于大量的种族特征和对伊斯兰的赞颂组成了一个与众不同的部族集团。学习、特别是对穆斯林教义的学习是富拉尼人社会中备受重视的事情。现代富拉尼穆斯林组成了一个宗教团体，该团体信徒的领袖通称为"拉米多"（Lamido）。

在西喀麦隆（英语区）也有穆斯林，主要是居住在西北省的博罗罗人（富拉尼人的一支）。在北部省，巴蒙人也信奉伊斯兰教。

穆斯林年历的第 9 个月是斋月。在斋月期间，从日出到日落必须禁食，日落以后可以进食。斋月是伊斯兰信仰的 5 个基础支柱之一。斋月后的第一天是开斋节，也是喀麦隆全国的节日。

3. 传统宗教

与其他非洲国家一样，喀麦隆人信奉的传统宗教无外乎是万

---

① Mark W. DeLancey al, *Historical Dictionary of the Republic of Cameroon*（third edition），Maryland and London：The Lanham，2000，p. 150.

物有灵，崇拜祖先和神灵。杜阿拉人常在屋后留有一块叫"迪巴拉"的地方，用于庆祝农业丰收和祭祀祖灵。

喀麦隆大部分部族崇拜河流、湖泊。他们认为湖是神圣的，例如，喀麦隆人对巴姆博利麦（Bamblime）湖非常崇拜。该湖中的枯木朽物有时会自行爆炸，发出气体和声响，湖畔居民则认为是该湖的精灵在活动。有一个神奇的传说，说巴姆博利麦湖以前在若干英里远的地方，后来被威力无比的精灵移到了现在的地方。

至于大自然中的日、月、雷、电、风、雨等现象也被认为是神的威力的表现，并加以崇拜。

用装有重要王室祖先的骨骼的容器来饮用棕榈酒，以此强调国王是一个能"预见"、也能够凭其"巫术"对抗（有时却很"奏效"）王国内邪恶的人。

在巴蒙王国，人们有用蜘蛛占卜的传统。蜘蛛生活在洞穴中，又栖息在地下，人们认为它是联系人世和祖先世界的重要媒介。在用蜘蛛占卜期间，特殊的棕榈叶片上分别被标上不同的符号（如三角形代表太阳和火），然后将它们放置在蜘蛛出入洞穴的洞口。当蜘蛛爬过时，它们会将这些叶片驱散到不同的方位。占卜师根据这些叶片的分布来解读当地存在的问题和解决的办法。

第四节　民俗与节日

一　民俗

1. 姓名、称谓和日常礼仪

喀麦隆人的姓名多由三部分组成，依次是本人小名、父名（有的是父亲的姓）和外文名（有的是宗教名），如迪邦达·姆埃尔·阿列克西、安比能·奥洛科·马利等。在社会交往场合里，一般可以称呼对方的外文名字，而且多与"先生"或"朋友"连起来称呼，如"阿列克西先生"、"阿列克西朋友"等。

喀麦隆人讲究礼仪，注重礼节。两人相遇，即使是初次相逢，总是相互热情握手，表示问候和祝愿。关系亲密的朋友相遇，双方常要相互拥抱并贴近对方的面颊，热情地嘘寒问暖，显得异常亲近。在一些少数民族地区，当地居民遇见外国客人时，总是真诚友好地鞠躬致意，以鼓掌表示欢迎，同时讲一些令人愉快与祝福的话。喀麦隆女性遇见外国客人，大多行弯腰屈膝礼。

喀麦隆人乐善好施，视无偿帮助朋友为美德。如果外国客人遇到什么困难，喀麦隆居民总是慷慨相助，不索取任何报酬。即使外国客人主动向他们付小费，他们总是语气坚定地给予谢绝。

喀麦隆人非常好客，尤其是对外来客人显得格外热情与友善，同外来客人稍稍熟悉便会真诚地邀请到家做客，倾其家中所有给予招待。喀麦隆人待客的传统主食有大米饭、面饼、甜食等，副食有番茄、辣椒、苋菜、葱头、马铃薯、牛肉、羊肉、鸡肉、鱼、虾等。常见的待客膳食是将牛肉、羊肉、鸡块、鱼块油炸后，拌上番茄、辣椒或者蔬菜，再用火炖熟，浇在米饭上或者用面饼卷着吃，别有风味。

在喀麦隆西部的撒可尼拉族人中还有献蛇迎宾的礼节，非常奇特。当贵宾临门时，主人就会毕恭毕敬地献上一条活蛇绕到客人的脖子上，以示对客人的热情欢迎和衷心祝愿。虽说这种迎宾方式使大多数客人感到恐惧，但客人还必须入乡随俗，向主人表示谢意和感到高兴。

在巴蒙王国的宫廷礼仪中，身份的高低和关系的远近通过身体的姿势、手势和其他特征表现得一清二楚。不论是用手遮住嘴巴还是将手掌置于下颚下方，都表示对国王的敬畏。说话必须轻声细语，以防气息和吐沫飞溅到国王身上，避免正视国王。如果靠国王太近，触及他的身躯或站在他的身影之上，就有可能面临灾祸，突发疾病。人们对草原国王的称呼语有豹、动物之王、羚羊、世界保护伞、太阳、神等，这些称呼也表明统治者拥有至高无上的权力。

2. 居住和饮食习惯

喀麦隆北部居民的食品同南部居民的食品存在差异。南部居民的主食是木薯、谷类、香蕉、芭蕉等。人们将木薯捣碎磨成粉，加水熬成粥状，将西红柿同肉块或者鱼块熬得烂烂的，最后将上述食物混合，晾凉后用手抓食。芭蕉因有腥味，涩口，不能生吃，当地人便将芭蕉晾干磨成粉，加入面粉、鸡蛋和糖制成面包，或者去皮切片用油炸。北部居民的主食是小米、玉米、高粱等。他们将这些粮食捣碎磨成粉，加水调匀，制成蒸糕，同蔬菜一道食用，其味道格外鲜美。

大多数喀麦隆人喜爱用手抓饭吃。进餐时，每个人面前备有两杯水，一杯供饮用，另一杯是用来饭前洗手的。一盆主食，一盆菜肴，放在一张席子上。一家人围坐四周，每一个人用左手按住饭盆边沿部位，用右手食指、中指和大拇指将主食捏成团状，放进菜盆里滚一下，夹着一块肉或者一块鱼，放进嘴里食用，动作干净利落，可做到饭菜不沾手指、不洒在席子上。

喀麦隆人的住房根据气候、建筑材料和生活方式的不同有着很大的区别，从俾格米人和游牧民族的临时性草棚到南部或沿海城市的多层楼房。

北方的游牧民族建造那些可以快速拆除、便于运输、重新搭建的轻型建筑。这些建筑呈蜂窝状或半圆形，用柔韧性的柱子、杆子作支撑，上面铺上席子、树叶或者黍杆。临时性的草棚晚上用席子或者布条缝制的防蚊网遮住门口。家人并排睡在木制的大床上，棚内只有瓷盆、磨黍子的臼、凳子等简单的家具。

　　定居的富拉尼人住在有永久性住房的村子或城镇中。他们的住房分为两种：要么是圆形的泥屋盖上圆锥形的茅草屋顶，要么是矩形的土砖屋体配上平屋顶 。一般而言，一个大家庭由几间这样的屋子围成一个院子组成，外边是泥墙或草席围成的篱笆。院子的入口处建有一个门卫间，用于接待来访者，客人若是年长的未婚的儿子可以在此处过夜。在院子里，家长和她的妻子们各有一间屋子，妻子的屋里住着她的女儿和年少的儿子。单独的屋子有老年人的屋子、厨房和仆人房。在每间屋子后面都挖有浅沟，还有用席子遮蔽起来的厕所。在屋外，放置一个大罐用来储水。富拉尼人的家具非常简单，床是用细杆做的架子铺上席子而成，白天还可以当作椅子。只有酋长才有扶手椅，有的还有从姆布姆和巴亚买来的小木凳。富拉尼男人的床边一般放置一个衣柜或衣箱，他们还有挂在屋顶的武器，有的还有《古兰经》或写有《古兰经》译文的木匾。富拉尼妇女将她们的东西挂在屋顶的网兜里，或者放在啮齿类动物够不着的架子上。

　　阿达马瓦高原上的其他部族如姆布姆、杜鲁和巴亚人，住在宽大的圆形或者矩形的棚屋中，屋顶用草铺成呈金字塔形或圆锥形。几间棚屋组成一个家庭，外围用草席当篱笆。在较大的村子里，村民们经常围绕一个较大的露天广场建造院落。在棚屋里，一个齐肩高的隔离物将屋子一分为二，一间用来睡觉，一间当做厨房或者储藏间。男人睡在富拉尼式的床上，妇女和儿童睡在地上铺的草席上。屋内除了一些小凳子，几乎没有其他家具。

　　北方山区的人们经常栖息在陡峭的岩石上。他们的屋子很小，直径不超过两米，用石头砌墙配上高尖形的草屋顶。妇女和成年子女居住的房屋和厨房、粮仓、畜圈是互相连接的。那里没有内部院落，入口非常复杂，只有穿过家长居住的房屋方能进入，而且大门只有 20 英寸宽。每一个妇女都有自己的谷仓（高3 英尺，直径 4 英尺），仓顶堆积石头用来防潮和防蚁。仓内分成三部分，分别储藏不同的粮食。家长也有自己的粮仓，当妇女们粮食短缺或缺现金需要卖粮食时才可动用。

西部高地巴米累克人的住房面积一般有 12 ~ 15 个平方英尺，墙壁大多用枝条编制再涂抹上泥，也有用泥砖砌成，顶部是圆锥形的茅草屋顶。它们经常被涂抹上红、黄、灰或白色，装饰上彩画。屋门大约有 5 英尺高、5 英尺宽。屋檐和内部都有巧妙的雕刻。屋顶的设计有时超过屋墙，用木柱支撑。巴米累克人居住在比较小的、分散的群体中，每一个家庭周围都有院子、田地和果园。最有特色的是有这样一间屋子，在地面和屋顶之间有一个谷仓，可以使用梯子爬上去。在妇女的房屋内，做饭的器具被放在竹架上；屋子的中间是土灶，大约 8 英寸高，用 5 块石头堆成，上面放着一个煮饭的瓦罐；在墙的一边放着一张椰棕叶铺成的木床。他们的家具有凳子、篮子和平坦的磨石。大家庭一般由10 ~ 12 间屋子组成。

酋长和其他著名人物居住的房屋的特色主要表现在有中间通道。两侧是妇女的房屋，可以通向酋长或家长的房间，屋子的外墙成为围墙的一部分，紧邻的两间屋用泥砖或棕榈席隔开。

南部林区的住房一般呈四方形，有两侧的草屋顶。男人的屋子由木架和酒椰棕叶盖成，女人的屋子用木架、树枝条和泥土盖成。房子经常被涂上绿色、蓝色、橙色，有时装饰上图画。每套房屋平均25 英尺长、12 英尺宽，有 3 到 5 个房间组成。新式的房屋由专业泥瓦匠建造，用砖砌墙，用水泥铺地。20 世纪 70 年代，在帕胡因人居住的地区，大约由 10% 的人的住房是现代结构，有门窗和铁皮屋顶。

帕胡因人的住房要么沿着道路呈条状分布，要么聚集在一块中央广场周围，聚会的屋子要有柱子支撑的屋顶。男人的房子紧邻广场，女人的房子一般在他们男人的房子的后面。在林区，房屋的特征是既没有牛棚，也没有粮仓。

在沿海地区，木质框架的房屋通常覆盖着木屋顶，也有用波状铁皮作屋顶的。居住在伍里河和萨纳加河之间的渔民用酒椰棕骨、棕叶搭建了棚屋，每年12月到次年5月捕鱼季节居住在这里。

南方的俾格米人居住在小草棚里，他们在地上用有较强黏性的树叶围成圆形，再将树叶的上端用一种草紧紧扎牢。他们也建造椭圆形的避身所，用棕榈叶或芭蕉叶作屋顶，这种草棚一天就可建成，可以使用半年。

南方城市的住房建设发展很快，市中心一般都有高层建筑和现代公寓。但大多数市民生活在非常拥挤的郊区，他们的住房是土和木头建造的传统建筑。这些住房没有现代卫生设施，居民使用公共喷泉。在一些地区，条状的村子已经和郊区融合为一体。

3. 服饰、文面刺身、头饰文化

喀麦隆是个多部族国家，从人们的着装上就可以区分他们所属的部族和宗教信仰。

富拉尼人是个游牧部族，男人着装非常简单，只有一件长达膝盖的上衣和适用于在草地敏捷行动的紧裤管的袋形裤子，头顶红土耳其帽，手拿赶牲口的棍子，有时候还有一把短剑；妇女身穿宽罩衫，腰间围着一块腰布，从左肩到右臂下也围着一块布，佩戴手镯和耳环。巴蒙族深受穆斯林文化的影响，在服装方面表现得特别显著，男人的裤子以及窄条和方块的料子上都有刺绣。威德昆族人在欧洲人和传教士到来以前，男人围着粗糙的树皮腰布，这种树皮腰布是用红木树的红色颜料染成的；而妇女则在身后披树叶，身前加穗饰来遮住私处。这种穿戴方法在喀麦隆其他许多部族中也很普遍。随着欧洲人的到来和受外界的影响，在人民中流行着各式各样的服装。威德昆族男人的服装，从短的腰布和无袖衬衣发展到穿上衣、裤子和长袍；女人的服装，从齐膝的裤子（通称翁多）发展到穿上衣、裙子和宽罩衫。现在男人中最普通的服装（特别是在恩格巴氏族的男子当中）是模仿巴利族和提卡尔族的一种刺绣很多的长袍，配上一条两边分开的四尾裙和一顶黑色拉菲亚便帽，或配饰有无数一寸左右短穗的棉布帽，有时也戴刺绣得很好的本地棉布帽。巴利族男人传统的服装是一种刺绣得很好的长袍，围绕腰间扎上一条分成两片的裙子，再配上一顶便帽，有时在脖子上挂着一串珠子，手腕上戴着象牙手镯；妇女着一块块折叠的布，前后约 6 寸宽。上述服装的样式现已不再流行，仅仅在传统的节日里才可以见到。

喀麦隆的威德昆族人、恩莎人、莫加莫族人有着文面的风俗。传统的刺法是顺着男人和女人的前额中心刺一条向下垂直的线。威德昆族人还在女孩和青年妇女嘴的两边刺文，有时也在两颊上刺文。现在，人们的脸上文着各种奇形怪状的图案，有的是几条横向刀痕，有的是一个五角星，有的是几个三角形状，有的甚至是公鸡或者蝎子的图案。不同的图案具有不同的含义，外来人既难于弄明白，也难于打听清楚，这是非洲人的祖传秘密，绝对不向外人透露。

在喀麦隆的一些部族（如威德昆族），青年男子和妇女还流行着挫牙的爱好，中老年妇女还在她们的胳膊和肚皮上文身。

在喀麦隆的甸芒德姆，有人把水果用于装饰头部，即把水果插挂在头发上。他们一般都用较小的水果，如甜莓、苹果、椰果、香蕉等。这种果饰既可用整只的水果，也可用一部分切割下的水果，还可将各种水果交叉镶嵌。他们往往用一种叫酒米果的果汁将新鲜水果浸泡后再插挂，以防插挂的水果变色。这样做的一般是妇女，特别是未婚的姑娘，但有一些老妇人和男子也如此装束。男人一般选用一只香蕉或一只椰果，放在头部中央，同头发结扎在一起，非常好看。姑娘头上的果饰，还可送人食用。能够吃到姑娘头上的果饰的年轻人一定是被姑娘

50

选中的对象。

4. 婚丧及节日习俗

在喀麦隆，铁匠被人们看成有控制风、火、水等自然因素的伟人，铁匠死后，全村要停止劳动一天。

在巴米累克族中流传着一种观念，认为人的死亡并不意味着生命的结束，死者将通过其继承人而继续生存，因此，死亡并不是悲伤的事，而是值得欢庆的"喜事"。酋长去世要组织全村人参加盛大的晚宴，以示庆祝。酋长的墓要安放在一个大圆坟内，坟内放一木制宝座，让其尸体端坐在宝座上，将土埋至头顶。一两年后再取出酋长的头骨，安放在豪华的大厅内做祭器，相传酋长的头骨能观察、通晓、判断一切，是酋长继续活着的象征。

基尔蒂人尊重勤劳勇敢的牛。男子求婚以牛为聘礼，数量可达 10 头之多。男人每年都要喝一阵子牛奶，借此表达对牛的厚爱之情。

居住在喀麦隆高原到乍得湖沿岸的游牧部族颇尔族人，每年11 月份举行霍顿戈节，它意味着人们放牧后平安归来。庆祝活动要持续数天，其中最有特色的庆典活动是牧畜大检阅，浩浩荡荡的牛群、羊群通过主席台的场面十分壮观。届时还有艺术家表演热烈欢快的舞蹈。霍顿戈节也是颇尔族青年男女互相求爱的日子。

二 节日

独立日：1 月 1 日（1960 年）；青年节：2 月 11 日；开斋节：2 月 21 日；耶稣受难日：4 月 5 日；复活节：4 月 8 日；劳动节：5 月 1 日；基督升天日：5 月 16 日；国庆日：5 月 20 日（1972 年）；全国团结日：12 月 10 日；圣诞节：12 月 25 日。

表 1 – 8 喀麦隆法定假日

节　日	时　间	假　期
新年	1 月 1 日	1 天
青年节	2 月 11 日	1 天
开斋节	2 月 21 日	1 天
耶稣受难日	4 月 5 日	1 天
复活节	4 月 8 日	1 天
劳动节	5 月 1 日	1 天
基督升天日	5 月 16 日	1 天
国庆节	5 月 20 日	2 天
全国团结日	12 月 10 日	1 天
圣诞节	12 月 25 日	1 天

第二章

历　史

第一节　古代史

一　喀麦隆古代文明研究

1. 古代文明研究概况

根据现有的历史资料，很难找到喀麦隆上古时期的有关记载。对这一地区的了解主要是随着 15 世纪以来的西方殖民活动开始的。根据联合国教科文组织编写的《非洲通史》①，关于"古典时代的撒哈拉"中，"撒哈拉的初史时代包括'卡巴林'末期和'利比亚－柏柏尔'时期的一部分"，但是，"这两个时期的确切年代都无法测定"，因此对该地区的初史时代的确切年表无法排列。

撒哈拉地区一些有证可考的历史主要和希腊—罗马的历史有关。即使这样，对于古代喀麦隆的历史记载，也是少之又少。一方面这是由于该地区缺乏信史：既缺少流传下来的文字资料，同时也由于喀麦隆地区的热带雨林气候使得在该地很难找到保存下

---

① 联合国教科文组织《非洲通史》国际科学委员会、G. 莫赫塔尔主编《非洲通史·第二卷·非洲古代文明》，中国对外翻译出版公司，1984。

来的考古材料；另一方面，对于早期该地区的记载在其他地区的文献中也很少。因此，联合国教科文组织对喀麦隆的研究也是放在对撒哈拉以南非洲的"古典"纪年标准下来进行的。

对喀麦隆最早的记载是公元前4世纪上半叶迦太基人汉诺的《回航记》中对对喀麦隆的认识。"传统的历史学家都乐于认为迦太基人了解整个西非海岸远及喀麦隆的情况。"① 但《回航记》中的故事却受到后来一些学者的质疑甚至否定："精细的语言对比方法展示了《回航记》上的故事只不过是对公元前5世纪希罗多德对撒哈拉以南非洲所作记录的一段文字的拙劣抄袭，因而纯属伪造"。② 此外，到了近代，在喀麦隆北部博尔努统治者的历史文献中对喀麦隆北部的一些政治、文化生活有了一些记述，但是这些记述对了解喀麦隆地区居民的社会生活还是很有限的。③

随着20世纪后期以来的考古发现，人们对喀麦隆史前时期有了一些新的认识。尽管在西非还没有发现像东非和南非那样的早期人类或人类祖先的遗骸，也没有发现相应的早期人类使用的工具。但是有学者认为，在西非，包括喀麦隆所在的地区，在某些条件适宜的地区一定存在着古人类的生存遗址或古人类化石。曾经在拉诺西南方偏西200公里处发现的古人类头骨碎片说明了这一点。发现的头骨碎片经考证后，被定名为乍得女性猿人。起先被认为是南方古猿，后来认为更接近猿人。这些

---

① 转引自联合国教科文组织编写《非洲通史》国际科学委员会、G. 莫赫塔尔主编《非洲通史·第二卷·非洲古代文明》，第402页；P. 撒拉马《古典时代的撒哈拉》（中文版），中国对外翻译出版公司，1984。

② 转引自联合国教科文组织编写《非洲通史》国际科学委员会、G. 莫赫塔尔主编《非洲通史·第二卷·非洲古代文明》，第403页。

③ I. 赫尔贝克："十五世纪以来的文字资料"，联合国教科文组织《非洲通史》国际科学委员会、J. 基－泽博主编《非洲通史·第一卷·编史方法及非洲史前史》，中国对外翻译出版公司，1984，第95页。

头骨显示出向直立人这一更进步阶段发展的清晰迹象：脑容量为 850～1300 毫升。[1] 这些发现说明，喀麦隆地区有可能存在早期的人类。

来自大西洋的西南季风长期影响着喀麦隆的气候，带来了喀麦隆的丰富降雨，尤其是海岸地带和喀麦隆山面向海的高地，因此在从海岸往东并向南延伸到刚果盆地一带有着茂密的森林。这种丰富的降水气候非常不利于古人类化石的保存。但是，根据现有发现被称作奥杜瓦伊的石器（以坦桑尼亚奥杜瓦伊峡谷命名，石器主要由卵石和石块制成，这些石器多为被敲成 3～12 厘米长的切割工具）。在非洲许多地方发现的迹象显示，制造这类工具的早期人类很有可能散居在非洲茂密大草原地带的大部分地区，包括喀麦隆所在的部分地区。[2]

2. 喀麦隆历史阶段的划分

历史的编写方法应该力图反映新的时代要求，全球化在当今成为与人类日益密切的话题，编写一国的历史首先应该把它放在全球的角度来考察，放在整个人类历史发展的角度来考察。喀麦隆的历史不仅是自身的发展史，同时也和人类的发展密切相关，对喀麦隆历史阶段的划分也应该反映出它在全球融合中的进程和作用。

按照马克思主义历史学家对世界历史的分期，古代相当于原始社会和奴隶社会阶段，中世纪相当于封建社会阶段，近代相当于资本主义阶段，现代则是指俄国十月社会主义革命为开端的新

---

[1] 联合国教科文组织编写《非洲通史》国际科学委员会、J. 基－泽博主编《非洲通史·第一卷·编史方法及非洲史前史》，中国对外翻译出版公司，1984，第 455 页。

[2] 联合国教科文组织编写《非洲通史》国际科学委员会、J. 基－泽博主编《非洲通史·第一卷·编史方法及非洲史前史》，中国对外翻译出版公司，1984，第 456 页。

时期。

对于喀麦隆历史阶段的划分，本书将以联合国教科文组织编写的《非洲通史》为规范，以 15 世纪为界，把非洲分为 15 世纪以前的历史和之后的历史。这样的划分，一方面是因为 15 世纪之后，随着西方殖民者在该地区的活动，对该地区开始有了文字的记载；另一方面，由于西方殖民者的入侵，喀麦隆地区社会发展的自然进程受到破坏，喀麦隆社会的发展和西方的殖民活动紧紧地联系在一起，喀麦隆的发展伴随着资本主义在全球的扩张开始进入普遍划分的近代史阶段。

基于此，对喀麦隆上古历史的回顾，主要是对该地区早期居民的生产、生活的考证。位于中西部非洲的喀麦隆，其早期的历史，确切地说属于人种学发展的领域。虽然在欧洲殖民者到来之前，喀麦隆的社会经济和社会制度就有了一定程度的发展，并有了国家的雏形，其社会处于奴隶制度或者封建制度早期。但是由于有关的历史资料流传甚少，对这一时期的研究介于历史学和人种学之间，主要考证其人种流动、变迁的历史。尼日利亚河流域和乍得湖地区是非洲古代人类发展的重要地区，目前对这两个地区的研究有了很大的发展。而作为毗邻者的喀麦隆，其古代人类的发展受这两个地区文明发展的影响很大。因此，这两个地区已有的研究成果，也为研究喀麦隆古代人类的发展提供了必要的参考资料。随着西方殖民者的入侵，喀麦隆的历史和现代西方国家的历史紧密地联系在一起了。因此，本书对喀麦隆近代以来的研究，主要是通过对欧洲人在该地区的殖民活动来反映的。19 世纪末期，相继进入帝国主义发展阶段的西方列强开始了瓜分非洲的狂潮。德国把喀麦隆变成了它的保护国，并开始了德国的殖民统治；其后，英、法一度统治喀麦隆。直到第二次世界大战结束，喀麦隆一直处于帝国主义的殖民统治之下。这一时期，喀麦隆的社会处于完全的殖民地状态，也是喀麦隆的现代史时期。这一时期，喀麦隆的历史既是欧洲列强的殖民史，也是喀麦隆人民在现代西方殖民国家统治下逐步发展、壮大并进行反抗殖民统治，争取国家独立的历程。从社会组织形态来看，该时期喀麦隆的社会组织有了较快的发展。喀麦隆人民通过反对殖民统治的斗争，于1960年独立，建立了自己的民族国家。喀麦隆历史进入了新的发展时期。

二　喀麦隆古代文明

1. 史前时期的自然环境

早　在寒武纪以前，非洲就形成了岛基台地的巨大面积，这种地质覆盖了非洲大陆表面的大部分地区。经过长年累月的风雨侵蚀，这种由沙状物质组成的台地逐渐变平，地平线以下的沉积层或厚或薄高低不平。在喀麦隆所在的地区，前寒武纪台地的露头范围内，原始性的砂岩形成一个接触变质带。第二纪中，从侏罗纪直到创新纪，在沿海地区和内陆盆地都聚积了海洋系列。在第三纪，由于阿尔卑斯造山运动的爆发高潮，更加猛烈的垂直运动造成了东非的巨大断裂，形成了由断层作为脉络的南经线长长的断裂——断裂峡谷。由于几内亚湾底部的断裂处火山活动频繁，最终形成了喀麦隆的高峨的山峰。[①] 在第四纪的早期，喀麦隆赤道附近的森林地带相对比较干燥。[②] 约公元前75000～公元前1万年前，喀麦隆所处的地区曾经有过一段半干旱时期，由于气候变化，该地区成为干燥林地草原，在1万年到

---

① 联合国教科文组织《非洲通史》国际科学委员会、J. 基－泽博主编《非洲通史·第一卷·编史方法及非洲史前史》，中国对外翻译出版公司，1984，第234页。

② 联合国教科文组织《非洲通史》国际科学委员会、J. 基－泽博主编《非洲通史·第一卷·编史方法及非洲史前史》，中国对外翻译出版公司，1984，第251页。

5000 年前又处于潮湿气候，草原逐步转为稠密的森林，森林覆盖了喀麦隆境内的大部分地区。距今 5000 年前，当中非地区的气候又变得干燥时，林地草原开始扩大。[1]

由于喀麦隆南部属于热带雨林气候，北部为热带草原气候，喀麦隆火山山麓年均降水量达到 9000 多毫米，是世界上降水丰富的地区，因此，良好的自然环境为喀麦隆早期的人类繁衍创造了良好的自然环境。[2] 史前时期，喀麦隆丰富的气候资源为大量的野生动物提供了良好的生存场所，在喀麦隆的草原地带生活着大量的野生动物，其中有狮子、豹子、非洲豹猫等，在茂密的森林地区有丛林野猪、巨型森林猪、大羚羊、大无尾猿、大猩猩和中非鹿等。

2. 石器时代

由于喀麦隆境内长期以来的湿润气候，考古学家认为在该地区很难找到保存下来的人类骨骼化石，因此，对该地经过加工的史前石器的发现就成为证明喀麦隆境内早期人类生存的重要依据。

在旧石器时代，喀麦隆境内主要存在奥杜瓦伊文化和阿舍利文化。近年来，在喀麦隆境内的许多地方发现了一些散布很广的经粗糙打磨的卵石样品[3]，它们被认为属于史前时期的奥杜瓦伊石制工具（奥杜瓦伊工具是根据在坦桑尼亚塞伦盖蒂平原的奥

---

[1] 联合国教科文组织《非洲通史》国际科学委员会、J. 基 - 泽博主编《非洲通史·第一卷·编史方法及非洲史前史》，中国对外翻译出版公司，1984，第 407 ~ 419 页。

[2] 联合国教科文组织《非洲通史》国际科学委员会、J. 基 - 泽博主编《非洲通史·第一卷·编史方法及非洲史前史》，中国对外翻译出版公司，1984，第 251 页。

[3] 联合国教科文组织《非常通史》国际科学委员会、J. 基 - 泽博主编《非洲通史·第一卷·编史方法及非洲史前史》，中国对外翻译出版公司，1984，第 399 页。

杜瓦伊峡谷存在一层阿舍利时期[①]以前的石器，因此把它称为奥杜瓦伊工业。而阿舍利文化时期是非洲考古中的一个重要断代时期，其文化特征主要是石器，包括打制和磨制的石器），成为喀麦隆境内史前时期人类生活的重要考古发现。那些从岩核上面敲下来的石片，"或者按原样使用，当作万能工具，或者经过加工修整当作侧刮器和端刮器。"[②] 而这些都证明了喀麦隆地区史前居民在使用劳动工具方面有了很大的进步。根据考证，非洲人类早在 6 万年前就已经使用火。[③] 随着喀麦隆古代人类对火的使用，他们生活的条件得到了改善。人们利用火来烧死潮湿森林中不堪火烧的树种，经过几个世纪的发展，土地的种植面积扩大了。在第四纪的早期，在喀麦隆区域出现了植物栽培，特别是培育了重要的作物薯蓣和油棕。虽然，当地原始人的主要食物来源还是依靠在自然界的采摘，但是作物培育法的出现意味着该地区早期人类和他们的群落之间出现了新的生产关系，意味着喀麦隆早期人类开始通过劳动改变了生活条件。在喀麦隆的一些地方竖立着少许耸立的石头，这被考古学家认为是非洲石器时代的产物（约公元前五六千年前）。约在公元前 3000 年，在尼日尔河与贝努埃河流域附近地区出现了以精致赤陶雕塑为特

---

① 阿舍利文化（Acheulian）：源于法国北部索姆河谷的圣·阿休尔。这是旧石器时代初期的主要文化复合物，它从民德冰期持续到里斯 – 武木间冰期的结束。最典型的特征是一种比阿布维尔文化更加规整而且是用木制或者角制的软锤敲打的两面器。阿布维尔文化（Abbevillian）：以法国北部索姆河谷的阿布维尔定名的工业复合物，其特征是存在用硬石锤打以去掉大石片的两面器。这一复合物是在欧洲定名的，在欧洲，它相当于旧石器时代初期的开始。

② 联合国教科文组织《非洲通史》国际科学委员会、J. 基 – 泽博主编《非洲通史·第一卷·编史方法及非洲史前史》，中国对外翻译出版公司，1984，第 411 页。

③ 联合国教科文组织《非常通史》国际科学委员会、J. 基 – 泽博主编《非洲通史·第一卷·编史方法及非洲史前史》，中国对外翻译公司。

征的诺克文化。

　　喀麦隆地区从旧石器时代到新石器时代经历了较长的时间。喀麦隆古代居民在漫长的生产劳动中逐渐学会了使用打磨的石器。考古学家在喀麦隆境内发现的一些新石器时代工具主要是由一些不易加工的岩石制成。虽然这些石器的制造工艺比较粗糙，但是这说明约在公元 160～600 年期间，当时的喀麦隆人已经学会了石器打磨技术。此外，考古学家还在喀麦隆海岸外的费尔南多波岛上发现了陶器和磨光的石斧，而这些被鉴定为公元 7 世纪的器物工具，直到近代当地居民仍然在使用。[①] 喀麦隆古代人类还在生产劳动中创造出自己的艺术。在喀麦隆北部的比扎尔有一处遗址，从中发现了一些水平岩石板上的石刻，由于雨水冲蚀，已经残缺难认。大部分图形是几何形的，显示出大小不同的圆圈。它们有的是单幅图形，有的是成组图形。这是迄今发现的喀麦隆史前文化艺术的重要标志。[②]

　　在晚石器时代，喀麦隆北部地区的粮食作物有了很大的变化，被认为是尼日尔河地区培植的稻子代替蓣薯成了主要的作物。制陶和磨光石斧的技术有了进一步的发展。[③] 由于喀麦隆地区的热带雨林气候，夏季降雨区很不适合谷物的生长，喀麦隆古代居民培育出了一些适合本地生长的野生禾本科植物，如蓣薯等，并从经过培育的油棕树获取果实作为辅助食物。这种有效的

---

①　联合国教科文组织《非洲通史》国际科学委员会、J. 基－泽博主编《非洲通史·第一卷·编史方法及非洲史前史》，中国对外翻译出版公司，1984，第 417 页。

②　联合国教科文组织《非洲通史》国际科学委员会、J. 基－泽博主编《非洲通史·第一卷·编史方法及非洲史前史》，中国对外翻译出版公司，1984，第 406 页。

③　联合国教科文组织《非洲通史》国际科学委员会、J. 基－泽博主编《非洲通史·第一卷·编史方法及非洲史前史》，中国对外翻译出版公司，1984，第 463 页。

食物来源，促进了喀麦隆地区人口的增长。

3. 铁器时代

基于"在非洲撒哈拉以南地区没有青铜器时代"[1]，喀麦隆也没有经过青铜器时代。该地区居民最早使用的铁器是从其周围地区传入的。早在公元前 5～前 3 世纪，尼日尔河流域的塔鲁加（位于今尼日利亚乔斯高原）就建立了熔铁设施，人们开始掌握冶铁技术。随着铁器在尼日利亚地区的使用以及沙漠地区柏伯尔游牧人口的流动，铁器逐步传到了喀麦隆北部。有考古学家认为，这一时间大概在公元 900 年左右。[2] 铁器在喀麦隆的使用，促进了当地的农业生产。同时，由于对自然环境的改变，喀麦隆地区的居民和境外地区居民之间联系的交通条件也得到了一定的改善，这为后来班图人向南迁徙提供了重要的条件。喀麦隆地区丰富的自然资源为这里的人们获取丰富的水果和根茎作物提供了重要来源。新的作物的培养促进了食物的增加，进而促进了喀麦隆地区人口的增长。[3] 根据卡尔·桑德斯的研究，到公元 1650 年为止，非洲已经有 1 亿人口，成为仅次于亚洲的人口大洲。特别是在喀麦隆所在的中西非地带，人口的增长为西方殖民列强进行 400 年的奴隶掠夺提供了重要的资源。[4] 生活在喀麦隆境内热

---

[1] 联合国教科文组织《非洲通史》国际科学委员会、G. 莫赫塔尔主编《非洲通史·第二卷·非洲古代文明》，中国对外翻译出版公司，1984，第 422 页。

[2] 联合国教科文组织《非洲通史》国际科学委员会、J. 基－泽博主编《非洲通史·第一卷·编史方法及非洲史前史》，中国对外翻译出版公司，1984，第 405 页。

[3] 联合国教科文组织《非洲通史》国际科学委员会、J. 基－泽博主编《非洲通史·第一卷·编史方法及非洲史前史》，中国对外翻译出版公司，1984，第 251 页。

[4] 联合国教科文组织《非洲通史》国际科学委员会、J. 基－泽博主编《非洲通史·第一卷·编史方法及非洲史前史》，中国对外翻译出版公司，1984，第 248～250 页。

带草原的富拉尼人，由于长期的牧业活动，他们培养出了可供饲养的小牲畜。长期以来，这些部族常年驱赶着牲畜逐水草而居，过着游牧生活。对以牧业为生的民族而言，最大的危害是热带地区的萃萃蝇，这种棕色的蝇子是昏睡病的主要传播者，昏睡病能使被叮咬的人、畜昏睡，这严重地制约了牧业的发展。此外，炎热而潮湿地区的疟蚊也是影响喀麦隆地区各族人民生活的重要危害因素。

4. 古喀麦隆人种的变迁

语言学家通过语言来研究分析人种的迁移是研究撒哈拉以南地区民族迁徙、繁衍的重要手段。此外，由于缺少信史，口头传说也是推断古代社会发展的重要研究途径。关于喀麦隆境内人种的发展，通过近年来的研究，可以推断，古代的喀麦隆居民在人类学上主要分为两种。一种是最初生活在喀麦隆北部地区的古喀麦隆人，他们在语言上属于古代班图语系，是尼格罗人中的一支。根据研究非洲语言的学者的认定，喀麦隆是班图人原始语言的起源地："所有班图人的原始语言起源于今日尼日利亚贝努埃河上游与喀麦隆毗邻的地区内"。[①] 由此可以断定，喀麦隆北部曾是早期班图人栖息、生活的重要区域。古喀麦隆北部的班图人是主要靠从事狩猎和采集为生的族群。有些学者甚至推断，在原始班图人扩散以前，他们已经学会打铁。[②] 此后，由于撒哈拉地区的气候变化，环境日益干旱，以及撒哈拉 – 苏丹尼格罗人的南移、挤压，生活在喀麦隆北部的原始班图人约在公元前 1000 年开始了第一次南迁，扩散到刚果盆地

---

① 葛公尚：《班图人的起源》，《西亚非洲》1981 年 6 期，第 44 页。
② 联合国教科文组织《非洲通史》国际科学委员会、G. 莫赫塔尔主编《非洲通史·第二卷·非洲古代文明》，中国对外翻译出版公司，1984，第 419 页。

和东非大湖区等地。① 另一种是居住在喀麦隆南部森林中的俾格米人。当时的热带和赤道森林覆盖面积比现在要大得多，由于气候极端潮湿，而且由于森林中光照极不充分，在这种特殊的环境中，俾格米人的体形发生了很大的变化，他们成为世界上最矮小的人种之一。随着喀麦隆北部的班图人大量南迁，生活在赤道森林中的俾格米人逐渐被进入森林的身材高大、说班图语的族群所替代。俾格米人被赶到伊图里和韦莱的森林最密最远的地区。②

随着古代喀麦隆北部地区气候的恶化，生活在这一地区的居民出现了南迁和北移。当时生活在乍得湖南部地区的富拉尼人把同一地区的布米人和杜鲁人赶到了阿达马瓦最贫瘠的地区，把喀麦隆北部地区的基罗伊人赶到曼达腊山脉的花岗岩地带。由于土地贫瘠，这些族群维持生活的劳动量增加，但这也促进了他们原始工具的进一步发展。③ 在班图人南迁过程中，由语言为主要文化代表的各部族进行了大融合，"东阿达马瓦族群东部语族的最古老语言受到了其他各种语言的侵蚀。俾格米人主要采用了中苏丹的语言"，而在"其他地方，班图语成功地取代了土语，或正在取代过程中"。④ 这期间，喀麦隆土

---

① 联合国教科文组织《非洲通史》国际科学委员会、G. 莫赫塔尔主编《非洲通史·第二卷·非洲古代文明》，中国对外翻译出版公司，1984，第419页。

② 联合国教科文组织《非洲通史》国际科学委员会、J. 基 - 泽博主编《非洲通史·第一卷·编史方法及非洲史前史》，中国对外翻译出版公司，1984，第204~205页。

③ 联合国教科文组织《非洲通史》国际科学委员会、J. 基 - 泽博主编《非洲通史·第一卷·编史方法及非洲史前史》，中国对外翻译出版公司，1984，第53页。

④ 联合国教科文组织《非洲通史》国际科学委员会、D. T. 尼昂主编《非洲通史·第四卷·十二世纪至十六世纪的非洲》，中国对外出版翻译公司，1984，第453页。

著族群的社会经济交流增多，主要从事狩猎的俾格米人和从事农业、渔业的部族交换渔产品以及陶器、蔬菜、肉类和工具等。随着铁器的使用，农业有了进一步的发展，除蒴薯外，一些黍类作物也培养出来，香蕉、甘蔗、豆子、花生等作物出现了，渔业和可饲养动物也有了发展，山羊、鸡、绵羊等大量饲养，处于林区和热带草原地区的喀麦隆居民的主要食物是香蕉和薯类食品。

5. 氏族社会

公元 11 世纪时，喀麦隆境内的手工业技术有了很大的发展，冶铁、制陶、加工海盐等手工业较发达。由于手工业的发展，部门生产者之间的交换贸易相应地有了很大的发展。喀麦隆南部森林中的俾格米人常用猎物换取箭镞以及盐等。在欧洲人到来之前，杜阿拉人就经常从事一些地区性贸易。随着原始商业的发展，原始货币也开始出现。12 世纪之前，喀麦隆境内的一些族群已经进入了母系氏族社会①，到 12 世纪时，喀麦隆地区由于铁器的使用，大量的原始森林遭到砍伐，狩猎和采集经济向农业经济转化，喀麦隆地区定居人口大增。随着经济的发展，喀麦隆境内的居民开始形成以世系氏族为基础的独立居民点，虽然没有形成统一的中央政权的社会，但是许多氏族的若干世系相伴而住，并彼此之间保持完全的独立，每一氏族都开垦一块或大或小的土地耕种，农业技术还比较原始，有些地区已经出现了建立在若干氏族部落基础上的中央政权。氏族社会信奉祖先神灵，认为族人的幸福由神灵保佑。氏族首领是介于氏族成员和神灵之间的特殊人物，由他代表全族侍奉祖先

---

① 联合国教科文组织《非洲通史》国际科学委员会、D. T. 尼昂主编《非洲通史·第四卷·十二世纪至十六世纪的非洲》，中国对外出版翻译公司，1984，第 453 页。

神灵。①

　　15 世纪时，有些族群已经开始实行父系氏族制度。随着父系氏族制度的发展和族群的扩大，逐渐形成了一些村落，随着血缘世系群体的发展，产生了作为村落首领的酋长，他们常代表神灵治理族人，并崇信巫术，代表族人举行祭祀，享有一定的特权。公元 1500 年之前，生活在喀麦隆森林中的族群已经开始从萨纳加河以北逐渐向喀麦隆南部迁移，迁移过程中出现了"恩库穆"的政治组织。②

第二节　近代简史（15 世纪～1884 年）

　　欧洲列强对喀麦隆的早期争夺，包括在该地区进行奴隶贸易、沿海地区设立商站以及同当地土著酋长签订保护条约等，虽然严重影响了喀麦隆社会经济的正常发展，但是并没有把喀麦隆完全纳入西方资本主义生产体系的范围，这一时期的喀麦隆的居民仍然处于传统社会的发展进程中。

　　一　西方列强在喀麦隆沿海地区的早期活动

1. 喀麦隆的"发现"

　　喀麦隆是随着西方国家的殖民探险活动开始逐步为世界所认识的。公元 15 世纪以来，随着西方国家航海探险的进展，喀麦隆这一濒临非洲西海岸的土地从被发现到被殖民

---

① 联合国教科文组织《非洲通史》国际科学委员会、D. T. 尼昂主编《非洲通史·第四卷·十二世纪至十六世纪的非洲》，中国对外翻译出版公司，1984。

② 联合国教科文组织《非洲通史》国际科学委员会、D. T. 尼昂主编《非洲通史·第四卷·十二世纪至十六世纪的非洲》，中国对外翻译出版公司，1984，第 462 页。

开始了漫长的发展进程。

早在 15 世纪末，葡萄牙人就到达喀麦隆沿海地区。1472 年葡萄牙人达·伽马率船队绕非洲航行时途经喀麦隆西海岸，船队成员还登上了斐南多波岛。随后，船队驶入现在的伍里河河口。在伍里河，船队成员还捕食了一种被认为是"龙虾"的鳌虾，并以此为名，称这条河（现伍里河）为喀麦隆河，意即龙虾河。16 世纪初，在葡萄牙人绘制的世界地图上就出现了以"喀麦隆河"命名的伍里河，这是最早有关喀麦隆地理的地图。之后，喀麦隆的名字得以沿用，并成为包括喀麦隆火山和木尼河区（前西属几内亚）之间的整个沿海地带的通称。

15 世纪以后，伴随西方殖民者的相继侵入，喀麦隆的名字也发生了相应的演变，葡萄牙人称它为"Cameroes"，德国人称它为"Kamerun"，法国人称它为"Cameroun"，英国人称它为"Cameroons"。现在原英属喀麦隆地区的人称它为"Cameroon"，原法属喀麦隆地区的人称它为"Cameroun"。[1]

随着葡萄牙对海外的殖民扩张，葡萄牙人开始在奥德雷河到喀麦隆河的海岸建立了补给站，作为过往船只停泊、获取粮食和燃料的据点。之后，商业也在这一地区发展起来，市场不断扩大，荷兰人、英国人、法国人和德国人都开始进入该地区，搜刮该地的象牙、棕榈和橡胶等产品运回欧洲。欧洲商人在搜刮当地产品的同时还在喀麦隆沿海建立了一些"商人区"。为扩大侵略，最初的欧洲殖民商人也向当地酋长交纳部分贡赋，以欺骗和笼络当地沿岸部族的首领，但随着奴隶贸易的兴起，喀麦隆沿海地区变成了奴隶贩子进行奴隶掠夺和贸易的重要地区。

---

① 恩格瓦：《喀麦隆联邦共和国地理概貌》，安徽师范大学外国地理翻译组译，安徽人民出版社，1976，第 9 页。

2. 奴隶贸易

公元 16 世纪以后，由于美洲新大陆开发的需要，欧洲殖民者开始在非洲掠夺劳动力，从非洲贩卖奴隶成为这一时期商业活动的重点。位于西部沿海地区的喀麦隆也成为欧洲殖民者猎奴的重要场所。

早在公元 1530 年以后，掠夺奴隶就在西非沿海普遍盛行起来。最初只是个别欧洲商人、冒险家、航海家或者一般海盗为了获利，在喀麦隆沿海进行掠捕喀麦隆沿海的部族人。16 世纪 80 年代后，欧洲殖民国家相继成立了一些专门从事奴隶贸易的公司，并对喀麦隆沿海地区进行有计划的掠捕奴隶和贩卖活动。随着奴隶贸易的兴盛，喀麦隆的杜阿拉港和伍里河口一带逐渐发展成为奴隶掠夺的中心。17 世纪中叶，荷兰人在喀麦隆河河口建立了一个贸易站。随着奴隶贸易的进一步扩大，在喀麦隆沿海地区掠捕奴隶的活动几乎都由各非洲公司包办，掠捕奴隶的来源地逐步向喀麦隆内地深入。到 19 世纪初期，喀麦隆的杜阿拉、比姆比亚和里奥德雷等地已经成为奴隶贸易的重要集散港口。

在长达 400 年的奴隶贸易中，葡萄牙、西班牙、法国、英国、美国和德国的商人们纷纷抢夺这份生意，在喀麦隆沿海地带大规模地搜掳这种人身商品。在此过程中，西班牙人攫取了斐南多波岛，以此作为他们集中自贝宁湾一带掳掠来的奴隶的主要据点之一。法国、德国和英国的商人则在喀麦隆沿海一带设立了半永久性的奴隶贸易站，主要基地都设在喀麦隆河河口。

贩卖奴隶的欧洲商人通过多种途径来掠夺喀麦隆的人口。一方面，他们自己组织力量对喀麦隆沿海一些部族人口进行掠捕；另一方面，他们还通过收买和挑拨喀麦隆各部族之间的关系，使他们发生战争，利用部族势力为欧洲人掠捕奴隶。欧洲殖民者把奴隶运往美洲卖给种植园主和矿山主后，从美洲购买皮毛、糖等物品运回欧洲。残酷的奴隶掠夺使喀麦隆损失了大量的人口，社会生产力受到了严重破坏。奴隶贸易给喀麦隆人民带来了深重的灾难，很多人在反抗或运送中惨遭死亡；一部分人为躲避被贩卖的命运流离失所，生活艰难。奴隶贸易严重地破坏了喀麦隆的社会经济发展。

殖民入侵、奴隶贸易打断了喀麦隆社会的正常发展，境内各部族人口受到严重损失。在奴隶贸易盛行的 300 多年中，喀麦隆的大多数部族都未能幸免于难，大量的精壮劳动力因掠捕和贩卖而丧失。特别是沿海地区的部族居民，由于早期殖民者对喀麦隆的占领主要在沿海地区，因此，这一地区的人口损失更为严重。

3. 英国在喀麦隆海岸地区的禁止奴隶贸易政策

英国是最先开始资产阶级革命的国家，随着英国国内资本主义工业的发展，英国对国际商品市场的需求也最先提上了日程。因此，英国一方面打着禁止奴隶贸易的旗帜，限制列强在喀麦隆等地区的奴隶掠夺，另一方面扩大和加强在喀麦隆的市场控制。早在 1772 年，英国宣布奴隶制在英国为非法；1776 英国议会通过了禁止奴隶买卖的第一个决议；1807 年英国人宣布奴隶贸易为非法，并在斐南多波岛驻扎舰船，企图禁止尼日利亚和喀麦隆沿岸的奴隶买卖。1827 年英国得到西班牙的许可，进占斐南多波岛，以此作为一支小舰队的基地，以便控制比夫拉湾和贝宁湾的奴隶外运。到 1830 年，英国在喀麦隆沿岸建立起若干合法的贸易站。1840～1842 年间，英国的贝克罗夫特上尉乘一艘贸易船沿克罗斯河和老卡拉巴尔河上行，对喀麦隆沿岸进行了考察，并同当地反对奴隶贸易的部族签订了反对奴隶贸易的协定。1841 年 5 月 7 日英国同杜阿拉和阿克瓦两个部族签约；12 月 6 日同卡拉巴尔的酋长"埃延比国王"和克里克敦的酋长"埃奥国王"签约；1842 年，英国领事同喀麦隆河地区的两个部族酋长签署了发展棕榈油和象牙贸易的条约，并且规定停止买卖奴隶。

英国禁止对喀麦隆地区的奴隶贸易，一方面符合英国工业资产阶级的利益，因为过度的人口掠夺严重地破坏了当地的经济发展，不利于已经进入工业时代的英国大量的商品输出，而让喀麦隆人从事当地的社会生产更符合英国的经济利益；另一方面，禁止对喀麦隆的奴隶贸易可以取得当地土著的认同，有利于英国在该地区的扩张。

4. 英国和西班牙对斐南多波岛的争夺

位于西赤道海岸的斐南多波岛属于赤道几内亚共和国，1973年改为马西亚斯恩圭马比约戈岛，它接近喀麦隆海岸的滩头阵地。1778年，西班牙从葡萄牙手中获得了斐南多波岛。奴隶贸易时期，西班牙人控制着该岛。随着扩张的需要，英国决定进入包括喀麦隆在内的中部非洲。1816年英国派遣詹姆斯·金斯顿·塔基上尉率领一支强大考察队，沿刚果河下游进行考察。但是由于热带病，考察队员损失惨重，为此，英国决定从尼日尔河周围的国家和地区向赤道非洲地区的国家渗透。于是，英国决定通过占领赤道海岸的斐南多波岛，继而占领喀麦隆海岸。1827年10~12月间，英国政府派遣的菲茨威廉·欧文上尉带领一支远征队占领了斐南多波岛，并在那里开辟了一个殖民地，声称将在此建立一个反对奴隶贸易的基地。由于英国在该岛的开发计划遭到了西班牙的反对，1843年2月西班牙派远征队重新占领了该岛。1843年3月，英国和西班牙达成妥协，双方承认：西班牙对斐南多波岛以及北纬1~2度之间的大陆的一块名为木尼河区的领土的保护国地位；英国在该岛的统治机构包括前任总督贝克罗夫特和其他殖民官员留任，代替西班牙行使管理权。1854年贝克罗夫特死后，西班牙人继任总督。至此，英国丧失了对该岛的行政管理权。

5. 维多利亚城的建立

7世纪以来，由于伊斯兰教的兴起，喀麦隆北部地区主要受伊斯兰教的影响。随着 15～18 世纪西方的殖民活动在喀麦隆西海岸的进行，基督教在喀麦隆沿海有了很大的传播。1800～1885年间欧洲传教热的兴起，推动了西方传教士由喀麦隆沿海向内地的渗透，这些传教士往往充当了西方列强殖民活动的探险者和开路人。

早在 1843 年，英国浸礼会教士艾尔弗雷德·萨克尔就来到斐南多波岛传教，但是遭到了已经定居在这里的天主教徒的反对。于是，艾尔弗雷德·萨克尔被迫转移到喀麦隆，在喀麦隆河附近的阿克瓦城开始传教。1843 年英国上尉艾伦的考察队乘坐"威尔伯福斯"号轮船勘探了阿姆巴斯湾和喀麦隆河。同年，萨克尔从姆比亚的巴克威里酋长们那里取得了一块长约 12 里的狭长形海岸租让地，命名为阿姆巴斯湾，并在此建立了一个传教据点。1858 年 6 月 5 日，西班牙的行政官与六个神父一同到达斐南多波岛，宣布天主教为该岛居民信仰的宗教。之后，原居住在该岛的一些英国传教士被迫离开该岛来到阿姆巴斯湾，萨克尔在阿姆巴斯湾建立了以英国女王命名的第一个永久性的欧洲人居留地——维多利亚城。

二　西方列强争夺下的喀麦隆

1. 列强对喀麦隆的争夺

19 世纪后期，随着西方列强在全球范围瓜分殖民地高潮的到来，喀麦隆也成为被瓜分的重点对象。这一时期，参与争夺喀麦隆的列强主要是英国、德国和法国。

19 世纪初，英国势力已经遍及喀麦隆沿海地区、杜阿拉和几内亚湾；到 19 世纪三四十年代，英国人已深入内地进行勘察，并在一名英国巡回领事的主持下，为杜阿拉的多部族贸易社会设立了一个"平衡法庭"。随着列强对喀麦隆渗透和争夺的加剧，一些当地的部族开始寻求英国的保护，1879～1884 年，喀麦隆当地的一些国王曾多次申请英国政府予以保护。1882～1883 年，杜阿拉的贝尔国王和阿克瓦国王（king Akwa）曾请求英国合并他们的领土。为寻求英国的保护，比姆比亚的比勒酋长威廉王（King William）甚至愿将他的一部分土地出让给英国。①

在英国拥有喀麦隆地区的优势的同时，法国和德国也并不甘落后，它们在积极开展商贸活动的同时，也在积极寻求时机占有喀麦隆。到 1870 年，法国人在喀麦隆沿海一带设立了一些贸易据点，并和当地的一些酋长签订了条约。

德国商业集团长期以来就活跃在喀麦隆地区。1864 年德国汉堡的魏尔曼公司在喀麦隆沿海设立商站。1870 年普法战争爆发后，德意志各邦实现了统一，加速了资本主义的发展，促使德国开始实施对外扩张政策。德国首相俾斯麦由不提倡建立殖民地变为鼓吹殖民扩张。在这种背景下，德国对喀麦隆的侵占要求也变得突出起来，德国的传教士、商人、冒险家在积极寻找进入喀麦隆的机会。

2. 喀麦隆的社会发展

喀麦隆的社会发展、民族进步是一个漫长而渐进的过程。在欧洲殖民者侵入喀麦隆之前，喀麦隆境内并没有形成统一的喀麦隆国家，喀麦隆境内的各族人民经历着社会的自然演进。在变为德国的保护国之前，喀麦隆土地上存在着很多处于不同历史发展阶段的小国。这些地区的人民经历了阶级社会的形成、发展和建立自己国家的阶段。这些自然发展的国家在随后的历史进程中一些国家消亡了，一些国家合并到其他国家，也有一些国家实力扩大了，迫使别的小国从属于自己。但是，随着欧洲人的殖民入

---

① 恩格瓦：《喀麦隆联邦共和国地理概貌》，安徽师范大学外国地理翻译组翻译，安徽人民出版社，1976，第 10 页。

侵，喀麦隆土地上的这些小国的社会自然演进历程受到了破坏。正如许多非洲国家一样，喀麦隆的国界线是在殖民者入侵后根据占领者的需要被人为划分的，而不是根据喀麦隆境内的种族分布而形成的。

在欧洲人入侵之前，喀麦隆境内的部族按照地理和发展特征主要分为北方部族、南部森林地带部族和沿海部族。

由于喀麦隆北部地区与尼日利亚和乍得接壤，受到这两个地区古代文明的影响较深，社会经济发展程度也较高。在欧洲人入侵前，喀麦隆北部的一些部族已经产生了封建的生产关系，形成了一些小的封建王国。这些封建王国实行土地分封制，土地所有者被称为埃米尔。埃米尔将土地分给所属的小封建主或臣属，小封建主或臣属再把土地向下级臣属分配，最后由农民耕种。耕种土地的农民除了须向埃米尔交纳被称为"乌苏尔"的土地税外，还必须交纳其他的租税。18世纪时，兴起于喀麦隆北部地区的富拉尼人征服了喀麦隆北部阿达马瓦高原的部分族群，并向南扩张。信奉伊斯兰教的富拉尼人在喀麦隆北部地区建立了政教合一的统治区。统治区由大小不一的酋长国"拉米达"（Lamidat）组成，酋长国的首领称为拉米多（Lamido），他是政教合一的统治者。随着19世纪欧洲殖民者对喀麦隆内地的侵入，喀麦隆北部地区的富拉尼人建立的统治区沦为欧洲殖民者的附庸。

不同于北部地区的是，生活在喀麦隆南部热带森林地区的部族的社会发展缓慢。在16世纪以前，南部森林地带的许多居民已经形成一些小的部落，他们从事的植物采集、狩猎有了进一步的发展，原始农业、原始畜牧业等生产活动开始出现。在森林的边缘和一些相对开阔的地区，一些较大的部落开始形成。居住在森林深处的俾格米人的社会也在向前发展，他们三五成群地居住在用树枝和茅草盖成的房屋中。在长期的狩猎活动中，俾格米人的狩猎方式有了改进，他们已能通过埋设陷阱或用淬有植物毒汁的毒箭捕杀动物。由于剩余产品的产生，俾格米人和周边部族的交换也在扩大，他们常用猎物换取农产品和箭镞等以满足他们日常的生产和生活的需要。

在喀麦隆沿海地区，大部分部族由于欧洲殖民者的入侵和奴隶掠夺遭到了毁灭性的破坏，人口急剧下降，社会发展形成倒退。随着奴隶贸易的开展，喀麦隆西部海岸的土著杜阿拉人成了奴隶买卖的重要中间人，他们在奴隶贸易期间保持了相对稳定的发展。生活在该地区的巴康杜族，奴隶主和奴隶住在同一村落里，奴隶将劳动产品交给奴隶主。这些拥有奴隶的部族在政治上高度独立，有的部族甚至有自己独立的政治组织，并且通过选举产生部族酋长。部族酋长和元老决定对周边部族的关系，如战争和媾和等。住在喀麦隆西南角的芳族同这一地区以东地区的阿赞德人一直保持着来往。居住在沿海地区的巴科科族、姆庞韦、本加等部族的社会都有了一定的发展。[1] 在成为德国"保护国"之前，喀麦隆的杜阿拉族以部落为单位分散居住在蒙果河和迪巴姆巴河流域的很多村落里，并以部落名命名村落。杜阿拉族居民以农业和渔业为生，商业也有了一定的发展。随着殖民者的入侵和奴隶贸易的开展，杜阿拉族的一些部落成为内地部落和殖民者之间的贸易中间人。但是由于靠近沿海地区，大多数杜阿拉族部落的人口受到了欧洲奴隶贩子的掠捕，社会发展受到严重破坏。

生活在喀麦隆西南角的芳族（姆庞韦）部落主要依靠狩猎和贸易为生。此外，他们的手工制造业水平也较高，他们制造铠甲进行贸易。长期的狩猎和贸易活动养成了他们特殊的生活习惯。通常，他们一个部落建立两个村庄，一个设在空旷的地

① 〔匈〕西克·安德烈：《黑非洲史》第一卷上册，上海新闻出版系统"五七"干校翻译组译，上海人民出版社，1973，第102页。

区，主要是河畔等适合商贸往来的地方，以利于他们从事贸易；另一个设在非常隐蔽的森林中，并在周围布满防卫的陷阱，以防范外来的入侵。18世纪以后，该部族发生了较大规模的迁移，主要是沿着由南向北、由内陆到沿海的方向进行的。在迁移的过程中该部族不断壮大，排挤其他部族，他们占领了喀麦隆西南角以及奥戈韦河与西属几内亚南部边界之间的加蓬西北地区。①

随着西方殖民者在喀麦隆的统治，西方的教育，基督教以及殖民经济的影响，使喀麦隆国内各族在社会制度、社会分工、劳动力迁移、人口城市化等方面发生了重大的变化。在殖民政府所在地和殖民经济中心，社会经济有了一定的发展，许多土著成为依附殖民当局的雇佣工，一些土著成为商人，在他们聚居的地方城市开始形成和发展，如杜阿拉和雅温得。由于西方殖民势力的进入，喀麦隆土著地位普遍下降，欧洲人高居在上。

第三节　现代简史（1884～1960年）

到 19世纪后半期，西方主要资本主义国家多数已完成工业革命，由于生产规模的扩大，对国外的原材料产地和商品市场的需求成为这些国家对外殖民扩张的主要动力。随着德国对喀麦隆"保护国"的确立，喀麦隆成为德国统治下的殖民地，其社会经济开始发生深刻的变化：社会生产逐步成为西方资本主义经济体系中的一个环节，它和世界历史进程紧密地联系起来，喀麦隆的社会发展开始被融入现代历史发展的舞台。

---

① 〔匈〕西克·安德烈：《黑非洲史》第一卷下册，上海新闻出版系统"五七"干校翻译组译，上海人民出版社，1973，第462页。

一　德国"保护"下的喀麦隆（1884～1916 年）

1. 德国"保护国"的确立

19 世纪 70 年代以前，欧洲列强对非洲的扩张主要是在非洲沿海扩张殖民基地，攫取与这些沿海领地相毗连的领土。19 世纪末 20 世纪初，自由资本主义向帝国主义阶段过渡，欧洲列强开始向非洲内陆侵入。这一时期，由于欧洲列强的政治权力为金融资本所支配，入侵非洲的资本主义国家的政府对各个殖民地的冒险家、商人和公司等不再承担公开或秘密保护者的任务，而是以非常积极的、有组织有计划的侵略活动来霸占非洲领土。[①] 英国、法国、德国仍然是积极参与掠夺西非殖民地的主要对手。1879 年，法国议会批准了发展"塞内冈比亚法属领地的计划"，即在塞内加尔修建城堡与铁路等计划。同年英国诞生了专门在西非地区进行贸易的"国家非洲公司"，开始在尼日利亚海岸活动。德国在 1879 年派遣了许多考察队到西非，加强了对该地区的勘察，德国商行在该地建立了许多商业据点。

　　新的掠夺方式在喀麦隆所属区域有着突出的反映。长期以来，英国殖民者在喀麦隆沿海地区的优势地位引发了德国和法国殖民者的不满。德国为了占有喀麦隆，维护德国的殖民利益，积极酝酿排挤英国的行为。为了赶在英国之前同喀麦隆当地土著首领签订"保护条约"，1884 年春在汉堡大商人的要求下，德国"铁血宰相"俾斯麦以调查"德国在该地区的商业情况"为名，派遣曾经担任德国驻突尼斯总领事的古斯塔夫·纳赫蒂加尔（Nachtigal）到几内亚海岸进行活动，落实吞并喀麦隆事宜。当时的英国政府最担心的是喀麦隆落入法国手中，对德国的"暗

---

① 〔匈〕西克·安德烈：《黑非洲史》第一卷下册，上海新闻出版系统"五七"干校翻译组译，上海人民出版社，1973，第 648～662 页。

中"行动并没有引起足够的重视。为了赶在法国之前与喀麦隆签订"保护条约"，英国政府授权巡回"流动领事"休伊特·爱德华·海德（Edward Hyde Hewett）前往杜阿拉与当地土著首领签订"保护条约"。令英国人遗憾的是，在休伊特到达杜阿拉之前，古斯塔夫·纳赫蒂加尔于1884年5月底自突尼斯出发，7月6日同多哥的首领签订了"保护条约"，并于7月17日乘德国军舰"海鸥"号抵达杜阿拉，7月18日在杜阿拉同当地首领贝尔和阿克瓦签订了"保护条约"，接着同法国驻加蓬总督划定了后来的喀麦隆的南部边界，把喀麦隆置于德国的"保护"之下。当休伊特到达喀麦隆时，当地已经升起了德国国旗，成了德国的"保护国"。在德国人之后，英国同维多利亚到里奥德雷一带的酋长们以及杜阿拉内地的酋长们签订了"保护条约"，并把维多利亚教区置于英国的"保护"之下。相比于英国和德国，法国试图武装占领喀麦隆的行动要迟缓得多，直到1884年7月25日，企图吞并喀麦隆的法国炮舰才到达。为了协调各殖民帝国的利益，英国和德国在1885年3月，英国、法国和德国在1885年12月分别召开分赃会议，通过讨价还价就喀麦隆所属问题达成协议。在协议中，英、法承认喀麦隆和多哥为德国殖民地；作为让步，德国放弃了1884～1885在贝宁和东南非英国领地内以及塞内加尔法国势力范围内夺取的几个地方。1885年德国任命冯·佐登为总督，强占了喀麦隆的布埃亚。到1887年，德国已经完全控制了喀麦隆的沿海地区，英国人被赶出了喀麦隆。由于俾斯麦政府对非洲殖民地的日益重视，德国对喀麦隆的考察和占领不断向内地深入。1888年德国人在雅温得建立了商站。1894年德国与法国签订协议，划分了喀麦隆和中非的边界，规定喀麦隆东部边界不得越过贾河与桑加河的合流处。1901年德国人进占恩冈德雷、加鲁阿，深入喀麦隆北部地区。1905年德军攻占喀麦隆南部和东南部热带森林地区。德国在喀麦隆的"保护区"

不断向内地深入，到 1911 年，德属喀麦隆的版图已经扩展到喀麦隆北部的乍得湖边。随着德国对喀麦隆内地进行武装考察和军事占领，德国逐步在喀麦隆内地建立了行政与军事基地，最初在杜阿拉设立的殖民行政中心也于 1901 年迁往布埃亚。1911 年，德法两国达成协议，德国承认法国对摩洛哥的占领；作为回报，法国将当时法属刚果共计 27.5 万平方公里的大片土地割让给德国，割让地由德国"保护"下的喀麦隆管理，德属喀麦隆的疆界进一步扩大。

2. 德国对喀麦隆的统治

第一次世界大战前，德国对非洲殖民地的占领活动主要是通过"特许公司"进行的，这些特许公司享有殖民地的主权。为了有效地对海外殖民地进行管辖，自 1890 年起德国建立了专门负责海外殖民地的行政机构，在外交部设置了"殖民科"，该机构直属于德国政府，负责对海外殖民地的管理。随着德国在非洲殖民活动的加强，为进一步有效地管理殖民地，殖民科不久升级为殖民局，首任殖民局局长为保罗·凯泽。殖民局内设一个由25 人组成的殖民委员会，协助殖民局长开展工作。为了加强对非洲殖民地的统治，殖民局在非洲殖民地（包括喀麦隆）建立了直接统治机构，设立了由德皇亲自任命的地区总督、主事和高级法官，由他们在殖民地建立统治机构。在喀麦隆，总督是最高行政长官，德皇赋予其广泛的权力，在取得德国政府许可的情况下，总督有权决定统治喀麦隆的一切政策。主事主要协助总督进行行政管理。"保护国"内的各级政府官员要由喀麦隆总督直接任命，他们忠实履行总督的命令并负责管理各酋长辖区。喀麦隆总督还是喀麦隆地区的军事首脑，领导该地的殖民军事力量。由于殖民政府中的殖民地官员有限，为防止喀麦隆境内各埃米尔王国（小封建王国）的对抗，有效统治喀麦隆，殖民政府撤销了埃米尔王国中的统治者埃米尔，将地方权力集中到殖民军队手中，实施军政管理。这样，德国在喀麦隆建立了自己的殖民统治机器，喀麦隆的权力集中到了喀麦隆总督身上。[①] 此外，德国殖民当局还积极利用土著进行殖民统治，当局通过保留那些亲殖民势力的酋长的权力，实施殖民当局的政策，维护殖民当局的统治。

从 1884 年喀麦隆成为德国的"保护国"，到 1914 年爆发第一次世界大战，在统治喀麦隆的 30 年间，德国主导了喀麦隆的社会发展，给喀麦隆的社会经济带来了深刻的变化。

3. 德恩堡改革

德国占领喀麦隆后，一方面在占领地积极建立殖民地政权以维护德国的利益；另一方面开始在占领地积极推进殖民化进程，将喀麦隆的前资本主义社会经济关系纳入符合德国资产阶级利益的社会发展轨道。在这一过程中，由于开发占领地的需要，解决土地和劳动力问题成为德国殖民当局首先关注的问题。在变喀麦隆为"保护国"之前，喀麦隆大部分地区处于奴隶制社会发展阶段，奴隶主对奴隶人身自由的束缚成为制约殖民地经济的首要障碍。发展殖民地经济，首先要求喀麦隆殖民当局废除本地的奴隶制，为殖民地经济的发展解放劳动力。1906 年，德国达姆施塔特银行经理德恩堡出任德国殖民局局长。德恩堡上台后，对非洲殖民地政策进行了调整，对殖民地的许多制度作了进一步的规范。

土地制度改革　早在 1896 年，德国就针对殖民地颁布了一条土地法令，规定殖民地的所有"无主"土地都属于德意志帝国皇帝所有。由于对喀麦隆"无主"土地的划分从来没有明文规定，喀麦隆大量的土地被殖民者掠夺，成为德皇的财产。由于

---

① 〔匈〕西克·安德烈：《黑非洲史》第二卷上册，上海新闻出版系统"五七"干校翻译组译，上海人民出版社，1973，第 150 页。

德国在喀麦隆实行土地租让制度，为此，这些没有开垦和利用的土地由殖民政府再租让给德国殖民开发者经营。德国统治期间，仅仅南喀麦隆公司和西北喀麦隆公司就租用了 1170 万公顷的土地，其中南喀麦隆公司租用 720 万公顷，西北喀麦隆公司租用 450 万公顷。[①] 1910 年德恩堡颁布了殖民地土地法案，规定禁止在喀麦隆和多哥出售非帝国皇帝所有的土地。这就意味着喀麦隆土著的土地不能出售仅能出租，土著农民被牢牢地绑在了土地上。德国在喀麦隆的移民较少，德国在喀麦隆的殖民经济活动主要是通过德国资本家在喀麦隆的投资公司来完成的。新的土地政策使德国殖民者占有了土著的土地，又能保证有充分的劳动力。在德国大租让公司的排挤下，很多农民被迫把土地租让给殖民公司，使自己成为无地的农奴被迫留在曾经属于自己的土地上为殖民公司耕种。

废除奴隶制　早在 1891～1895 年间，德国对"保护国"劳动力的身份作出了新的规定，要求废除"保护国"的两代人的奴隶身份。由于殖民地经济的需要，1902 年殖民政府颁布法令，要求"保护国"的奴隶主释放家奴。德恩堡改革彻底废除了喀麦隆的奴隶制，为殖民公司提供了大量的自由劳动力。此外，为了保持殖民地的社会稳定，改革还涉及殖民地的强制劳动制度，规定强制劳动仅限于公共工程建设，并且必须付给工人合理的工资。

由于德恩堡的殖民新政策的推广，大量的喀麦隆土著成为殖民种植园的工人，促进了殖民地种植园经济的兴起。

4. 种植园经济

喀麦隆有着很好的种植条件，因此在统治喀麦隆期间，殖民

---

① 〔匈〕西克·安德烈：《黑非洲史》第二卷上册，上海新闻出版系统"五七"干校翻译组译，上海人民出版社，1973，第 150 页。

政府主要致力于发展当地的种植园经济。殖民公司引进了多种经济作物，建立了香蕉、油棕、可可和橡胶种植园。特别是在西喀麦隆，种植园经济得到了很大的发展，成为殖民政府的重要收入来源。1900 年前，喀麦隆每年的产品出口值约为 600 万马克，[①]其中很大部分源于种植园种植的经济作物的出口。

德国人开办的种植园促进了殖民地经济的发展，也带动了喀麦隆部分城市的发展，并为后来的英、法殖民当局发展喀麦隆经济奠定了基础。但是，在殖民地经济发展的过程中，喀麦隆土著遭受沉重的剥削，生活艰难。殖民公司以低价收购个体农民的农产品，政府在殖民地的道路等方面的大量基础设施建设中广泛使用强迫劳动制。此外，殖民政府还征收劳动税，凡是出生 1 个月以上的土著人都要纳税。那些被迫离开土地又不愿进入种植园的土著则不得不依靠热带森林里的野生浆果来维持生活。德国资本家还通过手中控制的银行、进出口贸易等手段控制喀麦隆境内农产品的生产和销售，对喀麦隆人民进行剥削。随着种植园经济的发展，喀麦隆的农业无产阶级开始形成。

5. 殖民地交通和教育的发展

德国殖民统治期间，殖民公司在这里建立了成百家贸易站，霸占了喀麦隆最肥沃的土地，开办了种植园，使喀麦隆变成了西方列强的原料供应基地和商品销售市场。为了方便德国的殖民统治，殖民当局在管理喀麦隆期间，对喀麦隆进行了一些基础设施建设，客观上推动了喀麦隆的社会发展进程。

德国殖民当局组织建设了杜阿拉、克里比、坎波、提科和维多利亚等地的港口和码头，修筑了从杜阿拉到恩康桑巴以及

---

① 〔匈〕西克·安德烈：《黑非洲史》第一卷下册，上海新闻出版系统"五七"干校翻译组译，上海人民出版社，1973，第 662 页。

杜阿拉到埃塞卡约 205 公里的铁路，还建设了维多利亚种植园用的窄轨铁道。此外，还建造了许多桥梁、公路和道路，为他们的殖民活动向内陆扩张提供了便利。德国殖民当局还组织建设了一批公用和民用建筑，有一些一直使用到现在。此外，新的通讯设施如电话系统也开始在喀麦隆建立。

在教育方面，德国人在殖民地创办了一批学校，其中教会学校占了很大的比例。在这些学校中，采用德语教学，以培养符合德国殖民统治需要的土著人才。到第一次世界大战前，仅天主教会学校的在校生人数就达 2000 人。[1] 由于有意识的培养，喀麦隆形成了一个能在欧洲人和内地非洲人之间充当媒介的土著阶层，为殖民地经济深入非洲内地奠定基础。

在宗教方面，除了伴随着殖民者到来的西方宗教的传播之外，许多德国人也赞成伊斯兰教，因此，喀麦隆北部信奉伊斯兰教的腊米贝人得到了殖民当局的支持，伊斯兰教在德国殖民时期有了一定程度的发展。

6. 殖民者的残酷掠夺和剥削

德国殖民主义者军事占领喀麦隆后，利用各种手段疯狂剥夺喀麦隆人民的土地资源，通过开办种植园发展殖民经济。到 1905 年为止，德国租让公司在喀麦隆南半部的西北区和东南区共占有土地 250 万公顷。1905～1913 年间，德国种植园在喀麦隆西部沿海地区的占地面积从 8 万公顷增加到 11.5 万公顷。[2] 此外，殖民公司还在"保护国"境内到处建立贸易站，通过向当地人民直接推销商品和压价收购原料对其进行掠夺。

---

[1] 〔法〕埃德蒙·莱吉耶：《二十世纪初以来德非关系史概述》，中国非洲史研究会编《非洲历史研究》1985 年第 1、2 期合刊，第 46 页。

[2] 解健真：《喀麦隆人民早期反殖民主义斗争中的几次重大反抗运动》，中国科学院西亚非洲研究所编印《西亚非洲资料》1965 第 1 期。

随着殖民统治的建立和殖民地经济的发展，大量的喀麦隆人成为殖民公司和种植园的廉价劳动力。到 1905 年，喀麦隆已经有 10 万产业工人。1913 年，仅在雅温得到克里比的商道上就有 8 万搬运工人。大量的喀麦隆劳工成了殖民公司的雇佣劳动力，他们常年进行艰苦的劳动，遭受沉重的剥削，却得不到应有的生活保障。由于劳动强度大，大量工人丧生，1905～1906 年，喀麦隆种植园工人的死亡率为 10%，个别种植园工人的死亡率达 30%～50%；1914 年，喀麦隆铁路工人的死亡率为 14%。沉重的剥削和压榨唤醒了喀麦隆人民的斗争意识。[①]

7. 喀麦隆人民的反抗运动

殖民者的入侵受到了喀麦隆人民的长期抵抗，反抗运动伴随了殖民者征服和统治的全部过程。在德国占领期间，在殖民者主要活动范围内，反抗运动此起彼伏，从 1884 年到第一次世界大战前，喀麦隆爆发了数十次反抗运动。虽然这些反抗运动都遭到殖民当局的镇压，但是沉重打击了德国的殖民统治。早期的反抗运动主要是喀麦隆人民反抗殖民占领和压迫的斗争。随着殖民活动的开展，喀麦隆无产阶级走上历史舞台，反抗运动向着较高的形式发展。

在德国统治期间，形成了多次较大规模的反抗运动。

杜阿拉族暴动　在德国殖民者同喀麦隆一些部族首领签订保护条约前，居住在喀麦隆沿海地区的杜阿拉部族分为两派，一派是少数亲德部族，主要是以贝尔部族酋长为代表；另一派是占主流的反对殖民入侵和占领的部族。亲德的少数派遭到了大多数部族的反对。1884 年德国殖民者与贝尔部族酋长签订"保护条约"使得其他部族与贝尔部族的矛盾尖锐起来。特别是在约斯和路

---

① 解健真：《喀麦隆人民早期反殖民主义斗争中的几次重大反抗运动》，中国科学院西亚非洲研究所编印《西亚非洲资料》1965 年第 1 期。

克、普里召两个部族，人民反抗意识强烈并团结起来寻机对德国侵略者和喀麦隆亲德分子进行打击。贝尔部族酋长积极寻求德国殖民者的援助和支持，并从德国殖民者手中获得了大批军火武器，力图对进行反抗的部族进行镇压。1884 年 12 月 16 日，在得知贝尔部族酋长在和德国人加紧密谋对人民进行镇压的消息后，杜阿拉族的大多数群众在约斯和路克、普里召两个部族酋长的带领下，围攻并烧毁了贝尔部族的村庄，并把德国殖民公司——维曼商业公司的财产付之一炬。随后，德国殖民军队对杜阿拉族反抗部族进行了血腥镇压，他们调来了一支由 300 多人组成并配备大炮的军团，对包括约斯村和路克、普里召村在内的 4 个杜阿拉族居民进行了屠杀，烧毁了村民的住宅。当地居民伤亡惨重，很多人逃避到了森林地区。杜阿拉族暴动是德国殖民者入侵以来遭到的第一次有组织的较大规模的反抗运动。杜阿拉族反抗殖民侵略的斗争失败了，但由于发展殖民经济的需要，在镇压结束后，殖民者又向杜阿拉人伸出"橄榄枝"，主动将杜阿拉人召回村庄并进行和谈。

马马杜起义　德国在喀麦隆建立殖民统治后，不仅利用当地的土著进行殖民生产，还从其他地区购买奴隶，开发殖民地经济，包括让他们服兵役和参加种植园耕作等。在杜阿拉族居住的约斯村，驻扎着一支包括达荷美士兵在内的殖民军队。这些达荷美士兵是德国殖民者从达荷美买来的奴隶，殖民者把一些奴隶分配到种植园从事农业生产，一些被安排到殖民军队中服役以协助德国人对种植园进行管理。这些奴隶士兵在殖民军队中的地位极其低下，没有军饷，还经常遭受德国军官的羞辱和虐待，因此充满反抗情绪。1893 年 12 月 15 日，在种植园中从事农业生产的一些达荷美妇女因没有按照德国军官的规定去劳动，遭到了德国军官的羞辱。德国军官莱斯特把这些妇女赶到练兵场，当着达荷美士兵的面剥光她们的衣服对她们进行毒打。看到自己的亲人和同胞被凌辱，达荷美士兵忍无可忍，在一个名叫马马杜士兵的领导下，达荷美士兵决定武装反抗，军队中的杜阿拉族士兵也参加了进来。深夜，起义士兵攻占了德军的军火库，在夺取大量武器后，开始向殖民总督府发起攻击。起义士兵强大的火力迫使德国驻军开始撤离总督府，随后逃窜到岸边的轮船上。起义士兵占领了总督府。12 月 16 日德军开始反扑。起义军在其所在的约斯村组织了当地大量居民抵抗德军的反扑，打退了德军的多次进攻。到 12 月 23 日，由于弹药用尽，约斯村在德军四面包围和进攻下被攻陷，起义失败。德军重新进驻后，对起义者进行了残酷的报复，包括马马杜在内的大多数起义者被处以绞刑，达荷美妇女再次被送到种植园服苦役。由于起义损害了殖民公司的利益，引起了殖民公司老板们的不满，在他们的抨击下，德国政府最终将肇事的德国军官莱斯特撤职判罪处理了。马马杜起义虽然失败了，但是起义沉重地打击了殖民者的嚣张气焰，鼓舞了喀麦隆人民的反抗斗志。

雅温得搬运工人罢工　在德国殖民公司工作的工人常年辛苦地劳动，但是得到的工资却很少。雅温得贸易站是德国殖民者在喀麦隆重要的贸易中间站，来往货运量巨大，这里的工人们遭受着殖民公司的沉重剥削。1904 年 4 月底，殖民公司把公司仓库里已经存放发霉的物品代替工资发给工人，遭到了工人们的反对。工人们拒绝接受发霉物品，要求给他们发放货币工资，并开始罢工。随着罢工运动的展开，工人们提出了改善工资待遇的要求。罢工运动导致雅温得贸易站与沿海地区之间贸易的中断，严重损害了殖民公司的利益。为此，殖民政府在 5 月 6 日召开工人代表开会，企图协调工人和殖民公司之间的关系，让工人复工。会上，工人代表更加明确地提出了要求，但遭到殖民公司老板的拒绝。罢工继续，货运停止，大量的货物堆积在贸易站。5 月 23日，在殖民政府的第二次调停下，资方同意了工人提出的发放货币工资的要求，在工人做出一些妥协的情况下，双方就工资待遇达成共识，持续了月余的罢工运动以工人的胜利而告终。

表 2 – 1　德国殖民统治时期喀麦隆的主要反抗运动

反抗运动发生时间	主要反抗运动
1884 年 7 月	杜阿拉暴动
1892 年 9～12 月	科科族暴动
1891～1895 年	西部沿海地区的巴利、巴夫特等 10 余个部族的抵抗运动
1893 年 12 月	达荷美人和杜阿拉人联合起义——马马杜起义
1899～1901 年	南部居民布卢人暴动
1898 年 6 月	卡姆堡城附近姆巴西种植园的工人罢工
1912 年	杜阿拉市民反抗德国总督强征土地运动
1899～1900 年	巴里族和潘胡印族的反抗运动
1900～1901 年	德国维曼商业公司轮船工人罢工
1903 年 2 月	德国维曼商业公司轮船工人罢工
1904 年 4～6 月	雅温得贸易站搬运工人罢工
1904～1905 年	巴里族和潘胡印族反抗运动
1906 年	巴里族反抗运动
1907 年	布里族和章格一带地区的反抗斗争
1908 年	姆比区反抗斗争
1910 年	姆比区反抗斗争
1910 年	马加族反抗斗争
1913 年	姆比区反抗斗争
1911～1914 年	杜阿拉族反抗土地掠夺的斗争

资料来源：解健真：《喀麦隆人民早期反殖民主义斗争中的几次重大反抗运动》，中国科学院西亚非洲研究所编印《西亚非洲资料》1965 年第 1 期。

二　第一次世界大战时期的喀麦隆（1914～1918 年）

1914 年，德意志帝国在喀麦隆"保护国"占有的殖民地面积为 79 万平方公里，人口总数为 385 万，其中德国非军人人数为 1650 人,其他欧洲国家人数为 1871 人。[①] 战前,由于喀麦隆殖民地经济发展水平较低,经济总量很小,因此对德国的经济支持有限。战前"德国从所有殖民地(包括非洲之外的殖民地在内)获得的进口原料只占全部进口的 5%,所有这些殖民地只吸收它的出口总额的 5.5%。全部德属殖民地的年出口总额是 1.2 亿马克(非洲殖民地占 1.03 亿马克),进口额是 1.49 亿马克(非洲殖民地占 1.28 亿马克)。德属喀麦隆每年出口额为 0.23 亿马克,其中橡胶出口额占 0.115 亿马克(2800吨),棕榈仁为 0.045 亿马克(16000 吨),可可为 0.045 亿马克(4500 吨)"。喀麦隆几乎没有德国移民。但是德国大资本家和他们的公司利用在喀麦隆的土地投机和投资铁路建设等对当地人民进行剥削,获得了大量的利润。[②]

1914 年第一次世界大战爆发。随后,英、法、德展开了对喀麦隆的争夺。战前,德国在喀麦隆驻有由齐默尔曼上校率领的 4300 人的军队(其中德国人为 300 人)和一些预备役军人。[③] 战争初期,殖民政府从喀麦隆征兵 1.2 万人[④],协同德国驻军抵抗英、法军队组成的协约国军队的进攻。但是在非洲地区,协约国军队占有很大的优势。1914 年 8 月,英军进攻加鲁阿,9 月,英军进攻恩萨纳坎。1914 年 9 月 27 日,多贝尔将军领导的英军在法属西非的法军和来自比属刚果的比军的增援下,占领了杜阿拉,然后进军雅温得。法国将军埃梅里斯从喀麦隆周边所有的法

---

① 转引自〔法〕埃德蒙·莱吉耶《二十世纪初以来德非关系史概述》,中国非洲史研究会编《非洲历史研究》1985 年第 1、2 期合刊,第 46 页。

② 〔匈〕西克·安德烈:《黑非洲史》第二卷上册,上海新闻出版系统"五七"干校翻译组译,上海人民出版社,1973,第 153 页。

③ 〔法〕埃德蒙·莱吉耶:《二十世纪初以来德非关系史概述》,中国非洲史研究会编《非洲历史研究》1985 年第 1、2 期合刊,第 47 页。

④ 〔匈〕西克·安德烈著《黑非洲史》第二卷上册,上海新闻出版系统"五·七"干校翻译组译,上海人民出版社,1973,第 159 页。

国殖民地——拉密堡（今恩贾梅纳）、班吉、布拉柴维尔和利伯维尔调遣军队向雅温得挺进。1914 年 12 月，英法联军攻占布埃亚。1915 年 6 月底，英法联军占领了喀麦隆中部的恩冈德雷。同年，英法联军攻占加鲁阿。1916 年 1 月 1 日，多贝尔将军带领下的英军终于抵达雅温得。几天后，法国将领埃梅里斯和布里塞也从东部率军队抵达雅温得。随着英法联军的进逼，驻守雅温得的德军节节败退，退守到西属几内亚。而驻守喀麦隆北部莫拉的德军在封·拉本少校的领导下虽坚持孤军抵抗，但在 1916 年 2 月 20 日向英法联军投降。随着驻守喀麦隆德军的战败，英法联军对喀麦隆实行军事管制，并在南北喀麦隆殖民地建立了临时政府。1916 年 3 月，战胜国达成协议，将喀麦隆分割成两部分由英法两国分别占有。英国人接管了喀麦隆西部同尼日利亚相邻的两块不相连的土地，面积约为喀麦隆总面积的 1/5。

第一次世界大战中，英、法对德国在非洲殖民地的占领与瓜分，是帝国主义列强对非洲殖民地的再一次瓜分。喀麦隆是这次争夺的重要地区。随着战争中英、法对德属喀麦隆的占领以及德国在非洲其他殖民地的丧失，英、法取代了德国在非洲的殖民地位。

三 英、法委任统治下的喀麦隆（1922～1946 年）

1. 英、法委任统治的形成

第一次世界大战结束后，英、法等战胜国于 1919 年 1 月在巴黎召开会议，列强在对德国殖民地问题上达成了一致意见。1919 年 6 月 28 日，会议公布了《协约国以及参战各国对德和约》，剥夺德国在海外的全部殖民地，并交由战胜国英国和法国以"委任统治"的形式加以治理。随后，根据该条约，英国和法国在 1919 年 7 月签订了《米尔纳—西门协定》（Milnet-Simon Agreement）。该协定将喀麦隆分为两部分，正式瓜分了喀麦隆。规定将 1911 年法国割让给德国的喀麦隆的土地重新划归法国的乍得殖民地管辖，法国对喀麦隆的委任统治地沿法属赤道非洲边界向北，一直到乍得湖，约 43.2 万平方公里。英国委任统治地主要在喀麦隆西部地区，分南北两段，共约 8.8 平方公里，北部同尼日利亚接壤。1920 年 1 月国际联盟成立，1922 年国际联盟根据国际联盟盟约正式将前德国"保护国"喀麦隆交由英、法两国"委任统治"。

2. 英国对委任统治区的间接统治

英属喀麦隆委任统治区主要包括喀麦隆西部和与尼日利亚接壤的地区。该地区在西方殖民者入侵之前社会制度就有了很好的发展，索科托哈里发帝国曾经建立了系统的社会统治体系：哈里发——埃米尔——区长——村长制。在哈里发之下，有封建统治者埃米尔。各埃米尔国通常分为若干个区，各区的行政官员由埃米尔直接任命；作为地区事务的管理者，埃米尔是各个地区的实际统治者，他在任命各区官员的同时，把首府以外的土地分给区的官员。区以下是村一级的行政单位，村长由区长任命。1900年，英国爵士弗雷德里克·卢加德出任英属北尼日利亚"保护地"的首任高级专员，他开始在统治地区推行间接统治制度。1914 年，南北尼日利亚合并，卢加德成为统一的南北尼日利亚的第一任总督。随后，间接统治制度扩展到南尼日利亚和喀麦隆的西部英属区。间接统治制度要求英属喀麦隆的土著官员承认英国对其所属喀麦隆的宗主权。在此基础上，英国殖民当局确认当地土著政权的合法性，要求土著政权代殖民当局对当地人民实行治理，包括对税收（所征税款一部分上交英国殖民政府，一部分作为工资留给土著当局）和按照本地法对土著居民进行司法管理。在保留各地传统权力的同时，英国殖民当局还建立了一套高度中央集权的专制管理体制，在各殖民地建立了由总督、行政委员会、立法委员会组成的中央政府，负责管理殖民地的具体事务。在喀麦隆，英国委任的总督是英属喀麦隆地区的最高军政长官；行政委员会是咨询机构，其成员由殖民当局各部门的首脑组成，负责向总督提供决策建议；立法委员会负责对一些殖民地政策和法令的制定和修改。这样，土著首领成为英国殖民当局的统治工具，殖民当局的中央政府成为英属喀麦隆地区的最高统治机构，形成了对英属喀麦隆地区的有效统治。

3. 英国委任统治区的社会发展

1922 年，英国将喀麦隆委任统治地区的行政管理权划归英属尼日利亚。由于在统治区实行间接统治制度，因此在两次世界大战之间的时期，英属喀麦隆地区的社会政治相对稳定，殖民经济有了进一步的发展。

英属喀麦隆位于喀麦隆西部地区，是西方殖民者在喀麦隆最先到达和开发的地方。在德国殖民者统治期间，该地区作为重要的种植园区得到了德国人的开发，有着较好的经济基础。第一次世界大战期间，英国军队占领了该地区，并没收了德国人的全部种植园，交给英国殖民政府管理。第一次世界大战结束后，战时被没收种植园的资本家重新回到该地区，要求英国殖民政府发还被没收的种植园。在德国人的强烈要求下，1922 年英国殖民政府将没收的种植园又卖给德国种植园主。之后，这些德国人继续在该地区经营种植园，成为英属喀麦隆地区最大的欧洲资本家集团。在他们的经营下，种植园经济成为英国委任统治地的重要经济产业。1925～1938 年间的对德贸易，成了该地区的主要收入来源。此外，英国教会也在英属喀麦隆地区占有土地，经营种植园。种植园主通常廉价雇佣当地农民从事农业生产。在种植园经济的带动下，该地区的畜牧业和加工业有了一定程度的发展。为了发展殖民经济的需要，殖民资本家投资建立一些小型加工厂。它们附属于种植园，对种植园生产的橡胶和棕榈等产品进行简单加工。由于种植园经济的发展，垄断贸易盛行。殖民公司压低价格收购土著小生产者的农产品，然后将原材料或经简单加工后的产品运到国外市场进行销售，获取大量利润。

第二次世界大战前夕，德国资本家在该地区的产业再次被英国殖民当局没收，德国居民被遣送回国。二战期间，为了满足战争的需要，英国殖民当局采取多种措施来鼓励委任统治地区的经济发展，扩大生产规模，为其提供大量的农产品和其他原材料，使种植园经济有了更大的发展。第二次世界大战期间，喀麦隆英国委任统治地不仅为英国提供了大量的资源，英国殖民当局还积极利用这里的人力资源从事战争，因此喀麦隆人民为英国反法西斯战争的胜利作出了重要贡献。

4. 法国对委任统治区的直接统治

如同英国一样，随着法国在非洲殖民地的建立和不断扩大，法国也在非洲建立了一套完整的统治机构。法国负责非洲殖民统治的最高国内机构是法国政府的殖民部。在殖民部下，法国政府还直接任命各殖民地地区总督或负责地区事务的高级专员，各殖民地政府官员由这些总督或高级专员任命。为巩固统治，殖民当局也积极吸收当地的部落酋长和土著首领参加对殖民地的治理。法国将喀麦隆变为委任统治地后，为加强对法属喀麦隆的统治，将喀麦隆统治区划分为 21 个行政省，将雅温得设为法国殖民当局中央政府所在地，设立了负责喀麦隆事务的地区专员以及专员的咨询机构——行政会议，并在殖民地中央政府之下按照土著同化的程度建立了三级酋长制度。

不同于英国的是，法国在喀麦隆委任统治区的统治政策包括两方面。一方面，法国主要依靠直接统治，实施对喀麦隆委任统治区的同化政策，即法国向统治区积极输出制度文化，力图使统治区的社会按照法国的模式发展，使委任统治区人民的生活和法国统一起来，最终和法国融合为一体。另一方面，法国在同化喀麦隆土著的同时，还通过法令积极维护法国人和殖民地人民的

"种族界限"。法国通过《土著居民管制法》等系列法令，将法国人和殖民地人民进行划分，对殖民地没有达到同化水平的土著居民进行种族歧视政策，使得殖民地居民和法国人保持在政治、文化等方面的距离，维护法国人在其殖民统治地的优势地位。在此过程中，法国殖民当局强调要把喀麦隆人变为法国公民。1922年，阿尔贝·萨罗出任法国政府殖民部长。他上台后，提出了法兰西帝国内的"联合政策"，要求在法国的非洲殖民地积极推广法国的政治文化，通过对当地土著进行法兰西教育，促进土著和法国人之间的合作。在"联合政策"的指导下，法国殖民当局注重加强同已经西方化的喀麦隆上层人士合作，吸收他们参与管理和决策，并成立了由当地统治者和新兴资产阶级代表人物参加的殖民地议会。该议会负责审核货币、赋税等地方行政事宜。为扩大统治基础，维护殖民地的社会稳定，促进殖民地的经济发展，法国殖民当局还恢复了传统的酋长制度，扩大了土著统治阶层的管理权限。在加强同喀麦隆土著高层合作的同时，法国还对土著高层的权力做了限制。为维护法国在喀麦隆的殖民统治，法国殖民当局通常任命接受过法国教育并对法国持友好合作态度的喀麦隆人担任新的酋长。并且，无论是那些少量留任的传统酋长，还是被新任命的酋长，其职权都受到殖民当局的严格限制。他们不再是传统意义上的酋长，而是成为殖民当局的统治工具。在执行殖民当局的行政任务时，酋长不能以个人名义发布命令，必须冠以地区行政长官的名义，酋长的任何指挥性行动都要提前向殖民当局请示。根据殖民当局的规定，酋长要采取的行动只有在获得殖民当局的允许后才是合法的，否则将受到殖民当局的撤换。此外，法国殖民当局还不把担任下层行政官员的酋长列为殖民政府的正式官员，而仅仅把他们看做是协助政府工作的"义工"。这样，法国在喀麦隆的统治得到了进一步加强。直到二战前，由于德国法西斯宣扬英国、法国对喀麦隆委任统治地实施专制，要求重新收回喀麦隆，并在英、法委任统治区培植亲德分子，煽动当地民众脱离英、法统治，让喀麦隆人民获得"自由"的背景下，为有效抵制德国的舆论攻势，法国殖民当局对喀麦隆的政治高压才有所缓和。一方面在喀麦隆积极培植亲法势力，另一方面试图通过开展一些政治改革收买喀麦隆的人心。1937年，法国殖民当局的莱昂·博罗姆人民阵线政府颁布了劳动改革法令，声称将对喀麦隆的劳工待遇进行改革。为显示法国殖民当局的政治民主，还对喀麦隆成立的一些半政治性团体表示赞助。①1939年，法国驻喀麦隆高级专员理查·布鲁诺还发起了"法管区喀麦隆青年运动"，由殖民当局组织喀麦隆亲法青年进行反德游行，宣称德国人是把喀麦隆当"半猿人"看待的，而法国会给喀麦隆人民以"自由"和"人权"。

5. 法国委任统治区的社会发展

在法国委任统治期间，法国委任统治的喀麦隆地区的传统社会发生了很大的变化。

法国在喀麦隆的经济开发政策　为满足法国经济发展的需要，加速对殖民地的开发，1923年，作为法国对殖民地"联合政策"的一部分，法国殖民部长阿尔贝·萨罗提出了"殖民地开发政策"，即强调有计划地发展殖民地经济，宗主国和殖民地之间要互相依赖，互相合作，充分开发殖民地的经济潜力。"在喀麦隆实施这项政策的结果是，该地的贸易总额在1922～1938年间增长了5倍，这使喀麦隆比较顺利渡过了1929年的世界经济大危机，并显著地扩大了社会事业经费（即基本建设、教育等经费）和整个经济。"②在法国的直接统治下，委任统治地的

---

① 雅菲：《喀麦隆》，世界知识出版社，1960，第8页。
② 〔美〕维克托·勒维讷：《喀麦隆联合共和国》，上海外国语学院英语翻译组译，上海人民出版社，1975，第18页。

经济有了很大的发展，如修建了杜阿拉港、铁路、公路和机场，扩大了咖啡和可可的种植面积。经济增长使法属喀麦隆的各项社会事业有了进一步的发展。但是由于殖民当局对喀麦隆的重税掠夺和强迫劳动，喀麦隆人民的负担加重，加强了对法国殖民统治的反抗。《土著居民管制法》的实施使征用劳役变本加厉。法属喀麦隆所实施的这种强迫劳动，在国内外激起很大的义愤。法属喀麦隆人民抗法斗争加剧。在此背景下，国际联盟常设委任统治委员会敦促法国殖民当局改善统治。为此，法属喀麦隆殖民当局在 1933 年开始减少强迫劳动，并在 1952 年全部废除强迫劳动。①

二战期间法属喀麦隆与法国的关系 二战初期，法国对法属喀麦隆的政策没有实质性的变化。然而，由于战争的需要，法国殖民当局加重了对喀麦隆人民的掠夺，喀麦隆人民的经济状况更加恶化。纳粹德国占领法国后，喀麦隆沦入法国维希政府的管辖之下。维希政府把法国殖民地看做是"帝国"的海外领土。1940 年 7 月 16 日，法国戴高乐上校从伦敦发表广播演说，号召法国人民抵抗纳粹德国的侵略和投降卖国的维希政府。1940 年 8 月 26 日，时任乍得总督的费力克斯·埃布埃积极响应戴高乐领导的自由法国运动，法属喀麦隆随之成为拥护自由法国的领地，支持法国的反法西斯抵抗运动，支持盟国反对希特勒德国和法国的维希政权。戴高乐任命埃布埃为全部法属赤道非洲的大总督。为促进赤道非洲国家支持法国的反法西斯抵抗运动，埃布埃于 1941 年 11 月在赤道非洲推行"新的土著政策"。根据这一政策，法属喀麦隆传统政治机构的权力在一定程度上得到恢复和加强。该政策还力图通过促进法属喀麦隆经济和文化的发展，提高当地

---

① 转引自〔美〕维克托·勒维讷《喀麦隆联合共和国》，上海外国语学院英语翻译组译，上海人民出版社，1975，第 18 页。

人民的生活水平，从而动员法属喀麦隆的经济力量来支持反法西斯战争。为了支持战争的需要，要求法属喀麦隆大力发展农业和工业生产。二战期间，包括法属喀麦隆在内的法属赤道非洲各国的经济生活尽管非常困难，但是这些国家却为法国和盟军提供了大量的军事援助和最大限度的经济援助。由于与维希政府相对抗，喀麦隆同其他法属赤道非洲国家失去了与法国市场的传统联系。为了帮助法属赤道非洲国家渡过难关，1940～1941年间，英国和英联邦国家购买了法属赤道非洲国家的主要产品，包括珍贵木材、棉花、棕榈油、棕榈仁、咖啡等。1941年5月，英国和法属赤道非洲国家签订了一项贸易协定。根据该协定，法属赤道非洲国家生产的全部生胶、油料产品、钻石以及大部分咖啡、珍贵木材和牲畜等产品将由英国购买，作为交换，英国将为这些国家提供纺织品、煤以及水泥等产品。为此，喀麦隆同周边地区国家之间的贸易有了进一步的发展。1942年，法国殖民当局还在喀麦隆组织成立了"财经咨询会议"，虽然该组织成员主要由法国殖民官员担任，但在一定程度上促进了喀麦隆经济有计划的发展。

四 英、法托管下的喀麦隆 (1946～1960年)

第二次世界大战期间，喀麦隆人民为反法西斯战争作出了重要贡献。1946年12月的联合国大会上，美、英、法等国家不顾喀麦隆人民要求独立和统一的呼声，无视苏联的反对，操纵联大做出了将喀麦隆分为两部分交由英、法两国"托管"的决定。喀麦隆人民仍旧处在英、法的殖民统治之下。

但是，根据《联合国宪章》的规定，英法两国在托管喀麦隆的同时，应该使喀麦隆托管地逐步走向"自治或独立"。第二次世界大战中喀麦隆人民的民族觉悟不断提高，战后要求独立的呼声成为喀麦隆人民的共识。为争取民族独立，在英、法托管统治时期，喀麦隆爆发了民族独立运动。

民族独立运动领导力量的形成　西方殖民者的入侵使喀麦隆的前资本主义的生产方式陷于解体，传统的社会制度遭到破坏；同时，也使喀麦隆的资本主义逐步得到发展，产生了新兴的资产阶级、无产阶级和新型知识分子为代表的社会力量。在长期的反抗殖民压迫和剥削的斗争中，喀麦隆的这些新兴力量得到了锻炼。尤其是在第二次世界大战期间，喀麦隆的新兴力量进一步成长壮大，这为二战后的喀麦隆民族独立运动培养了重要的社会力量，使喀麦隆反对殖民宗主国争取自治和独立成为可能。

英国托管区的民族独立运动　二战后，根据 1946 年联大通过的托管决定，英国殖民当局继续将喀麦隆托管地与尼日利亚实行行政上的联合统治。1947 年英国殖民政府将托管区分为南北两部分，南喀麦隆归尼日利亚东区管辖，首府设在尼日利亚埃努古；北喀麦隆归尼日利亚北区管辖，首府设在尼日利亚卡杜纳。后来，北喀麦隆又被分割成三部分，被分别并入尼日利亚北区的阿达马瓦、本韦和博尔努三个省。这样，英国托管区不仅没有得到自治反而被进一步分解。但是，根据《联合国宪章》第 76 条规定，托管地的发展应“趋向自治和独立”。为此，托管区的民族主义运动者把要求脱离尼日利亚、实行分治的政治目标作为民族独立运动的首要任务。

为代表各部族人民争取民族自治，1949 年伊曼纽尔·恩德莱（Dr. Emmanuel M. L. Endeley）和内里安斯·姆比耳（Nerius N. Mbile）在南喀麦隆建立了政治组织喀麦隆民族同盟。为促进英、法托管区的统一，姆比耳于 1951 年退出喀麦隆民族同盟，组织了喀麦隆民族统一大会党。同年底，喀麦隆民族同盟和喀麦隆民族统一大会党合并为喀麦隆国民大会党。喀麦隆国民大会党要求南喀麦隆从尼日利亚东区分离出来，作为尼日利亚联邦的一部分。随着战后殖民地民族独立运动的兴起和不断高涨，英国殖民当局在殖民地开始推行宪政改革。1951 年尼日利亚议会颁布了《麦克费逊宪法》，规定南北喀麦隆可以通过选举产生代表参加所属区的议会，议会代表最终将参加 1953 年的尼日利亚制宪会议。南喀麦隆在议员选举后，派出了 13 名代表参加尼日利亚东区议会。在议会上，南喀麦隆议员代表团积极活动，要求获得更大的自治权。在南喀麦隆人民的要求和斗争下，1953 年尼日利亚东区议会通过了关于南喀麦隆脱离尼日利亚东区的决议。在 1953 年的尼日利亚制宪会议上，喀麦隆国民大会党的与会代表、该党领导人恩德莱要求尼日利亚政府给予南喀麦隆分治的地位。在选举中，恩德莱的国民大会党获胜。尼日利亚政府通过了南喀麦隆在 1954 年地区分治的决议。1954 年，尼日利亚颁布《李特尔顿宪法》，正式规定南喀麦隆成为"准联邦领地"，允许南喀麦隆自主设立议会和执行委员会，并将以"准联邦"的地位派代表参加尼日利亚议会。同年，南喀麦隆被分为巴曼达和喀麦隆两省，首府设在布埃亚，由尼日利亚中央政府直接管辖。在北喀麦隆，由于参加尼日利亚北区议会的代表没有强烈表示脱离尼日利亚北区的愿望，北喀麦隆在北区议会和酋长院中获得了席位。尼日利亚政府还为北喀麦隆增设了一个部长席位和一个专门事务协商委员会。1954 年 10 月，南喀麦隆议会举行了第一次会议，恩德莱被任命为行政首脑，负责过渡时期的政府事务。至此，南喀麦隆人民完成了争取自治的历史使命。摆在喀麦隆人民面前的是争取喀麦隆的联合和统一。

1955 年，主张南喀麦隆与法属喀麦隆的联合和统一的喀麦隆国民大会党领导人约翰·丰肖（John N. Foncha）退出喀麦隆国民大会党，建立喀麦隆民族民主党。1957 年，南喀麦隆进行议会选举，在选举中，喀麦隆国民大会党再次获胜，恩德莱再次被任命为行政首脑，喀麦隆民族民主党作为反对党获得议会 5 个席位。1958 年 5 月，南喀麦隆新宪法开始生效。根据新宪法，南喀麦隆将成立内阁制政府，恩德莱出任政府总理。

这一时期，在法属喀麦隆建立的喀麦隆人民联盟也在积极推动法国托管区同英国托管区的联合和统一。为抵制喀麦隆人民的统一运动，1957年选举后，英国殖民当局取缔了法国托管区的喀麦隆人民联盟在英国托管区建立的支部。随后，喀麦隆人民联盟被取缔支部建立了喀麦隆统一党，继续推动喀麦隆的统一事业。恩德莱领导的国民大会党上台后，主张按照在加强南喀麦隆地位的前提下逐步建立同法属喀麦隆的联合，遭到主张英属和法属喀麦隆统一的民众的不满。1958年，恩德莱政府的公共工程部部长穆纳（Solomon Tendeng Muna）因倡议英管区和法管区喀麦隆人民的联合统一，被恩德莱解除行政职务并开除出党。随后，穆纳加入主张喀麦隆统一的喀麦隆民族民主党。在1959年1月的大选中，主张两个喀麦隆联合的喀麦隆民族民主党获胜，取得了组阁权。喀麦隆民族民主党组织新政府，丰肖接替恩德莱任政府总理。丰肖政府上台后继续积极推动英、法两个托管区的统一事业。

法国在托管区的政治改革 长期以来，法国殖民主义者一直通过高压政策维护其在喀麦隆的统治。二战期间，为取得殖民地对战争的支持，1944年1月，以戴高乐将军为首的法兰西民族委员会在布拉柴维尔召开了法属殖民地总督会议。在会上，戴高乐提出了关于殖民政策的三个思想：殖民地与法国不可分割；法国殖民当局有义务帮助殖民地管理好自己的事务，殖民地国家人民将选出代表参加法国未来的国民会议，法国将根据殖民地国家与法国关系的重要性确定参加国民议会的代表名额；战后，法国将主导殖民地必要的宪政改革。第二次世界大战结束后，法国殖民政府根据"殖民地不可分割"的思想，加强了对法属喀麦隆的统治。为了满足法国恢复国内经济的需要，法国殖民当局加重了对喀麦隆人民的剥削，普遍实施强制劳动，工人工资待遇却大大降低，殖民地人民对殖民当局的不满情绪不断高涨。此外，通过战争，法属喀麦隆人民的民族觉悟有了进一步提高。1945 年 9 月，不满殖民当局统治、要求改善待遇的反抗游行示威活动席卷法属喀麦隆地区。在此背景下，殖民当局一方面实行高压政策，镇压人民的反抗运动，维护和加强殖民统治；另一方面开始酝酿在法属喀麦隆实施行政改革。

为加强统治，殖民政府通过行政、司法改革加强了政府的权力。1946 年法国宪法规定，法属喀麦隆成为法国的海外"联合领地"，法国国民议会享有对喀麦隆托管区的最高管理权。法国派驻高级专员掌管喀麦隆托管区的立法、行政、司法和军事权力。为了便于统治，将喀麦隆托管区的行政区域进行细化，设立若干省级行政单位，省下分区，省、区的最高行政长官由法国官员担任。在区以下划分县级和村级行政单位，主要由殖民当局任命的传统酋长来担任行政长官。为了显示民主，法国还在省、区行政单位设立"显贵议会"，其议员主要由殖民当局任命，多是配合殖民统治的传统酋长。显贵议会作为省长和区长的咨询机构，协助殖民当局开展工作。通过这一行政改革，法国在喀麦隆托管区建立了自上而下的完整的统治机构，极大地加强了对喀麦隆的控制。伴随行政改革的同时，殖民当局还加强了在司法方面的控制。法国在其殖民统治区设立了一套完整的司法机构，包括调解法院、初级法院和中级法院。调解法院以村为单位，每村设立一个，由酋长主持；各区设初级法院；各省设中级法院。初级法院和中级法院的法官都由法国殖民官员担任。为了加强对喀麦隆的控制，1946 年后，殖民当局规定，凡刑事案件的审理都以法国刑法为准，这反映出了法国强化殖民统治的意图。

随着反法西斯战争的胜利，法属喀麦隆要求民族自决和独立的呼声日益高涨，形成了反法运动。法国为维护在喀麦隆长期统治的利益，法国殖民当局在加强统治的同时，也开始在喀麦隆推行一些走向宪政和"自治"的改革。1946 年法国宪法规定，法属喀麦隆通过选派代表参加法国国民议会。同年，殖民当局还在其所属的喀麦隆设立了"代表议会"。根据 1946 年 10 月殖民当局颁布的法令，代表议会的议员将由殖民地的法籍选民和喀麦隆籍选民选出，任期 5 年。代表议会将负责维护本地区的利益，主要是参与讨论本地区的一些财政或经济问题，如地区的预算和税收等。1946 年形成的代表议会由 40 名议员组成，其中来自法籍选民的议员占 16 席，来自喀麦隆籍选民的议员占 24 席。到 1951 年第一届代表议会届满时，殖民当局颁布新的法令，宣布代表议会从 1952 年起改称"领地议会"。1952 年喀麦隆举行了领地议会选举，议会的议员仍由两个选团选举产生。由于喀麦隆籍选民人数比 1946 年时增加了 15 倍，为此，领地议会的席位由 40 席增加到 50 席，其中法国籍议员占 18 席，喀麦隆籍议员占 32 席。虽然领地议会中喀麦隆议员的席位有所增加，但由于殖民当局的严格控制，领地议会并没有获得更大的权力。

法国殖民当局在喀麦隆设立议会的改革实际上并没有给予喀麦隆自决的权力，代表议会或领地议会均为咨询性机构，且讨论的问题仅涉及经济等社会事务。虽然殖民当局规定领地议会可以通过议长向法国海外部长就殖民当局的政策发表建议，但是不允许涉及有关喀麦隆民族自决等政治问题。此外，法国政府还有权撤销代表议会或领地议会作出的不符合法国利益的决议。

随着法国殖民地民族独立运动的高涨，1956 年法国国民议会通过了《海外根本法》。该法规定，法国将允许海外殖民地建立"自治"或"半自治"的行政机构。根据该法，法属喀麦隆在 1956 年 11 月举行了市、镇议会选举。同年 12 月，法属喀麦隆领地议会进行选举。根据《海外根本法》，这次领地议会议员选举由单一的喀麦隆选民团选举产生。由于获得了自主的选举，喀麦隆人民参与意识很高，选民达 175.2902 万人，是 1952 年领地议会选举中登记选民总数的 3 倍多。1957 年 4 月，法国殖民当局根据"根本法"原则制定颁布了《喀麦隆章程》。该章程规定，喀麦隆"领地议会"改为"立法议会"，喀麦隆仍然是法国的托管领土，法国将允许喀麦隆建立自治政府。同时，法国保留派遣高级专员的权限，并有权通过高级专员对自治政府进行监管，有权撤销自治政府和立法议会作出的决议。根据《喀麦隆章程》规定，法属喀麦隆在喀麦隆民主党、喀麦隆联盟和独立农民派联合执政的基础上于 1957 年 5 月成立了第一届自治政府，喀麦隆民主党领导人安德烈·马里·姆比达任政府总理，喀麦隆联盟领导人阿赫马杜·阿希乔担任副总理。随着喀麦隆民族独立运动的高涨，法国控制下的姆比达政府遭到了人民的强烈不满。为了稳定喀麦隆政局，缓和民众对自治政府的敌对情绪，在法国的操作下，姆比达政府于 1958 年 2 月辞职，选举成立了由喀麦隆联盟、独立农民派和民族行动运动党组成的新一届自治政府，阿希乔出任新一届政府总理。

为了缓和国内民族斗争的紧张局势，阿希乔政府把法属喀麦隆的民族自决放在了政府工作的首位，提出了五条施政基本纲领，即：要求实现法属喀麦隆的完全自治；确定喀麦隆独立的日程；完成喀麦隆的统一；在民族问题上实行和解政策；开展同法国在相互信任基础上的合作。阿希乔政府一方面向人民作出实行完全自治和独立的保证；另一方面同法国政府谈判，要求取得更大的自治权和确定喀麦隆独立的日期。在自治政府的推动下，1958 年 6 月喀麦隆立法议会通过了要求法国修改《喀麦隆章程》的决议，并要求在托管期满时承认喀麦隆独立。同年 10 月，喀麦隆立法议会通过决议，要求法国在 1960 年 1 月 1 日结束对喀麦隆的托管，并实现喀麦隆的独立。由于喀麦隆民族武装斗争的开展，法国当局同意了喀麦隆立法议会的上述决议。

法国托管区的民族独立运动　同英属喀麦隆相比，战后法属喀麦隆的民族独立运动更加高涨。二战期间，法属喀麦隆的工人运动有了很大的发展。随着第二次世界大战的结束，法管区的政治团体开始兴起。1948 年 4 月 10 日，费力克斯·穆米埃（Félix Moumié）、姆·尼奥勃·吕班（Ruben Um Nyobé）以及乌安迪·欧内斯特（Ernest Ouandié）等人共同创建了政治组织——喀麦隆人民联盟。该联盟在其章程中明确提出了自己的奋斗纲领，即按照《联合国宪章》的规定，推动喀麦隆民族的自治和独立，最终结束英、法的托管，统一喀麦隆。在法国殖民当局推行改革过程中，喀麦隆人民联盟发动人民积极参加代表议会和领地议会的竞选活动，推动喀麦隆的自治进程。在喀麦隆人民联盟的推动下，法管区人民政治热情高涨。1954～1955 年间，联合国共收到了 5.5 万封要求民族自治和独立的请愿书。喀麦隆人民联盟还代表喀麦隆人民到联合国进行请愿，并把在联合国的演讲印发成册广泛地散发给群众，让人民了解真相，进行合法斗争。1954 年喀麦隆人民联盟提出了结束法国托管并召开立宪大会的主张，得到了人民群众的热烈拥护和支持。随着民族独立运动的开展，法属喀麦隆形成了许多的政党和政治团体。这些政党也公开拥护人民联盟提出的独立和重新统一的奋斗目标。喀麦隆人民联盟领导的人民运动引发了法国殖民当局的恐慌。1955 年，法国派罗朗·普雷接任高级专员。为了延缓在喀麦隆的殖民统治，法国殖民当局对喀麦隆人民联盟开始实施暴力手段，上演了残忍的"五月血案"。[①] 1955 年 5 月 21 日和 22 日，法国殖民当局派宪警强行闯入喀麦隆人民联盟设在杜阿拉的办公处，没收了联盟的文件并捣毁了该办公处。法国殖民当局的行为激起了杜阿拉群众的强烈不满，愤怒的群众纷纷走上街头进行抗议。抗议活动遭到了法国殖民当局的镇压，当局调来了全副武装的殖民军队，向手无

---

① 雅菲：《喀麦隆》，世界知识出版社，1960，第 31 页。

寸铁的抗议群众开枪扫射，当场打死群众 7 人，重伤 30 人。抗议活动进一步扩大，工人、农民、商人、学生积极参加，游行示威很快波及全国很多地区。5 月 25 日，法国殖民当局紧急征调大批殖民军到杜阿拉，对抗议群众进行镇压，持续到深夜，共有 300 多人被杀害。与此同时，法国殖民当局对雅温得、恩贡桑巴、姆班伽等地的抗议群众也进行大屠杀。全国被杀害群众达 5000 多人。随后，法国殖民当局宣布喀麦隆人民联盟为非法组织，下令取缔，并解散喀麦隆人民联盟发起的一切群众组织。在严峻的形势面前，喀麦隆人民联盟决定把总部迁往英国托管区的昆巴，继续领导民族独立运动。由于英、法殖民者沆瀣一气，英国殖民当局也宣布喀麦隆人民联盟为非法组织，并对其成员进行搜捕。1956 年 12 月，喀麦隆人民联盟在萨纳加地区开始武装起义，走上了武装反抗殖民统治争取民族独立的道路。由于喀麦隆人民联盟代表了喀麦隆人民的利益，得到了人民的广泛支持，特别是在西南部地区，大量的群众参加了喀麦隆人民联盟。1952 年时，喀麦隆人民联盟成员仅仅为 3 万人，到 1955 年已超过 10 万人。在武装斗争中，喀麦隆人民联盟不断加强自身的组织建设，提高队伍的战斗力。到 1957 年，武装斗争发展到伍里、巴萨、雅温得、杜阿拉、埃博洛瓦、巴菲亚等地区。面对日益强大的武装反抗，法国殖民当局不得不考虑对喀麦隆实行新的统治，允许喀麦隆在 1957 年实行自治。由于自治政府仍然控制在法国殖民当局手中，在法国殖民当局的操纵下，自治政府派军队协同法国从塞内加尔和上沃尔特调来军队，对喀麦隆人民联盟的武装斗争开始围剿。1958 年春，巴米累克地区也爆发了武装起义。喀麦隆人民联盟领导的武装力量在萨纳加海滨、巴米累克和蒙戈地区进行了广泛而活跃的游击战争，沉重打击了法国殖民当局的嚣张气焰。1958 年 9 月，领导萨纳加海滨地区武装斗争的喀麦隆人民联盟总书记乌姆·尼奥勃在其家乡布姆尼贝附近被政府军杀害。之后，他领导下的约 2500 多名游击队员放弃了武装斗争，在联盟另一名领导人马伊·马蒂普的领导下归顺了自治政府。1959 年，喀麦隆人民联盟成立了"民族解放军"，继续进行战斗，并由郊区转向城市，直指杜阿拉和雅温得两大统治中心，沉重地打击了敌人。仅在 1959 年的 7、8 月间，就炸毁 3 架敌机和数座仓库，歼敌 300 余人，引起了法国殖民当局的恐慌。自治政府在全国 21 省中的 20 个省宣布了紧急状态。①

不断扩大的武装斗争加快了法国同意喀麦隆独立的进程。1959 年 3 月联合国通过决议，宣布喀麦隆于 1960 年 1 月 1 日独立。在取得独立后成立的新政府中，喀麦隆人民联盟被排除在外。新政府一方面对喀麦隆人民联盟进行政治招降，一方面加紧对其武装斗争进行镇压。1960 年 11 月，喀麦隆人民联盟主席穆米埃在瑞士遭法国特务下毒身亡，武装斗争进一步受到削弱。1966 年 5 月，喀麦隆人民联盟领导人奥桑德·阿法纳（Osende Afana）在雅温得郊外森林遭政府军袭击遇害。1968 年，人民联盟副主席阿贝尔·金格（Abel Kingué）病故。1970 年 8 月，在国内坚持武装斗争的人民联盟副主席欧内斯特·乌安迪被政府军抓捕，经军事法庭判处死刑，于 1971 年 1 月 15 日被处死。至此，喀麦隆人民联盟领导的反法武装斗争彻底失败。

联合国托管下的经济发展 由于喀麦隆长期受到西方殖民国家的统治，民族工业发展缓慢，没有形成完整的工业体系，国内的工业多是对原材料的简单加工，且发展不均衡。喀麦隆民族资本活动的范围主要在农业（种植园经济）、手工业、商业、运输业等方面。在喀麦隆北部的马鲁阿和西部的丰班地区，手工业发展较快，马鲁阿的皮革制造业和丰班的青铜工艺品都较有名。而

① 吴秉真、高晋元主编《非洲民族独立简史》，世界知识出版社，1993，第 261~278 页。

喀麦隆国民经济的主要部门则控制在殖民宗主国资本家手中，二战后的托管期间这一趋势有了进一步加强。

英国托管区的经济 第二次世界大战后，由于发展经济的需要，英国加强了对殖民地经济的控制。在英国托管区，种植园经济仍然是殖民经济的首要组成部分。为了高效利用种植园经济，1946 年英国殖民当局建立了直属于它的国营喀麦隆开发公司，并将二战时没收德国人的种植园以 85 万英镑的价格租让给该公司，委托其进行集中管理和经营。在殖民当局的支持下，喀麦隆开发公司成为英属喀麦隆最大的种植园主，拥有土地超过 25 万英亩。该公司除纳税以外，还要对殖民当局提交利润。1957 年该公司雇佣工人 2.8 万，占英属喀麦隆雇佣工人总数的 80%。其主要产品香蕉、棕榈、橡胶，年产值达 250 万 ~ 300 万英镑，占英属喀麦隆出口总值的 1/2 以上。[①] 1960 年，该公司生产的橡胶占西喀麦隆橡胶总产量的 85%；它生产的香蕉占西喀麦隆香蕉总产量的 45%。该公司经营的种植园几乎垄断了西喀麦隆香蕉、橡胶、棕榈等出口作物的生产。[②] 此外，喀麦隆开发公司还在该地区经营林业、农产品加工业、交通运输业、银行业以及进出口贸易等各个经济部门，如在维多利亚、埃登诺、埃克瓦等地建有榨油厂，在提科等地建有橡胶加工厂等。它还通过向农业合作社贷款发挥银行作用。

这一时期，英属西喀麦隆的其他一些殖民公司的经营规模也有较大发展，如厄尔得斯—费夫特公司和属于联合非洲公司的帕摩尔有限公司。前者主要种植香蕉，后者主要种植橡胶，两个公司在西喀麦隆共占有土地约 1.4 万公顷。英国开办的喀麦隆有限

---

① 解健真：《喀麦隆的外国垄断资本》，中国科学院西亚非洲研究所编印《西亚非洲资料》1965 年第 4 期，第 10 ~ 11 页。

② 雅菲：《喀麦隆》，世界知识出版社，1960，第 27 页。

公司、海岸木材公司、布莱德公司等控制了西喀麦隆的林业生产。英国资本开办的英属西非银行和巴克莱银行也发展迅速。随着殖民资本的增加，殖民生产的扩大，更多的喀麦隆人民被卷入到殖民资本家的工农业生产中来，殖民资本家获得了更大的利益。

法国托管区的经济 法国托管区的经济发展主要依赖农业。它不同于英国托管区的是，在长期的殖民开发中，这一地区并没有形成大规模的种植园经济，农业经济以小农经济为主，发展较为落后。由于殖民经济的需要，法国殖民当局要求农民片面发展出口经济作物的生产，如可可、香蕉、咖啡等农作物是该地区的主要产品。殖民贸易公司通过中间商，从分散的农民手中收购产品进行出口。二战结束后，由于国际市场对商品需求的增长，殖民当局鼓励当地居民大力发展单一的农产品种植，农业产量有了很大的增长。在 1947～1957 年的 10 年时间里，香蕉出口量由 1.7 万吨增加到 8.7 万吨，增长了 412%；可可出口量由 3.3 万吨增加到 5.3 万吨，增长了 66%；咖啡出口量由 0.55 万吨增加到 1.75 万吨，增长了 218%；木材出口量由 3.6 万吨增加到 12.1 万吨，增长了 236%。[①]

二战后，法国资本加强了对法属喀麦隆地区林业、石油和天然气开采以及金融业等方面的垄断。法属喀麦隆的林业生产几乎完全控制在法国资本手中。第二次世界大战后，法国垄断公司以"租让"为名霸占了大片林区滥肆采伐，仅在 1947 年 11 月至 1948 年 11 月的一年之内，殖民公司所"租让"的林区就达 200 万公顷。此外，木材加工业，棉花加工业，以及可可、棕榈、花生等油料作物的加工业，也大多受法国垄断公司的控制。1951 年成立的喀麦隆石油勘探开采公司，垄断了喀麦隆石

---

① 雅菲:《喀麦隆》，世界知识出版社，1960，第 9～25 页。

油和天然气的勘探权。在该公司的股本中，法国石油勘探局占51％，法国海外中央金库占 22.7％，喀麦隆政府仅占 11.3％。法管区的金融业也由法国垄断资本所控制。东喀麦隆独立前共有 6 家银行，其中 5 家属于法资银行，包括国民工商银行、西非银行、里昂信贷银行、总公司、非洲商业银行；而另一家英属西非银行则是英资银行。独立前的货币发行权完全由法国控制。独立后，为了接管货币发行权，喀麦隆联邦政府建立了国家银行——喀麦隆开发银行，但其仍有 31％ 的股份控制法国政府手中。此外，喀麦隆的日用五金企业和大量的消费品企业也控制在法国资本手中。[①]

第二次世界大战以后，法国建立了包括法属喀麦隆在内的法郎区，由于实行货币汇兑的管制，法国在法属喀麦隆对外贸易中的垄断地位大大地加强。法属喀麦隆在经济上对法国的依赖性也加深了。

表 2－2　第二次世界大战前后各国和地区在喀麦隆进口贸易中的比例

单位：％

年份	法郎区	法国	美国	英联邦	联邦德国	日本	其他国家
1938	30[a]	26	14	16	7	14.5	18.5
1958	68	62	5	4	4	0.4	18.6

说明：a 1938 年法郎区尚未成立，数字是指从法国及其属地的进口。

资料来源：《热带市场》周刊，1959 年 11 月 21 日，2604 页。

法国加强了对托管区的经济援助　从 1946 年 1 月 1 日至 1959 年 6 月 30 日期间，法属喀麦隆实行了两个四年经济发展计划，投资总额为 950 亿非洲法郎，其中法国政府投资约 640 亿非

---

① 解健真：《喀麦隆的外国垄断资本》，中国科学院西亚非洲研究所编印《西亚非洲资料》1965 年第 4 期，第7~10 页。

洲法郎，法国私人投资将近 210 亿非洲法郎。法国政府投资主要包括："经济与社会开发投资基金"拨款 377.45 亿非洲法郎，法国各类国营公司投资 156.58 亿非洲法郎，法国海外中央金库的投资和贷款 92.14 亿非洲法郎，法国政府预算拨款 19.55 亿非洲法郎。[①] 1948 ~ 1956 年的政府投资中，基础设施建设费用占 68.3% 。仅在第一个"四年计划"中，基础设施建设占拨款总额的 85% 。[②]

第四节　当代简史（1960 ~ 2003 年）

一　喀麦隆联邦共和国时期（1960 ~ 1961 年）

1. 喀麦隆联邦共和国的形成

喀麦隆共和国的形成，指的是英国的南喀麦隆托管区和法国喀麦隆托管区的统一。1960 年 1 月 1 日法国托管区宣告独立，建立了喀麦隆共和国。为此，英国托管区人民要求脱离英国托管，建立统一的喀麦隆的历史任务提上了日程。在英国托管区的南喀麦隆，丰肖领导的南喀麦隆民族民主党上台后积极推动英、法托管区的统一。在丰肖政府的推动下，1959 年 5 月联大就喀麦隆问题提出了"南北喀麦隆分别举行公民投票以决定各自政治前途"的建议。南喀麦隆的喀麦隆国民大会党和喀麦隆人民党主张英国托管区继续存在尼日利亚联邦内，保留英联邦内的完全自治领地位。为在即将来临的公投中增加影响力。1960 年 5 月，南喀麦隆的喀麦隆国民大会党和喀麦隆人民党合

---

① 解健真：《喀麦隆的外国垄断资本》，中国科学院西亚非洲研究所编印《西亚非洲资料》1965 年第 4 期，第 9 ~ 10 页。

② 雅菲：《喀麦隆》，世界知识出版社，1960，第 23 页。

并为喀麦隆人民全国大会党。为促进统一，1960 年英属南喀麦隆的喀麦隆民族民主党和丰肖政府与独立的喀麦隆共和国总理阿希乔就联合问题进行了会谈。为准备喀麦隆共和国和英属南喀麦隆的统一，随后双方举行了几次立宪会议。在丰班举行的立宪会议上，英属南喀麦隆同喀麦隆共和国确立了统一的基本方案。1961 年 2 月 11 日，英国托管区的南北喀麦隆在联合国主持下同时举行了公民投票。在主张统一的喀麦隆民族民主党和喀麦隆统一党的推动下，南喀麦隆公投以 23.3571 万票对 9.7741 万票赞成与喀麦隆共和国合并。1961 年 10 月 1 日，南喀麦隆脱离英国托管，宣布与喀麦隆共和国统一，成立喀麦隆联邦共和国。前喀麦隆共和国总统阿希乔任联邦共和国第一任总统，前南喀麦隆总理丰肖任联邦共和国副总统。根据宪法规定，原英属喀麦隆改名为西喀麦隆，原喀麦隆共和国改名为东喀麦隆。

英国托管区的北喀麦隆，二战后由北尼日利亚管辖。在议会制的改革中，英国采取"土人治土"的办法推行北喀麦隆同尼日利亚联合，一方面将大量的前英国殖民官员由尼日利亚人代替，另一方面通过使北喀麦隆代表参加尼日利亚政府增强北喀麦隆同尼日利亚的联系。随着南喀麦隆实现自治，北喀麦隆同北尼日利亚的政治联系却得到了加强。在喀麦隆民众要求统一的呼声中，1959 年 3 月联大决定同年 11 月在北喀麦隆实行公民投票，以决定北喀麦隆的归属。公投结果，7.0401 万人反对将北喀麦隆并入北尼日利亚，远远超出了 4.2797 万人的赞成票，但公投结果同时显示，多数人赞成对北喀麦隆的前途延期做出决定。为此，1959 年召开的 14 届联大对北喀麦隆问题做出了新的决议，要求在北喀麦隆立即采取必要改革措施，将权力归还给北喀麦隆人民，对政府机构进行民主化改革，要求在 1960 年 10 月 1 日前完成北喀麦隆的分治，使其逐步脱离尼日利亚。联大还决定，在 1961 年 3 月再次举行公民投票，解决北喀麦隆的归属问题。为了落实联大的北喀麦隆分治决议，促使北喀麦隆脱离尼日利亚与南喀麦隆统一，北喀麦隆成立了民主党。1960年，该党领导人访问了南喀麦隆丰肖政府，双方讨论了未来的联合问题，并就北喀麦隆代表加入南喀麦隆议会事宜达成了协议。但是，由于北喀麦隆同尼日利亚联系的加强，1961年2月有关北喀麦隆"去向"的公民投票中，以14.6296万对9.7659万的多数赞成北喀麦隆加入尼日利亚，投票人数占选民人数的83%。随后，北喀麦隆并入尼日利亚。

2. 联邦中央权力的加强

喀麦隆联邦共和国成立后，实行联邦民主政体，国家政权实行三权分立，在政治体制上保持了各邦权力的均衡。联邦成立初期，由于发展的差异，联邦中央政府采取了一系列措施协调两邦的发展。根据宪法，1963年联邦设立了经济与社会委员会，作为联邦中央政府的一个咨询机构，容纳了农业、工业、劳工等方面的代表，对东、西喀麦隆的发展问题进行统筹规划。但是，由于东、西喀麦隆长期分属法、英统治，在政治制度以及文化方面存在很大的差别，这为联邦统一发展带来了诸多不利因素。联邦形成后，协调东、西喀麦隆的财力和物力，促进两邦的发展，成为两邦政治家共同关注的问题。

为加强联邦权力，以联邦总统阿希乔为首的政治家一方面利用临时宪法规定的权力加紧东西两邦的联合，另一方面不断扩大和加强其政党对联邦的领导作用。

从统一进程一开始，"阿希乔和许多东喀麦隆的政治家就对创立一个强有力的中央集权的统一国家比建立一个松散组织的联邦更有兴趣。"① 但是，作为促进统一的措施，东喀麦隆的政治

---

① 转引自 *African State and Society in the 1990s Cameroon's Political Crossroads*，p. 47。

109

家在 1961 年对西喀麦隆的政治家们做了临时让步。尽管如此，在争论中产生的临时宪法还是对喀麦隆未来的发展做了有利于向加强联邦中央权力的规定。临时宪法第五条和第六条给了联邦政府重要的权力，如国防、外交、教育、科研等方面。因为这些权力一旦属于地方邦政府，其将拥有更大自主权。此外，对于公众健康、初等教育、技术教育、监狱管理等问题，临时宪法规定各邦可以实施临时管理权，但必须在统一后的两年内把权力最终交还联邦政府。[①] 临时宪法对过渡期权力分配的规定反映了阿希乔总统掌握很大的权力，他能够拒绝各邦任何形式的独立意愿。联邦形成后，联邦总统和政府借助临时宪法赋予的权力，不断削减邦的权力，加强中央政府的职能。特别是在西喀麦隆，联邦政府通过一系列措施加强了西喀麦隆在政治、经济方面对联邦政府的依赖。统一后不久，阿希乔总统颁布第 61/DF/15 号法令，宣布把联邦分为六个行政区，其中东喀麦隆被分为五个区，而西喀麦隆作为单一的行政区。同时规定，每一个区将由总统任命的联邦政府监察员来管理。联邦政府监察员不向各邦总理负责，而直接向总统负责，被任命的监察员成为联邦总统在各区实施管理的重要官员。每个监察员有权设立总统权限范围内的地区事务章程和制度，而不需要同各邦总理协商。这种划分和规定进一步削弱了联邦的结构，加强了总统直接控制各邦的权力。

这一时期，促进联邦中央权力加强的另一重大举措是政党制度的变化。联邦成立后，根据联邦临时宪法的规定，联邦实行多党制。在东喀麦隆，自 1958 年 5 月时任法属喀麦隆第一届自治政府副总理兼内政部长的阿希乔发起成立喀麦隆联盟后，该政党一直是本地区的重要政党，主导着法属区的政治改革。法属喀麦

---

① 转引自 *African State and Society in the 1990s Cameroon's Political Crossroads*，p. 47。

隆的第二届自治政府时期，阿希乔的政党得到了北方部族议员的大力支持，喀麦隆联盟成了议会中的大党。60 年代初，随着喀麦隆联盟执政地位的确立，该党在东喀麦隆的地位进一步提高。

喀麦隆联邦成立后，喀麦隆联盟领导人、联邦总统阿希乔积极推动该党在联邦政治中发挥更大的作用。一方面，喀麦隆联盟通过不断壮大在东喀麦隆的实力，扩大在东喀麦隆的影响。喀麦隆联盟主张喀麦隆的团结和统一，强调要建立一个强有力的全联邦性的政党，推动联邦的团结和发展。在喀麦隆联盟的发展中，不断吸收东喀麦隆的小党并入，势力日益壮大。1960 年，喀麦隆联盟与喀麦隆国民行动党合并；1961 年 4 月，争取统一与和平人民阵线宣告解散，随后其大部分成员加入喀麦隆联盟。另一方面，为了进一步扩大喀麦隆联盟在联邦议会和政府中的影响，阿希乔积极实施政党合并事宜。为此，他向议会中的反对党——由喀麦隆人民联盟、喀麦隆社会党、喀麦隆工人党、喀麦隆民主党组成的全国联合阵线的领导人提出了建立统一政党的建议，但是遭到了这些反对党领导人的反对。

1962 年 6 月 16 日，四党领导人——喀麦隆人民联盟的议会集团主席泰奥多尔·马伊·马蒂普、喀麦隆社会党总书记夏尔·奥卡拉（Charles Okala）、喀麦隆工人党全国书记马塞尔·贝贝·埃依迪、喀麦隆民主党主席安德烈·马里·姆比达公开发表宣言，抵制阿希乔建立一党制的企图；认为在喀麦隆建立统一的政党将造成权力的集中，不利于喀麦隆的民主。此后不久，联邦总统办公厅宣布，发现在姆比达和奥卡拉的住宅里"藏有大量武器"。随后，四位反对党领袖相继遭到逮捕，并以"挑动对于政府和公务机关的仇恨，挑动民族集团之间和宗教集团之间的不和，并散布有损于公务机关的消息"为名被判罪。1965 年，夏尔·奥卡拉、马塞尔·贝贝·埃依迪、安德烈·马里·姆比达获释。随后，奥卡拉解散其喀麦隆社会党，加入喀麦隆联盟。姆比达作为反对党领袖流亡海外。1966 年贝贝·埃伊迪去世。1968
年 9 月，喀麦隆人民联盟议会代表泰奥多尔·马伊 – 马蒂普加入
喀麦隆民族联盟。至此，喀麦隆联盟在东喀麦隆的势力得到了巩
固，成为拥有绝对实力的大党，反对党由于受到了严重削弱，在
议会和政府中处于依附地位。

同一时期，西喀麦隆的政党联合倾向也在加强。一方面，西
喀麦隆的许多党派表现出了建立全国性政党的愿望；另一方面，
阿希乔领导下的喀麦隆联盟利用联邦的权力，不断削弱西喀麦隆
有独立意识的党派，推动东、西喀麦隆政党的联合执政。

联邦建立后，西喀麦隆各党派纷纷参加邦的议会选举，多党
制有了进一步的发展。1962 年 1 月 7 日，西喀麦隆实行首次议
会选举，喀麦隆民族民主党成为议会中的绝对多数党。随着东喀
麦隆的喀麦隆联盟实力的不断壮大，西喀麦隆的一些政党也希望
在喀麦隆建立一个全国性的政党来领导喀麦隆的社会发展。一方
面这些小党希望能在国家政治生活中发挥作用，另一方面这样做
可以避免其被多数党西喀麦隆民族民主党控制。阿希乔也希望通
过合并政党削弱西喀麦隆民族民主党在西喀麦隆的影响，以利于
联邦权力的集中。

1961 年和 1962 年，阿希乔两次到西喀麦隆同西喀麦隆的政
党协商政党合作事宜。期间，西喀麦隆的少数党，喀麦隆人民全
国大会党的领导人恩德莱在同阿希乔的会晤中，表达了他支持阿
希乔加强国家统一和联邦中央权力以及建立一党制等方面的意
愿。面对阿希乔领导的喀麦隆联盟同西喀麦隆一些政党的咄咄逼
人的合作态势，为了在未来的西喀麦隆政治中继续发挥主导地
位，1962 年 4 月 27 日，西喀麦隆民族民主党和东喀麦隆的喀麦
隆联盟建立了一个民族协调委员会，以探索西喀麦隆民族民主党
同喀麦隆民族联盟之间进一步合作的途径。1962 年 8 月，西喀
麦隆的议会大党——民族民主党和人民全国大会党发表声明，表

示愿意参加建立一个全国性的政党。

　　为了保证在联合政党中的实力，西喀麦隆的民族民主党主张西喀麦隆的政党应该首先加入民族民主党，并在此基础上讨论同喀麦隆联盟合并事宜。西喀麦隆人民全国大会党对此表示反对，它主张各党在政党合并完成之前应该保持独立，参加合并的各政党应在政党合并时一律解散。通过多次争执，1965 年 8 月，西喀麦隆民族民主和人民全国大会党联合，组建了西喀麦隆"各党联合政府"。由于 1963 年西喀麦隆的民族民主党因党内分歧发生分裂，政党领导人丰肖和穆纳反目。以穆纳为首的部分党员主张西喀麦隆民族民主党尽快并入喀麦隆联盟，加强联邦中央政府的权力，丰肖对此不满。1965 年 5 月，丰肖辞去西喀麦隆总理职位，并把持反对意见的穆纳、埃格贝等议员开除西喀麦隆出民族民主党。穆纳、埃格贝于是成立了喀麦隆统一大会党，成为议会里的反对党。以阿希乔为首的东喀麦隆政党领导人积极利用西喀麦隆政党的分化组合，削弱西喀麦隆主张加强邦权力的势力。丰肖在 1965 年辞去西喀麦隆总理后，1967 年 12 月 31 日，西喀麦隆举行选举，在联邦政府的支持下，阿希乔总统任命支持加强中央权力的穆纳为西喀麦隆总理。1969 年，联邦议会对原宪法中关于各邦议会对总理任命权限做了修改，废除了原宪法中各邦议会有权宣布总统经简单多数投票而任命总理无效的规定，加强了总统的权力。1970 年 1 月，阿希乔任命穆纳为联邦副总统。同年 3 月，联邦总统选举，阿希乔当选总统，穆纳为副总统。至此，联邦中央政府进一步加强了对西喀麦隆的控制。

　　此外，喀麦隆联邦政府还在财政、经济等方面密切了东、西两邦的关系。由于联邦政府将西喀麦隆征收进出口货物税的权力收归联邦政府，中央财政收入得到增加。东喀麦隆还不断改善基础设施，增强同西喀麦隆的经济联系。随着 60 年代中期提克到杜阿拉的公路以及杜阿拉到昆巴的铁路的开通，绝大多数从西喀麦隆维多利亚港口和提克（Tiko）进出口的货物转向经由东喀麦隆的杜阿拉港，东、西喀麦隆的经济联系更加密切，这为联邦向联合共和国的过渡奠定了基础。此外，为了协调东、西两邦的发展，联邦中央政府还规定在喀麦隆设立双语教学，这在一定程度上促进了两邦的统一和联合。

3. 政党联合——喀麦隆民族联盟的建立

喀麦隆民族联盟是在联邦许多政党合并基础上形成的。在东喀麦隆执政党喀麦隆联盟的推动下，联邦成立时存在的众多政党经过60年代初期的分化组合出现了新的发展形式，政党合并提上了日程。东喀麦隆的喀麦隆联盟以及西喀麦隆的民族民主党、喀麦隆人民全国大会党和喀麦隆统一大会党都支持政党联合。

1966年6月11日，阿希乔总统召集两邦总理和西喀麦隆支持政党合并的三个政党的领袖在雅温得举行会议。这次会议就四个政党尽快实行合并建立新的全国性政党——喀麦隆民族联盟达成了共识。随后，建立了由30人组成的政党合并指导委员会，负责指导和监督政党的合并事宜；并设立了由12人组成的党章制定委员会，着手制定新政党的党章。1966年7月23日，新党章草案获指导委员会通过。随后，成立了新政党的领导机构——临时执行委员会，阿希乔任临时执行委员会主席，丰肖和东喀麦隆总理琼吉任副主席，喀麦隆联盟的萨米埃尔·卡梅任临时执行委员会总书记。同时，西喀麦隆的民族民主党、喀麦隆人民全国大会党和喀麦隆统一大会党分别举行了解散大会。1966年9月1日，喀麦隆联盟、喀麦隆民族民主党、喀麦隆人民全国大会党和喀麦隆统一大会党正式合并，宣告成立喀麦隆民族联盟。不久，民主党和社会党也正式解散，多数成员加入新党。喀麦隆民族联盟成为全国性的政党。1969年，喀麦隆民族联盟在加鲁阿举行了代表大会。大会制定了新的党章，选出了新的政治局成员。此后，喀麦隆虽然实行多党制，但是由于喀麦隆民族联盟的强大，其他反对党的实力受到严重削弱，喀麦隆民族联盟在喀麦隆实行了长期执政。

4. 联邦共和国的经济改革

由于长期受英、法分治，东、西喀麦隆之间的社会发展很不平衡。联邦成立后，加强东、西喀麦隆统一的经济改革成为联邦政府的重要任务。为充分掌握西喀麦隆的社会经济发展指标，做好联邦的统一发展规划，协调东、西喀麦隆的发展，联邦政府在西喀麦隆设立了统计机构。与此相适应，西喀麦隆在 1964 年开始采用公制度量衡。在货币政策方面，联邦政府采用非洲法郎作为东、西喀麦隆的共同货币。在财政方面，联邦政府公开预算，通过联邦财政预算为东、西两邦的联合企业提供发展资金；通过联邦的贷款机构——喀麦隆开发银行在西喀麦隆设立分行，来扶植西喀麦隆的经济发展。在农业方面，联邦政府积极推动农业改革，加大对农业的投资和政策扶植力度，除大力发展传统的种植园经济外，还鼓励农民大力发展粮食作物的生产，扩大粮食作物的种植面积，以满足国内的粮食需求。此外，联邦政府还大力发展东、西喀麦隆的基础设施建设，特别是加强两邦在交通方面的联系。针对西喀麦隆内地的交通闭塞问题，1969 年联邦建成了从东喀麦隆的姆邦加到西喀麦隆的昆巴的铁路，把闭塞的西喀麦隆内地同沿海地区连接起来。联邦政府还把提科、维多利亚和博塔作为杜阿拉的附属港口，使东、西喀麦隆较为发达的沿海地区联系起来，并在 1969 年修建了从杜阿拉和提科—维多利亚—布埃业地区的公路。交通设施的改善，增强了东、西喀麦隆之间的联系，巩固了联邦的统一。

经过几年的努力，喀麦隆联邦的经济有了很大的发展。在东喀麦隆，随着交通运输的改进，农业有了很大的发展，作为出口作物的棉花和咖啡的产量有了很大的提高。此外，东喀麦隆还出口大量的木材、橡胶和牲畜。西喀麦隆在加入联邦的初期，由于在 1963 年结束了英联邦的特惠待遇，由长期与尼日利亚经济的密切关系转向与东喀麦隆加强经济联系，经历了几年的转型期。随着西喀麦隆同东喀麦隆货币的统一，两邦的经济联系开始加强，西喀麦隆的经济得以恢复。特别是在西喀麦隆一些沿海省份，经济作物的产量和出口量有了很大增加。种植园经济仍然是西喀麦隆的主要经济支柱。香蕉是种植园的主要作物，在 1965 年，种植园所生产的香蕉大约占西喀麦隆香蕉出口的一半。橡胶在种植园产品中占第二位。① 木材、橡胶和棕榈仁也是西喀麦隆的重要出口商品。在贸易进口方面，英国和英镑区仍然是西喀麦隆的主要进口方，但是在出口方面，西喀麦隆和欧洲共同市场国家的联系加强，这些国家逐步成为西喀麦隆商品的吸纳国。

5. 联邦经济对外国资本的依赖

喀麦隆联邦成立后，虽然强调经济发展的自主性，但是长期形成的殖民地经济特征，经济发展对外国资本具有严重的依赖性。一方面，联邦的绝大部分产业仍然控制在外资手中，其经营、发展严重依赖外国资本；另一方面，接受外援是联邦获得发展资金的重要途径。

联邦建立后，随着东、西喀麦隆货币的统一，两地区的经济联系进一步加强，英国资本在喀麦隆的势力受到了一定的削弱。为了维护英国在喀麦隆的利益，英国政府通过多种途径对喀麦隆进行经济渗透。在西喀麦隆脱离英联邦初期，英国曾经寄希望于西喀麦隆，希望通过不断加强同西喀麦隆的经济联系，达到维护英国在该地区的长期利益。1961 年 10 月，喀麦

---

① 维克托·勒维讷：《喀麦隆联合共和国》，第 38～42 页。

隆联邦刚成立，为加强同西喀麦隆的联系，英国政府以赠款 50
万英镑支持西喀麦隆邦政府，并将英联邦对西喀麦隆的出口特
惠关税待遇延长到 1963 年 9 月。1962 年，当喀麦隆联邦总统
阿希乔访问英国时，英国还向喀麦隆联邦提供了 20 万英镑的
贷款。

喀麦隆独立后，法国通过多种途径加强对喀麦隆的资本输
出，以期达到进一步控制喀麦隆的目的。在东喀麦隆，法国资
本控制着金融、外贸、工矿业、交通运输业等主要经济部门。
据统计，1964 年东喀麦隆共有 750 家工、农、商业公司（包括
银行）及其代理机构，创业资本总额为 245 亿非洲法郎。其中
87%的资本，集中在以法国资本占绝对优势、资本额在 5000 万
非洲法郎以上的 52 家公司手中。四家法国垄断公司——喀麦隆
石油勘探开采公司、喀麦隆铝业公司、客麦隆电力公司、非洲
森林与农业公司的资本额占了喀麦隆全部 750 家公司资本总额
的一半以上。[1] 喀麦隆的埃代阿炼铝厂曾是 20 世纪 60 年代非洲
最大的电解铝厂，该企业就是由法国的贝希奈财团所控制，该
财团占有了电解铝厂 73%的股份。此外，法国的海外中央银行
控有电解铝厂 13%的股份，比利时财团控制了 9%的股份，喀
麦隆政府只占该铝厂股份的 5%。在喀麦隆的电力公司中，法
国海外中央银行占有 34%的股份，法国国营电力公司占有 16%
的股份，喀麦隆政府仅占 27%的股份。法国经济合作中央银行
通过法国在喀麦隆的垄断公司扩大投资，在 1961 年和 1962 年
向喀麦隆的经济发展计划提供了 3 亿非洲法郎的贷款。法国政
府通过财政预算加强对喀麦隆的贷款，从 1961~1965 年的四个
财政年度中分别提供预算贷款 15 亿非洲法郎、11 亿非洲法郎、
10 亿非洲法郎和 5 亿非洲法郎。随着喀麦隆投资法的颁布，很

① 《黑非洲公报》1965 年第 166 期。

多法国垄断公司获得了投资的优惠待遇，纷纷扩大对喀麦隆的投资。法国资本在喀麦隆的新建银行中也占有垄断资本，在1962年以后成立的三家喀麦隆银行中，喀麦隆通用银行、喀麦隆国际工商银行中的法国资本占有优势。即使在喀麦隆政府资本为主的喀麦隆银行公司中，法国里昂信贷银行占有的股份也高达35%。[①]

此外，喀麦隆的投资法也吸引了大量的法国私人资本。仅在1960年7月至1963年6月，喀麦隆经济发展计划获得的私人投资达209亿非洲法郎，其中绝大部分属于法国私人资本。

法国还是喀麦隆的重要援助方。仅在1960年和1961年，法国对喀麦隆的援助总额就高达4000万美元，其中包括法国在喀麦隆的"技术顾问"的薪俸、军事援助以及对喀麦隆留法学生的津贴和法国财政部的直接补助、贷款和赠款等。[②] 1959年，法国"经济与社会开发投资基金"改名为"援助与合作基金"。法国通过该基金组织以多种方式加大对喀麦隆的投资，1959~1960年向喀麦隆提供了3788万法郎的援助款，1961~1964年向喀麦隆政府提供发展资金1.56亿法郎。到1964年10月，该基金对喀麦隆118个项目进行了援助，援助重点主要集中在基础设施建设方面，如对雅温得—思冈德雷的铁路工程提供了18.75亿非洲法郎，对库姆巴—姆班加铁路工程提供1.85亿非洲法郎的援助。[③]

此外，欧洲开发基金，美国国际开发署、联邦德国等组织和国家也是喀麦隆获得外援的重要对象（见表2-3）。

---

① 解健真：《喀麦隆的外国垄断资本》，中国科学院西亚非洲研究所编印《西亚非洲资料》1965年第4期，第10页。
② 维克托·勒维讷：《喀麦隆联合共和国》，第46页。
③ 解健真：《喀麦隆的外国垄断资本》，中国科学院西亚非洲研究所编印《西亚非洲资料》1965年第4期，第10页。

表 2 - 3　1961 年～1965 年喀麦隆接受的外援

单位：百万非洲法郎

来　　源	金　　额
法国	19855
欧洲开发基金（法国资本占资金总额的 1/3）	14122
美国国际开发署	5000
联邦德国	2120
其他	3000
总　　计	44097（合 183.7 百万美元）

资料来源：联合国：《非洲的工业发展》，联合国文件 ID/CONF.1/RBP/1，纽约：1967 年，第 254 页。转引自维克托·勒维讷《喀麦隆联合共和国》，第 47 页。

二　喀麦隆联合共和国时期（1972～1984 年）

1. 喀麦隆联合共和国的建立

喀麦隆独立后不久，阿希乔政府就明确提出了喀麦隆全国统一的奋斗方向。为了国家的统一大业，阿希乔总统非常注意团结拥护联合的原东、西两邦的各方人士。1961 年成立的联邦政府中，西喀麦隆的坦登·穆纳担任副总统，32 名内阁中有 7 名来自西喀麦隆的官员。为了增进两地区的联合，阿希乔政府宣布英语和法语共同作为喀麦隆的官方语言。政府的文件和官员的重要讲话，以及广播、报纸等都要求使用英、法两种语言。为了表示英语喀麦隆和法语喀麦隆的平等，阿希乔政府还坚持不参加法非首脑会议。

随着政治、经济和文化等各方面联系的不断加强，喀麦隆联邦建立单一制国家的时机已经成熟。1972 年 5 月 6 日，阿希乔总统在同喀麦隆民族联盟政治局成员和中央委员会成员协商后，请求国民大会用单一制国家取代联邦制。随后，国民大会就此问题做出了全民公投的决定。公投结果，以 99.99% 的赞成率同意将喀麦隆联邦改为单一制国家。1972 年 6 月 2 号，联邦总统阿希乔颁布第 72/270 号法令，正式将喀麦隆联邦共和国改名为喀麦隆联合共和国。

2. 政治稳定

从 1972 年喀麦隆联邦共和国改名为喀麦隆联合共和国，到 1984 年喀麦隆联合共和国又更名为喀麦隆共和国，在此 10 多年的时间里，喀麦隆政治稳定，中央权力进一步加强，社会稳定向前发展。

喀麦隆民族联盟成立初期就强调喀麦隆各部族的团结和平衡发展，强调"建立一个统一的喀麦隆"。经过多年的发展，喀麦隆民族联盟成为发展经济建设和维护民族团结的重要力量，形成了以阿希乔为首的联盟领导核心，建立了以联盟为主体的"党政一体"领导机构。1972 年 6 月 24 日，阿希乔总统颁布法令，宣布将共和国分为 7 个行政省，中央政府直接对各省实施领导。由于喀麦隆民族联盟的长期执政，联盟通过对中央、省、地方各级支部的领导，逐步建立了对全国的直接控制。巩固的执政地位，为喀麦隆制定和贯彻实施稳定的政策提供了重要的条件。喀麦隆民族联盟长期的执政为喀麦隆的统一和稳定发展起到了积极的作用。在民族联盟的指导下，喀麦隆的各项制度得到进一步完善。1973 年 5 月 5 日，喀麦隆通过选举产生了第一届国民议会。1973 年 6 月 8 日，喀麦隆国民议会制定了《国民议会章程》，对喀麦隆立法机构——国民议会的组织和运作从法律的角度作出了规定。

实施宽松的民族政策，积极遏制部族主义分裂行为。喀麦隆有"小非洲"之称，是部族较多的国家，全国共有大小部族 200 余个。由于发展水平的差异，各部族之间的区别十分明显，部族势力形成的地方主义非常突出。同时，由于长期的殖民占领，不同殖民区域内的部族具有不同的社会特征。随着喀麦隆的独立，不甘心失去同殖民地区联系的宗主国有意挑唆和利用部族之间的矛盾，增加了喀麦隆的不稳定因素，使得喀麦隆的地方冲突更加尖锐、复杂。联邦成立后，中央政府为了避免部族主义威胁国家的统一，在国家政治生活中制定和贯彻部族平衡政策，协调各派政治力量之间的关系。特别是在政府各部门官员配备中，尽量体现平衡原则，任用、团结维护联合的各部族人士。1972 年联合共和国成立时，总统是东喀麦隆的阿希乔，副总统则由西喀麦隆的穆纳担任。1975 年政府设立了总理职位，阿希乔总统是北方人，而南方部族出身的保罗·比亚则被任命为共和国总理。从 1972 年共和国分为 7 个行政区后，中央政府的各届内阁中都有各省的代表人物，各省在内阁中代表权的比例基本上是同各省人口比例相吻合。政府还通过立法取消或限制部族酋长的特权，削弱了酋长在地方的传统势力和影响。在削弱传统部族首领权力的同时，政府还通过广泛吸收部族酋长或头面人物到国家机构中任职来团结各部族。为促进民族团结，政府注意照顾不同部族之间的发展差别，在强调尊重各部族的传统语言、文化和宗教信仰的基础上，积极推动喀麦隆的现代文化教育，树立喀麦隆民族意识；宣扬喀麦隆人民不管来自哪个部族，首先是喀麦隆公民，坚决反对以发展传统文化而强化部族主义文化意识的行为。为表示英语喀麦隆和法语喀麦隆之间的平等，阿希乔政府还坚持不参加法非首脑会议。政府宣布将英语和法语同时作为喀麦隆的官方语言，在东西地区的学校设立双语教学，要求广播、报纸、政府发布的文件以及官员的重要讲话都要用双语进行。国家通过法律规定，严禁政党、议会和工会中的部族主义活动，并把国内以部族为基础建立的各种机构都纳入了政府的控制下，将原有的 8 个工会组织解散，建立了统一的喀麦隆工人联合会，打击了地方分裂主义。此外，加强对国家军队的控制，对国家的安定起到了重要保证作用。独立以来，阿希乔一直担任武装部队总司令，把军队牢牢掌握在手中。1976 年后，政府对军队领导机构进行改组，重新调整了全国的军区划分，分散陆军权力，并新设了首都卫戍部队和机动部队，防止军人干政，避免了许多非洲国家出现的军事政变，维护了国家的稳定。

由于政府长期注意国内政治的平衡发展，注重国家的安定团结，在联合共和国时期，喀麦隆国内保持了长期的政治稳定，为国家的社会经济稳步发展奠定了重要基础。

3. 部族发展

随着政治统一和社会经济的稳定发展，喀麦隆各部族都得到了不同程度的发展。更多的年轻人有机会接受教育，他们的文化水平有了一定的提高。大量基础设施的兴建，为喀麦隆人民提供了许多新的就业机会，很多喀麦隆人开始离开农村，来到工厂、铁路、港口和城市，参加国家建设。生活在喀麦隆北部的巴米累克人，由于人口众多，聚居地的土地有限，很多年轻人离开传统的居住地，来到杜阿拉、雅温得、恩康桑巴、埃代阿等大城市寻求发展。大量涌入的巴米累克人繁荣了当地的经济，也通过在城市的生活提高了自身的素质，他们逐步发展成为蒙戈地区重要的社会经济力量。国家的统一和稳定，为从事牧业的农民提供了广阔的空间。北方的富拉尼人纷纷迁往巴蒙达高地，在那里寻找更适合的土地从事放牧。西南部地区的芳族和杜阿拉族的经济、文化有了进一步的提高。一些部族过剩的农业人口来到需要劳动力的种植园从事农业生产。南部森林地带的一些部族也迁出森林，来到平原地区寻找较为适合农耕的地区，建立新的村落。由于内地一些部族的年轻人来到沿海地区生活，他们给家乡带回了新的信息和知识，推动了当地部族的发展。

人口的大量流动，虽然繁荣了喀麦隆的社会经济和文化，但由于部族因素的影响，外来人口往往也成为产生新的部族摩擦的重要原因。如长期生活在巴蒙达高地的草原人同迁来的富拉尼游牧部族就经常发生纠纷。沿海地区的一些部族居民也对内地迁来的人争夺就业机会表示不满。特别是 20 世纪 70 年代发生经济危机后，部族矛盾因经济形势恶化而再现。在喀麦隆，农民占全部劳动力的 80% 以上，但是他们的境遇并不好。农村地区发展也不平衡，"富裕的"南方可可种植者每人可赚 800 法郎，而北方的基尔蒂族的种植者却只能得到 40 法郎。1970~1975 年间，喀麦隆的入学率增长了 39%，但是地区差别非常严重，在中南部、东部和沿海地区，入学率是 100%；阿达马瓦和贝努埃河地区是 30%；马罗瓦和亚戈瓦地区是 25%；北部边缘地区则不到 20%。政府虽然对促进地区社会经济的平衡发展做了很多工作，但是地区间发展的差别仍然严重。70 年代，小学入学人数占 90%，中学为 9.3%，大学为 0.4%。在此背景下，70 年代中期南方一些势力较强的部族开始把斗争的矛头转向了长期执政的以阿希乔为首的北方部族，要求政府实施改革，增加南方部族在政府经济部门中的人数。80 年代，南方部族又提出专家治国的口号，要求政府进行政治改革，喀麦隆的部族矛盾再次尖锐。①

4. 经济平衡发展

联邦成立后，为了促进东、西两邦联合，促进两地区的平衡发展，政府在经济方面制定了"地区平衡"和"相互促进"的政策。在阿希乔执政的 20 多年间，这一经济政策得到了很好的落实。

联合共和国时期，政府通过实施有计划的自由主义、平衡发展以及"绿色革命"等政策，使喀麦隆经济在维持原有结构的前提下逐步得到改造和发展。20 世纪 70 年代，喀麦隆的社会经济取得了进一步的发展。根据 1975 年统计，喀麦隆国内生产总

---

① 皮埃尔·维多：《喀麦隆一项暧昧不清的政策》，〔法国〕《今日非洲》1978 年第 13 期。转引自中国科学院西亚非洲研究所编印《西亚非洲资料》1979 年第 8 期，第 1~13 页。

值从 1960 年独立时的 4.08 亿美元提高到 1975 年的 22.7 亿多美元，15 年间大约增长了 4.5 倍。1978 年，喀麦隆国内生产总值达到 45 亿美元左右，比 1975 年增加了 1 倍多；人均国内生产总值从独立初的 70 美元上升到 1979 年的 300 美元左右。1960 ~ 1982 年间，喀麦隆国内生产总值年平均增长率达 5%，成为法语非洲国家令人羡慕的高发展国家。[①]

农业方面 由于独立前遭受长期殖民统治，喀麦隆的殖民地经济特征显著：农产品种类单一，并主要集中在种植可可、咖啡、棕榈、棉花、橡胶等经济作物方面，对粮食作物的种植极不重视，这使得喀麦隆在独立前成为严重的缺粮国。独立后，虽然政府开始注意发展粮食生产，但人口增长迅速，大量农村人口涌入城市，缺粮问题一直没有得到根本解决。为解决国民对粮食的需求，政府每年要花费大量外汇进口粮食。20 世纪 70 年代初，喀麦隆遭受严重自然灾害，农业产量下降，国家外汇收入锐减，进口粮食减少，国内饥荒严重。为从根本上解决粮食问题，1973 年 3 月，政府在全国发起了农业"绿色革命"运动。首先，政府政策向农业倾斜，保证农业优先发展。政府加大了对农业的投资，在第四个五年计划期间（1976 ~ 1981 年），政府对农业的总投资达到 1252.36 亿非洲法郎，占政府总投资 7252.32 亿非洲法郎的 17%。其次，政府设立了一些专门委员会和专业公司来协调和促进农业生产，如成立了"粮食中心"、"粮食、蔬菜和水果作物发展委员会"、"喀麦隆棉花发展公司"、"可可发展公司"、"喀麦隆棕榈发展公司"等专门机构。第三，政府重视培养农业技术人才，推广农业科技。喀麦隆政府在农村新建和扩建了农校，培养农业技术人才，推广科学种田；在全国建立农业培

---

① 1979 年 6 月 14 日《喀麦隆论坛报》。转引自维克托·勒维讷《喀麦隆联合共和国》，第 56 页。

训中心，并通过举行农业展览会交流农业生产的经验和技术。第四，通过市场手段调动农民生产粮食的积极性。政府向农民发放低息贷款，低价出售化肥，免费提供粮食作物的种子、树苗和农药等，对发展农业成绩显著的农民进行物质奖励，对新开垦的地区免收农业税，并根据农产品生产情况及时提高收购价。如可可的收购价格从 1970 年的每公斤 85 非洲法郎增加到 1984 年的 370 非洲法郎，14 年间收购价格提高了 335%；咖啡收购价格由 1976 年的 235 非洲法郎增加到 1984 年的 410 非洲法郎。第五，为稳定农村劳动力，政府号召城镇青年下乡，在农村安家落户。为此，政府特别设立了"安置青年农民公共资助金"，向下乡青年提供资金、房屋和土地，并开设了农业知识培训班。为鼓励青年参加农业生产，给每个回村参加农业生产的青年 10 万非洲法郎的安家费和 20 万非洲法郎的贷款。1978～1980 年，政府为此投资 10 亿非洲法郎，通过各种形式，在农村安置了 3743 名青年。[①] 在政府的扶持下，经过几年的发展，喀麦隆的农业取得了很大发展，粮食作物种植面积扩大、产量提高，林业生产也有了显著的提高，粮食和肉类都达到了自给，经济作物有了进一步的发展。1960 年独立时，可可的年产量为 6 万吨，咖啡的年产量为 2 万吨，棉花则不到 1 万吨；到 1978 年时，可可产量达到 10.5 万吨，咖啡产量增长到 9 万吨，棉花产量达到 4 万吨。[②]

工业方面 政府重视中小企业的发展。喀麦隆独立时，全国仅有几家工厂。到了 20 世纪 70 年代末，全国中小企业达到 200 多家，工业产值从 1960 年的 69 亿非洲法郎增加到 1978 年的 350 亿非洲法郎，增长了 5 倍多。工农业比重发生了较大变化，农业

---

① 汤平山：《喀麦隆的绿色革命运动》，中共中央联络部西亚非洲研究所编《非洲动态》1979 年第 174 期。
② 〔法国〕《欧洲—海外》杂志 1978 年 8 月第 583 期。

产值在独立初期占国民生产总值 80% 以上，到 1978 年下降到了 40% 左右，工业产值上升到 24.8%。① 此外，阿希乔政府还重视交通设施的建设，到 1978 年，全国公路里程已经由独立初期的 1.5 万公里增加到了 3 万公里，铁路由 500 多公里增加到 1100 多公里。公路和铁路的扩建，打破了内地和山区的隔绝状态，把北方的重要城镇、棉花产区以及铝矾土等矿区和首都以及出海口连接了起来。

政府还大力发展乡镇工业企业。北部省以农牧产品为主要原料的加工工业发展较快。独立前，那里只有一些传统的手工业，到 1977 年已经建立了一批以本地农产品为原料的现代加工厂，如纺织厂、轧棉厂、碾米厂、肉食加工厂和皮革厂等。以本地棉花为原料的加鲁阿纺织厂成为全国最大的纺织厂，它生产的棉布除供应国内市场外，部分产品还销售到国外。喀麦隆发展公司已经成为中部非洲地区规模最大的一家农工联合企业，职工达 2 万人，拥有 3.5 万多公顷的种植园，主要种植和经营棕榈油、橡胶、茶叶等。现在喀麦隆农工联合企业的营业额约占国内生产总值的 35%，占出口收入（不包括石油出口）的 70%。农工联合企业的迅速发展有力地推动了农业的发展，保证了农产品的稳定销售，向农民提供了稳定的就业机会，增加了农民的收入，有利于农民在自己的土地上从事农业劳动。随着这类企业的发展，农村的基础设施也得到了改善，社会设施得到了发展，学校、商店、医院等兴建起来，改善了农村的生活条件。通过产业结构的调整，改变了出口原料产品的外贸结构，创汇为国家的经济发展提供了资金。

为了促进西喀麦隆的经济发展，政府修建了连接东、西两区的公路，并使原属于西喀麦隆的西南省和西北省同杜阿拉港连接

---

① 〔法国〕《欧非》杂志 1978 年 2 月号。

起来，并在西南省成立了喀麦隆发展公司。政府还加大了对西部地区开发项目的投资。东、西喀麦隆经济的平衡发展，成为喀麦隆独立后稳定发展的重要因素。

利用外资　由于阿希乔政府坚持对外开放、积极寻求西方国家投资的经济政策，因此，外资在喀麦隆的经济发展中起了非常重要的作用。20 世纪 60 年代初，阿希乔政府就实行"自由"、"温和"的投资法案，接受外国投资，保证外资及其投资所得利润的自由汇出，并对原料、生产资料和包装产品免征关税，允许外资企业自由吸收劳动力和使用运输工具等，同时还宣布对外资企业不实行国有化政策。所有这些措施保证了大量外资、外援源源不断地流入喀麦隆，不仅使喀麦隆原有外资工农联合企业能持续不断地进行生产，而且也为兴建新的企业争取到足够的资金和技术。由于阿希乔政府对于外援的使用和财政管理比较妥善，西方国家也愿意不断提供援助。根据不完全统计，从 1960 年 1 月到 1977 年 7 月，喀麦隆共接受外资约 14 亿美元（其中法国外资额约占总数的一半，1/3 为赠款）。另据对 60 多家主要外资企业的统计，截至 1975 年 6 月，在喀麦隆的外国私人投资约达 4.5 亿美元。喀麦隆政府还通过改组外国公司、同外资合伙经营、入干股和管理人员喀麦隆化等途径，使喀麦隆的民族经济逐步得到发展。到 20 世纪 70 年代，国家在同外资合营的企业中，国家所占股份已平均达到 34% 左右，个别合资企业甚至达到 89.5%。[①]

经济危机的影响　由于喀麦隆的殖民经济特征，喀麦隆独立后的经济发展仍然严重依赖西方。20 世纪 70 年代初，西方爆发经济危机，严重地影响了喀麦隆的经济发展。喀麦隆主要出口商品是咖啡、可可和木材等，这些原材料产品极易受国际市场价格

---

①　邵晓山：《喀麦隆的发展道路》，中共中央联络部西亚非洲研究所编《非洲动态》1979 年第 174 期。

波动的影响。经济危机发生后，西方国家通过对原材料市场价格的控制来转嫁经济危机，使得喀麦隆的对外贸易条件急剧恶化，农产品出口所得的外汇不能弥补进口工业设备、化肥以及农药等产品进口的支出，外贸逆差严重。1970 年喀麦隆的出口总值为 628 亿非洲法郎，1971 年和 1972 年分别下降到了 573 亿和 557 亿非洲法郎。同期，喀麦隆从西方国家进口的工业品却价格上涨。经过 3 年的外贸逆差，喀麦隆的外贸经常项目从 1969 年的 64 亿非洲法郎顺差转变成 1970 年和 1972 年的外贸逆差 280 亿和 187 亿非洲法郎。[①] 1970～1976 年，喀麦隆外贸逆差高达 730 亿非洲法郎。[②] 经济危机导致喀麦隆工业企业大量倒闭，失业现象严重，人民生活水平下降，社会不稳定。1975 年 9 月到 1976 年初，喀麦隆几个主要城市的工人罢工现象不断。

债务问题 喀麦隆独立后，在百废待兴和资金短缺的情况下，为了利用外资，向国际金融机构和西方国家大举贷款，对发展民族经济起到了积极的作用。由于 20 世纪 70 年代以前，国际上的通货膨胀率一般不高，国际金融市场上的石油美元比较多，融通资金比较充裕，且实际利率也比较低，喀麦隆得到了大量的优惠贷款，其中有一部分是作为赠款得到的。这一期间，喀麦隆借助于有利的国际经济环境，加大投资，引进西方的技术和设备，建立了一批重点国营企业。这些企业对喀麦隆加强经济基础建设，发展国家资本主义具有积极的意义。但是由于缺乏经验和专门人才，出现了投资不当、政策失误现象，造成了浪费和损失。同时，由于管理不善，效率差，生产率低，缺乏活力和竞争力，企业亏损严重，给国家造成了巨大的财政负担。更重要的

---

① 《西方经济危机对喀麦隆的影响》，中共中央联络部西亚非洲研究所编《非洲动态》1976 年第 95 期。

② 邵晓山：《喀麦隆的发展道路》，中共中央联络部西亚非洲研究所编《非洲动态》1979 年第 174 期。

是，20 世纪 70 年代以后，由于 1973～1974 年和 1979～1980 年受两次石油冲击的影响和西方国家转嫁经济危机，以及发达国家贸易保护主义的抬头，喀麦隆经济日益困难，出口收入减少，国际收支的经常项目逆差扩大。80 年代后，由于西方国家对喀麦隆的优惠贷款和赠款减少，国际债权者逐渐趋向高利率的贷款，同时，喀麦隆由于资信状况良好，从私人商业银行得到的贷款额增加，这都加重了喀麦隆外债负担。

三 喀麦隆共和国时期（1984 年～）

19 82 年 11 月 4 日，阿希乔总统以健康为由宣布辞职。11 月 6 日，喀麦隆联合共和国总理保罗·比亚根据宪法规定，宣布继任总统职位。1984 年 1 月喀麦隆联合共和国改名为喀麦隆共和国。

1. 比亚上台初期的政治改革

比亚上台后，一方面宣称将沿袭前任总统阿希乔的政治路线，另一方面积极推动国家的民主改革。他强调信仰自由和个人自由，创建更加民主和自由的社会。为此，政府取消了对出版物的检查，允许喀麦隆人民对政府或执政党发表批评性言论。为加强总统权力，比亚对阿希乔时期设立的政治体制进行了改革。1961 年宪法规定，总统因故离职后，总统职位由议长接任。1975 年，阿希乔政府修改了宪法，规定在政府中设立总理职位，总理向总统负责。1984 年 1 月 25 日，修改后的新宪法规定，喀麦隆联合共和国改名为喀麦隆共和国。新宪法取消了总理职位，国家实行总统内阁制。政府机构由总统府、各部和国务秘书处三部分组成。共和国总统主持内阁会议，任免部长并确定他们的职权。总统可以把他的某些权力按照各自的职权范围分别授予政府成员和某些国家高级行政官员。部长对总统负责。政府负责处理国家的内政、外交、国防、财政、经济和社会生活等各个方面的具体事务。部长可以列席国民议会并可参与辩论，但不能兼任议会职务，也不能兼任国营企业代表和从事其他的职业和活动。议会可以通过口头或书面方式对政府活动提出咨询，并对确定的问题成立调查委员会。政府出于对国防和国家安全需要考虑，向议会有保留地通报情况并说明原因。

比亚还建议对长期处于执政地位的喀麦隆民族联盟实行改革，在党内实行竞争性选举。但是，比亚对喀麦隆民族联盟的改革构想遭到了党内官员的否决。因为阿希乔虽然辞去了国家总统的职位，但是他仍保留着喀麦隆民族联盟主席的职务以及所有权力，喀麦隆民族联盟中央政治局和中央委员会的权力主要掌握在阿希乔集团的手中。对权力的争夺使得双方的矛盾尖锐起来，最终导致了作为喀麦隆执政党主席的前国家总统阿希乔同继位总统比亚的一场政变。

1984 年政变 阿希乔在执政的 20 多年里，由于坚持推行部族平衡发展政策，社会维持了稳定发展。但是，由于阿希乔本身是北方大部族富拉尼人，在其统治期间，北方部族势力客观上有了很大的发展，并在国家的政治和经济生活中日益占据重要地位，在阿希乔周围形成了一个以富拉尼权贵为核心的领导层。这引起了其他部族，特别是南方一些强大部族的不满。1982 年阿希乔退位时，为保持部族势力在中央政府的平衡，对喀麦隆的高层接班人员做了安排，其中包括根据宪法安排南方部族出身的前总理比亚继任总统，安排北方部族出身的富拉尼人迈加里担任新政府总理。由于喀麦隆复杂的部族关系，总统的更迭引发了国家权力的重新分配。保罗·比亚是南方部族中的芳族人，他上台后得到了南方部族的支持，却遭到北方部族的不满。随着比亚政治改革的进行，南北部族之间的矛盾激化。总理迈加里同武装力量部长、宪兵司令和其他一些部长一起酝酿搞集体辞职，逼比亚下台。比亚以阴谋政变的罪名解除了他们的职务，并对内阁进行彻底改组。1984 年 1 月的大选中，作为唯一的总统候选人，比亚以 99%的得票率当选总统。随后，前总统阿希乔的两名共和国卫队的随从，策划暗杀比亚未遂，两人被捕，阿希乔出逃法国。1984 年 2 月 28 日，雅温得军事法庭宣布，前总统阿希乔因犯有"谋杀现任总统比亚、危害国家安全"罪被判处死刑，并随后处死了阿希乔的两名随从。之后，比亚接替阿希乔担任执政党民族联盟主席。1984 年 3 月，比亚又决定把共和国卫队中的全部北方官兵调离军职，引起北方官兵的不满，引发了军事政变。

1984 年 4 月 7 日，以北方军人为主的共和国卫队 1000 多名官兵发生军事政变，政变军人占领了电台和兵营等一些重要设施，包围并攻打总统府，还对首都雅温得市的穆斯林居住区进行了大规模搜捕，首都一片混乱。比亚总统调令首都以外的军队进行平叛。从外省赶来的军队会同总统府的守军和政变者进行战斗，经过 1 天多时间的激战，比亚的军队平息了这起政变。随后，比亚解散了共和国卫队，许多人受到审判。政变平息后，比亚总统发表了告全国书，指出：政变"不应由哪个省哪个宗教负责，只是一小撮野心家所为"，呼吁国内各族人民团结在一起，恢复彼此间的信任，保持国家的安定。为消除国内南北部族之间、不同信仰之间的罅隙，比亚在开斋节时，亲自接见了北方穆斯林的上层人物，同时要求其内阁中的穆斯林高级官员回乡过节。在比亚总统的积极努力下，国内局势逐步稳定下来。

政治民主化改革 20 世纪 80 年代后期，非洲国家受自由化浪潮影响，纷纷实行民主改革。喀麦隆总统比亚上台后，虽然通过改制加强了总统的权力，并在 1984 年的大选中当选总统。由于存在强大的反对势力，人民要求进行政治改革的呼声高涨。在此背景下，在比亚总统的主导下，开始对喀麦隆进行政治民主化改革。虽然喀麦隆反对党势力强大，但是由于国家机器牢牢掌握在执政党手中，当局拒绝了政治反对派提出的召开全国会议的要求，而在民族团结和宪法的范围内以渐进的方式进行了国家的政治改革。为了增强执政党的战斗力，在此后到来的民主化运动中立于不败之地，喀麦隆民族联盟主席、共和国总统比亚在 1985 年对民族联盟进行了改组，建立了"喀麦隆人民民主联盟"，并在联盟内部开始实行竞争性选举。与此同时，作为对反对势力的让步，国家开始政治民主化和经济自由化改革。1988 年 4 月，喀麦隆提前举行大选，比亚继续担任总统。

这一时期，在民主化浪潮的推动下，喀麦隆一些政党纷纷成立。在民主化运动推动下，1989 年 7 月，喀麦隆国民议会修订了《国民议会章程》，并由总统签署后颁布执行。1990 年 5 月，弗鲁·恩迪（Fru Ndi）整合了一些党派的成员，成立了社会民主阵线（Social Democratic Front）。1990 年 6 月，多党制被国民议会原则通过。1990 年 10 月修改后的新宪法，正式规定喀麦隆实行多党制。1990 年 12 月，比亚总统颁布《政党法》，宣布实行多党制。1991 年，喀麦隆国内出现了混乱局势，持续的抵制运动导致了国内出现无序和罢工，示威游行和骚乱时有发生。1991 年 4 月 23 日，国民议会通过宪法修正案，决定恢复总理职位。1991 年 11 月，政府承诺国家进行宪制改革，并由政府代表、反对党领导人和社会知名人士三方组成的代表就国家的政治改革进行谈判。随后，三方代表进行了会晤，并签署了《雅温得声明》。之后，多数反对党同意放弃抗议运动，社会秩序有所恢复。1991 年 12 月，比亚总统宣布恢复前总统阿希乔和一些反对党前领导人的名誉。1992 年 2 月喀麦隆举行了国民议会大选。由于反对党要求变革的目标没有实现，在反对党弗鲁·恩迪领导的社会民主阵线的推动下，反对党联合抵制了这次选举。为此，喀麦隆人民民主联盟在议会没有获得多数，在 180 个席位中只赢得了 88 席，以北方地区为基地的全国民主进步联盟（UNDP）获得了其中的 68 个席位。1992 年 4 月，喀麦隆组成了以阿契迪·阿舒为总理的新政府。1992 年 8 月，国民议会再次修改《国民议会章程》。1992 年 10 月，喀麦隆提前举行多党大选，保罗·比亚总统在选举中击败社会民主阵线主席弗鲁·恩迪等 5 名反对党候选人，蝉联总统。同年 11 月 3 日，比亚总统宣誓就职，并于 11 月 27 日组成以执政党喀麦隆人民民主联盟为主体的 5 党联合政府。1995 年 12 月，喀麦隆第六次修改宪法，1996 年 1 月新宪法正式颁布。1996 年 1 月，喀麦隆举行市镇议会选举，执政的喀麦隆人民民主联盟获得全国 2/3 的市镇席位，反对党在部分西、北地区获胜。2 月 27 日，比亚总统向杜阿拉等 8 个由反对党控制的城市派驻政府代表。5 月，喀麦隆两个最大反对党社会民主阵线和全国民主进步联盟为抗议比亚总统向杜阿拉等市派驻政府代表并在全国发动"死城运动"。9 月 19 日，比亚总统改组政府，包括总理在内的多名内阁成员易人。1997 年 5 月 17 日，喀麦隆议会进行多党民主化以来的第二次选举。获选的 180 名议员来自单一政党和联合政党，比亚总统领导的喀麦隆人民民主联盟再次获胜。同年 10 月 12 日，喀麦隆举行总统选举。反对党组织了联合阵线抵制比亚，比亚仍以 92.57% 的选票再次蝉联总统。12 月 7 日，喀麦隆组成以人民民主联盟为主、其他政党参加的 50 人新政府。由于比亚政府吸收了一些反对党的成员参加政府，此后几年国内经济恢复，增加了投资者对国家经济发展前景的信心，国内政局稳定。

1998 年 1 月，执政的人民民主联盟与反对党社会民主阵线举行了第三轮协商对话会议。虽然弗鲁·恩迪领导的反对党在西南地区实力不断加强，但自 1997 年以来，比亚已经成功地领导第三大党全国民主进步联盟和小党喀麦隆人民联盟组成了联合政府，这反映出喀麦隆人民民主联盟的执政能力得到加强。在 90年代以来的政治民主化运动中，虽然喀麦隆没有像很多非洲国家那样出现严重的社会动荡，但是，由于国内持续的反对活动，使喀麦隆的社会经济发展受到了损害。比亚总统执政以来，一直强调实施"民族复兴"纲领，主张"民主化和民族融合"，在国家统一和民族团结的旗帜下平衡发展各地区经济，反对形形色色的部族主义、地区主义。同时，随着比亚连续执政，政府不断加强对国家机构的管理、改革军队，推行"良政"，打击腐败，妥善解决社会矛盾，使喀麦隆的政局保持了持续的稳定，社会经济有了进一步发展。

2002 年 6 月，喀麦隆议会换届选举如期举行。选举结果 180个席位由 5 党分占，其中人民民主联盟（简称人民盟）占 149席，社会民主阵线为 22 席。2004 年 10 月，喀麦隆实行总统大选。10 月 11 日，比亚以 70.92% 的得票率第 5 次蝉联总统，12月 8 日，喀麦隆成立了新一届政府。

2. 比亚上台后的经济发展

比亚执政初期，在经济政策上继续实行阿希乔制定的发展战略，坚持以农业立国，重视发展民族工业，积极利用外资。20世纪 80 年代，政府继续深化"绿色革命"运动，积极落实农业政策，大力推动可可、咖啡、香蕉等经济作物的生产，逐步深化农业改革，农业有了进一步的发展。到 1985 年，农业产值占国内生产总值的 34%。1980 年，农业劳动力在国民经济各部门所占的比例为 83%。1982 年全国可耕地面积达到 591 万公顷。20世纪 80 年代初，非洲绝大多数国家陷入严重粮荒，喀麦隆虽同样遭受旱灾和国际经济形势的不利影响，但由于政府所采取的农业政策得到农民拥护，再加上利用石油收入补贴农业，农业生产很快得到恢复。1984 ~ 1985 年，喀麦隆经济实际增长率达到 7%，国内生产总值增长了 17.6%，通货膨胀率由前几年的 15%下降到 1985 年的 10%。由于交通不便，农业的进一步发展受到制约，许多农产品无法运往大城市而造成严重浪费。为解决这一问题，喀麦隆继续重视发展农村交通运输。在发展沥青公路的同时，还注意修筑农村土路。1984/1985 年财政年度，政府用于公路建设的拨款达 130 多亿非洲法郎。政府将来自官方援助的大部分资金投到了改善交通运输和电力工业的发展中。在工业方面，政府重视中小企业的发展，鼓励中小企业与外资合营，积极开发本国的人力资源。喀麦隆在 1973 年发现了石油，1978 年开始开采并出口原油。随着石油工业的发展，国际资本不断涌入，除法国外，联邦德国、英国、美国、加拿大等国家的资本都先后进入喀麦隆。同时，由于采取扩大同法国以外的其他国家的贸易联系，喀麦隆对法国的贸易依赖正在减少，多元的国际贸易格局逐步形成。

20 世纪 80 年代后期，由于农村人口外流，城市失业人口增多，社会矛盾和部族纠纷交织在一起，喀麦隆罢工和罢课事件仍时有发生。此外，由于对外贸易结构还是以初级农产品出口为主，受世界市场的需求量以及价格变化的影响，外贸收入不够稳定。随着进口商品价格的不断上涨，国际支出的增加，喀麦隆外贸赤字加大，外债逐年增多。1986 年国际石油价格和其他原材料商品价格下跌，导致喀麦隆在 1987/1988 年度削减政府预算 25%。为摆脱国内财政危机，喀麦隆政府从 1987 年中期以来重新开始依赖外援，特别是依赖国际多边金融机构（IFIs）的援助。同一时期，由于非洲民主化浪潮的兴起，也为满足国际多边金融机构提出的援助条件，喀麦隆开始实行政治民主化改革。在 1986～1990 年间，喀麦隆政府的支出下降了 48%，国营企业工人的工资和退休金严重减少。为削减政府开支，许多未满 55 岁的工人被迫提前退休。公共领域除军人的工资没有减少外，各部门的工资都有所下降。由于财政危机的加重，国内群众不满情绪不断增长。到 1988 年，政府为解决财政危机，寻求和接受世界银行和国际货币基金组织的援助，作为交换条件，喀麦隆开始实施结构调整计划。世界银行和国际货币基金组织要求喀麦隆实施更加开放的经济政策，并取消许多限制信息自由流通的法律。经过几年的发展，喀麦隆的外援方不断扩大，除传统援助方法国外，美、英等西方国家都积极参加对喀麦隆的援助项目。1982 年喀麦隆得到的外援总额仅仅 3.57 亿美元，到 1994 年受援总额为 6.43 亿美元，实际增长了 80%，成为非洲主要的西方受援国之一。

第五节　著名历史人物

班·姆·尼奥贝（Ruben Um Nyobe, 1913 ~ 1958） 喀麦隆人民联盟创始人，1947 ~ 1958 年任联盟总书记。

1913 年出生在喀麦隆西南部萨纳加海滨省的布姆尼埃尔，巴萨族人。法律学校毕业后，成为政府职员。1941 年参加隶属于法国总工会的喀麦隆地方工会，开始从事工会运动，并任喀麦隆联合工会同盟书记。1946 年出席非洲联盟在巴马科召开的制宪会议。1948 年 4 月 10 日与穆米埃、乌安迪、金格等人共同创建喀麦隆人民联盟，并担任总书记。同年，率领喀麦隆人民联盟参加非洲民主联盟，成为它的一个支部。1951 年非洲民主联盟与法共关系破裂，人民联盟宣布退出非洲民主联盟，成为喀麦隆一个独立的政党。1951 ~ 1952 年，代表喀麦隆人民联盟参加两次喀麦隆议会议员竞选。同期，代表喀麦隆人民联盟出席联合国托管委员会作证。1955 年法国制造 5 月惨案，喀麦隆人民联盟被取缔，被迫流亡国外。1956 年回国，与穆米埃等人一起在在萨纳加地区发动武装起义，争取国家的真正独立。1957 年拒绝法国的劝降和与自治政府合作的要求。1958 年 9 月 13 日被叛徒出卖，死于自治政府宪兵队的枪下。

哈吉·阿赫马杜·阿希乔（Haji Ahmadou Ahidjo, 1924 ~ 1989） 喀麦隆民族联盟创始人，1960 年 5 月至 1982 年 11 月任喀麦隆总统兼政府首脑。

1924 年 8 月出生于喀麦隆北方重要城市加鲁阿一位酋长之

家，富尔贝族，信奉伊斯兰教。在本地中学学业后，就读于雅温得行政管理学校。毕业后，先后在雅温得电台和殖民政府的无线电报务部门工作。1947 年返回故乡，并任加鲁阿广播电台台长。同年领导成立"青年穆斯林运动"政治组织，并当选为第一届托管领地议会议员。1953 年被选为法兰西联邦议会议员。1955 年任喀麦隆领地议会副议长，1957 年任议长。同年 5 月任首届自治政府副总理兼内政部长，1958 年 2 月任自治政府总理。同年创建喀麦隆联盟，任主席。1960 年 1 月 1 日法属喀麦隆（东喀麦隆）独立，成立共和国，同年 5 月阿希乔任共和国总统。1961 年 10 月 1 日，法属喀麦隆与英属喀麦隆合并，成立联邦共和国，阿希乔任联邦共和国首届总统，此后蝉联总统并兼任政府首脑和武装部队最高统帅。1966 年，他领导合并东、西喀麦隆政党，成立喀麦隆民族联盟，并任主席。1972 年 5 月 22 日宣布取消联邦共和国，成立联合共和国，阿希乔任总统，1982 年 11 月 4 日提前辞去总统职务。1983 年 8 月涉嫌未遂政变，流亡法国，同年被迫宣布辞去民族联盟主席职务。1984 年 2 月被以策划危害国家安全阴谋罪被缺席判处死刑，同年 3 月被比亚总统赦减为监禁。1989 年 11 月 30 日病逝于塞内加尔首都达喀尔。阿希乔于 1973 年 3 月和 1977 年 10 月两次访问中国。其著作有《为国家建设作出贡献》、《统一和正义中的国家与发展》。

费利克斯—罗朗·穆米埃（Felix-Roland Moumie，1926 ~ 1960） 1952 ~ 1960 年任喀麦隆人民联盟主席。

1926 年出生于喀麦隆西南部丰邦的一个农民家庭，巴门族人。在国内小学毕业后，被送往法属赤道非洲首府布拉柴维尔上中学。中学学业后，赴塞内加尔的威廉·蓬蒂学院学习，专攻医学，1947 年获医学学士学位，同年回国行医。1948 年 1 月 10 日与尼奥贝、乌安迪、金格等人共同创建喀麦隆人民联盟。1950 年在章格召开的人民联盟首次代表大会上，穆米埃被选为副主席，1950～1952 年陪同人民联盟总书记尼奥贝出席联合国托管委员会作证。1951 年 6 月～1952 年 3 月，参加法国国民议会和领地议会的议员竞选。1952 年，在人民联盟第二次代表大会上当选为主席，任此职直至去世。1955 年，任人民联盟正式代表出席联合国托管委员会作证。同年 5 月人民联盟遭殖民当局取缔后，穆米埃被迫流亡国外，先后逗留喀土穆、开罗、科纳克里和阿克拉。在流亡开罗期间，穆米埃创办了《喀麦隆之声》刊物。1956 年回国，与尼奥贝一起发动武装起义。1957～1958 年，先后参加首届亚非人民团结大会、非洲独立国家会议和首届全非人民大会。1958 年 9 月尼奥贝被殖民当局杀害后，穆米埃继续领导游击战。1959 年 9 月，穆米埃领导成立喀麦隆民族解放军，反对阿希乔领导的自治政府，争取国家的真正独立。1959 年 11 月访问中国。1960 年 1 月参加在突尼斯举行的第二届全非人民大会，被选为大会总务委员会委员。同年 4 月 11～15 日，出席在几内亚的科纳克里召开的第二届亚非人民团结大会。1960 年 1 月 1 日阿希乔宣布喀麦隆独立后，穆米埃再次被迫流亡国外。期间，多次参加全非会议，积极投身"反对一切形式的外国统治"的斗争，并应卢蒙巴的邀请，赴刚果从事反帝斗争。1960 年 10 月 16 日，穆米埃从刚果去阿克拉途经日内瓦时，法国特务乘人们为穆米埃举行招待会之机，在他的食物中投放毒药。毒发后穆米埃被送入医院抢救，11 月 3 日终因抢救无效死亡。穆米埃的遗体被安葬在几内亚首都科纳克里的一个墓地里。

贝洛·布巴·迈加里（**Bello Bouba Maigari，1947～** ） 1982 年 11 月至 1983 年 8 月任喀麦隆总理。

迈加里出生于喀麦隆北部省贝努埃州明迪夫县。从国立行政管理学校毕业后赴法国留学，就读于巴黎国际公开行政管理学校，毕业后回国。1956～1966 年，迈加里被任命为波利地区副区长。1956～1972 年，当选为东喀麦隆立法议会议员，同期任议会办公厅秘书。1972～1975 年，任武装部队秘书长。1973 年 5 月当选为全国议会议员，1978 年再次当选议员。1975 年 6 月，被任命为总统府副秘书长。1982 年 1 月，被任命为政府经济与计划部长。同年 11 月，被任命为政府总理，1984 年卸任。同年 5 月起，当选为喀麦隆民族联盟（后改为喀麦隆人民民主联盟）政治局委员。

吕克·阿扬（Luc Ayang，1947～） 1983 年 8 月至 1984 年 1 月任喀麦隆总理。

出生于杜库拉。曾就读于雅温得大学，1972 年获法律和经济学学士学位。1975 年 3 月，被任命为总统府秘书处立法条例处处长。1976 年 9 月，出任恩冈德雷省第一副省长。1978 年 5 月，被任命为政府畜产、渔业、养殖部部长。1983 年 8 月出任政府总理，1984 年 1 月卸任后任经济与社会委员会主席。1984 年 6 月起，当选为喀麦隆民族联盟（后改为喀麦隆人民民主联盟）政治局委员。

萨杜·哈亚图（Sadou Hayatou，1942～） 1991 年 4 月起任喀麦隆总理。

1942 年 2 月出生于北方大城市加鲁阿的大酋长之家。毕业于法国图卢兹大学和法国海外高等学校，获经济学士学位后回国，成为喀麦隆著名的农学家和金融界知名人士。1969～1970 年，出任可可生产国联盟副主席。1970～1971 年，出任非洲咖啡组织主席。1969 年 6 月～1974 年 6 月，先后出任政府工商发展部初级产品司副司长、司长。1974 年，担任喀麦隆工矿商会司库职务。1976 年后，出任喀麦隆国际工商银行副总经理、总经理。1983 年，进入政府部门工作，先后担任总统府秘书长、农业、计划、领土整治和财政部长等职。1985 年，当选为喀麦隆人民民主联盟政治局委员、新闻和宣传书记。1991 年 4 月 25 日被任命为喀麦隆总理。

第三章

政　治

喀麦隆共和国曾经是德国的"保护国",法国和英国的委任统治地和托管地。为此,喀麦隆的政治发展深深打上了殖民统治的烙印。喀麦隆独立以来的政治体制经历了从联邦制到共和制的发展。喀麦隆宪法规定,国家结构是共和制,国家政治实行多党制和立法、行政、司法三权分立制。

第一节　国体与政体

一　政治制度的演变

1. 联邦共和政治体制时期

从1961年喀麦隆颁布第一部宪法,到1972年第二部宪法生效,喀麦隆实行联邦共和政治体制。根据联邦宪法,喀麦隆在联邦和东、西两邦均按照三权分立的原则设立了立法、行政、司法机构。联邦有最高立法、行政和司法机关,行使国家最高立法权、行政权和司法权。东、西两邦也有自己独立的立法、行政和司法机关。两套机关中间没有隶属关系。在联邦统一的宪法和法律之外,联邦成员在不违背国家宪法和法律的前提下，有权根据自己的情况制定各自的宪法和法律。联邦以宪法的形式确定了联邦和联邦成员之间的权力范围，东、西两邦可以在各自的权限范围内相对独立地行使权力，有效地处理喀麦隆国家和多种族、不同地区的利益关系，维护国家的稳定。联邦最高法院是政府权限争议的仲裁机关，有权对联邦和联邦成员因履行各自的宪法权力而发生的争议做出裁决。

联邦的立法机构 它主要由联邦议会和东、西两邦的议会组成。联邦议会由两邦通过无记名方式的普选直接产生，每届任期5年。1969年11月，联邦通过了宪法修正案，规定联邦议会可根据总统的提议，延长或缩短议会任期。联邦议会每年召开两次会议，每次会期不得超过30天，其中一次会议要专门讨论联邦预算。如有需要，可经总统提出或全体议员的2/3提议，召集议会特别会议，但会期不得超过15天。除联邦议会外，各邦设邦议会。其中西喀麦隆的邦议会实行两院制，由酋长院和立法议会组成。根据联邦宪法，邦议会应由普选产生，议员名额要根据各个行政区的人口比例分配。但西喀麦隆邦议会的酋长院议员通常由各地区部族酋长或政党首领出任，而不是通过普选产生。东喀麦隆邦立法议会实行一院制。两邦议会的任期均为5年。

联邦总统 联邦宪法规定，联邦总统既是国家元首，又是联邦政府首脑。联邦总统和副总统由全国通过无记名投票方式直接选举产生，任期均为5年。副总统协助总统工作。联邦政府成员由总统从东、西两邦选出。各邦行政机构由邦总理负责，总统有权任命各邦总理和根据邦总理提名对邦政府成员进行任免。在1970年前，各邦总理由邦议会授权。1970年宪法修正案取消了总理由邦议会授权的规定。各邦议会和邦政府都受联邦总统的制约。邦议会通过的一切法律都应由总统签署颁布。如总统对邦议会递交签署的法律不同意，或认为邦的立法与联邦宪法或联邦法律有抵触时，总统有权要求联邦法院做出仲裁，提出是否违宪的意见。如邦议会对邦政府通过不信任案时，邦总理必须向联邦总统提出辞职。邦议会和邦政府如发生争执，联邦总统可根据邦总理的提议或自行决定解散邦议会，并于两个月后重新举行邦议会选举。如总统认为邦出现危及联邦安全或严重损害联邦法制的情况，总统在和邦总理协商后，将在联邦议会会议上宣布国家处于紧急状态，并采取一切必要措施。

行政机构 主要是联邦行政机构和各邦的行政机构。联邦在西喀麦隆设立 9 个省，在东喀麦隆设 30 个省，在各省设有由总统任命的省长和副省长，负责各省的行政事务。各省省长既向联邦议会负责，也向本邦议会负责。联邦和各邦分设有各个职能部门，负责联邦和各邦具体部门的行政工作。联邦各部门的首长称为"部长"，各邦的部门负责人称为"邦务部长"。为便于监督、管理联邦各级行政部门的工作，联邦还设立了行政督察署，督察署官员为督察官。督察官通过主管联邦领土整治和公共事务的总统府部长直接向总统汇报工作。督察官权力很大，可对所有联邦官员和各省的工作实行监督和协调，并有权对所属地区内任何联邦官员的活动进行调查，还可要求警察部门或军队协助其执行任务。督察署权力的强大反映了联邦时期中央政府权力的集中。

司法机构 联邦共和国的司法机构由联邦司法部门和各邦司法部门组成。联邦司法部门包括联邦法院和高等法院。

联邦法院是联邦最高法院，受理来自邦法院的属于联邦性质的上诉案件的终审，裁决邦之间或邦与联邦政府之间的争议，有权审理涉及联邦当局滥用职权的案件，并可判定邦的法令是否违宪，还可判定联邦议会议而未决的法案是否违宪。在审理后两种案件时，联邦法院的审判人员需增加一倍，其增加人员从陪审员名单中遴选，陪审员名单由总统"根据才能或资历"逐年选定。

高等法院负责审讯叛国案件或阴谋反对政府的案件，还设有审理总统、副总统、联邦部长及各邦总理和邦务部长渎职行为的特别法庭。

　　两邦各设最高法院。西喀麦隆有 1 所上诉法院，东喀麦隆有 4 所上诉法院。西喀麦隆最低司法机构是治安法院与习惯法法院。东喀麦隆最低司法机构是初审法院。

　　此外，全国还设有若干所特别军事法庭：雅温得 1 所（常设），全国巡回若干所，若有需要还可增设。特别军事法庭主要对参与喀麦隆人民联盟叛乱或犯有极端严重罪行而被捕的人进行审判。雅温得还设立 1 所特别刑事法庭，专门负责审理侵吞和盗用公款案件。另外还有一些劳工法庭和初级调解法庭。

　　2. 单一制共和政治体制时期

　　1972 年喀麦隆联合共和国宪法颁布后，喀麦隆由联邦共和体制转向总统制的单一制共和体制。随着 20 世纪 90 年代以来喀麦隆实施政治民主化改革，喀麦隆单一制共和体制逐渐完善，其主要特征是：首先是总统制的权力特征。宪法规定，喀麦隆实行三权分立体制，但是在喀麦隆政体中，由于议会、行政、司法三部门权力较弱，总统拥有较大的权力，三权分立体制成为总统权力下的三权分立。这是受法国政治体制的影响而形成的。由于总统由全国直接选举产生，他既是国家元首，又掌握着重大行政事务的决策权，因此在实际上掌握国家大权。而作为分权机制存在的议会和政府以及司法部门的权力受到了削弱。政府由议会中占多数席位的政党组成，政府向议会负责，议会有权向政府提出不信任案。如出现重大决策失误时，议会只能向政府提出不信任案，而不能向总统提出迫使其辞职的有效权力。同时，宪法规定议员不能在政府中任职。

　　其次，政体在形式上保留了议会共和制的一些特点。宪法规定，议会仍然是国家的最高立法机构，有权审议国家财政预算，监督行政和司法公正等。

　　最后，中央政府享有很大的权力。共和国中央政府通过统一的宪法和完整的司法体系加强了对全国的管理。宪法规定，地方政府在中央政府的统一领导下，在共和国宪法和相关法律规定的权限范围内行使职权，并受中央政府的监督。地方政府的领导——各省省长一律由总统任命。

二　宪法

喀麦隆独立以来先后颁布了三部宪法。第一部宪法颁布于 1961 年 10 月 1 日，即喀麦隆联邦宪法。1961 年宪法规定喀麦隆实行联邦制，国家政权实行三权分立的民主政体。第二部宪法于 1972 年 5 月 20 日经全民投票通过，即喀麦隆联合共和国宪法。1972 年新宪法颁布后，喀麦隆政治体制由联邦制转向单一制的共和国体制。该部宪法在规定喀麦隆实行单一共和制的基础上，确认了喀麦隆共和国的三权分立民主政体。之后，1972 年宪法经过了 1975 年 5 月、1983 年 11 月、1984 年 1 月、1988 年 3 月、1991 年 4 月和 1996 年 1 月的 6 次修改。1996 年 1 月 18 日，经国民议会审议通过的新宪法，经总统颁布开始实施，即喀麦隆现行宪法。现行宪法对喀麦隆的民主制度作了进一步的完善，对喀麦隆的政体、选举、立法、司法、行政、政党制度等有了更为明确而完整的规定。这部宪法规定，国家是单一性体制，强调喀麦隆在实行法治的基础上，充分保障喀麦隆人民的人权和民主。

第二节　国家机构

一　国家机构的设置

按照现代国家机构的设置，喀麦隆共和国的国家机构分为立法、行政、司法和军事部门。

宪法规定，喀麦隆的国家立法权由国民议会和参议院组成的两院制议会共同行使。由于目前参议院尚未成立，喀麦隆国民议会成为喀麦隆唯一的立法机构。国民议会的领导机构是议会常设局，其成员由议员组成，包括一位议长、6 位副议长、12 位秘书长以及 4 位总务主任。国民议会下设分管立法、审议等事务的 6 个专门委员会。喀麦隆还专门设立了宪法监督机关——宪法委员会，负责仲裁、协调各部门之间的关系。

喀麦隆行政机关由中央行政机关和地方行政机关组成。内阁是喀麦隆最高行政机关，总统既是国家元首又是政府首脑，总统下设总理和副总理。总理负责政府具体工作，内阁由各职能部门组成，各部设有部长、副部长、秘书长等职。主要职能部门包括：武装部队国务部、司法和掌玺部、农业部、青年和体育部、外交部、领土管理部、财政部、国民教育部、劳工和社会救济部、公共卫生部、公职部、社会事务部、畜牧渔业和畜产工业部、邮电部、矿业和能源部、市镇规划和住房部、运输部、新闻和文化部、装备部、计划和领土整治国务部、高等教育和科学研究部、信息和公共市场部、国家总监和行政改革部、妇女部、工商业部等。[①]

地方行政机构由省、州、县构成。喀麦隆各省行政长官由中央政府任命，各省行政长官任命各州行政长官，各州行政长官任命县级行政长官。各级行政长官负责所属区域的治理。地方各级行政机构的职能部门参照中央政府的机构设置。[②]

司法机构主要由审判机构、检察机构和警察机构组成。审判机构主要是各级法院，其中包括初审法院、高级法院、上诉

[①] 对外翻译出版公司：《各国国家机构手册》，1986。

[②] http://www.nationsencyclopedia.com/Africa/Cameroon-LOCAL-GOVERNMENT. html.

法院、最高法院、高等法院、劳工法院和军事法院等多个部门组成。其中的初审法院、高级法院、上诉法院和最高法院组成了国内司法机构的四级司法部门；高等法院属于宪法法院，专门负责对总统、总理、副总理以及政府各部部长危害国家安全行为进行监督和审理；劳工法院和军事法院属于专门法院。此外，还在上诉法院设立检察署；初审法院设立公设辩护庭，监督和维护司法的公正。警察机构主要是国家宪兵和国家警察。

军事部门设最高统帅、全军协调委员会、全军协调总监、陆军司令、陆军参谋长、空军司令、空军参谋长、海军司令、海军参谋长、宪兵总司令、第一军区司令、第二军区司令、第三军区司令和总统特别参谋部参谋长等职。

二　国家机构的职能

喀麦隆国民议会在参议院没有成立之前，行使全部立法权，并确定总统、各级行政部门、最高法院及各级法院机构的组织、职能和权限。

喀麦隆总统拥有很大的权力。他作为国家元首，既在一切国务活动中代表国家，又作为政府首脑负责制定国家的政策和管理国家重大事务，同时作为武装部队最高统帅，还负有保障国家安全、维护国家统一的职责。

喀麦隆中央政府是喀麦隆最高行政机关。政府由总理、副总理和各部部长组成。中央政府各部门负责处理国家的内政、外交、国防、财政、经济和社会生活等各个方面的具体事务。地方各级行政部门负责落实和贯彻中央政府的政策和指令，维护地方的稳定和发展。

喀麦隆各级法院、检察署以及警察部门主要根据宪法和国家的各项法律，利用国家机器维护社会的公正和稳定。

2001 年 4 月 27 日组成的政府包括：总理和总统府秘书长各 1 名、部长 23 名、部长级代表 6 名、国务部长或部长级代表 5 名、总统府特别事务部长 5 名和国务秘书 12 名（详见表 3 - 1）。

表 3 - 1　2001 年喀麦隆中央政府机构

总理	彼得·马法尼·穆松格（Peter Mafany Musonge）
总统府秘书长、国务部长	马拉法·阿米杜·亚亚（Marafa Hamidou Yaya）
文化国务部长	费迪南·奥约诺·莱奥波德（Ferdinand Oyono Léopold）
司法、掌玺国务部长	阿马杜·阿里（Amadou Ali）
工商发展国务部长	贝洛·布巴·马伊加里（Bello Bouba Magari）
对外关系国务部长	弗朗索瓦 - 格扎维埃·恩古贝尤（Francois-Xavier Ngoubeyou）
总统府负责国防事务的部长级代表	洛朗·埃索（Laurent Esso）
领土管理部长	埃迪马·费迪南·昆古（Edima Ferdinand Koungou）
财政部长	梅瓦阿·梅布图·米歇尔（Meva'a Meboutou Michel）
畜牧、渔业和畜产工业部长	哈马乔达·阿朱吉（Hamadjoda Adjoudji）
国民教育部长	约瑟夫·奥沃纳（Joseph Owona）
公职与行政改革部长	雷内·泽·恩盖莱（Rene Ze Nguele）
科学和技术研究部长	奥科贝·恩朗·亨利（Hogbe Nlend Henri）
农业部长	佩雷韦·扎沙里耶（Perevet Zacharie）
就业、劳动和社会保险部长	翁杜阿·皮尤斯（Ondoua Pius）
社会事务部长	玛丽·马德莱娜·富达（女，Marie Madeleine Fouda）
旅游部长	皮埃尔·海莱（Pierre Hele）

环境和森林部长	西尔韦斯特·纳阿·翁杜瓦（Sylvestre Naah Ondoua）
公共工程部长	热罗姆·奥比·埃塔（Jérome Obi Eta）
高等教育部长	让 – 玛丽·阿坦加纳·梅巴拉（Jean-Marie Atangana Mebara）
矿业、水和能源部长	雅克·伊夫·姆贝莱·恩多埃（Jacques Yves Mbelle Ndoe）
城市部长	克洛德·约瑟夫·姆巴富（Claude Joseph Mbafou）
公共投资与领土整治部长	奥库达·马丁（Okouda Martin）
青年和体育部长	姆克帕特·比顿（Mkpatt Bidoung）
城市规划和住房部长	耶里马·哈利鲁·布巴卡里（Yerima Halilou Boubakary）
通讯部长	费姆·恩东戈·雅克（Ndongo Jacques Fame）
公共卫生部长	奥朗格纳·阿沃诺·于尔班（Olanguena Awono Urbain）
交通部长	克里斯托弗·恩萨莱（Christopher Nsahlai）
邮电部长	恩古埃·恩贡戈·马克西曼（N'koue N'kogo Maximin）
妇女部长	巴康·姆博克·卡特琳纳（Bakang Mbock Carherine）
经财部负责预算的部长级代表	罗歇·梅林吉（Roger Melingui）
经财部负责稳定计划的部长级代表	让 – 玛丽·甘库（Jean-Marie Gankou）
对外关系部负责与英联邦联系的部长级代表	迪永·恩古代·约瑟夫（Dion Ngute Joseph）
对外关系部负责与伊斯兰国家联系的部长级代表	阿杜姆·加尔古姆（Adoum Gargoum）
总统府负责与议会联系的部长级代表	格雷瓜尔·奥沃纳（Grégoire Owona）
总统府负责国家最高监察事务的部长级代表	恩杰·玛玛（Njiemoun Mama）

续表 3－1

总统府特别事务部长	恩迪奥罗·朱斯坦（Ndioro Justin）、彼得·阿贝蒂·阿朗日（Peter Abety Alange）、巴巴·阿马杜（Baba Hamadou）、埃尔维·恩戈莱·恩戈莱（Elvis Ngole Ngole）、奥南贝勒·艾拉·拉法埃尔（Onambele Ela Raphael）
国民教育部第一国务秘书	约瑟夫·云加·泰根（Joseph Yunga Teghen）
国民教育部第二国务秘书	阿曼·阿达马·内·哈利马杜·马洪代（女，Haman Adama Nee Halimatou Mahonde）
工商发展国务秘书	埃德蒙·穆安佩阿·姆比奥（Edmond Moampea Mbio）
公共投资与领土整治国务秘书	诺纳·延布·谢伊（Jones Yembe Shey）
公共卫生部国务秘书	阿利姆·哈亚图（Alim Hayatou）
邮电部国务秘书	德尼·奥马鲁（Oumarou Denis）
公共工程部国务秘书	埃马纽埃尔·邦德（Emmanuel Bonde）
农业部国务秘书	阿卜杜拉耶·阿布巴卡里（Abdoulaye Aboubakary）
城市规划和住房部地产国务秘书	梅西·察拉（Tsala Messi）
交通部国务秘书	纳纳·阿布巴卡尔·贾洛（Nana Aboubakar Djalloh）
领土管理部负责监狱事务的国务秘书	莫迪·巴卡里·阿达马（Modi Bakari Adama）
国防部负责国家宪兵事务的国务秘书	雷米·泽·梅加（Remy Ze Mega）

资料来源：中国外交部网站。

随着喀麦隆社会的发展，政府的机构处于不断的调整中。2004 年 12 月 8 日组成的中央政府包括总理、副总理各 1 人、国务部长 6 名、部长 33 名、部长级代表 12 名和国务秘书 10 名，参见表 3－2。

表3－2· 2004年喀麦隆中央政府机构

总理	伊诺尼·埃弗拉伊姆(Inoni Ephraim)
副总理兼司法、掌玺国务部长	阿马杜·阿里(Amadou Ali)
国务部长、总统府秘书长	阿坦加纳·梅巴拉·让－马里(Atangana Mebara Jean-Marie)
领土管理和权力下放国务部长	马拉法·哈米杜·亚雅(Marafa Hamidou Yaya)
文化国务部长	奥约诺·费迪南·利奥波德(Oyono Ferdinand Leopold)
邮电国务部长	贝洛·布巴·迈加里(Bello Bouba Maigari)
计划、发展规划和领土整治国务部长	科多克·奥古斯丁·弗雷德里克(Kodock Augustin Frederic)
城市发展与住房国务部长	莱凯内·东法克(Lekene Donfack)
对外关系部长	洛朗·埃索(Laurent Esso)
总统府负责国防事务的部长级代表	泽·梅卡·雷米(Ze Meka Remy)
总统府负责与议会关系的部长级代表	奥沃纳·格雷瓜尔(Owona Gregolre)
总统府负责国家最高监察事务的部长级代表	埃塔梅·马索马·达维德·西格弗里德(Etame Massoma David Siegfried)
交通部长	达科莱·戴萨拉(Dakole Daissala)
农业与乡村发展部长	查塔特·克洛贝尔(Tchatat Clobert)
经济与财政部长	阿巴·阿巴·波利卡普(Abah Abah Polycarpe)
基础教育部长	哈曼·阿达马(女,Haman Adama)
工业、矿业与技术开发部长	萨莱·夏尔(Sale Charles)
就业与职业培训部长	佩雷韦·扎沙里耶(Perevet Zacharie)
劳动与社会保障部长	恩基利·罗贝尔(Nkili Robert)
畜牧、渔业与畜产工业部长	阿布巴卡里·萨尔基(Aboubakari Sarki)
青年部长	阿杜姆·加鲁瓦(Adoum Garoua)

续表 3 – 2

运动与体育教育部长	姆巴尔加·姆博瓦·菲利普（Mbarga Mboa Philippe）
公共卫生部长	奥盖纳·阿沃诺·于尔班（Olanguena Awono Urbain）
中等教育部长	巴佩斯·巴佩斯·路易（Bapes Bapes Louis）
环境与自然保护部长	海莱·皮埃尔（Hele Pierre）
公共工程部长	奥库达·马丁（Okouda Martin）
能源与水资源部长	西亚姆·西韦·阿方斯（Siyam Siewe Alphonse）
旅游部长	巴巴·哈马杜（Baba Hamadou）
林业与动物资源部长	埃贝·阿舒·希尔曼（Egbe Achu Hilman）
地产与土地事务部长	阿博戈·恩科诺·路易·马里（Abogo Nkono Louis Marie）
高等教育部长	法姆·恩东戈·雅克（Fame Ndongo Jacques）
社会事务部长	巴康·姆博克·卡特琳娜（Bakang Mbock Catherine）
公职与行政改革部长	阿马马·阿马马·邦雅曼（Amama Amama Benjamin）
新闻部长	穆科科·姆邦乔·皮埃尔（Moukoko Mbonjo Pierre）
商务部长	姆巴尔加·阿坦加纳·吕克·马瓜尔（Mbarga Atangana Luc Magoire）
科研与革新部长	楚恩特·马德莱娜（女，Tchuente Madeleine）
中小企业、社会经济与手工业部长	梅森格·阿沃姆·贝尔纳（Messenguf Avom Bernard）
妇女与家庭事业促进部长	邦巴克·苏姗（女，Bombak Suzanne）
对外关系部负责与英联邦关系的部长级代表	恩迪翁·恩古代·约瑟夫（Ndion Ngute Joseph）
对外关系部负责与伊斯兰国家关系的部长级代表	阿杜姆·加尔古姆（Adoum Gargoum）
计划、发展规划和领土整治部部长级代表	赛义尼·卡查拉（Seini Kachala）

续表 3 - 2

新闻部部长级代表	门多泽·热尔韦(Mendo Ze Gervais)
领土管理和权力下放部部长级代表	埃杜·埃马纽埃尔(Edou Emmanuel)
环境部部长级代表	纳纳·阿布巴卡尔·贾洛(Nana Aboubakar Djalloh)
司法部部长级代表	坎托·莫里斯(Kamto Maurice)
经济与财政部负责预算的部长级代表	恩古卢·亨利(Engoulou Henri)
经济与财政部负责计划的部长级代表	恩詹库奥·拉梅尔·达尼埃尔(Njankouo Lamere Daniel)
总统府特别事务部长	哈马杜·穆斯塔法(Hamadou Moustapha)、恩戈莱·恩戈莱·埃尔维斯(Ngole Ngole Elvis)、恩迪奥罗·朱斯坦(Ndioro Justin)等。

资料来源:中国外交部网站。

2006 年 9 月 22 日组成的中央政府于 2007 年 9 月 7 日改组。改组后,政府要员主要包括总理 1 名、副总理 2 名、国务部长 2 名、部长 29 名、部长级代表 7 名和国务秘书 10 名。

表 3 - 3   2007 年喀麦隆中央政府机构图

总理	伊诺尼·埃弗拉伊姆(Inoni Ephraim)
副总理兼司法、掌玺部长	阿马杜·阿里(Amadou Ali)
副总理兼农业与乡村发展部长	让·恩奎特(Jean Nkuete)
领土管理和权力下放国务部长	马拉法·哈米杜·亚雅(Marafa Hamidou Yaya)
邮电国务部长	贝洛·布巴·迈加里(Bello Bouba Maigari)
对外关系部长	亨利·埃耶贝·阿伊西(Henri Eyebe Ayisssi)
文化部长	阿玛·图图·穆纳(女,Ama Tutu Muna)
交通部长	古诺科·阿努瓦耶(Gounoko Hanouaye)
城市发展与住房部长	查塔特·克洛贝尔(Tchatat Clobert)

续表 3 - 3

财政部长	埃西米·梅尼耶·拉扎尔（Essimi Menye Lazare）
经济、计划和领土整治部长	路易·保罗·莫塔泽（Louis Paul Motaze）
基础教育部长	哈曼·阿达马（女，Haman Adama）
中等教育部长	巴佩斯·巴佩斯·路易（Bapes Bapes Louis）
高等教育部长	法姆·恩东戈·雅克（Fame Ndongo Jacques）
工业、矿产与技术开发部长	恩丹加·恩丁加·巴代尔（Ndanga Ndinga Badel）
就业和职业培训部长	佩雷韦·扎沙里耶（Perevet Zacharie）
劳动与社会保障部长	恩基利·罗贝尔（Nkili Robert）
畜牧、渔业与畜产工业部长	阿布巴卡里·萨尔基（Aboubakari Sarki）
青年部长	阿杜姆·加鲁瓦（Adoum Garoua）
运动与体育部长	埃佐阿·奥古斯丁（Edjoa Augustin）
公共卫生部长	安德烈·马马·富达（Andre Mama Fouda）
环境与自然保护部长	海莱·皮埃尔（Hele Pierre）
公共工程部长	梅森格·阿沃姆·贝尔纳（Messengue Avom Bernard）
能源与水资源部长	辛德·让－贝尔纳（Sindeu Jean-Bernard）
旅游部长	巴巴·哈马杜（Baba Hamadou）
林业与动物资源部长	恩戈莱·恩戈莱·埃尔维斯（Ngole Ngole Elvis）
地产与土地事务部长	阿农·阿迪比梅·帕斯卡尔（Anong Adibime Pascal）
社会事务部长	巴康·姆博克·卡特琳（女，Bakang Mbock Catherine）
公职与行政改革部长	姆邦德·埃马纽埃尔（Mbonde Emmanuel）
新闻部长	让－皮埃尔·比伊蒂·比·埃萨姆（Jean-Pierre Biyiti Bi Essam）
商务部长	姆巴尔加·阿坦加纳·吕克·马瓜尔（Mbarga Atangana Luc Magoire）
科研与创新部长	楚恩特·马德莱娜（女，Tchuente Madeleine）
中小企业、社会经济与手工业部长	埃通迪·恩戈阿·洛郎（Etoundi Ngoa Laurent）

妇女与家庭事业促进部长	邦巴克·苏珊(女,Bombak Suzanne)
对外关系部负责与英联邦关系的部长级代表	迪翁·恩古特·约瑟夫(Ndi Onngute Joseph)
对外关系部负责与伊斯兰国家关系的部长级代表	阿杜姆·加尔古姆(Adoum Gargoum)
经济、计划和领土整治部部长级代表	亚乌巴·阿卜杜拉耶(Yaouba Abdoulaye)
领土管理和权力下放部部长级代表	埃杜·埃马纽埃尔(Edou Emmanuel)
环境部部长级代表	纳纳·阿布巴卡尔·贾洛 (Nana Aboubakard Jalloh)
司法部部长级代表	莫里斯·坎托(Maurice Kamto)
财政部部长级代表	皮埃尔·蒂蒂(Pierre Titi)

资料来源:中国外交部网站。

第三节   立法与司法

一   立法体制

1. 立法体制的沿革

殖民统治时期,喀麦隆作为英、法的属国,没有立法机构。二战后,随着民族自治浪潮的兴起,喀麦隆人民要求自治和独立的呼声高涨。在喀麦隆人民的斗争以及国际社会的压力下,英、法殖民当局开始在喀麦隆实施宪政改革。1946年,法国宪法规定喀麦隆人民可以选派代表参加法国国民议会。同年,法国殖民当局在喀麦隆设立了代表议会,该议会有法国代表 16 名、喀麦隆代表 24 名,其主要职责是审议和通过有关一些地区财政问题的决策。1952年代表议会改为领地议会，其中法国议员18位、喀麦隆议员32位。1957年4月领地议会改名为立法议会，议员由喀麦隆代表组成，法国殖民当局允许喀麦隆属地在此议会基础上筹建自治政府，这是喀麦隆历史上第一个本国的立法机构，该立法机构一直延续到喀麦隆国民议会的产生。

1973年5月5日，喀麦隆通过选举产生了第一届国民议会。同年6月8日，此届国民议会制定并颁布《国民议会章程》，以法律文件的形式规定了议会的组织和运作方式。1989年7月和1992年8月，《国民议会章程》经两次修改，共计18章86条，就议员的选举资格、选举程序、国民议会的组成和召开、议会常设局的组成方法、议会党团及委员会的组成方法、法律草案的提交和审议通过程序等，做出了详细的规定。20世纪90年代初，喀麦隆政局动荡，民主化浪潮迭起。1991年4月到10月间，反对党派在雅温得等一些大城市发动大规模骚乱，要求召开各党派参加的"全国会议"。在民主化运动的压力下，1991年11月，政府代表、反对党领导人和社会名流举行会晤，签署了《雅温得声明》，就吸收各派代表人士召开新的立法选举问题达成协议。1992年3月1日，喀麦隆多党立法选举举行，随后组成了新的国民议会，修订了宪法。1996年1月，新宪法颁布，喀麦隆举行市镇议会选举，喀麦隆人民民主联盟获得全国2/3市镇议会的席位。1997年3月，喀麦隆国民议会召开特别会议，审议并通过了政府提交的选举法修正草案。1997年5月17日，喀麦隆再次举行立法选举。保罗·比亚总统领导的喀麦隆人民民主联盟在选举中获胜，随后于12月7日组成多党联合政府。至此，实行多党制以来立法机构的变革顺利完成。

2. 当前的立法体制

根据喀麦隆宪法，喀麦隆共和国的立法权由国民议会和参议院组成的两院制议会行使。在参议院未成立前，国民议会暂行喀麦隆的全部立法权和享有宪法赋予议会的全部权力。立法和宪法的修改建议权分别属于共和国总统和国民议会。由此，总统和国民议会成为当前立法体制的重要组成部分。

立法结构 根据宪法，总统是国家元首，有颁布法律和法令的权力；总统缺位期间，总统职权将由参议院议长临时行使总统职权；当总统辞职、死亡或者终身不能履行职责时，参议院议长将行使总统的全部职权，并在第 20 天后、50 天内组织公民投票，进行新总统选举。由于目前参议院尚未成立，遇以上情况，喀麦隆国民议会议长将代替参议院议长行使权力。总统和立法机构都有批准条约和国际协议的权力，但属于立法机构职权范围内的条约和国际协议应提交议会批准，总统可以致函国民议会、参议院或者两院大会提出自己的建议。总统在行政提案中如遇到以下方面能对国家和国家制度产生深远影响的改革方案：如组建公共权力机构或修改宪法的议案；批准非常重要的国际公约或条约的议案；有关人权与财产改革的议案等，应通过与宪法委员会主席、国民议会议长、参议院议长协商后，总统可以将该方案提交全民公决。宪法委员会是协调总统和议会在宪法范围内职权的重要机构，拥有解释宪法的最终裁决权，负责裁定有关法律是否合宪并调节国家各个机构之间的职能。宪法委员会由 11 名成员组成，由总统负责任命，任期 9 年，且不得连任。宪法规定宪法委员会就争议问题做出裁决时，不考虑公众要求、行政权力、军事权力、司法权力，以及任何社团和组织的要求。因此，宪法委员会成为维护宪法、仲裁议案的重要机构。

3. **立法程序**[①]

议案的报送 喀麦隆的法律提案通常由政府相关部门提出并

[①] 参见王晓民主编《世界各国议会全书》，世界知识出版社，2001，第 237 ~ 242 页。

起草，报送总统府。总统府专设法制局负责审核报送的法律提案，经总统批准后，将提案送交议会常设局并转议长会议。由议员提出的法律草案文本，则由议员直接提交议长转交议长会议。议长会议由议会各部门负责人、委员会主席及国民议会办公厅相关人员组成，政府一名成员可列席议长会议。

议案的确立 议会会议收到总统或个人的提案后，通过分析以确认该议案是否可以受理，如可以受理，则交给议会相应的专门委员会进行审议或交由多个委员会征询意见。

议案的通报 受理议案将在议会全体会议上通报，但暂不对其进行讨论。

议案的初审 议案的初审是在议会专门委员会进行，与议案相关的政府部门的部长将出席审议的专门委员会会议。委员会会议分三个阶段秘密对议案进行审议：议案的理由陈述和一般性讨论；审议议案条文；通过议案。议案初审后，委员会将指定专人起草该委员会初审议案情况的报告。

议会全体会议审议 议会将举行全体会议审议议案，经投票决定否决或通过。议会全体会议通常公开举行，政府相关部门的部长出席会议并接受议员质询。

议会议长签署议案 议长将通过的议案签署后，转交共和国总统颁布实施。如提交的议案没有被通过，则退回或由提交方撤回。

总统审核 总统收到议会通过的议案并同意后，将在15天内公布；如总统对该项议案有不同意见，可将议案驳回议会，要求议会重审，或将该议案所涉及的事项送交宪法委员会裁决。如总统在15天的期限内没有签署和公布议会通过的议案，国民议会议长有权自行在政府公报上以英文和法文公布该项议案。

宪法委员会最终裁决 总统驳回议会重审的议案，经议会全体会议的绝对多数通过后，方可再次递交总统审核。如总统不同意，应将议案提交宪法委员会进行最终裁决，宪法委员会作出的最终裁决不得上诉。

此外，根据宪法规定，议会可在政府的要求下，优先审议政府或政府接受的个人提案，而议长会议允许的其他个人提案随后审议。议会对个人提案的搁置权只有2次，如一项个人提案在议会两次正常的会议上都未经审议，则议会下一次会议必须对该提案进行审议。任何有关提案是否应列入国民议会议程的争议，可由共和国总统、国民议会议长或国民议会2/3以上的组成人员送交宪法委员会进行裁决。

修宪程序　修改宪法要由总统或议会两院之一院的1/3以上议员提议。议会接受修宪提案后，要召开国民议会全体会议进行审议，并经议会议员总数的绝对多数通过才能由议长签署后送交总统。总统可以要求议会对修宪议案进行重审，修宪议案的重审要经议员总数的2/3以上多数通过才可递交总统。总统可决定将任何有关修宪的议案提交全民公决，如修宪议案经参与投票公民的简单多数通过则修宪议案生效。

4. 国民议会的组成

国民议会由正副议长、议会常设局及6个专门委员会组成。议会常设局是议会领导机构，其成员包括议长和6位副议长、12位书记、4位总务主任。议会常设局任期1年，其成员在议会每年度举行的首次例会中进行改选，可连选连任。6个专门委员会涵盖领域涉及全面（见国家机构设置部分内容），每个专门委员会有30名成员，成员名额分配由参加议会的各党根据其在议会中的席位按比例协商解决，每年改选1次。每个议员只能参加一个专门委员会。各专门委员会设置委员会办公室，其成员由选举出的主席、副主席、总报告人（仅限于财经委员会）、秘书各1人组成。

1997年喀麦隆立法选举后，国民议会议员由6个政党组成，其中的席位分配情况为：人民民主联盟占116席；社会民主阵线占 43 席；全国民主进步联盟占 13 席；民主联盟占 5 席；人民联盟占 1 席；保卫共和民主运动占 1 席。国民议会设议长 1 名、副议长 6 名。议长由人民民主联盟成员卡瓦耶·耶格·贾布里勒（Cavaye Yeguie Djibril）担任。为保障选举的自由与公正，2000年 12 月议会通过法案，成立了国家选举监测站（ONEL）。

2002 年 6 月选举产生国民议会仍为 180 个席位，由 5 个政党组成；其中人民民主联盟（简称人民盟）149 席，社会民主阵线 22 席。这届议会议长仍由卡瓦耶·耶格·贾布里勒担任。

国民议会分别在每年 6 月、11 月和第 2 年的 3 月召开 3 次例会，每次会期不得超过 30 天，主要讨论和批准国家年度财政预算、审议和通过法律草案。应总统或国民议会 1/3 议员的请求，国民议会可举行特别会议，会期最长期限为 15 天。国民议会会议的日程由议长会议确定，全体会议的辩论由议长主持。

2007 年 7 月选举产生国民议会任期 5 年，共有 180 个席位，由 5 个政党组成；其中人民盟 153 席，社会民主阵线 16 席。本届议长：卡瓦耶·耶格·贾布里勒（Cavaye Yeguie Djibril），系人民盟成员。

二 司法体制[①]

根据宪法，喀麦隆司法权由最高法院、上诉法院和各级法庭行使。司法权独立于行政权和立法权。国家设最高司法委员会，总统担任委员会主席。最高司法委员会协助总统开展审议法官人选及对法官的奖惩等工作。总统负责任命法官和其他法律部门官员，并保证司法权的独立。

审判体制 喀麦隆审判体制主要由各级法院组成，主要包括初审法院、高级法院、上诉法院和最高法院四级。

---

① 参见张福森主编《各国司法体制简介》，法律出版社，2003。

初审法院分为高等、一等、二等、三等四类。初审法院对案件的管辖和受理权，根据案件的轻重程度又分别对应不同的法院等级，最轻的案件由初审法院的三等法院受理，依次排列，初审法院中的高等法院则受理较为重大的案件。民事案件受理法院的划分主要根据民事案件的大小。刑事案件受理法院的划分则根据案件的严重程度。初审法院中的高等法院只在全国的杜阿拉和雅温得两个城市设立。其他三个等级的法院在全国各地方行政区域均有设立，并受治安法官的领导。

高级法院基本上是巡回法院，通常由上诉法院的一名法官主持工作。上诉法院按照行政省份划分设置，每省设立一所，法院由院长和3名法官组成。上诉法院受理对初审法院判决不服的上诉案件。

最高法院是国家法律、行政事务以及审计方面的最高级法院，其组织机构包括司法、行政和审计三个法庭，成员由首席大法官（通常为最高法院院长）、各庭庭长和助理法官组成。最高法院主要的职能是：受理并审理对上诉法院判决不服的上诉；确认总统缺位时决定由议长代行总统职位；审理总统根据宪法提出的法律和法令草案；对法律的执行提出异议的情况下形成的最后司法文件；对行政文件提出的赔偿申诉和越权申诉以及法律明确规定的由其受理的诉讼进行最终判决等。最高法院行政庭还负责审理所有的包括国家和其他公共权力方面的行政争端，其中包括审理对地方选举或委员会选举争端解决不满而提起的上诉案件，既有初审权也有上诉审理管辖权。

喀麦隆还设置一所专门实施弹劾权的高等法院。该法院有权认定、审理总统在行使职权中的叛国行为。同时，该法院也有权对副总统、总理、副总理以及各部部长危害国家行为启动诉讼和审理程序。

除普通法院体系外，喀麦隆还有由劳工法院和军事法庭构成的专门法院体系。喀麦隆还保留了习惯法院和专门处理穆斯林事务的阿卡城法院。

此外，国家还设立宪法委员会，行使司法审查权。宪法委员会由 11 名成员组成。3 名由总统指定，其中包括宪法委员会主席在内；3 名由国民议会议长在与其办公厅协商基础上指定；3 名由参议院议长与其办公厅磋商基础上指定；2 名由最高司法委员会指定。成员任期 9 年且不得连任。宪法委员会拥有有关宪法的裁决权，负责裁定有关法律和立法、行政、司法程序是否违宪，并调节各个国家机构之间的职能。宪法委员会执行司法裁决时，保持独立性，不受任何组织、个人以及行政、司法和军事行为的影响。宪法委员会裁决为最终裁决，任何人不得对宪法委员会的裁决进行上诉。如宪法委员会发现条约或国际协议中的规定与宪法不一致，则该项条约或协议的批准须等到宪法委员会修改以后才可进行。宪法委员会还保证总统、议会的选举符合宪法的规定，并保障公民投票程序和选举结果的合法性。

检察体制 喀麦隆检察机关是审、检合署型的设置，国家不专门设立独立的检察机构，各级检察机构依附于各级审判机构。每一个初审法院设立公设辩护庭，每一所上诉法院都派驻检察官。总检察长隶属于最高法院，直接向司法部长负责。在司法公诉中，公设辩护人直接向检察长负责，在初审法院提出公诉。案件上诉到高等法院后，公诉需由检察长直接提出。检察系统没有民事诉讼中的公诉义务。

警察和监狱体制 喀麦隆的国家警察机构由国家宪兵和国家警察组成。国家宪兵是喀麦隆重要的武装警察力量，按照省区划分驻扎，分为 10 个宪兵大队，近年来人数维持在 9000 人左右。国家宪兵直接向总统负责并受驻地政府的管辖，协助地方警察维护治安。国家警察分属各级行政部门，向各级政府负责，负责维护社会治安并协助其他司法部门开展工作。

喀麦隆各省都设有收审所，较大的省份设有监狱。喀麦隆的法律规定，被拘留的人必须接受隔离，不允许从事谋生或养家糊口的工作；被判刑监禁的犯人可以在服刑期间从事养家糊口的工作。喀麦隆监狱条件较差，牢房狭小拥挤，食物、医疗和卫生设备都很短缺。

第四节　政党与社会团体

一　政党制度发展史

喀麦隆是实行政党政治的国家。喀麦隆政党的产生是同喀麦隆争取民族独立运动密切相联系的。其政党主要是以争取和维护民族独立、促进民族经济社会发展为奋斗目标的民族主义政党。从争取民族独立以来，喀麦隆政党的产生和发展经过了三个主要时期：争取民族独立的多党制时期；独立后的一党制时期；20世纪90年代后的民主多党制时期。

第一时期　是喀麦隆政党政治的形成和发展阶段，时间主要是在20世纪40、50年代。二战后，为摆脱英、法殖民统治，建立民族国家，喀麦隆人民开始创立政党。这一时期产生的主要政党有：喀麦隆人民联盟、喀麦隆民主党、喀麦隆民族统一大会党、喀麦隆国民大会党、喀麦隆民族民主党等。这一时期喀麦隆各政党主要围绕国家的独立问题，提出了各自的主张。一些政党主张通过激进方式彻底摆脱殖民主义的统治和影响，在喀麦隆建立完全独立自主的民族主义国家；一些政党则主张通过温和的渐进方式取得国家的独立。

二战期间，喀麦隆一些民族知识分子，包括教师、医生等，在反法西斯斗争中增强了民族意识。在他们的领导下，一些民族主义组织开始形成。如在英管区，1940年由彼得·卡尔（Peter

M. Kale）和恩德莱医生（Dr. Emmanuel M. L. Endeley）在拉各斯领导建立的喀麦隆青年联盟（Cameroons Youth League，CYL），1944 年 8 月由阿齐克韦医生（Dr. Nnamdi Azikiwe）、内里安斯·姆比耳（Nerius N. Mbile）和彼得·卡尔成立的尼日利亚和喀麦隆国民会议党。虽然喀麦隆青年联盟组织的政治目标并不明确，但是在增强喀麦隆人民的团结意识，以及引导喀麦隆人民同殖民当局开展斗争方面起到了积极作用。尼日利亚和喀麦隆国民会议党于 1945 年 1 月召开了制宪会议，它的组织纲领中明确规定的任务是："推广民主的原则，促进英国托管下的尼日利亚和喀麦隆人民的利益"；"为实现自治，对尼日利亚人民进行政治教育"；"为使尼日利亚和喀麦隆作为英联邦成员国，在英国托管下获得政治自由、经济保障、社会平等以及宗教信仰自由，向尼日利亚和喀麦隆国民会议党成员提供宣传媒介"。

二战结束后，随着英、法对喀麦隆的托管，喀麦隆人民要求自治和独立的呼声日益高涨，领导人民反对殖民当局的统治，改变长期以来的被殖民地位，成为喀麦隆民族主义政党奋斗的政治目标。在这样的历史任务下，一些新的民族主义政党纷纷建立。但是，受宗主国殖民政策的影响，英属喀麦隆和法属喀麦隆的民族政党发展并不平衡。在英国统治区，由于实行间接统治，该地区民族意识在土著知识分子中间形成较早，并较早地形成了政党。因此，这一时期原英属喀麦隆的政党发展较快。相比较而言，由于法国在法属喀麦隆实施"同化政策"，土著中大多数受到良好教育的人被吸收入法国殖民当局，因此法属区的喀麦隆民族主义政党建立较少。这一时期喀麦隆有较大影响的政党有：1947 年由喀麦隆青年联盟同一些部族社团建立的喀麦隆联邦联盟（Cameroons Federal Union，CFU）；1948 年 4 月 10 日，由著名工会运动领导者、前殖民政府职员吕班·姆·尼奥勃（Ruben Um Nyobé）和费利克斯·穆米埃（Dr. Félix Moumié）等人在东喀麦隆组织成立的喀麦隆人民联盟；1949 年在西喀麦隆成立的喀麦隆民族同盟（Cameroons National Federation，CNF）；1959 年在西喀麦隆建立的喀麦隆人民全国大会党（Cameroons Peoples' National Convention，CPNC）；1955 年由约翰·丰肖（John N. Foncha）在西喀麦隆创立的喀麦隆民族民主党（Kamerun National Democratic Party，KNDP）；1958 年阿赫马杜·阿希乔（Ahmadou Ahidjo）创建的喀麦隆联盟（Union Camerounaise，UC）等。

这些政党是在要求民族独立的基础上建立的，它们在争取喀麦隆脱离原殖民宗主国，建立独立自主的喀麦隆国家过程中发挥了积极的重要作用。尤其是喀麦隆人民联盟，它将争取喀麦隆的独立作为民族解放斗争的目标，并坚决反对通过同殖民宗主国谈判来达到国家的独立，认为这并不是真正的独立，而是使喀麦隆继续依附于宗主国的做法。它主张通过革命的手段摆脱宗主国的控制，获得真正彻底的独立。在民族独立的旗帜下，喀麦隆人民联盟发展迅速，党员人数达到 4 万~5 万人。但是由于喀麦隆民主政治的社会基础差，伊斯兰化的北方地区较为封闭，传统的部族酋长仍是那里的发号施令者；雅温得以南的南方地区，强大的天主教控制了当地的局势。因此，喀麦隆人民联盟的影响仅限于沿海和西部地区。此外，在涌现出的大量政党中，既有部族组织，也有宗教组织等的非民主主义政党，这种情况为当时主导喀麦隆自治进程的法国殖民当局所利用，最终使得喀麦隆人民联盟在 1952 年的选举中遭到了惨败。但是在喀麦隆人民联盟的推动下，喀麦隆掀起了广泛的民族独立运动。从 1955 年起，喀麦隆人民联盟在穆米埃领导下，在杜阿拉人、巴萨人和巴米累克人集中居住地区举行了大量的游行示威，抗议活动波及喀麦隆很多地区，不断兴起的民族运动给法国殖民当局带来了恐慌。1955 年 7 月，喀麦隆人民联盟被法国殖民当局宣布为非法组织被取缔。不同于喀麦隆人民联盟激进主张的是，喀麦隆联盟主张同法国进行谈判，通过和平方式使喀麦隆由自治走向独立。由于喀麦隆政党建立基础的脆弱性和不广泛性，再加上法国宗主国在喀麦隆势力的强大，最早建立、要求取得彻底民族独立的喀麦隆人民联盟在喀麦隆自治政府和法国的联合镇压下，过早地退出了历史舞台。

第二时期 这是 1966 年以来喀麦隆民族联盟长期执政时期，即喀麦隆事实上的一党制时期。这一时期，喀麦隆政党面临的主要任务是，领导国家发展民族经济和文化，改善人民的生活，通过发展经济来巩固政治独立。

独立初期，喀麦隆借鉴法国的总统共和制模式，根据本国东、西两部分的不同国情，建立了联邦共和制政体。但是在随后的国家发展中，喀麦隆民族政党认识到多党制不适合喀麦隆的国情，不利于喀麦隆的国内统一和社会稳定发展。受部族因素的影响，东、西喀麦隆的政党往往成为地区利益的代表，不同地区的政党为谋求本地区的利益过程中影响到了国家发展的统一规划，甚至因利益之争煽动部族、宗教矛盾，不利于国家的安全和统一。为此，东、西喀麦隆的一些政党开始谋求通过政党联合以建立全国性的强有力的政党。

喀麦隆联盟是喀麦隆早期政党中的温和派，它一方面主张通过议会道路，在协调同法国关系的基础上逐步取得独立，以渐进的方式进行改良，推动民族国家的发展。另一方面，在获得独立后，喀麦隆联盟的领导人时任喀麦隆总统的阿希乔认为，喀麦隆的发展需要一个强有力的全国性的政党来领导。为此，喀麦隆在通过和平手段取得独立后，阿希乔积极推动喀麦隆由多党制向一党制转变。经过几年的发展，到 1966 年，喀麦隆联盟完成了同喀麦隆人民全国大会党、喀麦隆民族民主党以及喀麦隆统一大会党的联合，建立了全国性的政党喀麦隆民族联盟，形成了长期的喀麦隆民族联盟执政的局面。在喀麦隆民族联盟的主导下，喀麦隆最终于 1972 年完成了由联邦制下的多党制向中央集权一党制的转变。1972 年以后，喀麦隆政党政治中发挥主导作用的是喀麦隆民族联盟，这一时期，虽然喀麦隆仍然实行多党制，但是，由于喀麦隆民族联盟在议会中的绝对实力，其他政党的声音很小，几乎不能形成对喀麦隆民族联盟的制约。在喀麦隆民族联盟执政时期，喀麦隆社会稳定，人民生活水平有了很大的提高。

第三时期　是 20 世纪 90 年代以来喀麦隆出现的多党制时期。随着 1982 年阿希乔政府的下台，国内民族矛盾的尖锐，以及 20 世纪 80 年代末、90 年代初苏东剧变和非洲政治民主化浪潮的兴起，喀麦隆执政党在内外压力下，开始实施国内的政治民主化改革，放弃了长期的一党制，重新实行多党制。相比于非洲多数国家动荡的政治变革，喀麦隆实行了一种较为平稳的过渡，即在执政的喀麦隆民族联盟的主导下，多党制重新进入国家的政治生活。

从内部原因看，阿希乔执政时期，虽然努力消除部族在国家政治中的不良影响，但是由于喀麦隆社会经济发展的局限性，政党常常成为部族利益的代言人。在此期间，北方部族的势力有了很大发展，在国家政治生活中的作用凸显。为此，其他地区的部族势力感到不满，引发了国内的罢工运动，要求进行政治民主化改革。从外部来看，由于苏联解体后国际局势发生了很大变化，以美国为首的西方国家加紧对非洲国家输出西方意识形态，鼓吹多党制。20 世纪 70 年代后期，由于西方发达国家转嫁经济危机，喀麦隆的经济发展也出现了问题，外汇收入减少，债务增加。在此情况下，美、法等西方国家把对喀麦隆的援助与喀麦隆的国内政治改革相挂钩，要求喀麦隆实行多党制，进行政治民主化改革。在面临内外压力的情况下，喀麦隆从 20 世纪 80 年代中期开始政治民主化改革，多党制成为新的民主化内容。1990 年 12 月，比亚总统颁布了《政党法》，宣布喀麦隆实行多党制。

二　主要政党

1994 年，喀麦隆有 76 个政党。① 2000 年 10 月，喀麦隆有 168 个政党。2004 年 11 月大选时，喀麦隆共有 184 个政党。②

喀麦隆人民民主联盟（RDPC）　喀麦隆人民民主联盟是喀麦隆的主要执政党，其前身是喀麦隆民族联盟（UNC），于 1985 年 3 月改为现名。1958 年 5 月，阿赫马杜·阿希乔创建了喀麦隆联盟。1966 年 9 月，阿希乔促成了包括喀麦隆联盟、喀麦隆民族民主党、喀麦隆人民全国大会党和喀麦隆统一大会党等政党在内的政党联合，建立了喀麦隆全国性的政党——喀麦隆民族联盟。1969 年 3 月，联盟召开了第一次全国代表大会，通过了联盟章程，选举阿希乔担任联盟主席。章程规定，喀麦隆民族联盟是人民的政治组织，其最高奋斗纲领是团结全国各族人民建立统一的喀麦隆民族。民族联盟对外奉行独立自主的不结盟外交政策，主张在地区团结的基础上实现非洲的统一。民族联盟全国代表大会每五年举行一次，必要时可举行特别代表大会。在全国代表大会闭会期间，民族联盟的全国委员会行使代表大会职权；中央委员会是其常设机构，设主席 1 人、副主席 4 人、书记若干人；民族联盟政治局成员由主席推荐、中央委员会选举产生的 12 名委员组成，协助主席工作；民族联盟地方组织分为州委会、县委会、基层委员会和支部 4 级。联盟机关刊物为《团结报》。随着喀麦隆中央权力的不断加强，喀麦隆民族联盟成为长期执政的政党。1983 年之前，喀麦隆总统阿希乔一直担任喀麦隆民族

---

① 钟清清主编《世界政党大全》，贵州教育出版社，1994，第 699 页。
② 中国外交部网站：http://www.fmprc.gov.cn/chn/wjb/zzjg/fzs/gjlb/1550/1550x 0/default.htm。

联盟全国主席。1983 年 8 月，阿希乔辞去主席职务。

同年 9 月，民族联盟召开了第二次特别代表大会，大会选举现任总统保罗·比亚担任联盟主席。为适应喀麦隆多党制的发展形势，1985 年 3 月 24 日，喀麦隆民族联盟在巴门举行了第四次全国代表大会，保罗·比亚担任全国主席。会议决定将喀麦隆民族联盟改名为喀麦隆人民民主联盟，并根据比亚主席的"民族复兴"纲领修改了联盟章程。新章程集中体现了比亚主席的"集体自由主义"理念，规定联盟的任务是立足于非洲集体主义社会，并按照集体自由主义的原则把喀麦隆社会发展的"自由"和"计划"相结合，鼓励和培养喀麦隆形成一个自由竞争和开拓创新的社会，从而维护喀麦隆最广泛的集体利益，促进社会的进步和繁荣。强调在"团结—进步—民主"的口号下，推动国家发展的民主化和对外开放政策。

1990 年 6 月喀麦隆人民民主联盟举行了第一次全国代表大会，会议修改了党章，将加入该组织的年龄要求从 25 岁提高到 30 岁，把联盟的基层支部改为基层委员会，选出了 120 人组成的新一届中央委员会，并取消了联盟的领导机构——全国政治局。1990 年 12 月喀麦隆《政党法》颁布后，该党积极筹备多党选举，并于 1992 年在国家首次多党的立法选举中获得议会 88 个席位，占总席位 180 席的 49%，成为议会第一大党。1996 年 12 月联盟举行了第二次全国代表大会。1997 年 5 月选举产生的国民议会中，喀麦隆人民民主联盟占 116 席位。2001 年 7 月，联盟召开了第二次全国特别代表大会，比亚总统再次当选为联盟的全国主席，约瑟夫 – 夏尔·敦巴（Joseph-Charles Domba）当选为联盟总书记。2006 年 7 月联盟召开了第三次全国特别代表大会，比亚总统再次当选为党的全国主席，总书记为萨迪·勒内（Sadi Rene）。2007 年 4 月，比亚总统改组了人民民主联盟中央和地方的领导机构。2009 年初，全国有盟员 200 多万人。它领导的主要群众团体有：喀麦隆劳动者工会组织、喀麦隆人民民主联盟青年组织、喀麦隆人民民主联盟妇女组织等。

社会民主阵线（SDF） 成立于 1990 年 5 月 26 日，1991 年 3 月 1 日合法化，是喀麦隆西部地区有重要影响的政党，主要受巴米累克族的支持，该党主席是让·弗吕·恩迪（John Fru Ndi）。它作为喀麦隆最大的反对党，曾抵制 1992 年的议会选举和 1997 年的总统选举。1997 年议会选举中获得议会 43 个席位，2002 年议会选举获得议会 22 个席位。社会民主联盟强调"民主、正义、发展"，主张恢复联邦制。它代表了西部要求获得更大自治权力者的声音，宣称通过和平手段实现政权的交替是党的责任和义务。2007 年 7 月选举产生的国民议会中，社会民主阵线在国民议会中占有 16 席。

全国民主进步联盟（UNDP） 喀麦隆北方重要的政党，1990 年 5 月成立于西北省巴门达，1991 年 3 月 25 日被批准为合法政党，1992 年 1 月 4 日召开了第一次全国代表大会，在北部穆斯林地区有较大影响。成立初期，该联盟是喀麦隆主要的反对党之一。联盟主席是约翰·弗吕·恩迪，总书记是西加·扎沙利阿斯。

阿希乔总统下台后，北方部族认为其利益受到了损害。在20 世纪 90 年代实行多党制的浪潮中，一些支持前总统阿希乔的北方部族势力纷纷成立政党，抵制新总统比亚的政策，要求实行政治民主化改革。该党就是在反对比亚的基础上建立的，党内许多高层领导属于前总统阿希乔的支持者。

该联盟成立后，很快成为在北方地区有影响的势力。1997年该联盟与另一反对党社会民主阵线结成联盟，共同抵制当年的总统选举。1998 年 1 月，该联盟与前执政党喀麦隆人民民主联盟达成"政府共同纲领"之后，作为参政党加入新政府。1997年议会选举后，该联盟在国民议会中占有 13 席。2001 年 4 月，该联盟主席巴·贝洛·马伊加里出任政府工商发展国务部长。2002 年议会选举后，该联盟在议会中占有 5 个席位。2004 年 12 月成立的新政府中，该联盟主席巴·贝洛·马伊加里任邮电国务部长。

在政治上，该联盟主张民主、进步、团结、和平，强调喀麦隆共和国是全体喀麦隆公民的国家，坚决反对民族分裂，支持民族团结和国家统一；在经济方面，主张实行自由化，支持地方的自主发展，强调给地方发展更大的自主权。在国内经济改革中，它主张按照国际货币基金组织和世界银行实施的方案调整国内经济结构，并进行配套的政治改革。

喀麦隆人民联盟（UPC） 成立于 1948 年 4 月 10 日，是喀麦隆成立较早的民族主义政党。在成立初期，它的政治纲领主要是争取喀麦隆的完全独立和统一，曾为喀麦隆的民族独立作出了突出贡献（见历史部分）。该联盟因推动人民发动反对法国殖民统治的斗争于 1955 年被法国殖民当局取缔。1956 年，它在其总书记吕班·姆·尼奥勃（Ruben Um Nyobé）领导下开始反法武装斗争。1958 年尼奥勃遇害后，联盟发生分裂，马伊·马蒂普（Theodore Mayi Matip）领导部分成员归顺了自治政府。

1960 年喀麦隆独立后，该联盟的激进派认为喀麦隆并没有取得真正的独立，主张推翻执政的阿希乔政权，彻底摆脱法国的控制。1960 年 1 月喀麦隆宣布独立，2 月 25 日政府宣布喀麦隆人民联盟为合法政党，要求武装斗争者放弃斗争加入政府。1960 年 11 月，该联盟武装斗争派领导人费力克斯·穆米埃（Dr. Félix Moumié）在日内瓦被杀害后，组织发生分裂，一部分成员放弃武装斗争并加入了当局，另一部分成员继续从事武装斗争。其后，从事武装斗争的游击队力量先后被政府消灭。1966 年 9 月阿希乔总统宣布政党合并后不久，该联盟被当局解散，其领导人多数流亡国外。

1990 年喀麦隆恢复多党制后，喀麦隆人民联盟恢复公开活动，并于 1991 年 2 月 12 日取得合法地位。之后该组织多次发生分裂，形成了以联盟总书记奥古斯丁·科多克（Augustin Kodock）、联盟主席恩代·恩图马扎（Ndeh Ntumazah）以及亨利·奥科贝·恩朗（Henri Hogbe Nlend）为首的三派。1997 年议会选举后，该组织在国民议会中占有 1 个席位。2000 年 1 月奥古斯丁·科多克派同恩代·恩图马扎派宣布和解，2002 年议会选举后，该派在国民议会中占有 3 个席位。

三 主要社会团体

工会组织 1944 年 12 月，喀麦隆工会联合会成立，并加入了法国总工会。喀麦隆工会联合会成立后，它在领导喀麦隆工人争取改善待遇、反对殖民统治、争取民族自决和独立斗争中起到了非常重要的作用，从而一再遭到殖民统治当局的镇压。1956 年 12 月，喀麦隆工会联合会召开第七次全国代表大会，将喀麦隆工会联合会改名为喀麦隆劳工总联合会，并提出了要求法国殖民当局释放政治犯、争取喀麦隆立即统一和独立的政治主张。由于在"武装斗争取得独立"和通过"议会斗争取得独立"方向上的分歧，喀麦隆独立前，喀麦隆劳工总联合会一度分裂。

1960 年喀麦隆独立时，喀麦隆存在着 8 个主要的工会组织。到 1966 年，已合并为三个总工会：喀麦隆工会联合会、喀麦隆教徒工会联合会和西喀麦隆工会大会。1971 年 11 月，以上三个总工会宣布解散，成立了喀麦隆全国工人联合会（The National Union of Cameroon Workers），受喀麦隆政府劳工和社会救济部的领导。1985 年，喀麦隆全国工人联合会召开特别代表大会，修改了联合会章程，规定喀麦隆全国工人联合会未经执政的人民民主联盟同意，不得与任何外国工会联系，并将喀麦隆全国工人联合会改名为喀麦隆工人联合会（The Organization of Cameroon Workers' Associations）。

20世纪90年代喀麦隆实行多党制后，喀麦隆工人联合会重新分化。1992年喀麦隆工人联合会改名喀麦隆工会联盟（The Confederation of Cameroonian Trade Unions）。到1995年，喀麦隆工会联盟仍是喀麦隆唯一的工会组织。

1992年8月，喀麦隆国民议会通过了新的劳工法。根据新劳工法，国家允许工人自主成立或参加自己选择的工会。随后，至少有20个工会组织纷纷在劳动部门注册成立。之后，工会组织影响日益扩大，在代表工人利益与政府、私营企业的谈判中发挥着重要作用。

青年组织　喀麦隆全国有100多个青年协会、俱乐部和青少年之家。根据喀麦隆有关法律规定，喀麦隆青年组织受喀麦隆全国青年组织与人民教育委员会管辖。目前，经政府批准并正式列入喀麦隆全国青年与人民教育委员会的各类青年团体共有62个。

喀麦隆全国青年与人民教育委员会根据喀麦隆政府1969年11月颁布的一项法令获准成立。该委员会主要职能是：协调各青年团体的活动；筹备并召开有关青年团体领导人会议；组织群众性青年活动；协调青年与人民教育活动；在全国与国际范围内组织各青年团体的交流活动；给青年组织以一定的资助；在本国政府和国际机构中代表有关喀麦隆的青年组织与国民教育组织；共同使用培训青年组织与人民教育组织干部的经费。全国青年与人民教育委员会由喀麦隆国家元首任名誉顾问，青年部长任主席，具体工作由该委员会经过选举产生的秘书长等人组成的指导局负责。全国青年与人民教育委员会的领导机构是全体大会，下设总政策委员会、预算与财务委员会和技术委员会；指导局为该委员会常设机构。喀麦隆总统表示，从战略层面上看，建立一个能够促进喀麦隆青年人参与国家发展与建设中来的机制是非常必要的。全国青年与人民教育委员会正是组织青年人活动，并帮助这一人群逐步参与国家建设中来的机构。

诺克尼妇女组织（Nkoni） 该组织主要由说英语的巴米累克人组成。它成立于 2000 年 6 月 3 日，以促进和保护喀麦隆贫困儿童和妇女的权利为目标，具体活动包括为年轻妇女提供就业培训和教育等。诺尼克妇女组织包括六个分支机构：杜阿拉分支机构（Nkoni Douala）、林贝分支机构（Nkoni Limbe）、昆巴分支机构（Nkoni Kumba）、布埃亚分支机构（Nkoni Buea）、德克分支机构（Nkoni Take）、缪若卡分支机构（Nkoni Muyuka）。

第五节　著名政治人物

保罗·比亚（**Paul Biya，1933 –**） 喀麦隆现任总统。

1933 年 2 月 13 日出生于中南省贾埃洛州的桑梅利马县，贝蒂族分支布卢族人，信奉天主教。在埃代阿和阿科诺完成初级教育后去雅温得上中学。1956 年中学毕业后赴法国学习。1960 年在巴黎完成政治学学业后，进入法国海外高等研究院攻读法律和政治学，1962 年毕业后回国，1962 年 9 月至 1964 年 12 月，负责共和国总统使团工作。1961 年 1 月至 1965 年 7 月，任国民教育部办公厅主任。1965 年 7 月至 1967 年 12 月，任教育、青年、文化部秘书长。1967 年 12 月至 1968 年 1 月，任总统府民事办公厅主任。1968～1975 年，任国务部长级总统府秘书长。1975 年 2 月，当选为喀麦隆民族联盟中央委员会委员、政治局委员。1975～1982 年任总理。1979 年宪法修改后，成为法定的总统接班人。1980 年 3 月当选为喀麦隆民族联盟中央委员会第二副主席。1982 年阿希乔总统提前引退后接任总统。1983 年当选为喀麦隆民族联盟全国主席。1984 年 1 月提前大选中，正式当选为联合共和国总统。同年，喀麦隆联合共和国改名为喀麦隆共和国，他继任总统。1985 年 3 月 24 日，喀麦隆民族联盟改名为喀麦隆人民民主联盟，他任全国主席。1990 年再次当选该联盟全国主席。2001 年 7 月，联盟召开了第二次全国特别代表大会，比亚再次当选为联盟的全国主席。2004 年 10 月，比亚第五次当选喀麦隆总统，一直至今。

伊诺尼·埃弗兰（Inoni Ephraim） 2004 年 12 月 8 日起担任喀麦隆政府总理、喀麦隆人民民主联盟成员、中央委员。

1947 年 8 月 16 日出生于西南省林贝市，萨瓦族。中学毕业后，1971~1977 年就读于喀麦隆国家行政司法学院。1978~1982 年历任西北省财政局账务处处长、西北省财政局长、杜阿拉市财政局长。1981 年后，任国家电力公司、喀麦隆银行等董事。1982~1984 年，任驻美国使馆财务负责人；同时在华盛顿东南大学进修商务和公共管理专业，获硕士学位。回国后，1984~1988 年 2 月任财政部工资管理司司长。1988 年 5 月至 1992 年 11 月，任财政部国务秘书。1992 年 11 月至 2004 年 12 月，任总统府副秘书长兼喀麦隆渣打银行董事长。

第四章

经　济

第一节　概述

一　经济发展概况

独立初期，喀麦隆经济状况和大多数非洲国家一样，农业是大多数喀麦隆人维持生存的基础。国内仅有薄弱的工业企业，而且大多数是对农产品进行初加工。喀麦隆非常依赖一些经济作物的出口，其中的可可、咖啡、香蕉、棕榈油、果仁和木材是主要的出口创汇产品。与此同时，喀麦隆所需的制成品几乎完全依赖进口。独立时，制造业和建筑业仅占国内生产总值的10%，而农业占48%，商业占26%，交通、公共管理和其他服务业共占16%。

独立时，法国在喀麦隆经济中的统治地位非常突出。以进出口贸易为例，1961年喀麦隆出口产品的59%输往法国，进口产品的55%来自法国。独立后，喀麦隆发展了与法国以外的其他国家的贸易联系，法国的重要性相对下降。1985年法国依然是喀麦隆进口产品的主要供应国，只不过所占进口份额下降到44%。然而，在出口方面发生了实质性的改变，1980年美国暂时超过了法国，成为喀麦隆产品（主要是原油）的最重要的输出国。后来，由于石油价格的下降以及法国政府加大购买喀麦隆产品的力度，1985 年法国重新成为喀麦隆产品最重要的买主。然而，如果从喀麦隆出口商品的比例看，法国只占 35%，比独立时下降了 24 个百分点。喀麦隆产品的其他重要买主是荷兰、西班牙、联邦德国。目前喀麦隆的主要出口产品是原油、可可、咖啡和木材；主要进口产品是初加工产品和工业制成品、日用品、汽车、石油和其他的能源产品。

1961 年，喀麦隆只开采和加工少量的黄金和锡，矿业在增加国家收入和提供就业岗位的作用上微乎其微。甚至到 1968 年，关于喀麦隆经济的研究报告都对矿业部门不抱什么希望："这个国家蕴藏一些矿产品，但只有蓝晶石、铁、铝矾土等具有商业开采价值。"[1]

整体而言，喀麦隆独立前后的基础设施非常落后。当时处在建设中的埃代阿水力发电站是一个主要工程，该电站主要为国家的主要工业发展项目铝矾土加工厂供电。另一个小型水电站和一些柴油发电机组为主要城市供电。交通也不发达，只有 461 公里的单轨铁路，而且大部分是德国统治时期建成的。除主要城市外，其他地方几乎没有柏油路，在雨季时，大部分土路和碎石路都不能通行。

为了改造殖民时期遗留下来的畸形经济结构和发展民族经济，喀麦隆政府决定实施有限制的中央计划与鼓励发挥地方潜能相结合的政策，而且欢迎大规模的外国投资和援助。在阿希乔、比亚两位总统的领导下，出台了一系列的发展经济的政策和规划。

[1] IMF, "Federal Republic of Cameroon", in IMF, *Surveys of African Economies.* Washington: D. C. IMF, 1968, p. 70.

二　经济发展政策

独立后，在阿希乔总统领导下，喀麦隆制定了经济发展的基本原则，即在实现国家统一的前提下，在维持和加强与原宗主国的经济联系的同时，逐步改造殖民时期遗留下来的畸形经济结构并发展民族经济。为此，喀麦隆政府在统一东、西喀麦隆的同时，制定了优先发展农业和创建民族工业的基本国策，并通过贯彻地区平衡、喀麦隆化、有计划的自由主义等具体政策来保证实施。喀麦隆强调农业为国民经济的基础，在保证经济作物生产的前提下，实行作物多样化和争取粮食自给。独立后，喀麦隆政府对外资企业不采取没收而是采取逐步赎买的政策，以起到稳定和吸引外资的作用。比亚总统执政后，继续贯彻执行经济发展政策，扶持中小企业的发展，强调利用本国资本、本国资源和适合喀麦隆的技术，促进经济稳步增长和发展。

三　经济发展规划

在"有计划的自由主义"政策指引下，喀麦隆政府在发展经济、促进经济增长方面力图发挥重要的指导和推动作用，主要通过一系列发展规划来实现。

1. 第一和第二个五年发展规划（1961～1970年）

最初的两个五年发展规划是喀麦隆政府聘请法国专家设计的。由于缺乏必要的资料，加上法国专家不了解和很少考虑喀麦隆本国的文化价值和管理实践，甚至没有将西喀麦隆省纳入规划之中，使得这两个规划存在较大缺陷。后来的建设规划都特别强调，发展民族经济，减少对法国的依赖；在对外经济交往中朝着贸易、援助和投资伙伴多样化的方向发展；发展本国工业区替代进口产品，力争出口产品多样化；建设基础设施便利货物运输和人员交往；培养建设现代化工业体系需要的喀麦隆技术人才等。

2. 第三个五年发展规划 （1971～1975 年）

第三个五年发展规划弥补了前两个五年发展规划的缺陷，对喀麦隆的经济发展发挥了重要作用。

尽管在前两个规划中交通设施得到了一定的扩建和改善，但是由于出口产品产量的增长，有限的交通设施还是成为经济发展的瓶颈。因此，第三个五年发展规划继续强调基础设施建设。道路交通工程预算为 5.73 亿非洲法郎，主要耗资在连接杜阿拉和雅温得的铁路，以及北扩到恩冈德雷的铁路线上。计划中的基础设施建设项目还包括：杜阿拉港的扩建改造、杜阿拉到巴门达的柏油路建设工程，以及连接生产区的大量支线、高速公路和铁路工程建设等。

值得指出的是，第三个五年发展规划，重点强调了发展粮食生产，鼓励农民提高粮食产量，规划用于农业方面的预算是 2.55 亿非洲法郎。继续扩大经济作物产品的出口，种植香蕉、棉花、可可作物仍是重要发展目标。政府还特别发起了一场大规模的可可高产树种更新计划。为了实现出口产品多样化，政府鼓励农民尝试种植新的经济作物。此外，政府还选择一些地区进行研究和实验，通过协调卫生、教育、交通、生产等方面的发展，来改善农村地区的生活环境和经济条件，实现"农村一体化发展"的理念。

第三个五年发展规划用于商业方面的预算资金为 4.24 亿非洲法郎，特别强调购买卡车以改善公路网的货物运输能力；强调改善公路和铁路状况，扩建杜阿拉港，增加运输车辆，以提高木材的出口量。

工业和电力部门是第三个五年发展规划的重点，规划用于工业和电力部门的预算资金高达 7.88 亿非洲法郎。拟建立与森林开发有关的 1 个木板厂、1 个纸浆厂和 1 个造纸厂；拟建立两个水泥厂，扩建已有的纺织厂，建立小规模的家具生产厂、大理石加工厂、棕榈油加工厂、橡胶厂、糖厂等。规划还拟建立一个化肥厂和一个石油冶炼厂，但是原料来自进口，因为当时喀麦隆国内的石油资源还未开发。最后一个主要工程是准备修建位于贝努埃河上的拉各都大坝。

喀麦隆的长期目标是自主发展。第三个五年发展规划强调主要依靠本国资金而不是继续依赖外国贷款，规划中的一个目标就是本国资金要占到规划所需资金的 50%，相比第一个五年发展规划中所占 33% 有明显提高。在规划资金方面，喀麦隆本国资金的大笔投入成了喀麦隆经济增长和发展的一个特点。20 世纪80 年代末，其他非洲国家发生外债危机时，喀麦隆只有非常少的外债。1985 年，喀麦隆从其他非洲国家吸取教训，即在没有足够控制和认知的情况下，不能任由外债增长。喀麦隆政府设立了对国家外债进行监督和管理的办公室，并且负责对政府的债务政策提供咨询。审慎的债务政策和适度的经济发展规划，为外国投资者营造了良好的投资环境。

外国投资者信心增强的另一个因素是喀麦隆经济中的货币体系。喀麦隆独立后的货币体系通过法郎区与法国货币紧密相连，固定汇率为 1 法国法郎兑换 50 非洲法郎，法国以国库提供担保。

3. 第四个五年发展规划（1976～1980 年）

第四个五年发展规划主要强调延续第三个发展规划的目标。首先，农业和交通设施建设仍是发展的重点，其次是力争提高工业生产在国内生产总值中的贡献率。发展农业和农产品加工业主要是发展粮食作物的生产和农产品加工，强调增加水稻、小麦、甘蔗等作物的产量和加工能力。水稻和小麦并不是当地的传统粮食作物，在殖民统治时期引进后成为喀麦隆城市人口的主食之一，并且需求量不断增加。由于水稻、小麦等粮食作物并不能在喀麦隆普遍种植，供需缺口很大，政府要求扩大水稻、小麦等粮食作物的种植面积，提高它们的单位面积产量。

喀麦隆的水稻种植最早始于 1954 年法国人在亚瓜（Yagoua）的项目。这个实验为第四个五年发展规划中的三个农业项目提供了经验教训，水稻种植是仅次于棕榈油项目的第二个优先发展的项目。这个项目在亚瓜，位于上尼永山谷和姆博斯（Mbos）平原，种植面积 16150 公顷，产量力争达到 7.6 万吨。

第四个五年发展规划执行期间，喀麦隆的稻米产量有了明显的提高，但是也出现了一些问题。稻米生产成本非常高，再加上高额的运输成本，导致国产稻米销售价格比进口稻米的价格还要高。稻米经销商主要位于沿海地区，偏好经销便宜的进口稻米。对此，政府还不能采取过激行动，因为政府担心过激行动将疏远稻米经销商，而且可能引发城市消费者的对抗。

广泛种植小麦、提高小麦产量的目标并没有实现，主要问题是在巨额投资前缺乏适度的研究和实验。规划预计，喀麦隆小麦生产和开发协会占地 5 万公顷，产量 12.5 万吨，到 1983 年可满足喀麦隆国内的全部需求。但在实际上，到 1982 年只有 600 公顷的土地种植小麦，产量只有 900 吨。其主要原因是：喀麦隆的气候不适宜小麦种植，也没有发现哪种小麦适宜喀麦隆的气候。更为重要的是，小麦种植区的大多数人更愿意养牛，他们不仅对种植业没有兴趣，而且还抵制种植小麦。另外，进口小麦也比当地生产的小麦的价格便宜，主要的进口商（法国公司）也是喀麦隆小麦生产和开发协会的主要购买商。

除农业开发外，在第四个五年发展规划中所需资金的其他领域包括能源、基础设施和工业建设；其中包括两个新的水电工程、国家电视网建设、石化工业建设。此外，第四个五年发展规划继续强调降低外国资本的影响，增大国内资本的作用。从整体而言，73% 的规划资金属于公有资金（包括当地和外国资本），27% 的资金来自私人部门。

4. 第五个五年发展规划（1981～1985 年）

前面提到的一些目标因未实现被推迟到第五甚至第六个五年发展规划来完成。新的规划要求：粮食产量年均增长 3%；培训大量的医务人员；复兴和扩大教育能力与改革教学课程；发展基础设施和水电建设；重新调整工矿企业的布局；纠正在地区间、城市间、农村间的不平衡发展。

与前四个五年发展规划相比，第五个五年发展规划由于增加了石油美元的支撑，预算规模明显扩大。第四个五年发展规划预算总支出为 6.85 亿非洲法郎；第五个五年发展规划预算总支出猛增到 23 亿非洲法郎，增长超过 200%。第五个五年发展规划的规模不仅比第四个发展规划大，而且在优先领域方面也显示出一些不同。它更加强调农业和农村发展项目，如实现粮食自给、增加经济作物产品的出口、将喀麦隆建成中西非的粮仓等。这些目标主要通过继续创建一体化的农村发展区、种植方法现代化、提高农业劳动生产率和增加产量、改善农村地区的生活水平等措施来实现。

在强调农业发展的基础上，政府力图防止公众对发现石油矿的过度乐观。因为喀麦隆的石油储备有限，产量也并未确定。尼日利亚等国发现石油就带来许多经济问题，包括忽视农业和人口增长过快等。喀麦隆希望避免出现在尼日利亚的类似情况。"石油发现前我们拥有农业，石油发现后我们仍拥有农业"的座右铭，显示出喀麦隆政府对发展农业的重视。

除种植业外，政府强调发展畜牧业、渔业等部门，并且继续拉动森林资源的开发。这意味着继续扩建森林资源富饶地区的公路网，提高伐木能力和扩大木制品出口。尽管喀麦隆林地的分布面广，但是这些林地并不集中，森林也不茂密，因此需要进行必要的道路建设和付出较高的生产成本。

工业作为国民经济的第二产业获得了 3.772 亿非洲法郎的资

金，占整个五年发展规划投入资金总额的 16.4%。规划主要强调的工业项目是发展农产品加工、农业机具的生产。第一类准备建设的工厂包括：番茄汁浓缩厂、棕榈油压榨厂、朗姆酒厂、菠萝罐头厂、纺织厂等；第二类准备建设的工厂包括：化肥厂、拖拉机装配厂、农药厂等。

喀麦隆历史上最大的工业项目之一是准备利用与石油开发相关的天然气资源，在克里比附近建立一家液化天然气厂，拟向欧洲市场提供出口产品。遗憾的是，经过勘探，发现天然气储量比想象的要少得多，而且巨额的开发项目也使外国投资者却步，到第五个五年发展规划结束时，只剩下建设液化天然气厂动议。另外，第五个五年发展规划还涉及钢铁、铝矾土、碳氢化合物和石化等研发项目。

继续扩大能源生产和交通设施也是第五个五年发展规划的重要组成部分。计划将 6300 万非洲法郎用于重建雅温得—杜阿拉铁路的收尾工程；将 2.18 亿非洲法郎用于铺设和重修 10564 公里的公路，包括在主要城市间建立高速公路网。

政府继续推行自给自足政策，增加私人投资者在第五个五年发展规划中的作用。在 23 亿非洲法郎的总投资中，60% 来自公共部门，40% 来自私人投资，与第四个五年发展规划只占 27% 的私人投资相比，有了明显增长。国内投资来源于石油收入和农产品出口收入的增加。喀麦隆经济和规划部部长宣称，喀麦隆"将能满足所有的资金需求"，并保持"喀麦隆经济的开放性特征，符合我们有计划的自由主义的选择"。

5. 第六个五年发展规划（1986 ~ 1991 年）

第六个五年发展规划投入资金总额为 78.3 亿非洲法郎，比第五个五年发展规划的 23 亿非洲法郎有明显增加，但大多数项目是第五个五年发展规划项目的继续。农业仍是优先发展的部门，它的资金投入占规划总预算的 25%。根据该发展规划，拟建立大约 3000 个 10 ~ 15 公顷的农场, 其中 50% ~ 60% 由年轻人和新农场主经营, 其余农场由原来的农场主经营。政府还鼓励私人投资农业, 特别是强调有文化的人经营商业性农场。近年来, 由于气候干旱, 农业机械化程度低, 从农村向城市流动的年轻人持续增加, 阻碍了农业发展目标的实现。因此, 必须大力吸引私人资本投资农业, 实现农业生产技术的现代化。

在工业发展方面, 强调的重点已经从大规模的外资注入项目转向依靠本地私人资本, 利用当地原料、技术和管理的中小企业, 以推动喀麦隆企业家的成长, 增加就业岗位。

港口扩建、高速公路的延伸和西线铁路 (杜阿拉—恩康桑巴) 的改造, 也是第五个五年发展规划的延续。但是, 第六个五年发展规划是比亚总统执政后的第一个发展规划, 设计目标中提出了一些新的发展方向, 例如住宅建设、城乡居民供电设施的拓展、新的社会保障项目、疾病预防和健康体系的发展等。上述目标与强调发展农业, 培养喀麦隆本土企业家等合在一起构成了一个新的政策导向。与以往任何一个发展规划相比, 第六个五年发展规划急需更多的喀麦隆人参与。

四 经济结构调整

19 86 年以来, 由于国际市场上石油和初级产品价格下跌, 喀麦隆财政收入锐减, 生产萎缩, 失业和通货膨胀率上升, 经济陷入困境。1986/1987 年度预算赤字达 4130 亿非洲法郎。为克服困难, 政府实行财政紧缩政策, 采取大幅度削减财政预算, 压缩行政开支, 加强税收和提高税率, 调整投资项目, 整顿国营企业等措施, 并制定了 1987 ~ 1992 年稳定公共财政、振兴经济的计划。为了争取国际援助, 1988 年 9 月被迫与国际货币基金组织签订了经济结构调整协议。自 1989 年 9 月至 1995 年 9 月, 先后与国际货币基金组织签署了四个经济结构调整计划，但由于种种原因，都未能实现预定目标，经济仍十分困难。1994 年初非洲法郎贬值后，喀麦隆经济开始出现转机，宏观经济环境逐步改善，经济持续好转，年增长率达 5% 或以上，并呈稳定增长趋势，但仍未完全摆脱经济危机，经济发展动力不足。其主要问题是：（1）国内投资不足，储蓄率低。20 世纪 90 年代以来，国内投资占国内生产总值比重一直在 15% 左右徘徊，1995/1996 年度甚至跌至 13.9%，而公共投资率不足 1%，作为国内投资基础的储蓄率调零，1995/1996 年度仅为 10.4%。（2）教育和卫生质量下降。（3）经济和社会基础设施遭受破坏。国家财力严重萎缩，无力向公共设施投资。（4）内外债务沉重。政府内债 8000 亿非洲法郎，外债达 80 亿美元（截至 1996 年），占国内生产总值的 87%。当年度应还本付息总额达 6090 亿非洲法郎，为公共财政收入的 93% 和商品、劳务出口收入的 56%。（5）金融形势困难，外汇储备严重不足的状况未获明显改善。

1997 年 8 月，喀麦隆政府同国际货币基金组织经过近两年的谈判，就第五个经济结构调整计划（1997/1998 年度至 1999/2000 年度）达成一致意见。国际货币基金组织批准在"加强结构调整基金"框架内，向喀麦隆提供 1.621 亿特别提款权优惠贷款的援助。喀麦隆政府在新的经济结构调整计划中确定的经济和社会中期发展战略是逐步实现国家宏观经济和财政平衡，使国民经济走上持续增长和协调发展道路，改善人民生活条件。主要目标为：（1）国内生产总值年增长率不低于 5%；（2）年通货膨胀率稳定在 2% 的水平；（3）预算赤字不得超过国内生产总值的 2%；（4）限定国际收支平衡赤字在国内生产总值的 2% 范围内，1997/1998 年度可暂放宽为 2.5%；（5）增加对人力资源的投资，减少失业，加强同贫困作斗争；（6）有效遏制对环境的破坏，采取措施提高人民生活水平。

为实现上述目标，喀麦隆政府提出的具体对策是：第一，增加国家收入，调整和控制财政支出。喀麦隆政府决心以增加公共财政收入，重点是增加非石油收入，以财税制度改革为先导，使非石油收入占国内生产总值的比例上升 4 个百分点。在加强税务机构建设和税款征收管理，遏制走私、舞弊和逃税行为的同时，大力推进税制改革，增大税收盘子，变营业税为增值税，改革法人所得税、土地税、农业税和森林税，严格限制免税，重新审定吸引生产性投资的政策。加强财政监控和审核，将财政支出限制在占国内生产总值的 19.6% 以内。改善公共投资的计划性和有效性，将投资项目纳入"公共投资计划"。财政支出要向教育、卫生、司法和基础设施建设等优先部门倾斜。改革行政机构，将公务员人数降至相当于总人口的 1%，将工资总额稳定在国内生产总值的 4.5%。

第二，实行谨慎的预算、金融和货币政策。严格控制预算赤字，使其逐步降至占国内生产总值的 1.7%。发挥喀麦隆在确定次地区货币政策中的决定性作用，加强间接调控手段，逐步过渡到利率自由化，以适应市场需求和变化。健全金融体系，支持中部非洲国家银行委员会在银行监控方面发挥作用。政府与银行管理脱钩，国家所占资本不得超过银行资金总额的 20%。加强对非银行机构的管理，如加强对保险和社会保障机构的监督和改革。

第三，推进私有化进程，改善投资环境，提高经济竞争力。

第四，寻求国际支持，改善债务负担。据喀麦隆官方测算，在第五个经济结构调整计划期间，喀麦隆偿还外债将达 12870 亿非洲法郎，经常往来账目累计赤字 3980 亿非洲法郎，清偿拖欠债务 4060 亿非洲法郎，增加储备 3290 亿非洲法郎，共需外部援助 24.2 亿非洲法郎。喀麦隆寄希望于法国、欧盟、世界银行以及巴黎和伦敦俱乐部所有成员，为喀麦隆经济发展和减轻债务负担努力提供帮助。

由于第五个经济结构调整计划顺利完成，2000 年以来，国际货币基金组织批准喀麦隆政府的第二个"减贫促增长"三年计划，向喀麦隆提供美元贷款，并连年进行考察，评估喀麦隆执行"减贫促增长"计划和"重债穷国"改革计划的情况，对喀麦隆经济取得的进展总体表示满意。

五 经济发展水平

喀麦隆独立后，由于政府制定了适宜的经济政策和执行了相关的发展规划，经济稳步发展。1960～1970 年间国内生产总值以年均 3.7% 的速度增长，1970～1980 年间年均增长率为 5.6%，80 年代初期经济增长率曾达到两位数。按人口平均的国民收入也由独立时的 70 美元增至 1981 年的 880 美元，到 1989 年达到 1000 美元，当时为撒哈拉以南法语非洲国家中少有的中等收入国家之一。根据世界银行的发展指标，喀麦隆在发展经济的同时，在改造殖民地性质的经济结构方面也取得了一定的成就。通过不懈的"绿色革命"，部分地改造了农业生产的畸形结构，基本实现粮食自给的目标。

但是，喀麦隆独立以来在发展经济过程中并非一帆风顺，改造畸形经济结构的任务也非一日之功。除了国内政局动荡、人口膨胀、气候干旱、法郎贬值等原因外，世界市场产品的供求和价格波动对喀麦隆经济具有长期影响。由于喀麦隆经济至今仍以出口经济作物和原油为主，20 世纪 80 年代以来咖啡、可可价格的持续下跌，1986 年以来石油价格也开始下跌，严重影响了喀麦隆的财政收入，生产不断萎缩，致使国内生产总值连年下降，从 1989～1990 年的 32870 亿非洲法郎，降低到 1992～1993 年的 27380 亿非洲法郎。为克服困难，喀麦隆政府采取了一些紧缩措施，并于 1988 年接受国际货币基金组织的

"结构性调整"方案。1991年喀麦隆政府不得不进一步实施财政紧缩政策，首先是压缩政府开支，主要是减少行政开支和国家工作人员的住房、水电补贴和基本工资；其次是改革价格体制；再次是开辟新的税源，扩大税基；最后是在继续整顿银行的同时，对国营、准国营企业推行私有化。然而，这些措施收效甚微，加上非洲法郎的升值以及喀麦隆主要出口产品价格的下跌，导致经济下滑。1987~1993年，喀麦隆经济年均增长率为-5%。喀麦隆与国际货币基金组织签署的四期结构调整计划均中途夭折。

　　1994年以后，随着非洲法郎贬值，国际市场初级产品价格的上扬，经济改革措施的实施，使得喀麦隆经济逐步复苏，1996年转为正增长。此后，政府增加公共事业经费推动了私人消费的增长，乍得—喀麦隆石油管道的修建增加了就业机会，债务的减免，以及为赢得2002年6月的议会选举和地方选举而增加的政府支出等因素，均推动了经济的持续增长。1997~2001年，喀麦隆经济年均增长4.6%。2002年由于石油管道工程的竣工引起电力严重短缺，造成对制造业的消极影响，导致经济增长速度放慢，但依然强劲。2003~2007年，喀麦隆经济增长有所放缓，国内生产总值年均增长率为4%，经济总量不断增加。2007年国际市场石油和大部分原材料价格不断攀升，喀麦隆出口的大多是低附加值产品，以及原油产量下降，导致出口增长乏力。虽然受内部需求旺盛的拉动，国内生产总值实际增长2.7%，但低于2006年的3.2%的水平。2007年贸易顺差继续缩小，外汇储备明显增加，非洲法郎对美元继续升值。2001~2005年年均通胀率为2%。2006年因国际市场石油产品价格大幅上涨，拉动喀麦隆国内食品价格、运输价格不断攀升，导致全国消费品物价指数上升到5.1%。2007年政府采取有力措施抑制物价上涨，使通货膨胀率降到1.1%。

喀麦隆经济的增长速度在撒哈拉以南地区的非洲国家中处于中上水平,2007 年人均国内生产总值为 1911 美元,仍被列为最不发达国家之一。

表 4 – 1　2003 ~ 2007 年喀麦隆主要经济指标

主要指标	2003 年	2004 年	2005 年	2006 年	2007 年	2008 年	2009 年
国内生产总值(亿美元)*	124	145	150	165	188	229	242
国内生产总值实际增长(%)	7.6	4.4	2.0	3.2	2.7	3.6	4.8
人均国内生产总值(美元)	1697	1780	1776	1851	1911	1988	2084
通胀率(%)	0.6	0.3	2.0	5.1	1.1	4.0	3.0
对外贸易额(亿美元)	46.97	51.58	56.90	67.30	75.34	99.10	97.20
出口额(亿美元)	24.83	27.08	28.61	35.90	38.20	55.06	52.31
进口额(亿美元)	22.14	24.73	28.29	31.40	37.14	44.04	44.89
外汇储备(亿美元)	6.40	8.29	9.49	17.16	29.07	45.33	47.06
外债(亿美元)	107.03	101.81	71.95	31.71	25.55	23.58	23.00
汇率(西非法郎/美元)	581.2	528.3	527.5	522.9	479.3	435	434

　　* 表内美元数值除对外贸易额采用 FOB 价计算外,均采用市场平均价格、年平均值计算。

　　资料来源: EIU, *Country Risk Service-Cameroon*, 2008 July。

　　投资和消费是拉动喀麦隆经济增长的主要动力。投资对国内生产总值增长的拉动作用稍显突出。2003 ~ 2007 年,固定资产投资增长率平均保持在 4.4% 左右,而私人消费和政府消费分别增长了 4.1% 和 3.7%。

六　基本经济结构

从产业结构和就业结构看,第一产业(包括农、林、牧、渔业)为喀麦隆经济的支柱产业。国家独立 40 年来,第一产业在国内生产总值中的比重起伏波动。根据世界银行提供的历史数据分析，从独立到 20 世纪 80 年代，尽管政府重视农业生产，但由于工业发展更快，导致农业占国内生产总值的比重呈下降趋势，从 1965 年的 33% 降到 1989 年的 27%。1990 年以后至今，农业的基础地位得到巩固，农业产值占国内生产总值的比重从 1990 年的 27% 提高到 2000 年的 43.8%。根据法国银行关于法郎区年度报告的数据显示，喀麦隆 2003 年第一产业产值占国内生产总值的 28%，为 49% 的经济自立人口提供了就业机会。传统意义上的小农场占农业产出的 90%，大规模的种植园对农业的贡献率为 10%。

喀麦隆的第二产业包括矿业、制造业、能源工业、建筑业及公共工程。独立 40 年来，第二产业对国内生产总值的贡献率大致经历了先增长、后下降的发展过程。从独立到 20 世纪 80 年代，工业发展较快，对国内生产总值的贡献率从 1965 年的 20% 提高到 1989 年的 27%。1990 年以后，喀麦隆工业发展低迷，第二产业对国内生产总值的贡献率从 1990 年的 28% 降低到 2000 年的 20.3%。根据法国银行关于法郎区年度报告的数据显示，2003 年第二产业的产值占国内生产总值的 30%，为 15% 的经济自立人口提供就业岗位。其中，制造业产值占国内生产总值的 13.5%、石油工业产值占国内生产总值的 6.3%。

独立后，第三产业发展平稳，但对国内生产总值的贡献率有所下降，从 1965 年的 47% 降到 1989 年的 46%，再降到 2000 年的 35.9%。2000 年以后，第三产业加速发展，在国民经济中的地位得到提高。2003 年第三产业的产值占国内生产总值的 42%，为 36% 的经济自立人口提供就业机会，其中公共管理服务占主导地位。据估计，喀麦隆国内生产总值的 36% 来自于非正规部门，养活了 75% 的城市劳动人口。在支出方面，私人消费占国内生产总值的 70%，是经济增长的主要动力。城市家庭收入占全国家庭收入的 75.5%。[1]

---

① 英国经济学家情报部：《2004 年喀麦隆国家概览》，第 21 页。

表 4 - 2　1999～2004 年国内生产总值按部门分布

单位：亿非洲法郎

	1999/2000 年度	2000/2001 年度	2001/2002 年度	2002 年	2003 年	2004 年
第一产业	13620	13920	15390	15500	16530	17540
粮食作物	8620	9220	10340	10500	11170	12010
经济作物	1150	1500	1200	1390	1460	1380
畜牧业	1580	1670	1930	1840	1950	2060
渔业	750	780	980	910	960	1040
林业	1520	750	940	860	990	1050
第二产业	18240	19440	20760	20450	20960	22390
矿业	3710	3660	4110	3490	3320	3630
制造业	12420	13490	14180	14460	15000	15930
水电气工业	630	440	480	460	500	570
建筑及公共工程	1480	1850	1990	2040	2140	2260
第三产业	21590	25340	26020	27760	29630	30440
净补贴的间接税	4800	5330	5820	5780	5870	6150
国内生产总值	63880	70490	73740	75830	79760	83500

　资料来源：IMF, *Country Report* No. 05/1659, p. 7。

　说明：2002 年以前，喀麦隆政府的财政年度为 7 月至次年 6 月，2002 年始改为 1～12 月。

第二节　农牧业

一　农业经济现状与问题

独立后，喀麦隆政府始终把农业作为国民经济发展的重点和基础，大力发展粮食作物和经济作物的生产，农业发展水平跃居非洲前列，基本上可保证粮食的自给自足，也推动了全国经济的发展。

1973 年喀麦隆开始实行"绿色革命"的农业发展原则，采取多种措施促进农业发展：在每个收获季节到来之前，由政府确定大多数农产品的价格；向农民提供化肥、杀虫剂，向更新咖啡、可可树种植的农民提供补贴；要求企业或准国营企业控制农产品出口。此外，政府提倡发展多种经营，在大力发展粮食生产的同时，注意发展林业和畜牧业。为了阻止撒哈拉沙漠南移和防止北部地区沙漠化，政府发起了"绿色撒哈拉活动"，提倡植树造林、保护耕地。20 世纪 80 年代，政府决定在发展多种形式的农业合作组织的同时，大力提倡创办中小型种植园。这种中小规模种植园投资少，管理方便，适于推广先进技术，对保证和巩固全国粮食自给发挥了巨大作用。为了吸收更多的本国资本兴办中小型种植园，喀麦隆政府实施了开发新种植园的奖励制度，各国营开发公司也为新开垦的种植园提供技术支持。目前喀麦隆已实现了从大量投资型的大型商业种植园向中小型种植园的转变。

20 世纪 80 年代，喀麦隆政府利用石油收入保障对农业的投资。80 年代末以来，在经济危机的冲击下，喀麦隆政府尽管一再紧缩财政开支，但对农业的投资却没有减少，使其始终占喀麦隆财政预算的 20% 左右。喀麦隆政府还通过国际合作，每年拨专款资助一些农业项目。

20 世纪 90 年代初，政府实施新农业政策，首先是改变农产品出口的单一性，向农产品出口多样化方向发展，特别是鼓励粮食生产和种植价值高、生产周期短、国际市场需求旺盛的经济作物。在继续巩固传统出口产品（可可、咖啡、棉花、茶叶、香蕉、天然橡胶、棕榈油、烟草）的同时，积极发展粮食、蔬菜和水果的生产和出口，尤其是四季豆、菠萝、大蕉、白薯、西红柿、土豆、大豆、花生、番木瓜、芒果、番石榴、鳄梨、洋葱等的出口。其次是全面放开农产品价格，调动农民的种粮积极性。为鼓励私人资本投资农业和年轻人安心务农，喀麦隆政府还采取

了提供优惠贷款、减免土地税、向垦荒者拨发安置费等一系列有效措施。在政府的鼓励下，农业生产不断发展，食品保障达到较高水平，每年还向周边国家出口家禽、牛羊肉、糖、油等农副产品，为国家赚取一定数量的外汇。

21 世纪以来，随着喀麦隆农业生产逐步实行自由化，农业在喀麦隆国民经济中的地位有所下降。2007 年农业产值占国内生产总值的 21.8%。2005 年农业总产值为 24.2 亿美元，比 2006 年增长 3.3%。与此同时，农业吸纳全国劳动力的比重从 1999 年的 61% 下降到 2002 年的 57%。

表 4 - 3　农业产值变化情况

单位：亿美元，%

	1980 年	1990 年	2000 年	2001 年	2002 年	2003 年	2004 年	2005 年	2006 年	2007 年
按 2000 年价格计算的农业产值	11.18	14.17	19.01	19.72	20.44	21.16	22.08	22.67	23.47	24.24
农业产值占国内生产总值的比重	19.7	17.9	22.1	21.9	21.8	21.7	21.7	22.0	22.0	21.8
农业产值同比变化	—	-0.1	4.0	3.8	3.7	3.5	4.3	2.7	3.5	3.3

资料来源：非洲开发银行：《2008 非洲国家部分统计指标》第 27 卷，第 104 ~ 105 页。

从整体上看，喀麦隆的农业发展水平虽然位于非洲国家前列，但是喀麦隆的农业目前也存在诸多问题：首先，农业生产方式落后，只有 30% 的农民使用拖拉机和其他农业机械，斧子和砍刀仍然是主要农具。绝大多数农户几乎不从事田间管理，耕作粗放，广种薄收。其次，高产种子短缺。1990 年起国家取消对所有研究所的补贴，对良种的研究、培育和推广产生不利影响，劣质种子和低产种子充斥市场。许多农民所用种子完全是自留自用，退化严重，产量较低。第三，化肥、杀虫剂使用少。近年来化肥、农药价格居高不下，农民无力购买，造成咖啡、可可产量呈下降趋势。第四，经济作物如咖啡、可可的树种一半以上老化，高产树种严重缺少。第五，粮食自给的基础不断削弱。喀麦隆虽然在粮食总产量上基本上可满足了国内的需要，但粮食结构不合理，水稻、小麦的产量还不能满足自给，仍需进口。近几年，由于农业信贷资金短缺，国际市场粮价趋高，本国粮食保障率呈下降趋势。

二　土地资源

根据联合国粮农组织 2009 年 5 月公布的资料，至 2007 年底，喀麦隆国土总面积 4754.4 万公顷，土地面积 4727.1 万公顷，其中农业用地 916 万公顷，占土地面积的 19.4%。农业用地包括可耕地面积 596 万公顷、已耕地面积 120 万公顷、永久草场面积 200 万公顷。另外，在农业资源中，喀麦隆森林资源十分丰富，森林面积 2080.5 万公顷，其他林地面积 1475.8 万公顷，森林和林地共占土地面积的 77.1%。从喀麦隆土地资源的利用情况看，森林和林地所占面积比重较高，而农业用地所占比重较低，不利于种植业的发展。

三　种植业

喀麦隆的种植业可分为粮食作物和经济作物两部分。

（一）粮食作物

喀麦隆全境气温变化不大，土地肥沃，水利资源丰富，素有"中部非洲粮仓"之称。喀麦隆的传统粮食作物主要有小米、高粱、玉米、薯类、芭蕉。独立后，政府在努力提高上述粮食作物产量的同时，特别注意发展水稻和小麦生产，粮食产量逐年有所

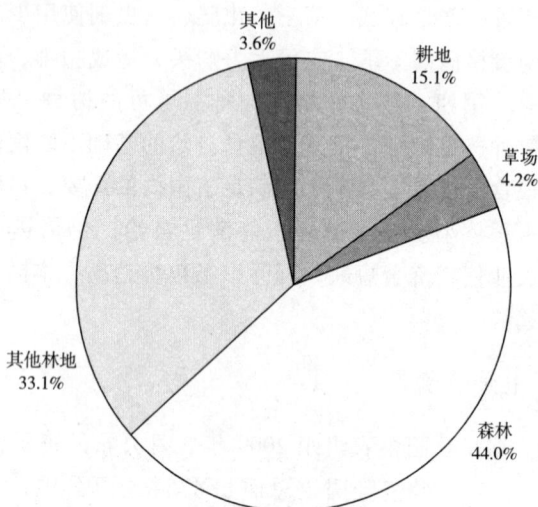

图 4 - 1 2007 年土地资源利用情况

资料来源：根据联合国粮农组织网数据库最新统计数据绘制。

提高。但由于喀麦隆农业生产方式比较落后，基本上靠天吃饭，抗灾能力较低，加之农药、化肥价格昂贵，以及农村劳动力外流等问题，使得粮食生产受到影响，产量也不够稳定，如高粱的产量从 1980/1981 年度的 34.6 万吨下降到 1990/1991 的 21.8 万吨。

21 世纪的最初 5 年，喀麦隆粮食总产量不断提高。其中，小米的种植面积从 2000 年的 5.1 万公顷增加到 2005 年的 5.3 万公顷，同期的小米单产从每公顷 10137 公斤提高到 11321 公斤，同期的小米总产量从 5.17 万吨增加到 6 万吨；高粱的种植面积从 2000 年的 35 万公顷增加到 2005 年的 48 万公顷，同期的高粱单产从每公顷 12000 公斤提高到 12500 公斤（2002 年单产曾高达 14129 公斤/公顷），同期的高粱总产量从 42 万吨增加到 60 万吨；玉米种植面积从 2000 年的 30.1 万公顷扩大到 2005 年的 50

万公顷，但同期的单产却从每公顷 24615 公斤下降到 19000 公斤，同期的玉米总产量从 74.14 万吨提高到 95 万吨；水稻的种植面积从 2000 年的 20354 公顷减少到 2005 年的 17000 公顷，同期的单产从每公顷 30103 公斤减少到 29412 公斤，同期的水稻总产量从 6.13 万吨减少到 5 万吨；芭蕉的种植面积从 2000 年的 18.98 万公顷扩大到 2005 年的 24.5 万公顷，但单产却从 2000 年每公顷 61323 公斤下降到 2005 年的 53061 公斤，不过由于种植面积的扩大，芭蕉总产量还是从 2000 年的 116.44 万吨提高到 2005 年的 130 万吨；木薯的种植面积从 2000 年的 39.28 万公顷扩大到 2005 年的 53.02 万公顷，但同期的单产却从每公顷 89976 公斤减少到 55168 公斤，木薯总产量在 2001～2005 年间波动较大，2000 年为 353.42 万吨，2003 年增产到 377.16 万吨，2005 年减少到 292.5 万吨。在喀麦隆，花生被统计在粮食作物中，种植面积从 2000 年的 20.42 万公顷扩大到 2005 年的 30 万公顷，单产从 2000 年每公顷 9635 公斤下降到 2005 年的 7500 公斤，由于种植面积的扩大，花生总产量从 2000 年的 19.7 万吨提高到 2005 年的 22.5 万吨。

表 4－4　主要粮食作物产量

单位：万吨

	2000 年	2001 年	2002 年	2003 年	2004 年	2005 年
稻　谷	6.1	6.2	4.5	4.7	5.0	5.0
小　米	5.2	5.0	5.0	5.0	6.0	6.0
高　粱	42.0	50.5	54.2	574	60.8	60.0
玉　米	74.1	73.9	86.1	91.2	96.6	95.0
花　生	19.7	19.8	21.1	21.8	22.6	22.5
芭　蕉	116.4	118.7	123.7	127.5	131.5	130.0
木　薯	353.4	358.2	369.1	377.2	288.9	292.5

资料来源：联合国粮农组织网数据库统计（2006 年 4 月 24 日）：http://faostat. fao. org。

（二）经济作物

主要经济作物有可可、咖啡、棉花、香蕉、菠萝、油棕等，其中以咖啡、可可、棉花最为重要。

1. 咖啡

2000 年喀麦隆的咖啡种植面积达 30 万公顷，2005 年减少到 20 万公顷。产地主要集中于西部，种植历史悠久，早在法国和英国殖民者统治时期就已经开始。大多数种植者是小生产者，每个种植者种植的面积不超过 3 公顷。咖啡品种分为罗伯斯塔和阿拉伯两种。其中罗伯斯塔占所有咖啡树的 85%，主要在西部和赤道森林地区种植。西部主要产区在以下各州：恩坎、上恩坎、梅梅、梅努。40% 的种植园是 1960 年以前开垦的，60% 的树龄超过 25 年。阿拉伯咖啡产自喀麦隆西部和西北部的高地上，特别集中在巴米累克、巴蒙和巴门达，25% 的树龄已超过 30 年。咖啡单产较低，2004 年每公顷产量为 300 公斤左右。

20 世纪 80 年代末以来，由于国际市场价格下跌，喀麦隆咖啡产量明显减少。1994/1995 年度咖啡种植实行自由化，该年度总产量为 8 万吨，其中 7.57 万吨供出口；而 1989 年的产量为 9.31 万吨。进入 21 世纪以来，受国际市场咖啡价格上扬的影响，喀麦隆咖啡产量重新反弹，从 2002 年的 4.1 万吨提高到 2004 年的 6 万吨。

2. 可可

可可种植主要集中在南部。20 世纪 80 年代以来，喀麦隆的可可豆产量大体保持在 9 万 ~ 12 万吨之间。21 世纪的头 5 年，受国际市场可可价格不断上升的驱动，喀麦隆人重新燃起种植可可的热情，可可种植面积从 2000 年的 37 万公顷扩大到 2003 年的 37.5 万公顷，可可豆总产量从 2000 年的 12.3 万吨提高到 2003 年的 13 万吨、2004 年的 16.7 万吨。与此同时，可可豆的单产也从 2000 年每公顷 330 公斤提高 2004 年的 440 公斤。喀麦隆政府计划到 2010 年可可豆产量达到 20 万吨，并且希望增加在本国加工可可豆的比重。目前，80% 可可产品的出口都是以可可豆的形式出现。在喀麦隆，可可种植者均为小规模生产，平均每个种植户约 2 公顷。为实现政府的目标，重组可可开发公司，并计划引进高产可可树种，向可可种植者提供更好的技术和资金的支持。

3. 棉花

喀麦隆北方地区地势平坦，气候干旱，是棉花的主要产地。2004 年棉花种植面积达 12.9 万公顷。长期以来，喀麦隆的棉花经营由喀麦隆棉花发展公司（Sodécoton）垄断，它负责提供肥料，统一收购产品。1994 年非洲法郎贬值后，尽管从 1999 年以来国际市场棉花价格下跌，喀麦隆棉花产量仍大幅提高，并保持继续增长的势头。2003 年棉花产量提高到 23.4 万吨，比1998 ~ 2002 年平均产量高18%。2003 年全国棉农人数高达 36.75 万人。

表 4 - 5　主要经济作物产量

单位：万吨

	2000 年	2001 年	2002 年	2003 年	2004 年
咖　啡	8.6	7.1	4.1	4.8	6.0
可可豆	12.3	12.2	12.5	13.0	16.7
棉　花	19.7	24.2	24.6	23.4	27.3
香　蕉	62.6	63.2	63.0	63.0	79.8
菠　萝	4.3	4.4	4.5	4.5	4.8
橡　胶	5.8	5.3	5.0	4.6	—

资料来源：英国伦敦经济季评：《喀麦隆国家报告》，2005；联合国粮农组织网数据库。

目前，喀麦隆棉花发展公司是一个合资公司，该公司 1991 年资本达 45 亿非洲法郎，其中喀麦隆政府占 70%，法兰西开发银行占 30%。该公司由于技术先进,运营良好。尽管有将该公司私有化的计划,但由于它在支持国家棉花生产上发挥着重要的作用,私有化计划一再被拖延。

除上述三种重要的经济作物外,喀麦隆还生产大量的水果。其中主要产品是香蕉,2004 年总产量达 79.8 万吨,大部分供本国消费。菠萝也是喀麦隆政府大力发展的作物之一,2004 年产量达到 4.8 万吨,主要供本国消费和出口到欧洲。

四　林业

　　林业在喀麦隆经济中发挥着重要作用,林业产值占国内生产总值的 7% 以上。木材是喀麦隆仅次于原油出口的第二大创汇商品。喀麦隆的森林覆盖面积 2200 多万公顷,相当于全国陆地面积的 47.3%,木材蓄积总量 40 亿立方米,为全国 200 万林区居民提供生产和生活资金的来源。

喀麦隆拥有 300 多个具有商业价值的树种,但只有 70 个树种得到开发。其中,白梧桐、筒状非洲楝、翼红铁木、大绿柄桑、艳丽榄仁 5 种珍贵树种的开采,占全国木材开采总量的 70%。然而,由于长期乱采乱伐,管理不善,喀麦隆的森林面积严重退化。1990～1997 年,喀麦隆至少有 2 万平方公里森林面积消失。为保护森林资源,1994 年 1 月 20 日喀麦隆政府颁布新《森林法》,宣布从 1999 年 1 月 20 日起禁止出口原木,鼓励就地加工木材,提高森林开发的工业化程度,增加税收与就业。新《森林法》出台后,喀麦隆的木材加工量有所提高,原木产量和木材出口额较前有所减少。据喀麦隆工商发展部的统计数字,1998 年喀麦隆的木材出口比 1997 年减少约 10%,木材出口收入将低于 1997 年的 2740 亿非洲法郎(约合 4.57 亿美元)。于是,1999 年 6 月 30 日喀麦隆环境和森林部长翁杜瓦在接受记者采访时说,由于喀麦隆国内的木材加工能力有限,还不能就地加工所有砍伐下来的原木，政府将根据实际情况，采取一系列配套措施，灵活出口部分原木。1999 年 10 月，喀麦隆总理穆松格签署法令，宣布允许 23 个树种经过加工的木材出口，包括红木、乌木、奥克美和白梧桐等贵重木材；允许其他 69 个树种的原木出口，分为两类：第一类有 12 个树种，包括白梧桐、翼红铁木和奥克美，其出口附加税规定为每立方米 3000 非洲法郎；第二类包括 57 个在国际市场鲜为人知的树种，其出口附加税为 500 非洲法郎。此外，喀麦隆政府还建立了森林保护基金，已投入 400 亿非洲法郎（约合 6600 万美元），用于植树造林、保护森林和培训森林专业人员。

进入 21 世纪以来，喀麦隆原木的产量和出口量在大多数年份呈下降趋势（参见表 4 - 6）。2005 年喀麦隆原木产量接近 205.9 万立方米，不到 2000 年产量的 61%；原木出口量为 16.2 万吨，仅相当于 2000 年的 70%。由于喀麦隆提高了木材加工能力，2004 年喀麦隆的木材出口额达到 2240 亿非洲法郎，占全国出口总额的 16.7%。

表 4 -6　林业生产和出口情况

	2000 年	2001 年	2002 年	2003 年	2004 年	2005 年
原木产量（万立方米）	340	207	193.1	173.8	199.9	205.9
原木出口量（万吨）	23.2	23.3	21.4	13.6	15.7	16.2
木材出口额（亿非洲法郎）	2210	2010	1770	1940	2240	2190

资料来源：英国伦敦经济季评：《喀麦隆国家报告》，2005，第 44 页。

喀麦隆的东方省是原木生产大省，全国 50% 的原木产自该省。其次是中部省和西南省，西部省也生产少量原木。加工木材占所有原木产量的比率如下：东部省、中部省和南部省占 25% ~ 35%，西部省这一比率达 56%，滨海省高达 78%，而西南省只

有 11%。导致原木高产省低加工率的主要原因是这些省份交通不便和基础设施落后。

喀麦隆森林开发有一百多年历史，以往一直由外国公司垄断。20 世纪 70 年代中期以来，开始由喀麦隆本国公司开采，随后有合资公司出现。喀麦隆林业传统的合作伙伴有法国的 Rougier 集团和 Thanry 集团以及荷兰的 Wijima。90 年代出现一些新的合作伙伴，主要是与东南亚国家和中国的投资者合作，尤其是与马来西亚人合作，他们已经获得"喀麦隆橡胶公司"的股份。

目前，喀麦隆国内共有 89 家木材加工厂，年加工能力为 300 万立方米木材，其中 90% 的工厂从事初级产品生产和经营。

五　渔业

喀麦隆共有 10 万人从事捕捞和渔业加工业。海洋捕鱼主要依赖手工作业。水产养殖尚在起步阶段，每年产量仅 0.75 万吨。渔业产品不能自给，每年需从国外进口 5 万吨左右渔产品。2003 年总捕捞量为 14 万吨，需要进口价值 3730 万美元的渔产品。①

表 4-7　渔业生产情况

单位：万吨

	1996 年	1997 年	1998 年	1999 年	2000 年	2001 年
总捕捞量	9.8	10.2	10.7	11.1	11.2	11.1
其中:海鱼	6.3	6.2	6.2	5.6	5.7	5.8
淡水鱼	3.5	4.0	4.5	5.5	5.5	5.3

资料来源：联合国粮农组织网数据库。

---

① 英国伦敦经济季评：《喀麦隆国家报告》，2005，第 30 页。

六　畜牧业

畜牧业产品产值约占喀麦隆初级产品部门国内生产总值的 12% 左右。全国牧场和草原面积 1430 万公顷，而以北部地区畜牧业较为发达。2000 年以来，北部地区以传统方法饲养的牛、羊的数量有所增加。喀麦隆每年牛的存栏数大约在 600 万头以内，约产 9.5 万吨牛肉。绵羊和山羊每年的存栏数大约为 800 万头，共产 2.25 万吨羊肉。喀麦隆南方诸省，受交通运输的制约，肉类短缺的现象经常发生，价格变动剧烈。牛奶生产大多限于北部地区诸省，每头奶牛每天大约产奶 2~3 升，并且主要供家庭消费，导致喀麦隆的奶制品需要从国外进口。2003 年从国外进口价值 2500 万美元的奶制品。政府曾多次尝试发展具有一定产业规模的制革业，但由于主要来自邻国的皮革供应不稳定，使得当地的制革厂没有一个能获得成功。技术落后、资金短缺妨碍着畜产品加工业的发展。此外，喀麦隆还饲养猪、鸡等家畜、家禽等（主要牲畜和家禽存栏数、肉蛋奶产量如表 4-8、表 4-9 所示）。

表 4-8　2000~2005 年牲畜存栏数

单位：万头（只）

	2000 年	2001 年	2002 年	2003 年	2004 年	2005 年
牛	588.2	580	560	580	590	600
山羊	441	440	440	440	440	440
绵羊	375.3	380	380	380	380	380
猪	134.6	135	135	135	135	135
家禽	2200	3100	3100	3100	3100	3100

资料来源：联合国粮农组织网数据库。

表 4－9　2000～2005 年肉蛋奶产量

单位：万吨

	2000 年	2001 年	2002 年	2003 年	2004 年	2005 年
肉	210600	222443	217649	218649	221649	222649
鸡蛋	12600	13200	13400	13400	13400	13400
牛奶	189300	189300	189300	189300	189300	189300

资料来源：联合国粮农组织网数据库。

第三节　工矿业

独立后，喀麦隆政府采取积极措施努力发展工矿业，目前已形成一定的基础和规模，发展水平居黑非洲国家前列。2000/2001 年度工业产值约占国内生产总值的 31%。全国 8% 的劳动力从事工业。主要工业部门有食品加工、饮料、卷烟、纺织、服装、造纸、建材、化工、炼铝、电力、石油开采与加工、木材开采与加工等部门。

一　工矿业发展政策

（一）积极发展民族工业

独立前，喀麦隆工业十分落后，寥寥可数的几家工厂也是外国人办的。独立后，政府把发展民族工业作为经济发展的主要战略目标之一。经过 20 多年的发展，尤其是 1984 年新投资法颁布以后，中小企业受到鼓舞，如雨后春笋般涌现出来，民族工业资本、特别是小型企业已达 4 万家。喀麦隆的工业发展水平已居法语非洲国家的第二位，仅次于科特迪瓦，是非洲中小企业发展较迅速的国家之一。政府对发展工业实行"三不主义"和"二鼓励政策"：不搞大工业，鼓励发展民生工业，即资金需求不多、技术要求不高、与人民生活关系密切或与农业相关的企业，其中又以发展农产品加工业和中小企业为对象；不搞国有化，对外企、合资企业给予某些优惠；不直接干预企业的经营管理；鼓励外国和本国私人资本向中小企业投资，在税收和自由转汇方面提供方便。此外，1988 年政府还在工业和贸易发展部下成立了一个中小企业和手工业委员会，建立了"中小企业援助和贷款担保基金"，支持中小企业的发展。

（二）实行明智的能源政策

相对矿产品的加工而言，石油是喀麦隆一个新型的工业部门。1977 年建立了第一个油田，1985 年石油生产创历史最高记录，从此跨入非洲产油国行列，曾一度成为黑非洲国家第三大石油生产国。喀麦隆虽然拥有收入可观的石油资源，但喀麦隆政府对石油业均采取慎重而明智的政策，在制定国民经济计划和财政预算时不过分依赖石油收入。其石油收入既不计入外贸统计中，又不列入财政收入内，而是另立账户。这笔收入少量用于弥补财政预算，一部分用于国家经济建设的重点项目，其余存入国外，作为国家外汇的储备，紧急需要时才动用。这是喀麦隆政府吸收了其他国家单纯依赖石油收入的教训后而采取的一种特殊做法。

另外，随着喀麦隆石油开采进入枯竭期，喀麦隆政府强调增加天然气的生产，并强调减少与石油生产共生的天然气的开采。与此同时，喀麦隆政府制定了在伊桑戈、基塔、娄格巴达（Logbada）、马坦达（Matanda）、南萨纳加开发天然气的目标。

（三）整顿国营企业和实行私有化政策

喀麦隆有大型国营企业 60 多家，在国民经济中占有重要地位。国营企业 1983/1984 年度的总产值为 9000 亿非洲法郎，占国内生产总值的 1/3。但这些企业在 20 世纪 80 年代开始亏损严重，超过 80% 的大型企业长期亏损，成为国家财政的无底洞，国家每年要拿出 1500 亿非洲法郎即相当于财政预算的 1/3 来补贴这些国营企业。为使它们恢复活力，扭亏为盈，1986年国家成立了一个振兴公共企业委员会，对第一批64家企业按照继续发展、或关闭、或改为私营三大类进行排队分析。在此基础上，又设立了喀麦隆政府直接领导的由喀麦隆、外国专家组成的公共企业特别委员会，进行更细致的研究，确定改革方案，对不同类型的企业采取不同的政策措施。自1990年起，喀麦隆推行企业私有化政策，最初有15家企业需要转为私营，用拍卖、转让、出售国家股份的方式进行。转私营的企业将在投资和生产中得到保障，享有同国营企业一样的特别照顾，可在某个领域代替国营企业的作用。为使私有化顺利进行，政府成立了一个由工商发展部部长领导的转让委员会。进入21世纪后，喀麦隆加快了国营企业私有化进程，政府公布的实行私有化的33家国营企业涉及电力、通信、石油、自来水等部门，多数已完成私有化或被清算。2000年7月，喀麦隆最大的国营企业国家电力公司被美国AES（爱依斯）全球电力公司收购，后者获得其56%的股权和20年的经营权。

（四）颁布自由工业区免税法令，修改投资法，促进工业发展

为促进工业的发展，增加就业岗位，1990年1月29日比亚总统颁布"喀麦隆自由工业区免税法令"；同年11月又颁布了"喀麦隆自由工业区制度实施细则"，并成立了国家自由工业区管理局，负责工业区企业的审批及管理的具体事项。免税法令规定，国内外资本经营者不论其企业大小均可在自由工业区建立独资、合资企业，但外商不得超过企业人数的20%；企业必须是外向型，其产品主要用于出口。允许企业从事工业、商业活动，自由工业区为企业提供一切服务。免税制规定了自由工业区企业享受的优惠待遇：头10年一律免税，包括直接税、间接税和注册费；从第11年起，除了商业利润税外，继续减免其他税收；企业可以安装自己的发电设备，享有港口优惠费等。喀麦隆政府决定在杜阿拉港地区建立一个自由工业区，并将自由工业区的面积暂定为 300 公顷。

1994 年喀麦隆政府颁布的《投资法》，支持和促进生产性投资；鼓励利用本国资源，创造就业机会，生产内销和有竞争力的出口商品，引进先进技术，保护环境和改善城乡居民生活水平。2002 年 4 月修订的《投资法》规定，任何喀麦隆籍和外籍的自然人和法人，都可以按照喀麦隆现行法律和法规从事经济活动，并享受与喀麦隆国民同等的国民待遇。为了鼓励投资建厂，创造就业机会，《投资法》规定企业在 3 年的开办期内可免交下列诸税：增资注册税，投资计划中用于生产的不动产契约注册税，为实现投资计划而获得的不动产财产转移税，为实现投资计划所签订的房屋、土地及建筑物等合同的注册税，公司特别税和企业保险合同的注册特别税。

二 矿 业

（一）矿业构成

喀麦隆蕴藏着大量的铝土、金红石、钴等矿藏，由于缺乏资金、技术和基础设施落后，导致喀麦隆的矿产资源开采量非常有限，大部分矿藏尤其是铝土矿尚处于勘探和筹备开采阶段，矿业对国民经济的贡献有限。为此，政府正在研制《矿业法典》，试图改变这种状况。在喀麦隆，所有的矿产资源都归国家所有，对矿产的勘探和开采矿活动受政府许可证的约束。

石油 喀麦隆石油储量约为 4 亿桶，为撒哈拉以南非洲的第六大石油生产国。石油主要储藏在尼日尔河三角洲，喀麦隆西海岸的杜阿拉、克里比 - 坎波盆地的陆上和海上；北部内陆的洛贡 - 比尔尼盆地。石油开发起源于 1976 年法国埃尔夫石油公司对里奥德尔雷盆地油田的开采，1985 年达到顶峰，日产原油

18.5 万桶。经过 20 多年的开发，已进入后期开采阶段。尽管 1995 年政府为吸引外资，加速石油开采，重新修订与外国公司联合开采石油的有关条款，导致世界各大石油公司纷纷加入，但原油产量并未提高。1995/1996 年度原油产量下降到日产 10.4 万桶。1998 年政府放松了对石油开采的限制，使得边际油田开采更加富有成效。1998/1999 年度原油产量提高到日产 11.9 万吨。2001 年其他边际油田也陆续产油。2006 年喀麦隆原油产量仅为 2200 万桶。

喀麦隆只有一个炼油厂，位于港口城市林贝，由喀麦隆国家燃料公司经营管理，日产石油 4.5 万桶。喀麦隆自己开采的原油用于出口，冶炼用的原油从赤道几内亚和尼日利亚进口。

著名的喀麦隆—乍得石油管线（东起乍得多巴油田，西到喀麦隆大西洋沿岸的坎波）全长 1070 公里，其中在喀麦隆境内部分长 870 公里。该管线于 2003 年 7 月投入运营。2004 年日均运油量约为 20 万桶。该管线的设计能力每日运送原油 22.5 万桶。

在未来几年，喀麦隆工矿业将继续保持石油工业占主导地位的格局。但是，如果没有新发现的石油资源，按照 2004 年的生产能力，喀麦隆的石油开采只能维持 11 年。这对于原油出口占全部出口收入 35% 的国家经济而言将产生严重影响。

天然气 喀麦隆的天然气主要储藏在杜阿拉、克里比－坎波、里奥德雷盆地，储量约为 1100 亿立方米。2004 年 3 月，欧洲石油有限公司的 Scottish 公司与合成油公司的俄克拉荷马（Oklahoma）公司宣布，开始在喀麦隆萨纳加南部海上开采 170 亿立方米的天然气。

铝土 主要由喀麦隆铝业公司和喀麦隆南非铝业公司负责开采铝土。加拿大的阿尔坎（Alcan）公司正在考虑提高喀麦隆铝业公司的年生产能力，准备从 2004 年的 9.5 万吨提高到 22

万吨。

钴和镍 恩卡姆纳（Nkamouna）钴和镍矿坐落于喀麦隆首都雅温得东南约 400 公里（约 249 英里）。2003 年 12 月，Geovic 公司（美国 Geovic 有限公司的子公司）获得了开采许可权。Geovic 矿业公司网站称，恩卡姆纳钴和镍矿将成为全球最大的矿床，钴年产量将达到 4100 吨，镍年产量将达到 3000 吨。

黄金 在喀麦隆的东部和北部有小规模的人工采金活动，年产量大约在 1500 公斤。

钻石 小规模的人工开采钻石活动遍布喀麦隆全国各地，年产量大约为 12000 克拉。

表 4 - 10　2000~2004 年矿产品产量

单位：吨

矿产品　　　年份	2002	2003	2004	2005	2006
铝矿石	67000	77200	85900	86977	87000
水泥	936969	948943	1032438	1000000	1000000
黏土	23066	24881	15734	9811	10000
钻石（克拉）	5000	5500	12000	12000	12000
黄金（千克）	700	700	1500	18895	20000
石油:万桶（每桶 42 加仑）					
原油	2628	2482	3467.5	2190	2200
精练油	1200	1200	1200	1200	1200
火山灰	620000	600000	600000	600000	600000
沙砾	556382	601201	601000	601000	60000
石材:					
石灰石	98600	103420	103000	103000	100000
大理石	445	500	500	500	500

资料来源：The Mineral Industries of Cameroon and Cape Verde, *U. S. Geological Survey Minerals Yearbook 2006*；http：//minerals. usgs. gov/minerals/pubs/country/2006/myb3-2006-cm-cv. pdf，Novermber 19，2009。

（二）矿业公司

喀麦隆国内主要加工矿产品的公司有：喀麦隆铝业公司（Compagnie Camerounaise de l'Alluninium）、喀麦隆水泥公司（Cimentaried du Cameroon）等。表4－11是喀麦隆主要的矿业公司列表。

表4－11　喀麦隆工矿业构成

矿产品	主要公司和资本所有者	公司所在地	年生产能力
铝冶炼	喀麦隆铝业公司国有股份53％,阿尔坎（Alcan）有限公司占47％	埃代阿	9.5万吨
水　泥	喀麦隆水泥公司法国拉法基（Lafarge）财团拥有57％的股份	位于杜阿拉附件的博纳贝里（Bonaberi）	120万吨
黄　金	民采活动	各地	1500千克
石油开采（每桶42加仑）	1. 喀麦隆道达尔石油勘探与生产公司（南非道达尔公司股份100％）	埃伦杜,埃库努－霍斯特,孔博等21个油田	50万吨
	2. 喀麦隆 Pecten 公司（美国 Pecten 公司控股80％,国营碳化氢公司20％）	东北马库库和东马库库海上油田	
	3. 喀麦隆南非 Perenco 公司（Perenco财团占100％股份）	埃博梅（Ebome）和摩迪（Moudi）油田	
精炼石油（桶／日）	喀麦隆国家燃料公司国有股份占66％	林贝（Limbe）	4.5万桶
石灰石	喀麦隆水泥公司法国拉法基（Lafarge）财团拥有57％的股份	菲吉尔（Figuil）	27.5万吨

资料来源: The Mineral Industries of Cameroon and Cape Verde, *U. S. Geological Survey Minerals Yearbook 2006*, http://minerals.usgs.gov/minerals/pubs/country/2006/myb3-2006-cm-cv.pdf, Novermber 19, 2009。

喀麦隆铝业公司和其下属的喀麦隆南非铝业公司在埃代阿对铝矿石进行冶炼和加工。尽管喀麦隆北部阿达马瓦省蕴藏着约 10 亿吨以上铝矾土，品位高达 45%，但因交通不便，尚未开采。喀麦隆铝业公司所需要的原料主要来自几内亚，年进口量约为 9.5 万吨。

在石油开采领域，国营碳化氢公司（SNH）与众多合资公司合作共同开采和生产石油。这些公司包括：阿达克斯（Addax）喀麦隆石油有限公司（瑞士阿达克斯石油总公司的子公司）、美国阿美拉达赫斯公司的子公司、欧洲石油（Euroil）有限公司（英国鲍勒温股票上市公司的子公司）、液化石油和天然气公司（澳大利亚液化石油和天然气上市公司的子公司）、莫比尔喀麦隆公司（美国埃克森莫比尔财团的子公司）、佩克顿（Pecten）喀麦隆合资公司、喀麦隆南非普朗多（Perenco）公司（法国普朗多财团的子公司）、马来西亚国家石油海外私人公司（马来西亚国家石油公司 SDH 的子公司）、菲利普斯喀麦隆石油公司（美国康菲公司的子公司）、RSM 生产公司（美国葛伦堡石油公司的子公司）、道达尔菲纳－埃尔夫喀麦隆公司（法国道达尔菲纳－埃尔夫公司的子公司）、喀麦隆塔洛（Tullow）有限公司（英国塔洛石油上市公司的子公司）。喀麦隆国家燃料公司成立于 1976 年，国有股份占 66%，位于林贝，对原油进行冶炼，其生产能力正在不断提高。

喀麦隆政府于 1965 年成立了水泥公司，以满足国内对建筑材料的大量需求。喀麦隆水泥公司的水泥厂建在杜阿拉附近。

三　加工工业

制造业 多集中在杜阿拉市周围，是一个相对多样化的部门，主要由农产品加工和进口原件组装两个部门组成。21 世纪初，喀麦隆的制造业主要是 30 余家大型外资企业和一些中等规模的公司占主导地位，另有数千家雇员不足 10 人的小公司。制造业在政府的私有化政策和减免关税和其他进口壁垒措施的驱动下，有了较快发展。在 1999～2003 年，制造业对国内生产总值的贡献率在 3.5% 左右。然而，官僚主义、腐败和服务效益差等问题阻碍着制造业的发展。另外，制造业的竞争力也受到落后的运输和电信等基础设施的制约，标准化和质量管理、出口促动和研究等方面所提供的服务也相当薄弱。21 世纪的最初 3 年，喀麦隆电力供应短缺极大地影响了制造业的发展。在 2002/2003 年度，由于电力配给下降了 40%，工业生产设备利用率普遍不高。喀麦隆铝业公司是喀麦隆境内第一大耗电用户，政府为了增加对家庭的电力供应，减少了对铝业公司的供电量，导致该公司减产 17%。

表 4－12　工业部门设备利用率

单位：%

年　　度	1996/1997	1997/1998	1998/1999	1999/2000	2000/2001
食品和饮料	52.1	70.7	79.1	69.1	70.7
纺织和皮革	73.4	68.5	71.4	46.8	52.6
纸张、印刷和出版	79.4	61.0	53.7	57.4	60.3
化工产品	80.3	79.2	78.2	52.5	51.9
中间产品	80.3	83.4	73.1	—	—
电力、天然气和水	68.8	76.5	85.0	88.3	83.2

资料来源：EIU，*Country Profile Cameroon 2003*，p. 35。

食品加工业　（1）为了生产棕榈油，在油棕种植园建立了一些棕榈油厂。喀麦隆 4 个主要棕榈油厂设在博塔、洛贝、第蓬巴里和埃代阿。生产出来的大部分棕榈油过去往往成桶出口，现在则在当地销售。（2）建立在皮托阿和贝图瓦的花生油厂，年产量分别为 40 万公升和 20 万公升。杜阿拉也有一个花生油厂，生产出来的食油供当地消费。（3）巴沙（杜阿拉的一部分）有一个椰仁油厂。（4）凯累有一个棉籽油厂。（5）在桑塔和章格建有咖啡加工厂。（6）在巴沙设有可可加工厂，从可可中提取可可油。可可油添加上其他的配料，可以生产巧克力糖和化妆品。（7）茶叶是 1958 年才在布埃亚以南的托累开始生产的，制成的茶叶既供当地消费也供出口。（8）杜阿拉是啤酒、清凉饮料和矿泉水工业的中心。

纺织工业 在卡德、加鲁阿、马罗瓦和杜布罗建立了轧棉厂（其中卡德的轧棉厂曾是非洲最现代化的轧棉厂之一）。杜阿拉设有纺纱厂，纺纱所需要的棉花从其他非洲国家进口。在杜阿拉和雅温得设有服装加工厂。

橡胶工业 在提科、密腮勒累和第赞格（在埃代阿附近）等地均建有橡胶厂，对胶乳进行化学处理，制成橡胶板和皱纹橡胶板，以供出口。

木材工业 木材工业主要集中在西喀麦隆。伐木由法国、瑞士、联邦德国等几家外国公司在法科、梅梅、蒙戈和伍里等地区进行。锯木厂则是建立在象约克、埃塞卡、杜阿拉、恩康桑巴附近的马楠戈勒，以及杜阿拉以南的一些地方，专门加工当地的建筑用材，偶尔也加工家具用材。供出口的木材有白梧桐、大绿柄桑、翼红铁木和艳榄仁树加工的木材。

烟草工业 雅温得有烟草工厂，用姆邦达和巴占加种植的烟草加工成旱烟和"巴斯托斯"牌香烟。

金属工业 杜阿拉和雅温得有各种金属加工业。杜阿拉的金属加工厂生产自行车、铁床、铝制家用产品和家具；雅温得的金属加工厂也生产金属家具、钉子、螺丝刀和螺丝钉等。

肥皂工业 巴沙是油脂和肥皂工业的中心。博纳贝里的工厂也生产肥皂，其原料除苛性苏打和香料外，还采用当地出产的椰仁油和棕榈油。

炼铝工业 炼铝工业对国内生产总值的贡献率为 2%，占出口收入的 5%。喀麦隆铝业公司建在萨纳加河畔的埃代阿，所用铝土矿主要来自几内亚。21 世纪初，受国际市场旺盛需求的影响，喀麦隆铝业公司决定扩大埃代阿炼铝厂的生产能力，从年产 8.7 万吨扩大到 22 万吨。为满足生产能力扩大后对铝土矿的大量需求，喀麦隆决定将开发喀麦隆北部储量约 11 亿吨的铝土矿。尽管受到电力供应不足的影响，喀麦隆铝业公司还计划在克里比建立第二个炼铝厂，年生产能力 25 万吨。喀麦隆铝业公司是全国最大的用电大户，约占全国用电量的 35%。受电力供应短缺的影响，2002 年和 2003 年该公司生产受到较大影响。喀麦隆铝业公司的扩建计划将使它的用电量提高两倍。如果政府准备在洛姆河修建新的水电站，铝业公司的扩建计划就有了希望。

四　电力工业

喀麦隆总发电能力为 852 兆瓦，其中 90% 属于水力发电，其余的 10% 为火力发电。在萨纳加瀑布地区的埃代阿建有全国最大的水电站，它向炼铝厂和临近的其他工厂供电。在萨纳加河建有松卢卢水电站。在贝努埃河建有拉格都水电站（中国援建，装机容量为 7.2 万千瓦，年发电 3.17 亿度）。在法科区木尤卡附近的约克和章格还建有规模较小的水电站。另外，在雅温得、马罗瓦、姆巴尔马尤、克里比、埃塞卡、恩康桑巴和桑梅利马等地建立了使用进口煤为燃料的火力发电厂。此外，一些小型工厂也有用进口的柴油发电。

2000 ～ 2003 年，由于降水量稀少，喀麦隆最重要的两座水坝埃代阿和松卢卢的水位近乎枯竭，加上发电站和传输设备的陈旧落后，导致全国发电能力至少削减 35%。为此，国家电力公司被迫对电力实行定量配给。电力短缺给喀麦隆经济带来严重的影响。全国最大的工业企业——喀麦隆铝业公司规划到 2009 年将把其年产量在目前的 10.5 万吨的基础上翻一番，该公司在 2009 年前全年供电需求随之增加 2.45 亿瓦，同时，其他国营企业的用电需求也将每年增加约 6.5%。

2000 年 7 月，美国 Aes Sirocco 公司以 530 亿非洲法郎（约折合 7400 万美元）的价格获得喀麦隆国家电力公司 56% 的股权。新组建的 Aes-Sonel 公司获得了为期 20 年的发电、传输和分配的特许权。但是，自新公司组建以来，因经常断电而受到公众的指责。公司与政府的关系也因电力部拒绝增加电费的要求而变得紧张。电力公司不仅以拖延投资为反击，而且还向政府施压要求清偿多年来拖欠的费用。2001/2002 年度（7 月至次年 6 月），Aes-Sonel 公司增加了 47 兆瓦的发电能力，并且开始在林贝炼油厂附近建立 80 兆瓦的柴油发电厂。然而专家断言，尽管增加新的投资，但是仍无法根本解决长期以来的电力短缺问题。目前，喀麦隆电力需求每年以 6% 的速度增长，预计 10 年后对电力的需求将以 12% 的速度增长。[①]喀麦隆未来的电力短缺状况将更为严重，用电缺口将从 2006 年的 0.75 亿瓦增长到 2015 年的 3.19 亿瓦（详情参见表 4 – 13）。

表 4 – 13　2006 ~ 2015 年喀麦隆用电趋势

年　份		2006	2007	2008	2009	2010	2011	2012	2013	2014	2015
功率 (亿瓦)	国营企业	5.09	5.39	5.71	6.06	6.42	6.81	7.21	7.65	8.11	8.59
	铝业公司	1.80	1.80	1.90	3.85	3.85	3.85	3.85	3.85	3.85	3.85
总负荷		6.89	7.19	7.61	9.91	10.27	10.66	11.06	11.50	11.96	12.44
水　电		4.60	4.60	4.60	7.71	7.71	7.71	7.71	7.71	7.71	7.71
重　油		0.98	0.98	0.98	0.98	0.98	0.98	0.98	0.98	0.98	0.98
柴　油		0.56	0.56	0.56	0.56	0.56	0.56	0.56	0.56	0.56	0.56
缺　口		0.75	1.05	1.47	0.66	1.02	1.41	1.81	2.25	2.71	3.19
能源 (GWH)	国营企业	2763	2928	3103	3293	3488	3698	3917	4152	4402	4667
	铝业公司	1577	1577	1664	3373	3373	3373	3373	3373	3373	3373
总需求		4340	4505	4767	6665	6860	7070	7290	7525	7775	8040

资料来源：中国驻喀麦隆使馆经商处：《喀麦隆电力状况》，2006 年 3 月 30 日。

[①]　EIU, *Country Profile Cameroon 2003*, p. 25.

喀麦隆政府非常重视电力短缺问题，并且期望实现电力供应多样化，鼓励私人投资。政府正在考虑建设更多的大坝开发水电资源，但这些设施只能在 2009～2010 年以后才会投入使用。

另据 2006 年 3 月 30 日喀麦隆《论坛报》报道，美国在喀麦隆 Aes-Sonel 公司在未来 5 年内拟斥资 3.5 亿欧元用于更新发电设备，改造电力输送和分配系统，具体如下：用 1100 万欧元改善公司的环境和加强安全设施，用 2500 万欧元用于加固现有水坝和发电厂；建设贝科科至恩康桑巴 113 公里长的 225 千伏输电线路；在库马西至德奥多修建 4 公里地下 90 千伏输电线；修建连接曼贡贝、尼雅拉和洛戈巴巴之间 69 公里的 225 千伏输电线；在尼雅拉等地建设高压变电站。

为解决喀麦隆电力供给短缺的问题，加拿大的坦博利（Turnberry）公司已就利用马坦达（Matanda）地区的 PH－72 的天燃气进行发电进行了可行性研究，主要目标为从 2006 年旱季开始供电 1 亿瓦。

第四节　交通与通信

独立以来，喀麦隆政府虽然长期关注交通运输业的发展，初步形成了陆海空立体交通网，但是喀麦隆的交通状况仍然十分落后，不能满足国内的需求，道路、港口和航空基础设施的改善成为政府面临的一个主要问题。

一　公路运输

1978 年，全国公路干线总长 45000 公里，其中沥青路 2467 公里，其他绝大部分是土路。[①] 在雨季，土路经

---

① 中国社会科学院西亚非洲研究所编《非洲经济》，人民出版社，1987，第 193 页。

常被冲垮而不能通行，粮食和木材的运输受阻。近年来，晴通雨阻的状况得到些许改善。在北部地区，修筑了连接主要城市恩冈德雷—加鲁阿—马鲁阿的高等级公路；在南部地区，修筑了连接昆巴—林贝—杜阿拉—丰班—巴门达、雅温得—巴门达等高等级公路。另外，连接雅温得—杜阿拉两个重要城市之间的公路网早在 1985 年年底贯通。2001 年 7 月，连接东部省首府贝图瓦和与中非共和国边境相邻的加鲁阿—布雷（Boulai）长达 250 公里的沥青路竣工。截至 2003 年底，公路总长达到 50000 公里，其中 34000 公里为国有公路由喀麦隆公共工程部负责管理，共分为四个级别：国家公路 7241 公里、省级公路 5841 公里、州级公路 8075 公里、乡间小路 12843 公里。2004 年政府宣布，计划今后 15 年将沥青路提高到 75%。全国公路疏密不均，主要集中在滨海省和西部省。在公路运输网不断拓展的同时，道路的修复、养护问题已迫在眉睫，城市路况尤其令人担忧，路况差已成为陆上交通事故的主要诱因之一，导致每年 2000 人死于车祸。为解决城市道路的正常维修和提高维修质量，政府积极吸引私人投资，于 1999 年建立公路维修基金，道路维修的监管和执行权也从原来的公共建筑部转移到私人部门。2004 年正在进行中的和即将启动的公路建设、维修项目的工程总造价 4.3 亿美元。捐赠者愿意支持这些推动地区一体化的工程项目。连接克里比、林贝、杜阿拉三个主要港口的公路将成为开发、重建的优先重点。2004 年 7 月，蒙戈河大桥垮塌，导致农业大省——西南省的粮食无法运到杜阿拉。政府计划在杜阿拉修建第二座伍里河大桥。

据国际运输联盟统计，1996 年喀麦隆有 98000 辆客车，64350 辆货车。[①]

---

① *Africa South of the Saharan 2005*, 34th Edition, Europa Publications Sept. 2004, p. 181.

二　铁路运输

全国铁路总长 1173 公里，采用一米宽窄轨。主要有三条铁路干线，以首都雅温得为中心通向北部、西部和西南部：雅温得至恩冈德雷、雅温得至杜阿拉、杜阿拉至恩康桑巴。其中，雅温得至恩冈德雷的南北干线是法语黑非洲国家中第二条大铁路，全长 625 公里。目前的三条铁路干线在国内货运和客运服务中发挥着重要作用，同时发挥着连接喀麦隆北部与邻国乍得、中非共和国贸易往来的职能，但是铁路布局稀疏且不能覆盖全境，许多重要的地区还有没通铁路。例如，喀麦隆的铝矾土矿储藏在北部省，而位于滨海省的埃代阿的炼铝厂因为没有与北部省连接的铁路线，所需铝矾土矿只能通过海运从几内亚进口。

喀麦隆铁路运输公司负责经营国内的客运和货物运输，1999年喀麦隆铁路运输公司实行私有化，被由法国萨加（Saga）公司和南非的科马扎（Comazar）公司组成的一家国际公司接管。在为期 20 年的特许经营权内，该公司计划投资 1.59 亿美元用于全部铁路及其运输设备的更新。尽管实行了私有化，但是喀麦隆铁路客运服务的质量并没有提高。被接管后的喀麦隆铁路公司因为恩冈德雷至雅温得的火车经常出轨而备受非议，声誉受损。人们指责喀麦隆铁路公司过于重视乍得—喀麦隆石油管线的货物运输，而忽视客运服务，许多人甚至怀疑石油管线竣工后公司改善客运服务的承诺能否兑现。2002 年喀麦隆铁路公司宣布，2003～2007 年投资 5600 亿美元用于更新 63 公里的铁轨和维修另外 200 公里的铁轨。该公司还准备在机车、车厢及铁路运营安全方面进行投资。据统计，1998/1999 年度喀麦隆铁路货运密度为 9.16 亿吨/公里，年客运密度为 3.11 亿人/公里。[①]

① *Africa South of the Saharan 2005*, 34th Edition , Europa Publications Sept. 2004, p. 181.

三 航空运输

全国有 15 个机场，其中杜阿拉、雅温得 - 恩西马朗、加鲁阿机场为三大国际机场。现有波音 767 飞机 1 架，波音 737 飞机 3 架和若干架其他型号的飞机。有定期航班飞往法国等欧洲国家和西非、东非和南部非洲 10 多个国家。喀麦隆航空公司为国有航空公司，自 1972 年开始垄断经营国内航线并提供国际航线服务。1980 ~ 1981 年的客运量为 60 万人次，货运量为 15 万吨。然而，由于经营管理不善，公司一直处于亏损状态，负债高达 1 亿美元，导致公司面临破产。国际货币基金组织要求喀麦隆政府将该公司清算，但是喀麦隆政府出于国家声誉的考虑，拒绝该公司停止运营。2000 年 6 月，喀麦隆航空公司在政府的资助下，重新雇佣高级管理人员，重组飞行队伍，保持定期航行。

1999 年 11 月开始运营的喀麦隆全国航空公司为外国投资的私有企业，有 5 架小型飞机，现已开设国内定期航班，并计划开通连接周边国家重要城市的国际航线。此外，喀麦隆还有 3 家仅从事包机业务的小型航空公司。据联合国统计年鉴显示，1999 年航空客运量为 29.3 万人次，年客运密度 5.97 亿人次/公里，年货运密度为 1.06 亿吨/公里。[①]

四 水路运输

喀麦隆有 4 个港口：杜阿拉、林贝、克里比港 3 个海港和加鲁阿内陆河港。其中杜阿拉港为最大、最重要的海港，同时也为非洲内陆国中非、乍得和刚果（布）北方地区

---

① *Africa South of the Saharan 2005*, 34th Edition, Europa Publications Sept, 2004, p. 181.

提供中转服务。过去杜阿拉港曾被公认为西非地区费用最昂贵、效率最差的港口。1998/1999 年度停靠远洋货轮 1239 艘；货物吞吐量 535.2 万吨，占全国港口货物总吞吐量的 95% 以上。2000 年 9 月，世界银行资助杜阿拉港重建工程开始后，极大地改善了它的运营状况。改建后的杜阿拉港堤岸长达 10 公里，沿河马路长 20 公里，铁路线长 25 公里，港口面积约 1000 公顷，其中已开发使用面积为 400 公顷。该港口有 10 个不同的码头（码头吃水线为 6.5 米左右），13 个具备双向通车的仓库，沿商业港口有 3 个货仓区，区内有 1 个工业区。港口吞吐量可达 750 万吨，2007 年实际吞吐量为 600 万吨，存货容量为 100 万吨。然而，在费用、通关时间方面，杜阿拉港依然竞争不过西非地区的其他港口，而且由于杜阿拉港位于伍里河入海口，距海 50 公里，大型货轮进出困难。为满足日益增长的本国、中西非地区和国际方面的要求，政府计划将未来海运的主要任务转移到西南省的林贝港，将林贝港建成一个深海港。目前，林贝港主要承载着国内石油的外运任务。为满足中西非地区、国际上日益增长的对轮船和石油钻井平台维护、保养的需求，喀麦隆船坞和工业工程公司正在林贝建造一个深水船坞。届时，林贝港可停靠 36000 吨的轮船。克里比港位于南部省，主要担负着国内木材、可可等货物的外运任务。

喀麦隆海运公司是全国最大的海运公司。截止到 2003 年，喀麦隆共有 61 艘船，全部排水量为 18.68 万注册总吨。[①]

主要河港是加鲁阿港，属季节性河港，每年 8~9 月份为运输期，主要担负将北部省的棉花等产品经尼日利亚出口的任务，1997/1998 年度货运量为 4600 吨。

---

① *Africa South of the Saharan 2005*, 34th Edition, Europa Publications Sept, 2004, p. 181.

五 通信

喀麦隆电话网络稀疏。据联合国《2004 人类发展报告》显示，喀麦隆每千人拥有电话数从 1990 年的 3 台增加到 2002 年的 7 台，增长速度缓慢。截至 2004 年 2 月，全国共有 11.5 万部电话。[①] 1998 年，电信部门进行重组，电信和邮电部下属的电信局负责国内电信业务；过去曾垄断国际通信业务的喀麦隆国际电信公司重新组建成新公司——喀麦隆电信公司，经营固定电话网络。该公司有 86600 个电话用户，总装机能力为 13.46 万门，远远不能满足国内的需求。而且该公司设备陈旧、老化，服务差，与国内其他许多地方特别是北方地区的通话联系经常中断。2002 年该公司在杜阿拉被给予一个入口与 SAT3/WASC/SAFF 的光纤电缆相连，可直通马来西亚、印度、南非、中西非国家和欧洲国家。一条光纤电缆已经连同长约 1070 公里的乍得—喀麦隆石油管线一起铺设。尽管喀麦隆电信公司即将被私有化，2003 年 11 月政府仍批准了一个总价 4400 万美元的投资计划。

固定电话容量不足和服务水平较差催生了移动电话业务的迅速发展。移动电话从 2000 年的 13.5 万部增长到 2003 年的 110 万部。目前，在喀麦隆经营移动电话业务的有两家公司：一家是南非公司，于 2000 年 3 月以 6500 万美元的价格收购了喀麦隆移动通信公司（喀麦隆电信公司的附属公司）；另一家是法国人经营的喀麦隆移动电话公司，该公司是 1999 年法国电信公司通过向喀麦隆政府缴纳 1.66 亿美元的转让费成立的私人移动通信公司。目前，喀麦隆境内有两个移动电话网：MTN 公司和 Orange 公司，分别占有一半的市场份额。

---

① EIU, *Country Profile 2004*：*Cameroon*, London：UK, p. 18.

1997 年喀麦隆与国际互联网实现连接。2004 年国际电信联盟估计，喀麦隆每千人中只有 10.3 人使用互联网。但在实际上，很难断定喀麦隆到底有多少人使用互联网，因为大多数喀麦隆人是在电子网吧进入互联网的。无疑，网络用户因为上网更容易和费用的降低将继续增长。对互联网的利用一度仅限在杜阿拉和雅温得两个大城市，现在已经扩展到一些小城市。政府部门、非政府组织和报纸都有了自己的网站。目前，喀麦隆境内大约有 13 家互联网运营商提供相关服务，绝大多数依赖超小天线地球站（VAST）连接。喀麦隆电信公司是互联网的主要运营商，但它面临着私营公司的挑战。在喀麦隆，尚未出现电子商务，但是流行使用计算机通过互联网的通话方式。

表 4 − 14 喀麦隆电信发展状况 1996 年和 2004 年对比

	1996 年	2004 年
主要的电话线路(条)	70600	95200
移动电话(部)	3500	1536600
电脑(台)	25000	160000
互联网主机(个)	—	461
互联网使用者(户)	不足 1000	167000

资料来源：国际电信联盟，转引自英国经济学家情报部《2005 年喀麦隆国家概览》，第 20 页。

第五节 财政与金融

一 财政状况

喀麦隆独立初期的国家财政预算需要靠外国援助来平衡，从 1965/1966 年度起，开始依靠本国的财源来平衡财政预算。喀麦隆财政收入主要依靠税收，财政预算总额逐年上升，独立初期仅为 154 亿非洲法郎，1975/1976 年度达到 1000 亿非洲法郎，1980/1981 年度已经超过 2000 亿非洲法郎，到 1993/1994 年度为 5760 亿非洲法郎，2003 年为 14060 亿非洲法郎。财政支出中主要是行政支出和建设性投资。行政支出在财政预算总支出中的比例逐年下降，1975/1976 年度占 80.6%，1980/1981 年度下降到 66%，1993/1994 年度已降到 58%；建设性投资逐年增加，1975/1976 年度占 19.4%，1980/1981 年度上升到 34%，但到 1993/1994 年度下降到 24%。20 世纪 80 年代以来，喀麦隆财政预算不断出现赤字并一度迅速上升，1989/1990 年度为 1960 亿非洲法郎，1990/1991 年度达 2590 亿非洲法郎（占国内生产总值的 13.4%），1992/1993 年度增至 3380 亿非洲法郎（占国内生产总值的 9.2%）。然而，到 1995/1996 年度和 1996/1997 年度，财政赤字不断上升趋势得到遏制。由于政府大幅度削减公务员工资，冻结编制，加上 1994 年非洲法郎贬值帮助非石油部门收入逐步改善，导致这两个年度的财政赤字只占国内生产总值的 1%～2%。1998/1999 年度政府继续实行财政紧缩政策，尽管这个年度石油收入下降了 34.8%；但是到 1999/2000 年度，政府扭转赤字，实现了 810 亿非洲法郎的盈余（相当于国内生产总值的 1.4%）。不断增加、拓展的营业税也有助于实现财政盈余，1999 年还开始征收增值税，而私有化和国营企业的清算措施也进一步推动非石油收入的增长。2000/2001 年度国际市场石油价格的上扬，使得财政保持 1520 亿非洲法郎的盈余，相当于该年度国内生产总值的 2.4%。在 2003 年，政府完成了国际货币基金组织的"减贫战略文件"，采取措施保证优先部门的支出。

　2005 年喀麦隆政府的财政目标是，通过提高 0.5% 的增值税和预提地方政府征收的 50% 的增值税的附加税来增加税收收入。非石油收入从 2004 年占国内生产总值的 12% 提高到 2005 年占国内生

产总值的 13.5%；通过减少包括旅费、非优先建筑、购买轿车和一些预算规则措施等不必要的支出费用，将经常项目支出削减12%。这些措施的综合作用使政府的财政收入从 2004 年占国内生产总值的7% 提高到 2005 年占国内生产总值的17%，财政盈余占国内生产总值的1%，经常项目账户赤字为国内生产总值的2%。

表 4 – 15　2000 ~ 2004 年喀麦隆政府财政收支一览表

单位：亿非洲法郎

	2000 年	2001 年	2002 年	2003 年	2004 年
全部收入	13500	13040	13650	14060	12950
非石油收入	8640	9140	9740	10390	9480
石油收入	4380	3370	3690	3240	3380
赠款	480	530	210	430	90
全部支出	11070	11800	10950	10960	11400
经常性开支	8770	9430	9410	9310	9560
——薪金	3390	3500	3900	4200	4430
——利息	2210	2060	1970	1960	1590
其他经常开支	3170	3870	3550	3150	3540
资本支出	2030	2110	1270	1550	1690
结构改革和其他支出	270	250	270	100	150
财政差额(承诺的基数)	2430	1250	2700	3100	1550
占国内生产总值的%	3.5	1.8	3.6	3.9	1.9
净欠款变化	−2280	−1150	−6170	−90	90
财政差额(现金基数)	150	96	−3470	3010	1640
资金支持					
国外	910	900	6250	310	740
国内	−1060	−990	−2780	−3320	−2380

资料来源：英国经济学家情报部编《2005 年喀麦隆国家概览》，第 46 页。

　　2006 年喀麦隆政府力争保持财政盈余状态，财政预算收入为 35 亿美元，尽管政府力图提高非石油部门的税收，但石油收入仍增长 51.9%。财政预算支出为 29.8 亿美元，其中对教育、国防、卫生等社会优先部门的开支增加较多，上述各部财政支出分别占总支出的 15%、7.2%、4%。公共部门工资占全部支出的比重下降，从 2005 年的 26% 降到 2006 年的 24%。资本支出提高到 13%，主要靠重债穷国计划减免债务累计资金的支持。

二 金融业

(一) 货币与汇率

喀麦隆自成立联邦共和国之后，东喀麦隆和西喀麦隆先后加入法郎区，全国货币得到了统一，即统一使用非洲金融共同体法郎（即非洲法郎）。它由中非国家银行发行，一直由法国央行和国库担保。法国法郎与非洲法郎的比价固定，即 1 法郎 = 50 非洲法郎。非洲法郎在流通约半个世纪之后，于 1994 年实行了大幅度贬值。

20 世纪 80 年代中期以来，由于非洲法郎汇率偏高，使法郎区国家出口商品的竞争力下降，法国对法郎区的援助负担日益加重。此时，世界银行与国际货币基金组织也向非洲法郎区发难，以中止财政援助计划要挟，迫使非洲法郎区 14 国首脑于 1994 年 1 月 12 日在塞内加尔首都达喀尔宣布，自即日起非洲法郎贬值 50%，使非洲法郎对法国法郎的实际比价变成 100∶1。非洲法郎的贬值在促进非洲法郎区成员国的经济回升，改善了对外贸易状况，在推动地区内市场的形成和发展等方面起了积极作用；但出现了通货膨胀，进口商品价格上涨，债务负担加重等负面影响。

1999 年 1 月 1 日，欧洲单一货币——欧元正式发行。法国法郎的最终消失引发了人们对非洲法郎贬值的忧虑。为此，中非国家银行及喀麦隆金融界官员和专家认为，鉴于非洲法郎与法国法郎保持固定比价，法国法郎进入欧洲单一货币体系也就意味着非洲法郎间接与欧元挂钩。因此，欧元正式流通将在经济上给中部非洲经济与货币共同体国家乃至整个非洲法郎区带来益处：欧盟的国内生产总值与美国大致相同，欧元和美元同为国际上重要的储备货币与交易货币，其中欧元占国际外汇储备总量的30%。非洲法郎通过法国法郎与欧元挂钩，可确保非洲法郎区国家货币在对外贸易中扩大本国货币的使用份额，避免兑换风险；可进一步促进非洲法郎区国家货币的稳定；并可在欧元的框架内促进非洲法郎区各国金融的多样性，对非洲企业在欧洲大市场内开辟新市场提供了良好机遇；还可吸引更多的私人资本，从而有利于推动非洲国家经济的稳定发展。与此同时，法郎区各国财政部长一致呼吁，法郎区的运转机制保持不变。根据这一原则以及欧元和法国法郎的比价，2002年1月1日欧元将自动成为非洲法郎的担保货币，比价为1欧元=655.96非洲法郎，并且固定不变。法国与法郎区国家以往所达成的协议维持不变，法国将继续保证非洲法郎与欧元的无限制兑换。这一协议内容早在1998年7月6日已经获得欧盟财政经济部长理事会的一致认可；欧盟首脑会议也于当年11月23日确认了法国与法郎区国家合作的唯一性。因此，法郎区运行机制保持稳定以及法国的经济实力可保证非洲法郎在今后一段时期内不贬值。从近期来看，非洲法郎对欧元实行固定汇率制对法郎区国家包括喀麦隆的经济会产生一些积极影响，包括法郎区国家与欧盟国家的贸易随着汇率风险的消失将比目前会有所扩大，有利于吸引更多的欧盟国家企业到非洲的法郎区国家投资等。但从中长期分析，非洲法郎与欧元的固定汇率也存在一些不利因素，主要表现在：非洲法郎区国家在政府预算、宏观经济政策的统一和达标等诸多问题将受欧盟左右，法国对法郎区的影响会逐步减弱等。这些会使法国在法郎区的利益与欧盟其他国家产生矛盾。

　　非洲法郎与美元的汇率变动主要受美元与欧元汇率变动的影

响。1999 年 1 月至 2002 年初，欧元对美元的汇率呈下跌态势，非洲法郎对美元的汇率也同步下跌。2002 年以来，欧元对美元的汇率呈升值态势，非洲法郎对美元的汇率也同步升值，2005 年的年均汇率为 527.5∶1，2006 年和 2007 年的汇率分别为 520.3∶1 和 486.8∶1。

表 4 – 16 汇率

单位：非洲法郎

	2000 年	2001 年	2002 年	2003 年	2004 年	2005 年	2006 年	2007 年
1 美元	712.0	733.0	697.0	581.2	528.3	527.5	522.9	479.3
1 欧元	657.9	656.5	658.6	658.1	657.1	656.0	656.0	656.0
1 元人民币	6.61	6.03	5.56	5.01	4.88	4.78	4.50	4.07

资料来源：IMF, *International Financial Statistics*, EIU, *Country Risk Service.* July 2008, p. 11。

进入 21 世纪以来，喀麦隆的广义货币供应量（M2）有比较大的波动，2003 年的增长率从 2002 年的 15.9% 降到 2.1%，2005 年则上升到 4.9%。为了降低商业银行的信贷成本，促进成员国的经济增长，中部非洲国家银行近年来多次下调贴现率，2002 年从 6.5% 下调到 6.3%。2005 年 9 月 16 日，中部非洲国家银行将贴现率下调 25 个基准点，降到 5.5%。2001 ~ 2004 年，中部非洲国家银行制定的银行存款利率一直保持 5%，2005 年降到 4.92%；贷款利率从 2001 年的 22% 下调到 2002 年的 18%，再降到 2005 年的 17.67%，2006 ~ 2008 年保持在 15%。

（二）主要银行

独立以来，喀麦隆的银行业发展较快。1963 年成立喀麦隆银行总公司，到 1988 年已有 22 家银行。喀麦隆银行业的存款额从 1964 年的 37 亿非洲法郎增加到 1988 年的 170 亿非洲法郎。同期喀麦隆银行业的办事处从 4 个增加到 220 个，银行网络覆盖全国。[①] 20 世纪 80 年代末期，大部分银行由于国家经济危机而发生困难，内债高达 2500 亿非洲法郎。由于发放的债券不能收回，资金不足，管理不善，人员过剩，到 1987 年，包括国家占绝大部分股份的喀麦隆银行公司、喀麦隆银行、喀麦隆发展银行等不得不宣布倒闭。1989～1992 年，政府对银行业进行整顿。喀麦隆最大的银行——喀麦隆银行公司在生存了 20 多年后，由法国里昂信贷银行接管，其分支机构由原来的 32 个减少到 19 个，人员由原来的 1460 人减员到 550 人。喀麦隆银行公司倒闭时，有 1300 亿非洲法郎未收回债券的喀麦隆银行公司被分为两个机构，其中一个是收回债券的财政收回公司。1995～1998 年，喀麦隆进行了新一轮的银行改革。1996 年喀麦隆的国际工商业银行倒闭，1997 年被法国接管后命名为喀麦隆国际储蓄贷款银行。1997 年年中，喀麦隆的商业银行系统重新赢利，随后又有两家商业银行——喀麦隆商业银行和喀麦隆花旗集团重新营业。2000 年喀麦隆国际储蓄贷款银行即原来的喀麦隆国际工商业银行被私有化。喀麦隆联合银行的成立，使得喀麦隆的商业银行达到 10 个。按照国际货币基金组织金融系统资产稳定评估标准，喀麦隆的银行重组获得成功，金融部门更为稳固，不履约贷款只占全部银行资产的 6%，但是仍存在资本化不足问题，周转风险较大。

喀麦隆现有的 10 家商业银行总体经营状况良好，有支付能力并能赢利。然而，银行资产非常集中，喀麦隆国际储蓄贷款银行、喀麦隆联合银行和喀麦隆里昂信贷银行的存贷款占全部存贷

---

① 魏亮：《喀麦隆的经济调整措施》，《非洲国家经济发展与改革》，时事出版社，1992，第 104 页。

款的 60% 以上。据 2008 年 10 月《非洲商业》杂志介绍，在非洲大陆前 100 家的银行中，喀麦隆占据了 3 家。这 3 家银行的排名虽然并不靠前，但在中部非洲国家拥有数十亿美元，也算得上是次区域的经济大户。这 3 家银行分别是：喀麦隆银行总公司（SGBC）排在第 74 位，2007 年度总资产 9.77 亿美元；喀麦隆国际储蓄贷款银行（BICEC）排在第 84 位，2007 年度总资产 9.87 亿美元；阿菲利兰首席银行排在第 92 位，2006 年度总资产达到 6.42 亿美元。

中部非洲国家银行（BEAC）成立于 1972 年，行使喀麦隆中央银行的职责，总部设在喀麦隆首都雅温得。喀麦隆的货币、信贷和外汇政策均由法国财政部会商中部非洲国家银行后制定。

目前，喀麦隆国内尚未设立中资银行，但诸如渣打银行、花旗银行、西联汇款（Western Union）等较为知名的跨国银行和金融服务机构，在喀麦隆的杜阿拉、雅温得等大城市设有分支机构。

三 证券交易所和保险机构

（一）杜阿拉证券交易所（Douala Stock Exchange，DSX）

2005 年 5 月 23 日，由政府和私人商业银行合资兴办的杜阿拉证券交易所正式开业。该交易所为股份制有限公司，原始资本为 12 亿非洲法郎（合 1830 万欧元）。其中，银行和喀麦隆信贷机构行业协会占 55%，保险公司占 21%，国营企业占 15%、政府占 9%。

该交易所于 2001 年 11 月底开始筹建，由于喀麦隆民众和工商企业反映比较冷淡，交易所的筹建工作进展较慢，开业时间也一再后延。其实，在此之前，中非经济货币共同体 6 国已经决定在加蓬首都利伯维尔开设一个本地区的证券交易所。后来喀麦隆希望将该交易所改设到杜阿拉而未得到其他国家的支持。在这种情况下，喀麦隆采取了"先下手为强"的做法，决定独自设立杜阿拉证券交易所，并抢先开业。由于喀麦隆是中非经济货币共同体的龙头，其经济总量约占共同体的一半，在喀麦隆设立交易所之后，如果没有喀麦隆企业的加盟，估计中非共同体证券交易所的设立将会遇到较大困难。而且从中非6国目前的经济规模来看，同时开设两个证券交易所的条件似乎也不太成熟。

杜阿拉证券交易所的设立意义重大：一是有助于激活喀麦隆国内的投资；二是增加喀麦隆对外国资本的吸引力，特别是有可能吸引中非经济货币共同体另外5国和欧元区乃至西非法郎区的资金进入喀麦隆；三是为喀麦隆目前正在进行的私有化计划提供一条全新的渠道；四是喀麦隆政府可通过该交易所筹集资金，用于大项目的开发，加强喀麦隆的基础设施建设。

（二）保险机构

喀麦隆有21家保险公司，其中喀麦隆新保险公司（SNAC）、AXA保险公司、Chanas保险公司、SAAR公司（非洲保险、再保险公司）是喀麦隆四大保险公司，控制着喀麦隆保险市场60%的份额。2004年保险业的总成交额为840亿非洲法郎（合1.57亿美元）。尽管喀麦隆最大的保险公司是外国人经营的，但是喀麦隆本土的公司正在成长。普通险占据着保险市场的绝大部分，75%的保单属于普通险。尽管喀麦隆50%的汽车不上保险，但是汽车险仍占普通险的38%。2000~2001年喀麦隆保险业在乍得—喀麦隆石油管线工程的保单推动下较快发展。2002年1月起，国家要求保险公司将普通险和人身险分开，投保人身险的客户虽然很少，却是保险金额增长的险种。

政府责令全国社会保障基金会（Caisse nationale de prevoyance sociale，CNPS）负责社会保障体系。但是全国社会保障基金会的管理非常乏力，不能充分的发挥它的职责，因此，政府鼓励更多的人寻求私人健康和养老金保险。

第六节　对外经济关系

一　对外贸易

对外贸易在喀麦隆国民经济中占有重要地位。多年来，喀麦隆一直实行贸易开放政策，强调贸易伙伴多样化，它同 120 多个国家和地区有贸易往来，与 30 多个国家签有贸易协定。

（一）对外贸易规模

独立以来，喀麦隆的进出口贸易额不断增加，1961～1970年间平均每年增长 15.94%，1970～1979 年间平均每年增长 12.09%。20 世纪 80 年代，受世界经济不景气和国际市场农产品和矿产品等初级产品价格波动影响，喀麦隆进出口贸易速度近乎停滞，年均增长分别为 0.1% 和 1.4%。90 年代，喀麦隆商品出口额年均增长为 -2%，商品进口额则以年均 2% 的速度递增。进入 21 世纪，喀麦隆进出口贸易均呈现快速增长态势，其中出口增长速度明显快于进口增长速度，使得喀麦隆长期保持贸易顺差状态（各年详情见表 4－17、表 4－18）。

表 4－17　商品进出口贸易额

单位：亿美元

	1980 年	1990 年	1999 年	2000 年	2001 年	2002 年	2003 年	2004 年
出口额（离岸价格）	13.84	20.02	16.30	15.26	15.34	21.01	22.76	28.40
进口额（到岸价格）	16.02	14.00	10.79	13.16	14.89	18.52	18.66	20.21
贸易差额	-2.18	6.02	5.51	2.10	0.45	2.49	4.10	8.19

说明：喀麦隆与中部非洲经济与货币共同体成员国之间的贸易未统计在内。

资料来源：UNCTAD, *Handbook of Statisticsw 2005*, New York and Geneva：2005, pp. 4－5。

表 4 – 18 商品进出口贸易增长情况

单位：%

	1980 ~ 1990 年	1990 ~ 2000 年	2000 ~ 2001 年	2001 ~ 2002 年	2002 ~ 2003 年	2003 ~ 2004 年
出口增长（离岸价格）	1.4	– 2.0	37.0	8.3	24.8	12.7
进口增长（到岸价格）	0.1	2.1	24.4	0.8	8.3	10.6

资料来源：UNCTAD，*Handbook of Statisticsw 2005*，New York and Geneva：2005，pp. 18 ~ 19。

（二）对外贸易结构

1. 出口

独立初期，喀麦隆主要出口农、林产品和矿产品等初级产品，可可、咖啡、木材的出口值在出口总值中一直居于前列。1971 年上述三项出口值合计占出口总值的 69.6%，1979 年占 53.5%。随着政府贯彻出口商品多样化政策，原先居于首位的可可在出口中的比重逐渐下降，从 1960 年占 33.4% 下降到 1979 年的 16.5%。从 20 世纪 80 年代开始，石油跃居喀麦隆最为重要的出口产品，1985 年石油出口占到全国总出口值的 55%，其次才是可可、咖啡、木材。喀麦隆还出口棉花、铝锭和润滑油等。

表 4 – 19 1999 ~ 2004 年喀麦隆主要出口商品情况（离岸价格）

	1999/ 2000 年度	2000/ 2001 年度	2001/ 2002 年度	2002 年	2003 年	2004 年
商品出口值（亿非洲法郎）						
出口总额	12226	13628	11496	11749	10765	11533
石油和石油产品	6518	7790	5953	6042	5512	5757
可可豆	629	613	761	1043	841	811
可可制品	155	151	188	313	252	243

	1999/ 2000 年度	2000/ 2001 年度	2001/ 2002 年度	2002 年	2003 年	2004 年
罗伯斯塔咖啡	687	448	301	268	322	308
阿拉伯咖啡	84	68	37	34	25	22
烘烤咖啡	0	0	0	0	0	0
原棉	555	584	529	573	601	766
木材	1093	1175	1023	971	594	751
铝锭	642	902	774	540	616	840
其他	1863	1897	1931	1965	2001	2037
出口量(万吨)						
石油和石油产品	4.14	4.11	3.90	3.68	3.48	3.11
可可豆	9.41	9.69	8.48	10.70	10.49	12.59
可可制品	1.81	1.87	1.63	2.06	2.02	2.42
罗伯斯塔咖啡	10.96	11.29	9.05	6.86	7.93	8.80
阿拉伯咖啡	0.66	0.68	0.46	0.41	0.34	0.27
原棉	7.69	8.00	8.35	9.17	8.42	11.78
木材	128.44	131.65	126.38	118.31	75.36	97.97
铝锭	7.52	7.97	7.43	5.60	7.22	9.02
其他	66.11	67.30	68.51	69.74	71.00	72.27
年度变化(%)						
石油和石油产品	– 4.5	– 0.7	– 5.2	– 5.5	– 5.6	– 10.4
可可豆	– 7.2	3.0	– 12.5	26.1	– 1.9	20.0
可可制品	– 7.2	3.0	– 12.5	26.1	– 1.9	20.0
罗伯斯塔咖啡	68.7	3.0	– 19.8	– 24.3	15.7	11.0
阿拉伯咖啡	40.6	3.0	– 33.3	– 11.2	– 17.1	– 20.0
原棉	6.0	4.0	4.4	9.8	– 8.2	40.0
木材	– 23.0	2.5	– 4.0	– 6.4	– 36.3	30.0
铝锭	15.7	6.0	– 6.7	– 24.7	28.9	25.0
其他	0.5	1.8	1.8	1.8	1.8	1.8

说明：①2001/2002 年度以前，相关统计数据为 7 月至次年 6 月的财政年度。

②2004 年石油出口数据不含第四季度。

资料来源：喀麦隆有关当局，引自国际货币基金组织 2005 年 5 月国别报告，2005 年第 165 号。

2. 进口

喀麦隆进口商品历来以消费品、机械和运输设备为主。尤其是 2001～2002 年由于兴建喀麦隆—乍得石油管线，喀麦隆进口了大量的管线建设设备。2003 年石油管线竣工以后，喀麦隆的进口物资主要是石油产品、工业设备、粮食、电器等。

表 4－20   1999～2004 年喀麦隆主要进口商品情况 （到岸价格）

	1999/ 2000 年度	2000/ 2001 年度	2001/ 2002 年度	2002 年	2003 年	2004 年
商品进口值（亿非洲法郎）						
进口总额	9060.1	2045.1	3556.1	2950.1	2516.1	2493.0
食品、饮料、烟草	1066	1303	1380	1569	1430	1591
燃料和润滑油	155	173	256	323	367	225
动植物原材料	462	549	673	637	610	597
矿物和其他原材料	1555	25.0	19.2	15.1	18.4	18.2
半成品	1443	18.7	1859	1963	1918	1908
运输设备	907	1208	1424	1328	1320	1215
农业设备	22	16	16	14	32	6
工业设备	1054	1615	2733	1997	1563	1751
生活用品	871	1103	1258	1309	1396	1423
生产资料	1525	1681	2053	2247	2061	1965
进口量（万吨）						
食品、饮料、烟草	39.56	48.99	53.96	64.00	57.24	64.88
燃料和润滑油	7.25	6.13	12.27	15.30	20.74	12.84
动植物原材料	28.42	30.37	35.81	34.01	3299	32.97
矿物和其他原材料	141.51	166.33	143.23	129.66	15.89	131.79
半成品	106.47	120.85	107.89	114.03	115.36	126.20
运输设备	5.23	5.91	7.59	7.61	6.02	6.43
农业设备	0.07	0.06	0.15	0.09	0.13	0.06
工业设备	3.00	6.92	18.15	6.48	4.85	11.87
生活用品	7.04	8.83	9.07	2.76	9.86	11.45
生产资料	12.64	14.30	22.01	23.96	31.93	21.34

说明：①2001/2002 年度以前，相关统计数据为 7 月至次年 6 月的财政年度。

②2004 年石油进口数据不含第四季度。

资料来源：喀麦隆有关当局，引自国际货币基金组织 2005 年 5 月国别报告，2005 年第 165 号。

(三) 外贸对象

喀麦隆的主要贸易伙伴以欧美发达国家为主。以 2004 年为例，喀麦隆出口额的 64.7%、进口额的 58.1% 是同欧美发达国家进行的，其中又以欧盟为重要贸易对象。法国是喀麦隆最重要的贸易伙伴，2004 年双边贸易额为 4600 亿非洲法郎，法国享有 1120 亿非洲法郎的顺差。2004 年喀麦隆主要的出口对象国是法国 (13.8%)、意大利 (11.9%)、西班牙 (11%)、荷兰 (8.9%)、美国 (5.9%)；同年，主要进口来源国是法国 (23%)、美国 (5.4%)、比利时和卢森堡 (5%)、德国 (4.7%)、日本 (4.7%)。

值得注意的是，20 世纪 90 年代中期以来，喀麦隆与发展中国家的贸易往来日趋紧密，尤其是与中国和尼日利亚的贸易往来显著增长。2004 年喀麦隆从尼日利亚的进口额占到当年进口总额的 10.1%。

喀麦隆与中部非洲经济与货币共同体成员国的贸易往来并不密切。中部非洲地区内商品出口额仅占地区全部商品出口总额的 1.2%，与此对照，西非经济与货币共同体地区内商品出口额占到全部商品出口总额的 10%。喀麦隆与中部非洲经济与货币共同体其他成员国的贸易，再加上与刚果 (金) 的贸易，仅占其全部外贸总额的 5.4%。在中部非洲，喀麦隆是一个净出口国，出口制成品和粮食。在 2002～2004 年，喀麦隆向乍得、赤道几内亚的商品出口迅速增长，主要是这两个石油生产国生产迅速扩张、需求旺盛所致。一般而言，中部非洲国家间的交通运输和通信设施落后，并且大多不规范。按照国际货币基金组织 2003 年 12 月出版的评估报告，中部非洲经济与货币共同体成员国并未一贯执行共同的对外关税条约和继续坚持非关税壁垒的条款，成员国间的支付系统也非常低效。2003 年，世界银行通过一项为期 5 年的支持中部非洲经济与货币共同体一体化与合作的援助战略。世界银行将通过提供援助使贸易体制合理化，建立有效的地区支付系统，采取措施便利贸易和运输。

表 4 – 21　1999/2000 年度 ~ 2004 年贸易方向

单位：亿非洲法郎

	出　口						进　口					
	1999/2000年度	2000/2001年度	2001/2002年度	2002年	2003年	2004年	1999/2000年度	2000/2001年度	2001/2002年度	2002年	2003年	2004年
发达国家和地区	9260	10450	9010	9920	9690	8180	5490	6920	8630	7990	6230	7220
比利时和卢森堡	270	280	280	270	330	510	470	560	590	520	490	620
加拿大	10	190	0	0	10	40	150	180	160	140	90	80
法国	1730	1500	1430	1610	1400	1740	2330	2890	3120	3150	2280	2860
德国	150	220	160	180	150	120	430	610	920	610	450	590
中国香港	30	20	20	50	50	90	30	30	30	40	60	70
爱尔兰	60	100	50	50	70	140	60	70	80	80	60	80
以色列	10	10	0	0	0	0	10	10	20	20	20	20
意大利	2740	3850	2770	2380	1780	150	330	380	420	430	390	360
日本	20	10	10	10	10	10	490	560	620	590	710	590
荷兰	820	1160	1070	1600	1380	1120	260	230	30	360	370	290
葡萄牙	190	150	120	100	90	100	0	20	10	30	40	10
西班牙	1000	1430	2110	2500	2850	1390	110	170	210	190	160	190
韩国	170	0	0	0	0	0	60	60	50	90	70	80
瑞典	0	0	0	0	0	0	40	190	110	100	100	80

续表 4－21

	进口						出口					
	1999/2000年度	2000/2001年度	2001/2002年度	2002年	2003年	2004年	1999/2000年度	2000/2001年度	2001/2002年度	2002年	2003年	2004年
瑞士	40	50	40	50	40	40	0	0	0	0	0	0
中国台湾	10	10	20	30	20	20	1540	1070	510	140	340	160
英国	210	240	460	420	230	260	190	230	120	180	250	520
美国	400	590	1370	1080	590	670	330	210	360	850	980	750
发展中国家和地区	2840	4090	3500	3580	4010	3830	1430	2180	1930	2130	2440	2030
安哥拉	0	10	0	0	10	0	10	160	50	10	10	40
巴西	30	70	90	120	160	190	20	0	10	10	10	10
中非	0	0	0	0	0	0	60	50	50	100	80	60
乍得	0	0	0	0	0	0	130	40	150	270	270	150
刚果(金)	10	60	50	70	90	90	100	130	140	150	120	120
科特迪瓦	160	10	150	200	200	170	20	20	30	80	10	10
中国内地	280	330	420	460	50	58	420	1120	510	540	570	330
赤道几内亚	100	120	300	120	150	170	40	50	70	70	190	160
加蓬	10	20	20	20	10	40	110	80	120	130	250	200
几内亚	230	290	120	100	150	30	0	0	10	10	10	0
印度	50	60	90	170	180	140	90	50	240	190	40	90
印度尼西亚	40	130	50	80	110	90	10	10	20	10	20	60

续表 4－21

	出口						进口					
	1999/2000年度	2000/2001年度	2001/2002年度	2002年	2003年	2004年	1999/2000年度	2000/2001年度	2001/2002年度	2002年	2003年	2004年
马来西亚	20	30	0	10	50	70	30	20	20	30	50	40
毛里塔尼亚	0	0	0	0	0	0	60	100	100	100	110	150
墨西哥	40	40	40	30	0	0	0	0	0	0	0	0
摩洛哥	60	50	80	70	60	80	20	20	20	30	20	20
尼日利亚	40	100	120	110	140	130	1410	2350	1360	1390	1580	1260
巴基斯坦	10	10	30	50	70	100	30	90	20	10	10	30
罗马尼亚	0	0	0	0	0	0	30	20	50	50	40	90
塞内加尔	40	50	20	40	60	70	100	80	60	60	70	80
南非	130	10	90	30	310	110	90	180	270	260	260	190
泰国	40	80	30	80	70	40	30	30	140	180	120	290
土耳其	20	30	30	80	60	150	110	60	90	100	120	120
突尼斯	20	50	60	60	40	50	20	30	30	30	20	10
越南	20	20	10	0	0	10	0	0	10	0	30	60
其他	3300	3200	920	670	1400	2430	1790	1020	1950	1610	2500	1380
总额	13990	15830	11860	12720	13520	12640	10120	12020	14080	13180	12730	12430

说明：2001/2002 年度以前，相关统计数据为 7 月至次年 6 月的财政年度。

资料来源：喀麦隆有关当局，引自国际货币基金组织 2005 年 5 月国别报告，2005 年第 165 号。

（四）外贸法规

喀麦隆现行的主要对外贸易法规有：《喀麦隆共和国贸易大纲》、《中非关税和经济联盟海关税则》、《喀麦隆商业活动法》、《喀麦隆商业活动法实施规则》等。

1. 关税计征制度

喀麦隆海关总署公布，自 1994 年 2 月 14 日 7 时 30 分起，喀麦隆实施中非关税和经济联盟关税改革中的新的共同对外税率（TEC），进口商品按四大类报关征税，税率从 5% ~30% 不等：第一类是生活和生产必需品（药品、农业生产资料、书籍等），税率为 5%，某些商品还可免征营业税；第二类是工业设备（化工产品、机械产品、20 吨以上的机动车、电脑等），税率为 10%，某些商品还可免征营业税；第三类是中间产品（纺织品、工业用机械配件、鱼等），税率为 20%，并征收营业税；第四类是日常消费品（香水、汽车、服装等），税率为 30%，并征收 25% 消费税。

海关除按上述四大类商品征收共同对外税率外，喀麦隆海关还要征收增值税（TVA），正常税率为 19.25%；特别消费税专门针对非生活必需品的某些进口或本地生产的高消费品，比如香烟、美容商品和奢侈品（首饰、宝石），税率为 25%；此外，还要征收信息服务税，又称电脑税（INFO）、市政税（MUN）。根据进口商品的不同，有时还征收植物卫生检疫税、动物卫生检疫税和消费税。

2. 进口商品检查检疫

喀麦隆海关通关标准技术服务有限公司（SGS）在检验方面的法令和规定的主要内容如下：

（1）除相关部门特别批准、或喀麦隆政府第 94/1244 号通知所明确列出的免检商品外，其他商品必须进行装船前的检验。

（2）.凡进口的并应按规定接受检验的货物，必须委托总部设在日内瓦的瑞士 SGS 公司或其子公司和代表处进行装船前的检验。检验的范围包括商品的质量、数量、价格和税则类别。

（3）进口商品检验税费由进口商承担。

（4）进口商品检验税税率按有关商品的装运港船上交货（Free On Board，FOB）价值的 0.95% 计征，每份提单或每次装船至少征收 11 万非洲法郎，该税费可用保兑的支票在银行支付。

（5）如进口合同未履行或未全部履行，已交纳的进口检验税费不予退还。

（6）如进口商品的 FOB 价值总额等于或超过 200 万非洲法郎（约折合 4000 美元）时，那么分批发运的货物也应该接受 SGS 公司检验。

（7）SGS 公司商检证书是进口商报关纳税的主要法律文件之一。进口商必须在出示经杜阿拉 SGS 公司联络处复审签发的合格商检证书后，方能办理报关手续。

（8）凡不属于免检范围或已接到检验拒绝通知书的，或未发给 SGS 公司商检证书的货物，一律不准进口或在喀麦隆报关。

（9）凡应按规定接受 SGS 公司检验的货物，对外付款必须通过银行进行。

（10）在买方信贷的情况下，付款机构必须在收到卖方提供的 SGS 公司商检证书后方可付款。此条规定应在付款或合同中加以注明，否则不得进行任何形式的对外付款。

（11）进口商应通知卖方，要求其为 SGS 公司进行的各项检验工作提供方便，并确保受检商品的合理推荐和充足的样品供应。

（12）进口商应通知卖方，凡应按规定接受检验而未经 SGS 公司检验，或未得到全权商检证书的货物，一律不准装船，否则，买方可拒付货款。

二 外国资本

(一) 外资概况

独 立初期，喀麦隆的经济命脉绝大部分仍被外国资本所控制。全国 200 多个工厂企业大多数是法国人所创办，占外资总额的 90%。1960~1970 年的 10 年间，法国在喀麦隆的投资已达 250 亿非洲法郎。为改变过度依赖法国资本的状况，实现外资来源多样化，喀麦隆政府于 1968 年正式制定并开始执行《投资法》。目前，喀麦隆除接受法国资本外，还接受美国、英国、德国、加拿大、日本等国的资本。喀麦隆的外资大部分为外国私人资本，它们主要投入食品、木材、纺织、化学、采矿、港口、银行等重要经济部门，其资本在各部门的总资本中占到 60%~90%。外国私人资本至今仍以法国私人资本为主。截至 1979 年底，在喀麦隆全部工业公司的资本中，外国私人资本占 57.5%，其中法国私人资本占 45%。

尽管喀麦隆经济发展潜能较大，但是在 20 世纪 80 年代中期到 90 年代中期的 10 年间，外国投资者因喀麦隆政治经济状况的恶化而采取远离、观望的态度。然而，自 1994 年非洲法郎贬值时始，喀麦隆政府实施企业私有化政策和加大对石油部门的投入等措施，吸引外国直接投资不断流入。根据联合国贸发会的《2005 年世界投资报告》统计，外国对喀麦隆的直接投资额从 2000 年的 0.31 亿美元增长到 2001 年的 0.75 亿美元和 2002 年的 1.76 亿美元，2003 年高达 2.15 亿美元。外国直接投资持续增加的主要原因：其一是铺设喀麦隆—乍得石油管线项目的吸引，其二是 2002 年 4 月修改《投资法》改善了投资环境与条件。尽管喀麦隆较为成功地吸引了外国直接投资的增加，但是与其发展潜能相比仍有较大差距。外国投资者认为，喀麦隆的商业气候比较艰难，政府官员腐败，行政效率低下，基础设施落后，工业领域的投资特别是私人投资不振，影响了喀麦隆工业生产规模的扩大和竞争力的提高。因此，若以外国直接投资流入业绩指标衡量，喀麦隆在世界可获统计数据的 140 个国家中排位一直在第 130 ~ 140 名之间，非但没有提升反而有所下降，而且全部低于潜在的排名位置。例如 1990 年排在第 114 位，1995 年排在第 133 位，2000 年排在第 134 位，2001 年排在第 133 位，2002 年排在第 136 位，2003 年排在第 137 位，2004 年排在第 137 位。[①]

表 4 - 22　2000 ~ 2004 年外国直接投资流入情况

	2000 年	2001 年	2002 年	2003 年	2004 年
流入的外国直接投资(亿美元)	0.31	0.75	1.76	2.15	—
占资本形成总值的百分比(%)	2.1	4.9	10.5	13.8	—
输入存量(亿美元)	12.63	13.31	15.15	17.30	10.54
占国内生产总值的百分比(%)	14.3	15.7	15.4	13.9	7.3

资料来源：联合国贸发会《2005 年世界投资报告》(电子版)，联合国纽约和日内瓦总部，2005，第 304 ~ 316 页。

　　2005 ~ 2007 年间，喀麦隆吸引外国直接投资呈现持续增长的态势：2005 年流入 2.25 亿美元，2006 年流入 3.09 亿美元，2007 年流入 2.84 亿美元。截至 2007 年底，喀麦隆吸引外国直接投资存量为 37.96 美元，而 2000 年时的累积额只有 16 亿美元。[②] 对比 2005 ~ 2007 年喀麦隆外国直接投资的流入和流出的存量变化可以看出，流入量大于流出量。喀麦隆的投资环境虽有所改善，但仍属于最不具商业竞争力的国家之一。

---

① 联合国贸发会：《2005 年世界投资报告》(电子版)，联合国纽约和日内瓦总部，2005，第 274 页。
② UNCTAD, *World Investment Report 2008*, p. 258.

（二）外资政策及法规

喀麦隆对外国资本一直采取鼓励政策，体现在制定了《喀麦隆投资法》、《喀麦隆自由工业区制度》等。

1.《喀麦隆投资法》

1994年1月24日颁布的《喀麦隆投资法》的宗旨是：鼓励外商利用喀麦隆资源进行生产性投资，引进先进技术，生产内销或有竞争力的出口商品，增加制成品出口，创造就业机会，保护环境和改善城乡居民生活。该法还规定，任何外籍的自然人和法人，均可按喀麦隆现行法律和法规从事经济活动，享受国民待遇。喀麦隆政府于2002年4月修订的《喀麦隆投资法》规定了如下主要优惠政策：

第一，在为期3年开办期内，企业可享受下列优惠：免除资本增加注册税；免除投资计划中用于业务的不动产契约注册税；免除实现投资计划而获得的土地、建筑等不动产的财产转移税；免除为实现投资计划所签订的房屋、土地及建筑物等合同的注册税；免除投资计划的信贷分配税（TDC）；免除公司税中的最低承包税；免除公司特别税；免除企业保险合同的注册特别税。

第二，从公司纳税的第一年始，可享受减免50%的公司税（TS）。在企业经营阶段，可享受以下权益：免征最低公司税；免征公司特别税；减免法人50%的公司税和企业主50%的工商所得税（BIC）；减少经营阶段50%的流动资本所得比例税（TPRCM）等。中国政府和喀麦隆政府签署了《经济技术合作协定》，规定：中国人在喀麦隆创办的企业以及合资合作企业所获利润、货币可以自由兑换、自由转移，避免双重征税。中喀双方签订的《投资保护协定》、《中非经济和社会发展合作纲领》规定，中国在喀麦隆创办的企业和合资合作企业享受喀麦隆投资法给予企业的一切优惠待遇和规定；可以享受外国政府、国际协定给予喀麦隆企业的待遇和规定；所获资金和利润可以自由兑换、自由转移。

第三，喀麦隆政府在如下领域鼓励外商投资：林木业；电信业；与能源相关的水力发电堤坝的修筑；钴矿、金红石矿、铝土矿和铁矿等矿产行业；初级产品，如棉花、咖啡、茶叶、食用油等加工业；服务行业，尤其是喀麦隆大量需要的住房建设等建筑项目。

2. 《喀麦隆自由工业区制度》

为了进一步鼓励发展出口产品，喀麦隆政府于 1990 年颁布了《喀麦隆自由工业区制度》和《喀麦隆自由工业区制度实施细则》，并成立了国家自由工业区管理局，负责对自由工业区企业的审批及管理。

进入自由工业区并享受优惠的企业，其产品必须是专供出口的，但每年可内销 20% 以下的产品。自由工业区的优惠政策主要有：①进出口不受配额、许可证的限制；②产品价格和利润不受监督；③企业起始 10 年免缴直接税和间接税，从第 11 年开始除交纳 15% 的工商税外，继续免缴直接税和间接税；④在起始 10 年免税期内的亏损，可以结转到以后的会计年度在其利润中冲销；⑤除进入自由工业区的客车和汽油以外，其他商品进出口免除关税；⑥对自由工业区内的企业用水、用电和通信等价格实行优惠；⑦企业利润汇出喀麦隆不受中央银行或政府其他部门的限制，并可在当地银行开立外汇账户等。

为落实《喀麦隆自由工业区制度》，喀麦隆政府在杜阿拉港附近开辟了 27 公顷土地，原计划建设 40 个工厂，但至今仍是一片空地。相反，在接近原料产地的地区却兴起了一些"自由工业点"，如姆巴尔马尤的两个木材加工厂、西部省的四季豆加工厂。由于这些"自由工业点"所产的产品主要供出口，故其享受与自由工业区内的企业同等的优惠政策。

1997 年，中国政府与喀麦隆政府签订的《关于相互促进和保护投资协定》规定：喀麦隆政府应对中国企业在其领土上的投资提供充分而全面的安全保障；承诺在不影响其法律、法规的前提下，中国企业在其领土上的投资的管理、维护、使用、收益或终止不受歧视或损害；保证中国企业以可兑换货币，自由转移在其领土上的投资和净现金收益，包括利润、股息、利息或其他合法收入，与投资有关的贷款的偿还款项，投资的转让，全部或部分清算所得款项（包括资本增值），以及与投资相关的工资和收入。中国企业在喀麦隆投资可据此协定保护自身的合法权益。

（三）外资管理机构

喀麦隆对外资的管理机构主要有 3 个，即公共投资与领土整治部、喀麦隆债务自治银行和喀麦隆国家投资公司。

1997 年底，喀麦隆在政府中增设了公共投资与领土整治部，主要负责喀麦隆的公共投资。其主要职能是：负责制定国家投资计划；融资和签订有关协议；准备、监督和检查国家公共投资预算；管理国际经济技术合作及与一些国际经济组织的多边合作；确定和实施领土整治政策。该部下设主要部门有：计划和发展司（负责制定经济投资政策）、项目和规划司（负责制定投资规划，监督项目实施）、领土整治司（负责规划各省平衡发展和中国政府的经援项目）、对外合作司（负责对外合作、谈判、签订贷款协议等）。

喀麦隆债务自治银行隶属于喀麦隆经济财政部，主要负责喀麦隆国内外贷款的使用监督和还贷等工作。该行对外主要负责世界银行、联合国开发署、欧盟、非洲开发银行、联合国非洲经济委员会、中部非洲国家经济共同体等国际组织与喀麦隆政府所签贷款合同的具体实施和还贷。例如，喀麦隆利用非洲开发银行贷款实施某公路工程，该行负责根据工程进度每月开具工程发票。

喀麦隆国家投资公司隶属于工商发展部，但在经营与管理上相对独立。该公司既有银行职能又有企业性质，其主要职能是吸收国内外的私人投资和资助，扶持生产性项目，同时在企业中参与一定股份以监督企业的经营。喀麦隆国家投资公司现有职员70多名，大部分在其参股的企业中任过职，有一定的企业管理经验。目前，喀麦隆国家投资公司在60多个合资企业中占有股份，例如在埃代阿铝厂占股69.4%，在喀麦隆糖厂占股35.7%，在希尔顿饭店（Hilton）占股30%等。但在一般情况下，该公司不直接参与合资企业的管理。

中国政府与喀麦隆政府于1995年11月签订了关于中国向喀麦隆提供1亿元人民币的政府贴息贷款框架协议。这笔优惠贷款主要用于中国企业与喀麦隆合作伙伴合资、合作举办或经营的生产性项目，或提供中国生产的成套设备和机电产品。这笔贷款分别由双方政府指定的银行，即中国进出口银行与喀麦隆国家投资公司具体负责对有关项目的转贷工作。例如，湖北武汉拖拉机厂利用中国向喀麦隆提供的优惠贷款，在喀麦隆组建华隆拖拉机股份有限公司，就是由中国进出口银行和喀麦隆国家投资公司负责转贷的。

三　外援与外债

（一）外援

外援对喀麦隆经济发展意义重大，主要帮助政府弥补财政赤字，维持公共消费。20世纪末以来，双边援助总体呈上升趋势。法国、德国、加拿大是双边援助的主要提供国。多边援助在1.5亿美元上下波动，世界银行下属的国际开发协会、国际货币基金组织和欧盟是多边援助的主要提供者（1999～2003年喀麦隆获外援情况详见表4－23）。

表 4 - 23　1999 ~ 2003 年喀麦隆获外援情况

单位：亿美元

年　份	1999	2000	2001	2002	2003
双边援助	2.543	2.135	3.457	4.362	7.558
其中:法国	1.348	0.862	0.593	1.19	2.906
德国	0.366	0.47	0.461	0.67	3.492
加拿大	0.181	0.063	0.054	0.803	0.204
多边援助	1.836	1.691	1.324	1.725	1.275
其中:国际开发协会	0.59	0.487	0.41	0.557	0.292
国际货币基金组织	0.618	0.685	0.258	0.412	0.109
欧盟	0.175	0.387	0.414	0.41	0.615
合计(含增款)	4.344	3.799	4.866	6.092	8.839

资料来源：英国经济学家情报部:《2005 年喀麦隆国家概览》,第 51 页。

（二）外债

20 世纪 80 年代中期以来，喀麦隆的外债螺旋式上升。1995
年以前，喀麦隆属于中等收入国家，无资格获得减让性援助。
1995 年降为低收入国家后，外债负担有所减轻，但在 1999 年仍
高达 94.4 亿美元。2000 年 10 月，世界银行和国际货币基金组
织因认同喀麦隆经济改革的成功并使其继续执行减贫战略，向喀
麦隆提供重债穷国计划（HIPC）的一揽子减债支持。在 2001 ~
2003 年间共减免 20 亿美元在 2003 年年底达到完成点以前喀麦
隆将被减免 1 亿美元的本息。由于实施重债穷国计划，喀麦隆外
债负担有所减轻，外债总额占国内生产总值的比重从 2000 年的
104.8% 降到 2003 年的 73.5%。还本付息额占出口收入的比例，
将从 2000 年的约 31% 降到 2003 年的 16.7%，同期，还本付息
额占出口收入的比重从 21.4% 降到 16.4%。2005 年，喀麦隆外
债总额降为 62 亿美元，占当年国内生产总值的 41%，偿债率为
出口收入的 11.6%。其中，双边债务占全部外债的 64%，多边

和商业债务分别占 30% 和 6%。

2006 年 4 月，国际货币基金组织批准喀麦隆达到重债穷国计划完成点，宣布免除 2.55 亿美元的到期债务。在获悉喀麦隆达到重债穷国计划完成点之后，世界银行和巴黎俱乐部纷纷减免喀麦隆债务。世界银行拟从 2006 年 7 月开始，分 37 年时间减免喀麦隆 7.94 亿美元债务。巴黎俱乐部决定减免喀麦隆 35 亿美元债务。可见，喀麦隆的债务负担将得到可观的减免。

从外债结构来看，喀麦隆外债以长期债务为主，长期债务又以官方双边信贷居多，2003 年官方债务比率为 84.8%。

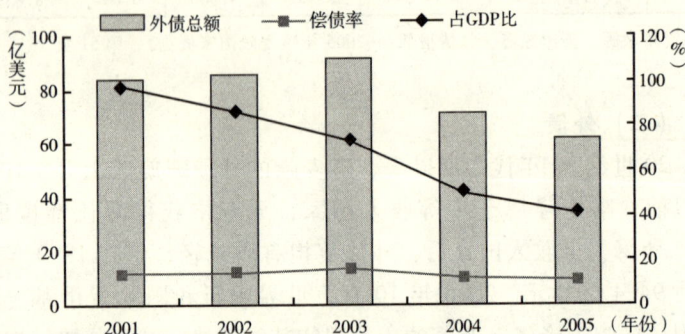

图 4 - 2　喀麦隆外债状况

资料来源：根据 EIU《喀麦隆国家报告》2006 年 3 月号、国际货币基金组织 2006 年 5 月《喀麦隆国家报告》第 190 号相关数据编制。

四　国际收支与外汇储备

（一）国际收支

自 20 世纪 70 年代末以来，喀麦隆因服务贸易账户一直是巨额逆差，导致经常账户常年逆差。由于海运、保

表 4 - 24 外债结构

单位：亿美元

	1999 年	2000 年	2001 年	2002 年	2003 年
中长期债务总额	80.15	77.67	71.96	74.67	84.95
其中:官方信贷	72.80	71.10	68.20	71.20	77.90
双边信贷	58.30	57.00	54.60	57.00	62.20
多边信贷	14.50	14.10	13.60	14.20	15.70
私人信贷	7.35	6.57	3.76	3.47	7.05
短期债务	12.80	13.00	9.57	7.78	3.45
其中利息拖欠	1.54	2.82	1.77	1.86	0.61
国际货币基金组织信贷基金	1.96	2.35	2.44	3.07	3.47
全部外债总额	94.91	93.02	83.97	85.52	91.87
本金偿还	2.842	2.674	1.830	1.920	2.633
利息支付	2.619	2.885	1.523	1.561	1.857
其中短期债务	0.588	0.718	0.342	0.247	0.131
债务还本付息	5.461	5.558	3.353	3.471	4.490
外债总额占国内生产总值比率(%)	103.3	104.8	97.7	86.8	73.5
债务还本付息占出口收入的比率(%)	20.6	21.4	14.6	14.6	16.4

资料来源：英国经济学家情报部：《2005 年喀麦隆国家概览》，第 51 页。

险、服务业等部门不发达，喀麦隆每年要向外国公司支付巨额的海运费、保险费、国外运输和其他服务费用，导致服务贸易账户连年赤字。然而，由于 2003 年和 2004 年喀麦隆的商品贸易账户转为顺差，加上服务贸易账户逆差数额有所下降，导致经常项目账户逆差占国内生产总值的比率有所降低，2003 年为 3%，2004 年降为 1.7%。服务贸易账户逆差缩小，主要是因为 2003 年 7 月喀麦隆—乍得石油管线全部竣工，为此喀麦隆对国外的辅助性服务需求急剧减少。

表 4 - 25　国际收支

单位：亿美元

	1999 年	2000 年	2001 年	2002 年	2003 年
商品贸易差额	6.281	5.350	- 0.126	0.776	2.354
服务贸易差额	- 2.589	- 3.217	- 3.279	- 5.308	- 2.992
净收入	- 6.361	- 7.023	- 3.619	- 3.703	- 4.443
转让净额	1.031	1.242	1.252	1.320	1.979
经常项目差额	- 1.637	- 3.648	- 5.770	- 6.194	- 3.032
资本项目差额	0	0	0	0	0
错误与遗漏	0	0	0	0	0
国际收支差额	- 0.218	- 0.273	- 0.171	1.167	1.565

资料来源：英国经济学家情报部：《2005 年喀麦隆国家概览》，第 50 页。

（二）外汇储备

喀麦隆的外汇储备事务由中部国家银行和法国政府管辖。由于法国国库对非洲法郎兑换欧元的全部担保，因此无论喀麦隆外汇储备水平如何都有所保障。21 世纪初以来，喀麦隆的外汇储备一直保持稳定增长势头。2000～2002 年，包括黄金储备在内的外汇储备增长 2 倍，达到 6.399 亿美元。2002 年喀麦隆外汇储备急剧增长的主要原因，是由于修建喀麦隆—乍得石油管线，大量资金流入喀麦隆；其他方面的原因包括：欧元的引入减少了对非洲法郎贬值的担心，喀麦隆宏观经济改善等。2004 年由于国际原油价格不断攀升和农产品出口价格上扬，导致喀麦隆的外汇收入增加，推动外汇储备增多。2004 年底，喀麦隆的外汇储备增长近 30%，达到 8.29 亿美元，可满足 3 个多月的进口需求。2005 年上半年，外汇储备下降 8%。截至 2005 年 6 月底，外汇储备为 7.6 亿美元。2006 年年底，喀麦隆的外汇储备重新恢复到 2004 年的水平。

表 4 – 26　外汇储备

单位：亿美元

	2000 年	2001 年	2002 年	2003 年	2004 年	2005 年
外汇储备（含黄金）	2.20	3.40	6.40	6.52	8.43	—
外汇储备（不含黄金）	2.12	3.32	6.30	6.40	8.29	9.06
黄金储备	8.2	8.3	10.3	12.5	13.1	—
外汇储备/月进口付汇	1.1	1.6	2.8	2.8	3.5	3.7

资料来源：英国经济学家情报部：《喀麦隆国家报告》2006 年 3 月号，第 25 页。

五　与中国的经济关系

1. 双边贸易

1971 年 3 月 26 日，喀麦隆与中国建立正式外交关系。1972 年 8 月，喀麦隆和中国签订了贸易协定，协定规定两国贸易以现汇支付。2002 年签订了新的贸易协定。两国设有合作混合委员会，分别于 1987 年、1990 年、1993 年、1995 年和 2000 年轮流在北京和雅温得举行了五次合作混委会会议。2005 年 10 月，中喀合作混委会第六次会议在雅温得举行。

中国和喀麦隆双边贸易最早记录的年份是 1965 年，当时中国向喀麦隆出口金额为 0.4 万美元的商品。自此至 1972 年，都是中国向喀麦隆出口少量商品。1973～1980 年，双边贸易在波动中增长。1981～1994 年，中喀双边贸易基本上处于停滞、缓慢发展阶段。由于喀麦隆经济发展缓慢，甚至出现衰退，导致喀麦隆对中国商品的需求下降。同期的一些年份，中国甚至未从喀麦隆进口任何商品。

1995 年以后，中喀双边贸易出现明显改观，贸易往来逐渐

表4 – 27　1965 ~ 2005 中国与喀麦隆双边贸易一览表

单位：万美元

年份	中国出口额	中国进口额	进出口总额
1965	0.4	—	0.4
1970	37	—	37
1975	797	—	797
1980	794	309	1103
1985	584	—	584
1990	340	3412	3752
1995	1012	2757	3769
2000	2262	13803	16065
2005	12986	6675	19662

资料来源：根据《中国对外经济贸易统计年鉴》的历年统计数据汇编。

增多，贸易额稳步增长。1998 ~ 2001 年，双边贸易出现连续四年两位数的快速增长。据中国海关统计，1998 年、1999 年、2000年、2001 年双边贸易额分别为 6757 万美元、9647 万美元、16064 万美元和 21306 万美元。2002 年，由于中国进口喀麦隆原油大幅度减少，进出口总额有所减少，金额为 15863 万美元。中国对喀麦隆出口的商品主要有：机电产品、大米、鞋类、机械、仪器、金属制品、箱包、陶瓷及其他日用品。机电产品、大米、鞋类、箱包类对喀麦隆出口金额较大，其他各类产品出口金额较小。中国从喀麦隆进口的主要产品为原油、原木等。多年来，由于中国大量从喀麦隆进口木材和棉花，而对喀麦隆出口增长缓慢，中方贸易一直为逆差。2005 年由于中国从喀麦隆进口同比增长下降 55.2%，而出口同比增长 29.8%，导致中方顺差（详见表4 – 28、表4 – 29）。

表 4 – 28 2001 ~ 2008 中国喀麦隆双边贸易统计

单位：万美元，%

年份	双边贸易总额		中国出口		中国进口		顺(逆)差
	贸易额	增长率	出口额	增长率	进口额	增长率	
2001	21306	32.6	2936	29.7	18370	33.1	– 15434
2002	15863	– 25.5	4397	49.8	11466	– 37.6	– 7069
2003	18029	1.37	6494	47.7	11535	0.6	– 5041
2004	24892	38.2	10002	54.0	14891	29.2	– 4889
2005	19662	– 21.0	12986	29.8	6675	– 55.2	6311
2006	39095	98.8	119115	47.2	19980	199.3	– 865
2007	45660	16.8	29673	55.2	15987	– 19.9	13686
2008	85433	87.1	37488	26.4	47946	199.6	– 10458

资料来源：中国海关总署编《中国海关统计年鉴》2002 ~ 2008 年各卷相关统计数据。

表 4 – 29 2005 年中国与隆双边贸易主要商品结构

单位：万美元，%

中国主要出口商品	金额	占比	中国主要进口商品	金额	占比
机电、音像设备及其零件、附件	2175.26	16.75	纺织原料及纺织制品	4264.72	63.89
纺织原料及纺织制品	2112.04	16.26	木及制品；木炭；软木；编织品	2253.90	33.76
车辆、航空器、船舶及运输设备	1889.59	14.55	贱金属及其制品	63.20	0.95
贱金属及其制品	1630.92	12.56	植物产品	58.89	0.88
鞋帽伞等；羽毛品；人造花；人发品	1328.11	10.23	塑料及其制品；橡胶及其制品	28.36	0.42
塑料及其制品；橡胶及其制品	1115.27	8.59	革、毛皮及制品；箱包；肠线制品	4.46	≤0.01
矿物材料制品；陶瓷品；玻璃及制品	556.98	4.29	机电、音像设备及其零件、附件	1.80	≤0.01

中国主要出口商品	金额	占比	中国主要进口商品	金额	占比
化学工业及其相关工业的产品	448.93	3.46	化学工业及其相关工业的产品	0.01	≤0.01
杂项制品	391.54	3.02			
革、毛皮及制品;箱包;肠线制品	378.60	2.92			

资料来源:中国海关总署编《2006 年中国海关统计年鉴》,2006。

喀麦隆同中国台湾地区有贸易往来。1991 年喀麦隆与台湾地区贸易额为 80 亿非洲法郎。2004 年喀麦隆对台湾地区出口额为 301 万美元,从台湾地区进口额为 2975 万美元,台湾地区贸易顺差额为 2674 万美元。

2. 双向投资

中国与喀麦隆于 1997 年 5 月签订了《中国喀麦隆关于相互促进和保护投资协定》。该协定规定,喀麦隆政府应对中国企业在其领土内的投资提供充分而全面的安全保障;承诺在不影响其法律、法规的前提下,中国企业在其领土上的投资的管理、维护、使用、收益或终止不受歧视或损害,并保证以可兑换货币自由转移在其领土上的投资和净现金收益,包括利润、股息、利息或其他合法收入,与投资有关的贷款的偿还款项,投资的转让、全部或部分清算所得款项(包括资本增值),以及与投资相关的工资和收入。

中国企业在喀麦隆投资办厂刚刚起步,多数企业经济效益不太理想。截至 2007 年底,中国在喀麦隆当地共有十多家企业,非金融类直接投资存量共计 1851 万美元。其中,武汉拖拉机组装厂和甘肃轮胎翻新厂属于优惠贷款项目;鞍山彩蕾制衣厂、饼干冰棒食品厂、石家庄雄师牧业养鸡饲料厂属援外合资合作项目；长春长铃摩托车组装厂系自筹资金项目。

武汉拖拉机组装厂在喀麦隆的公司注册名为喀麦隆华隆拖拉机股份有限公司，总投资 12 亿非洲法郎，年产拖拉机 4000 台。

甘肃轮胎翻新厂在喀麦隆的公司注册名为中喀大地轮胎复新有限公司，总投资 1680 万人民币，年产轮胎 1 万个。

3. 经济援助

自 1971 年中喀两国建交以来，中国向喀麦隆提供了一些力所能及的经济援助，在无息、低息贷款和无偿援助下，中国共承担了各类项目 23 个，其中已完成项目 19 个，包括成套项目 16 个：会议大厦、拉格都水电站、高压输变电工程、蔬菜蘑菇种植、拉格都农业垦区、拉格都水电站溢洪道和汇洪洞出口区两岸保护工程等；技术合作项目 3 个：拉格都农业技术合作项目、蘑菇种植技术合作项目、拉格都水电站技术合作项目。目前正在实施的项目有 4 个：雅温得会议大厦第 10 期技术合作项目、雅温得妇儿医院技术合作项目、布埃亚医院维修扩建项目和体育馆项目。

4. 承包工程

中国自 1982 年起在喀麦隆开展承包工程。在喀麦隆的中国承包公司最多时达 12 家。但在 1986 年以后，由于受喀麦隆经济危机的影响，中国在喀麦隆过半数承包公司被迫撤点。1995 年以来，随着喀麦隆经济形势的好转，公共工程发标数量的增加，中国在喀麦隆承包公司的数量略有回升趋势。目前，中国在喀麦隆的承包公司有中水公司、公路一局、华山国际、沈阳国际、中地公司、华秦公司等，同时还有两家渔业公司在喀麦隆海域从事渔业捕捞。与此同时，中国承包公司新签合同额也呈上升趋势：1998 年中国公司在喀麦隆签订承包合同仅一项，金额 48 万美元；1999 年中国公司签订承包合同 5 项，金额 84 万美元；2000 年中国公司签订承包合同 7 项，金额 514 万美元；2001 年中国公司签订承包合同 11 项，金额 1621 万美元；2002 年中国有关公司签订承包合同 3 项，金额 255 万美元。

第七节　旅游业

喀麦隆旅游资源丰富，有"微型非洲"之称。自然风光旖旎，人文景观迷人。闻名遐迩的北方"瓦扎国家公园"，林木葱茏，水草丰美，众多珍禽异兽在这里繁衍生息。东部省的原始森林，广袤苍莽，空气清新，环境静谧，林中猴子攀树觅果，小鸟啁啾枝头。南方著名的海滨城市克里比，椰林随风摇曳，海水轻吻金色沙滩，让人流连忘返。洛贝河瀑布直泻大西洋，风光绚丽。班琼部落有雕梁画栋的传统建筑。被联合国教科文组织列入人类文化遗产的巴蒙酋长国，更是充满着神秘色彩，令人神往。然而，喀麦隆的旅游资源大多处于未开发状态。

一　旅游业发展概况

喀麦隆政府比较重视发展旅游业，成立了以总理为主席的国家旅游理事会，在国外开设旅游代表处，并鼓励私人投资旅游业。1975 年加入国际旅游组织。1985 年 9 月建立喀麦隆旅游公司。1989 年设立旅游部，修改了旅游政策，放宽了限制，建立了旅游学校。1990 年成立"全国促进旅游委员会"。早在几年前，比亚总统在摆脱经济危机的十点纲要中，曾将振兴旅游业摆在第五位。此后，他又签署法令，要求重组旅游部，以提高该部的能力和重要性。经过近 10 年的努力，旅游业已经取得可喜的进步。现在，国家每年投入 30 多亿非洲法郎的资金，建设各种旅游设施和开展旅游运营。2002 年，喀麦隆吸引外国游客 30 万人次，收入 270 亿非洲法郎的外汇，位居中部非洲地区国家的前列。2004 年喀麦隆吸引外国游客仍为 30 万人次，低于政府预期的 50 万人次。2005 年喀麦隆的旅游收入为 7015 亿非洲法郎（折合 14 亿美元），对国内生产总值的贡献率为 5%。世界旅游委员会预测，在 2006～2015 年间，喀麦隆的旅游业将以每年 6% 的速度增长；预计到 2015 年，喀麦隆的旅游收入将达到 29 亿美元。为了实现这个目标，喀麦隆政府采取了许多促进措施，如在法国巴黎设立了一个旅游办公室。目前，除了开设传统旅游项目之外，喀麦隆的山地旅游、温泉疗养旅游、文化旅游和会务旅游等正吸引着越来越多的游客，而最近掀起的世界生态旅游热也已经在这里起步。至于旅馆和娱乐设施，喀麦隆目前已有 820 家旅馆，近 1 万个标准房间，其中星级旅馆 132 家。全国有 381 个旅游景点，各类保护区 45 处。

尽管喀麦隆拥有丰富的旅游资源和潜力，目前旅游业仍存在许多问题：首先是缺少资金；其次是缺乏基础设施，有些景点对游客具有很强吸引力，但游客无法安全畅通地抵达那里；另外，旅游景点需要整顿，旅游产品需要推销，旅游服务需要改进，特别是社会治安、机场迎送和旅游签证等方面都需要协调配合和提高效率。

二 著名旅游城市

由于起源、自然条件和人文环境的差异，喀麦隆的城市都具有各自的风格和特色：北部城市多呈现伊斯兰都市风貌；南部城市多具现代欧洲城市特点，其郊区又保留着简陋村落的形态；在阿达马瓦州的城市则以要塞式的城堡都市居多；富尔贝族和豪萨族所建城市，在市中心都有较大的市场，供居民进行交易。主要旅游城市有雅温得、杜阿拉、林贝、布埃亚、丰班、马鲁阿、巴门达等。

雅温得 喀麦隆的首都，人口约 134.5 万（2006 年）。位于中部高原的丘陵地区，西距大西洋岸的杜阿拉港约200公里，萨纳加河和尼昂河从它的两侧蜿蜒流过。这里山峦重叠，高低起伏，市内有海拔700米以上的山峰7座，市北的最高峰——蒙菲贝山海拔950米。

雅温得是一座旅游城市，这里气候宜人，风景秀丽。从山顶俯视，鳞次栉比的住房依山而建，层次分明地掩映在绿树丛中。市中心有许多高层建筑，造型奇特，组成一幅幅美丽的几何图案。中国援建的文化宫是市内大型建筑之一，耸立在钦加山巅，被称为"友谊之花"。文化宫西北角的另一山头上，有新建的总统府。两座建筑遥遥相对，成为了著名路标。市内的"妇女市场"是一座圆形5层的大楼，因大多数商贩是妇女而得名，市场面积为1.2万平方米，有390家店铺在楼内营业，从早到晚，热闹非凡。

为纪念喀麦隆联合共和国成立而建造的统一纪念塔是市内著名的纪念性建筑，1972年5月20日对公众开放。整个建筑呈螺旋锥体状，塔身高10多米，塔尖是一个可转动的灯。纪念塔的主要入口处是一组石刻群雕，居中的为一高举火炬、留有髯须、身体结实的老人，一群儿童环绕在老人周围，仰望着他手中的火炬。纪念塔的底层是一个大厅，四周有几间陈列室，陈列着反映国家重大历史事件的雕刻、绘画。大厅的两边各有一螺旋形阶梯可登上顶端。

坐落在马格莱格莱区的喀麦隆国家博物馆，收藏着发掘出土的史前文物，火枪，河马皮制的盾牌和各种号角等传统武器，以及介绍民间传统舞蹈和现代舞蹈的各种图片等。

雅温得大学是喀麦隆的最高学府，位于市区西南角，创建于1962年，环境优美。在那里，中国援建的第一所汉语培训中心吸引了来自6个非洲国家的学生前来学习中文，由此在喀麦隆引发了一股"中国热"。

杜阿拉 喀麦隆第一大城市，也是喀麦隆最重要的港口，工商业发达。它位于北纬 4 度，非洲西海岸中心及几内亚湾腹地，伍里河河口上游 24 公里（15 英里）处，地理位置极为优越。终年湿热，为热带雨林气候。杜阿拉市属滨海省伍里州，面积 150 平方公里，辖 12 个区，人口 137.1 万。沿海风景如画，旅游业发达。文化教育事业基础较好，杜阿拉大学是当地最负盛名的高等学府。此外，大教堂、购物大街、手工艺品市场、博物馆、伍里河大桥和咖啡生产厂等都值得参观。

杜阿拉市历史上最早为渔村。16 世纪至 19 世纪，该地是欧洲列强入侵和贩卖黑奴的据点之一。1884 年德国殖民者强迫杜阿拉国王与之签订"保护条约"，在此安营扎寨，并将它作为向喀麦隆内地拓展的跳板。1907 年建市，取名杜阿拉。第一次世界大战后，法国势力取代德国，开始整治港湾和修建码头。随着铁路和海港的建成，商业和手工业随之繁荣，逐渐发展成为重要的商贸都市。二战中，杜阿拉市为戴高乐将军领导的自由法国的重要基地之一。

杜阿拉市在喀麦隆国民经济中占有重要地位，素有"经济首都"之称，是全国最大的工商业中心和交通枢纽。铁路东通雅温得、恩冈代雷，北通恩康桑巴；建有国际航空站。全国 75% 的工业品产于该市，近 95% 的进出口贸易在此交易，全市生产总值占全国国内生产总值的 40%。主要工业有食品、化学、木材加工、纺织、造纸、橡胶、水泥、车辆和船舶修配等。位于距大西洋 50 公里的伍里河港湾占地面积 1000 公顷，其中已开发利用面积 500 公顷。该海港分南北两区，可泊巨轮，全国 90% 的出口货物经此输出，吞吐量占全国总吞吐量的 96%。该港拥有 10 个不同用途的码头，有用于装卸原油、木材和集装箱的专用码头。该港区还拥有 13 个能双向通车的仓库，两个长期仓储区，1 个工业区和船舶修理厂、冷库、制冰厂等辅助设施。港堤

长 10 公里，港区内有 20 公里公路，25 公里铁路。码头吃水线
65 米。港口仓储能力 1100 万吨，设计年吞吐量 700 万吨。杜阿
拉港从 1998 年起进行管理体制改革，旨在扩大自主经营权，加
快港口现代化建设。目前，港口的冷藏、清淤、导航等服务项目
正逐步交由私营企业租赁经营。为改善航运条件，1998 年 7 月
起开始疏浚港口 25 公里长的内河航道，已于 2002 年完工。

克里比　位于杜阿拉南部的港口城市，著名的海滨旅游胜
地。这里的隆吉海滩是喀麦隆境内最秀丽的海滩，也是去俾格米
矮人村和坎波野生动植物保护区旅游最方便的出发地。在坎波保
护区内，有水牛、狮子、大象等在原始森林中漫游。

布埃亚（Buéa）　位于喀麦隆西南部的旅游城市，西南省省
府，坐落在著名的喀麦隆火山的东麓海拔约 1000 米的山腰上。
城市依山而建，掩映在绿树和繁花之中，到处流水淙淙。布埃亚
最著名的旅游景点是喀麦隆火山。对那些登山爱好者来说，登山
必须得到当地旅游部门的许可，而且每年 3～11 月属于雨季，是
不发放登山许可证的。

布埃亚还是一座历史悠久的城市，曾经先后作为德国和英国
托管地喀麦隆的首府，现在是喀麦隆可可、咖啡、油棕的集散地
和加工中心。

林贝（Limbé）　前称维多利亚，是喀麦隆的港口城市、原
油开采中心和著名旅游地。林贝市坐落在大西洋几内亚湾畔，背
依喀麦隆火山，东北距离布埃亚有 10 公里的路程。城内树木青
翠，植被葱郁，空气清新，碧海银沙，风光秀丽，是闻名西非地
区的旅游胜地。

昔日的林贝曾是荒山野地，建城之前仅有 10 来户居民，如
今已成为一座现代化城镇。市区棕榈树高高耸立、秀丽挺拔；芒
果树高大粗壮；浓荫蔽日，富于非洲热带城市的一派独特风光。
市区布局合理，街道笔直宽阔，高楼大厦林立，马路车流不息，

市面异常繁华。住宅区内清幽恬静，房屋多为别墅式建筑，院前的花草树木青翠繁茂，给人以温馨舒适的感觉。

林贝市拥有漫长的美丽海湾，海岸线婉转曲折，海滨棕榈树随风摇曳，海滩平缓沙软，海面碧波荡漾，是人们作海水浴、日光浴、冲浪、划艇、帆船等活动的理想场所。游人站在海湾口处，可以远望海面上一个个袖珍岛屿和礁石，有兴趣者可以乘船抵达那里。风和日丽之时，隔海可望见赤道几内亚首都马拉博的城市轮廓。海滩上建有一个个供游人休憩的草亭，并设有快餐店、饮料店等。海滨附近，那一幢幢乳白色、淡蓝色、浅红色的别墅式建筑掩映在绿树鲜花丛中，风景秀丽，阳光充足，令人赏心悦目。每逢夕阳西下之时，漫步海滨，落日的余辉映红海面与天空，天水之间金光闪闪，更是别有一番情趣。渔港附近是城市最繁华的地段，个体摊点连成一片，人群熙熙攘攘。身着民族服装的妇女热情地向游人兜售菠萝、香蕉等水果，以及各种农产品、土特产、手工艺品等。一些渔民则高声叫卖刚刚打捞上来的鲜鱼。林贝市还有一处创建于1858年的植物园，园区面积达万顷，生长着香蕉、油棕、橡胶、胡椒等1500多种热带植物，果实累累，众多的鸟类在这里栖息。园内还有造型独特的圆形剧场。这古老的植物园也是游客们喜欢观光的一个地方。

丰班（Foumban）　喀麦隆的历史名城，位于国境西部、雅温得西北方225公里的地方。城内高楼林立，绿树成荫，风景秀丽，是一处旅游胜地。

丰班是喀麦隆历史上著名的巴蒙酋长国的首府。巴蒙部族首领恩萨尔曾率领部族成员进行浴血奋战先后征服了18个部族，于公元18世纪建立了巴蒙酋长王国，并且定都于姆菲姆班。久而久之，姆菲姆班这个名称就演变成了当今的丰班。巴蒙酋长国鼎盛时期的第11代苏丹姆勃维·姆勃维统治时期，凭借雄厚的经济实力修筑了围墙、城堡、双道护城壕沟、巴蒙苏丹宫殿、陵墓、清真寺和教堂等建筑，其中的护城壕沟、宫殿、清真寺等迄今仍然较为完好地保存着。护城壕沟是为了抵御外敌入侵而挖掘的、沟与沟之间挖有许多长方形大坑，坑中埋有许多大木桩，当年的壕沟工程今天仍然清晰可辨。城内最为引人注目的景点是巴蒙苏丹宫殿，设计精巧，建筑宏伟。宫殿左面是巴蒙苏丹的陵墓，前面是历史博物馆。巴蒙历史博物馆内陈列着第 16 代苏丹恩乔亚在位期间主持创造的巴蒙文字。据说，巴蒙文字是唯一由非洲黑人自己创造的文字。用这种文字编纂的巴蒙药方、整理的民间故事和寓言以及编写的《巴蒙历史与风俗》等书籍，对研究黑非洲社会和文化具有重要意义。在距离苏丹宫殿不远处的茅亭里，耸立着一尊巴蒙苏丹的雕像，雕像身穿长袍，头缠长巾，怒目而视，充分表现了非洲人民不屈不挠的斗争精神。

苏丹宫殿周围坐落着雄伟壮观的清真寺和教堂。巴蒙族的手工艺制品非常闻名，今天由巴蒙人后代制作的手工艺品，不论是木雕还是骨雕，都是技艺精湛、形象逼真、栩栩如生，深受游客的喜爱。

昆巴（kunba） 西南部小城，是可可、香蕉、棕榈仁、橡胶的集散中心。市区高处有火山口湖，湖区山水秀丽。

章格（Dschang） 名山胜地，海拔 1400 米，气温凉爽，向南有公路通向恩康桑巴和杜阿拉，沿途可游览许多秀丽的风景，以山谷和瀑布最为闻名。

巴门达（Bamenda） 位于章格北部高地，那里的博物馆和工艺品市场非常有名。

马鲁阿（Maroua） 位于曼达腊山山麓。沿马约河值得参观游览的地方包括市场、迪亚马勒博物馆（主要的民族博物馆，在那里可以买到当地各民族的手工艺品、珠宝、皮革制品等等）、各式各样的非洲人住所、马约 – 卡傲河堤。

莫科洛（Mokolo） 它是一座风景如画的城市，属于崎岖的岩石地形，距离鲁牧斯基村（Rhumsiki）55 公里。鲁牧斯基村以连接称为卡普斯基（Kapsiki）的小农场的众多曲径为特征，基尔迪人生活在这里，他们的生活习惯和民俗仍保持着最原始的状态。再向北走，那里有一个非常典型的叫做寇扎（Koza）的村子，建立在海拔 1100 米处。这里有公路连接马巴萨（Mabas）村，从这里可以看到尼日利亚博尔努大平原的全貌。

三 主要名胜

德加动物保护区（Dja Faunal Reserve） 位于喀麦隆南部高原的中心地区，面积为 52.6 万公顷，是喀麦隆所有保护区中占地面积最大的一处，1982 年被联合国教科文组织列入《世界文化与自然遗产保护名录》。德加动物保护区内的动物数量和种类非常可观，既有大型动物，如大象和体形粗壮的野牛；也有类人猿类的动物，如大猩猩和通体黑色的猩猩；既有如长尾猴、金丝猫、蹄兔等珍稀动物；也有保护区内特有的鳄鱼、陆地龟、蜥蜴、变色龙、蛇以及其他两栖类动物；鸟类中有犀鸟、鹦鹉、猫头鹰等。

瓦扎国家公园（Waza National Park） 建于 1934 年，占地17 万公顷。公园西部是茂密的森林地带，11 月至次年 3 月开放。公园东部是辽阔的草原，2 月至 6 月对外开放。园中可见到三五成群的大象、长颈鹿、狮子、羚羊、印度豹、野猪等动物。园内还栖息着种类繁多的鸟类，如鹰、鹤、鹈鹕和几内亚野禽等。公园附设食宿和其他服务设施，有从马鲁阿到瓦扎公园的公路可乘公共汽车。

喀麦隆火山（Mount Cameroon） 喀麦隆最著名的旅游地之一。火山高度为海拔 4070 米，峰顶直插云霄，气势宏伟壮观，是非洲中西部的最高峰。喀麦隆火山是世界上最著名的复式活火山，迄今仍没有完全停止喷发。20世纪的百年间曾喷发过5次，1959年的一次喷发规模最大，前后持续达1个多月，火山口喷发出来的熔岩宽度达1.5公里，厚度达13米，形成4个火山口。最近一次喷发发生在1982年，至今火山仍处于活动状态。火山上的植被自上而下垂直变化非常明显，郁郁葱葱的树木与碧波荡漾的火山口湖构成一幅幽静清秀的湖光山色，每年都吸引了大批游客。喀麦隆火山地区人口稠密，雨量充沛，经济发达，盛产香蕉、橡胶、油棕、茶叶等，是喀麦隆经济作物的一个重要产区。

贝努埃国家公园（Benue National Park） 位于恩冈代雷-加鲁阿主路旁，栖息着西非各种动物，主要有水牛、河马、鳄鱼、长颈鹿、豹、狮和灵长类动物，一年四季都可参观。

库鲁普国家公园（Korup National Park） 喀麦隆新建的国家公园，那里有从冰川时期留存下来的世界最古老、最具生态多样化和最美丽的热带雨林。它位于喀麦隆境内西北角，尼日利亚边境的孟登巴村（Mundemba）附近，在杜阿拉西北150公里处。那里有许多灵长类动物和鸟类栖息，也有包括新近发现的许多树木和植物生长。1989年建了一座大型桥梁，使得交通十分方便。旅游者可乘出租车抵达，但需备好衣物以应付极为潮湿的气候和徒涉齐腰深的水塘。

布巴恩吉达国家公园（Bouba Njida National Park） 位于喀麦隆极北地区梅奥利迪河岸，那里的野生动物主要包括水牛、犀牛、大象、狮子等。那里还有几个公园和保护地，但不对外开放。

卡拉马卢埃保护地（Kalamaloué Reserve） 一处规模虽小却可观赏到羚羊、猴子、野猪、大象等多种野生动物的旅游地。

月亮公园（Luna Park） 供常年娱乐和周末度假的胜地，位于距首都雅温得35公里处得奥巴拉。在通往奥巴拉的路上，沿途可看到位于萨纳加河的纳赫蒂加尔瀑布等美丽景观，继续前行可到达贝图瓦、约卡杜马和莫卢杜公园。月亮公园最神奇的景观就是河岸旁的一个大水池和大片绿地。公园有多种野生动物，特别以稀有的低地大猩猩而闻名。

四 游客出入境

1. 签证

根据 1997 年 1 月喀麦隆制定的《关于外国人在喀麦隆入境、居留和出境条件法》规定，外国人到喀麦隆旅游、经商或探亲，需持有效护照和邀请信到喀麦隆驻该国使馆申办签证，填写申请表时需交本人近照 2 张。如条件符合，一般在两个工作日内可拿到签证。抵达喀麦隆后，如停留 3 个月以上须赴移民局申办长期居留证。其间，如需出境并再次返回喀麦隆，须办理出境签证。

2. 出入境规定

入境时，需出示国际公约要求的疫苗接种国际证书，必要时还须出示现行法律规定的疫苗接种国际证书。喀麦隆海关规定，游客入境时，允许携带香烟 400 支或雪茄 125 支、葡萄酒 3 瓶、白酒或其他烈性酒 1 瓶。出境时，海关对旅客携带的黑木雕、咖啡和巧克力等征收原产品出口税，象牙和外汇等禁止携带出境。

第八节 国民生活

喀麦隆人民生活状况的基本特征是地区差异悬殊。生活在杜阿拉的富有商人和雅温得的政府高级官员一般都住在二层楼房且有佣人服侍，他们身穿西式服装，购买进口商品；而生活在北方山区的农民却居住在小草棚内、身穿山羊皮，在斜坡上辛苦耕作，有的山村人的预期寿命未超过 24 岁。[1]

生活在农村地区的家庭一般以种地为生，劳作不是为了挣工资，而是为了维持生计，养育后代，家庭之间均以血族关系为纽带。农村中种植经济作物的农民家庭生活标准一般要高一些。农村人口中还包括其他一些人，如富拉尼人一般可从放养的牧群中定期获得经济收益；帕胡因人、巴萨人等靠出售咖啡、可可豆为生；而巴米累克人拥有获益的商业企业。生活在南方地区家庭的生活水平一般高于北方地区。随着时间的推移，越来越多的泥草棚被有铁皮屋顶的房子所替代，人们的识字率也有所提高，越来越多的儿童进入学校学习。

公共卫生问题比较严重，医疗设施和医护人员的分布不均衡。在这方面，南方地区特别是城市中的人们可享受到比其他地区更现代化的医疗卫生服务。

一 居民生活类型

大约有 75% 的居民生活在农村地区。但是这些居民中的农民、牧民生活类型，以及不同地区农民的生活类型都存在明显的差异。喀麦隆有 25% 的人口为城市居民。

1. 农民

在所有喀麦隆人口中，现金收入最少、生活水平最低的人要属北方山区的农民。他们的生活十分艰苦，饮食、卫生和住房条件均十分缺乏。在这里的农村中，大约 1/3 的婴儿活不到 1 岁，1/2 的儿童活不到成年。生活在那里的农民在斜坡上修筑梯田，以种植谷物维持生活、以种植和出售花生用来缴纳税金。

每年 5 月到次年 1 月，男人们黎明即起到田地里劳作。女人

---

[1] Harold D. Nelson et al.: Area Handbook for the United Republic of Cameroon, U. S. Government Printing Office, Washington, D. C. 20402, page 97.

们参与劳作的时间要晚一些，她们一般背着孩子，手里提着鸡笼，里面装着长腿鸡，伺机放它们到地里觅食。女人们还要每天花好几个小时去取水、捶米、准备饭食，在房屋附近种植蔬菜和香料。在适当的季节，她们还要在树下悬挂泥土罐吸引蜜蜂。

在房子里，妇女烧火，男人在石头上锤打铁器。女人们在厨房里碾着谷物，她们将谷物放在用陶土固定好的一块平坦的石头上，然后用一块更大的圆石头敲击。

在干季，妇女们要花好几个小时的时间到山谷中取水；男人们经常离家给富拉尼人打工。

南方的农民以前种植供他们自产自食的农产品，不参与商品交易。但在第二次世界大战以后，他们开始种植可可等经济作物，但仍以种植粮食作物为主。

南方的农民也具有男女分工的特点。男人主要从事烧荒和整地，种植经济作物；妇女种植粮食作物。

随着商品经济的出现，南方农民开始出现花钱买粮食和其他农产品的现象。1965 年政府的一份研究报告显示，每个家庭平均用 14% 的现金收入购买粮食、干鱼、面包、沙丁鱼罐头、糖、浓缩牛奶，7.7% 的现金用于购买自行车、照相机、气压泵灯等家庭用品。20 世纪 60 年代，人们开始购买玻璃容器和瓷器以替代以往广泛使用的搪瓷制品。

在西部高地地区的农村中，劳动力按性别分工的现象更加明显。这里几乎所有的妇女都从事农业生产，既种植粮食作物，也种植咖啡等经济作物。一年中平均每个妇女至少要用 190 个劳动日从事田间劳作。相比之下，男人们只在农田劳作 10 个工作日。男人们主要从事伐树、建造和维修房子。他们照看椰棕榈树，需要用它做屋顶。男人们放养山羊等家畜，用养羊赚的钱支付结婚费用。传统上，男人们要花去大部分时间参加各种各样的集会，这些集会大多与产品交易相关。

尽管农村地区的妇女非常勤劳，但她们还是缺乏自由，只能在自己的小圈子里享有最大的行动自由。她们出卖自己收获的剩余粮食，头顶玉米、花生、土豆或者木薯，步行很远的路每周去一次市场。在市场上，她们与朋友会面，炫耀新衣服，打听新闻，把产品换成现金，或者换成自己需要的东西。

2. 牧民

北方地区的干季大约从 10 月或 11 月持续到次年的 3 月或 4 月。在干季，只有富裕的牧民为了供应稳定的新鲜牛奶才在居地附近牧养少量的奶牛。牧民们把大多数牲畜放养到远方不同的草场。在最北部地区，他们将牛群迁移到像曼达腊山那样湿润的山谷中，直到雨季的到来。

在干季，农民有时从山上下来牵走迷路的动物，经常与牧民引发口角甚至暴力。此时，也是牧区妇女卖给农民牛奶和黄油，买回玉米、花生、葫芦的季节。男人们聚集在有水的地方闲谈。当雨季开始的时候，牛群又被赶回村子，直到下一个干季的来临。

在阿达马瓦高原的最南部，那里的气候适宜，牲畜可以常年吃到新鲜的牧草，牧民不用到远方放牧。那里的雨季持续较长时间，与森林接壤的地方河流常年不干涸。

此时，从不迁移的富拉尼人将他们的牲畜委托给牧人，牛奶和照看 30 头牛就得到 1 头小母牛是给牧人的报酬。另外，如果牧人遇到好的主人，他们还能得到礼物和衣服，在穆斯林的重要节日还能得到现金。

3. 城市居民

城市居民的生活水平高于农村和牧区。20 世纪 60 年代中期，城市居民消费的动物产品是农村地区的两倍，消费的制成品是农村地区的 6 倍。一般而言，城市居民将 1/3 的收入花在吃喝上，1/10 多一点的收入用在穿衣上。然而，据政府统计，由于生活和消费习惯的不同，喀麦隆城市居民的日常消费悬殊很大。

例如，在雅温得，51.6%的人口就职于政府部门或私营经济部门，他们的收入是那些没有专业技术的劳动力的50倍。他们居住在城市的低密度区，一般是现代的、用砖瓦盖成的二层楼。那些设备齐全的楼房70%是租给政府高级雇员的，房租只相当于市场价格的1/10。只有4%多一点的私营企业高级雇员拥有自己的现代住宅。

许多生活在社会上层的人们曾有海外求学的经历，不是到塞内加尔的达喀尔大学，就是到法国留学，获得西方的生活体验。他们偏爱西方进口食品胜过本地生产的食物。他们大多数人喜欢食肉而不是低收入人群喜欢的鱼肉。他们喝法国葡萄酒或法国酿造的啤酒；而穷人才喝本国生产的啤酒和其他饮料。

高收入阶层因为养私车，一般将收入的1/4用在交通上；一些中等收入人士有摩托车；而穷人则用自行车或乘坐公共交通，只需将收入的1.3%花在交通费用上；大约有3/4的人徒步上下班。

政府雇员一般较私人部门工作的人更容易获得贷款，他们只需用10.5%的收入去偿还购买住房、轿车或家庭装备的长期贷款。另外，他们平均花销15%~20%的收入偿还短期贷款。那些没有稳定工作的人很难获得贷款，因此，他们归还借款一般不超过收入的2%或3%。

城市居民和生活在乡下的亲戚保持着密切的联系，即使他们已在城市居住多年，也还是经常回乡下去探亲。沿袭喀麦隆社会的价值观，城市居民将9%的收入用于给亲戚购买礼物。在喀麦隆，农村人将自己的孩子寄养在城里的亲戚家的情况非常普遍。城市居民家庭人口规模一般比较小。在雅温得，超过一半居民的家庭只有3人组成。①

---

① 1 Harold D. Nelson al, *Area Handbook for the United Republic of Cameroon*, Washington：1974, p. 101.

喀麦隆城市人口增长的速度非常快。雅温得市的人口以每年10%的速度增长，而且人口构成也发生了相应的变化。1919年，杜阿拉一半的人口是渔民和农民，但是到了1969年，渔民和农民只占全市人口的6%。城市人口中的大部分是未婚男子，他们没有合适的住房和适宜的工作，靠出卖体力维持生计。他们的工作毫无保障，因为他们都是缺乏专业技能的劳动者，只能得到非常低的报酬。大多数年轻人来到城市希望过更好的生活，但是由于存不下足够的钱结婚，只能单身。城市中不少已婚男人，或许还要乡下家庭的帮助，不能把妻子带到城市，一是养不起，二是妻子在乡下还要担起养家糊口的责任。

二　劳动就业

2003年喀麦隆全国从事经济活动的人口比率为41.6%，其中男性为61.5%、女性为38.5%。[1] 20世纪90年代中期以来，喀麦隆的就业总人口在16.3万左右。尤其是2001年喀麦隆—乍得石油管线的铺设至少提供了3000个就业机会，在管线工程建设的高峰期，大约雇佣6000名喀麦隆工人。2001年就业总人口达到165918人。其中，教育、卫生、军队、政府机构是提供就业岗位最多的部门（参见表4-30）。作为喀麦隆第一产业的农业创造的就业岗位仅占全国就业总人口的5.9%；第二产业中的能源和矿业部门仅提供了0.4%的就业岗位；相比之下，第三产业提供的就业岗位最多，仅教育部门提供的就业岗位就占到34.3%，卫生部门占到7.3%。

根据美国中央情报局的统计数据，2001年喀麦隆的失业率高达30%。另有数据显示，2001年妇女失业率为20%，男子为14%。[2]

---

[1]　African Development Bank, *ADB Statistics Pocketbook 2005*, p. 31.

[2]　http：//models. wider. unu. edu/africa_ web/cm_ intro. php , August 15, 2006.

表 4 – 30　劳动力就业情况（按部门分类）

单位：人

	1996 年	1997 年	1998 年	1999 年	2000 年	2001 年
一般政府部门	24988	24090	23165	22861	21546	23356
国防	28049	28021	30085	30651	30196	33772
公共秩序和法院	2533	2469	2372	2379	2340	2311
教育	52351	53128	54570	56140	57203	57101
卫生	14729	14227	13989	13651	13298	12098
社会安全	2143	2021	1962	1899	1830	1900
住房和社区事务	2329	2250	2181	2068	2012	2119
娱乐和文化	3364	3175	4671	4666	5119	2830
能源和矿产	526	509	488	467	453	591
农、林、渔业	12143	11405	10995	10636	10505	9732
公共建筑、交通运输	8839	8568	7181	6324	5491	5646
其他部委[①]	11283	10434	10192	9856	11762	14462
其中：						
教育占全部就业人口的百分比	32.1	33.1	33.7	34.7	35.4	34.3
卫生占全部就业人口的百分比	9.0	8.9	8.6	8.5	8.2	7.3
总就业人口数	163277	160297	161851	161608	161755	165918

说明：①包括经济财政部、工商部、旅游和科研部门。

资料来源：引自国际货币基金组织 2002 年 11 月国别报告，2002 年第 257 号。

三　工资与物价

1. 工资

喀麦隆政府 1967 年颁布了《劳动法》和《社会救济法》，规定全国统一的工资标准和福利标准，各个企业都实行 12 级工资制，每个级别又分为 6 个等级。后来通货膨胀严重，为保障人民生活，从 1973 年 9 月到 1981 年 2 月，政府曾先后 7 次提高职工工资。[①]

21 世纪初期，喀麦隆政府人员的工资水平大致为：最低月工资为 3 万非洲法郎，办事员月工资为 5 万非洲法郎，管理人员月工资为 10 万非洲法郎，公职人员月工资为 30 万非洲法郎，部级官员月工资为 50 万 ~ 90 万非洲法郎；但实际上，各地区和各部门的工资水平很不统一，相差悬殊。例如，以 2004 年 12 月的工资为例，教育部门员工的平均工资为 230484 非洲法郎（相当于 460 美元），卫生系统雇员为 183002 非洲法郎（相当于 366 美元），议会和政府工作人员为 163498 非洲法郎（326 美元），警察和军人为 224050 非洲法郎（448 美元），其他部门工作人员为 181538 非洲法郎（365 美元）。

2. 物价

自 1994 年非洲法郎贬值后，对非洲法郎区国家的物价产生剧烈振荡。同年，喀麦隆国内物价飞涨，年底通货膨胀率高达 33.8%。1995 年以后，由于喀麦隆紧缩财政加上中非国家银行实施稳健的货币政策，使通货膨胀率迅速下降，2000 年通货膨胀率为 - 2.1%。2001 年由于北方地区粮食短缺和需求增长，通货膨胀率升到 4.5%。为此，地区中央银行压缩货币供应量。2002 年紧缩银根政策和审慎的财政政策又把通货膨胀率降到 2.8%。2003 ~ 2005 年通货膨胀率继续受到遏止，被控制在较低水平，分别为 0.6%、0.3%、2.5%。但在 2006 年，国际石油产品价格大幅上涨，拉动喀麦隆国内食品价格、运输价格不断攀升，导致全国消费者物价指数上升到 5.1%。2007 年政府采取有力措施抑制物价上涨，使通货膨胀率降到 1.1%。

---

① 陈宗德、吴兆契主编《撒哈拉以南非洲经济发展战略研究》，北京大学出版社，1987，第 203 页。

表 4 – 31　2002 ~ 2004 年喀麦隆政府人员工资[①]

	2002 年		2003 年		2004 年	
	最低	最高	最低	最高	最低	最高
1. 月工资(非洲法郎)						
公务员[②]	40000	45000	40000	45000	40000	45000
合同职员[③]	30000	30000	30000	30000	30000	30000
警察、军事人员	50000	60000	50000	60000	50000	60000
2. 工资调整变化(%)						
公务员[②]	0		0		0	
合同职员[③]	0		0		0	
警察、军事人员	0		0		0	
3. 工资压缩比						
(最高工资/最低工资)						
公务员最高工资与最低工资比	11.25		11.25		11.25	
公务员最高工资与合同职员最低工资比	15		15		15	
警察、军事人员最高工资与合同职员最低工资比	20		20		20	

　　说明：①包括定额津贴和住房津贴，一般占基本工资的 8%；②最低工资是第四级工资，最高工资是第一级 2 挡；③最低工资是第一类第一区基础工资 12 级制的平均值，最高工资是第 7 类基础工资 12 级制的平均值。

　　资料来源：引自国际货币基金组织 2005 年 5 月国别报告，2005 年第 165 号。

　　即使喀麦隆政府在遏制通货膨胀率方面有所收效，但与其他非洲国家相比，该国的物价水平仍属较高行列。在杜阿拉和雅温得等大城市，50 公斤袋装大米的价格在 1.6 万非洲法郎左右，猪肉零售价格每公斤在 1800 ~ 2100 非洲法郎之间，牛羊肉零售价格每公斤在 1500 ~ 2500 非洲法郎之间，鸡蛋价格每 30 只在 2000 非洲法郎左右。首都杜阿拉在 2003 年世界生活成本调查的城市排名中，从 2002 年的第 65 位（68.9 分）上升到第 31 位（82.9 分），属于世界物价水平较高的城市。不过，在喀麦隆，大中城市和城市周边及乡村地区的物价水平均差异较大。喀麦隆的主要食用油为棕榈油，棕榈油零售价格在每升 600 非洲法郎左右；蔬菜零售价格受季节因素影响变化较大。

表 4 - 32　2004 年 12 月政府雇员和部门的平均工资

	教育①	卫生	议会和政府②	警察和军人	其他公务员③	全部公务员
就业人数	57528	11055	2021	48980	45127	164711
月工资总额（亿非洲法郎）	133	20	3	110	82	350
平均月工资（非洲法郎）	230484	183002	163498	224050	181538	196514
平均月工资（美元）	460	366	326	448	365	393
每个部门占全部雇员的百分比	34.9	6.7	1.2	29.7	27.4	100
每个部门占全部工资额的百分比	38.1	5.8	1.0	31.6	23.6	100
每个部门工资额占 GDP 的百分比	2.1	0.3	0.1	1.7	1.3	5.5

　　说明：①包括雇员和三级教育的合同员工；②包括议会、总统和总理办公室人员和相关的雇员；③除去邮局的所有部委人员。

　　资料来源：引自国际货币基金组织 2005 年 5 月国别报告，2005 年第 165 号。

表 4 - 33　消费者物价指数

单位：%

	2000 年	2001 年	2002 年	2003 年	2004 年	2005 年	2006 年	2007 年
消费者物价指数的年均变化	- 2.1	4.5	2.8	0.6	0.3	2.0	5.1	1.1

　　资料来源：EIU, *Country Risk Service-Cameroon*, July 2008. p. 11。

四　社会保障

喀麦隆就业、劳动和社会保障部负责对全国的社会保障事务的监督和管理。

1. 老年人、残疾人的社会保障

（1）养老金

喀麦隆政府在 1969 年建立养老金制度，并于 1974 年、1984 年和 1990 年进行了 3 次修改。

喀麦隆政府采取的社会保险形式，是通过雇主、雇员缴纳保险费作为资金来源，政府不参加投保。对于公务人员的养老保险有特殊的形式。

投保者一般要缴纳雇员收入的 2.8%，雇主一般要缴纳雇员收入的 4.2%。

领取养老保险金必备的条件是：年满 60 岁投保 20 年且已缴费 180 个月，包括最近 10 年缴费 60 个月，而从有报酬的岗位上退休是必要条件。对于年满 50 岁要求提前退休者，只要已投保 20 年且缴费 180 个月（包括最近 10 年缴费 60 个月），同样可领取养老金。对于年满 60 岁（或 50 岁提早退休）的，不符合领取养老金资格的人员，最少可获得 12 个月的老年专用拨款。国家规定，给予养老金的金额，为退休前最后 3 年或 5 年平均月收入的 30%，但缴费超过 180 个月者，每 12 个月增发收入的 1%；同时规定，最低养老金的金额为法定最低工资的 50%，最高养老金的金额为被保险者平均月工资的 80%。

（2）无劳动能力者养老金

支付对象是，丧失谋生能力、投保 5 年且上一年至少缴费 6 个月的投保人。国家规定，无劳动能力者的养老金的金额，为丧失劳动能力前 3 年或 5 年平均月劳动收入的 30%，缴费超过 180 个月者，每 12 个月增发收入的 1%。在无劳动能力投保者未年满 60 岁之前，每年都要提出要求，且每年支付投保者 6 个月的保险费。

（3）死亡补助金

养老金领取者，或符合领取养老金保险条件，或至少缴纳 180 个月养老保险金的投保人，去世后发给死亡补助金。领取死亡补助金的对象，指死者配偶、未满 14 周岁的儿童（或 18 岁的学徒、21 岁的学生或无劳动能力者）。国家规定，死者的配偶可得到死亡补助金的 50%，如果死者的妻子不是一个，则应在几个妻子中平均分配；如果死者的妻子再婚，则停发死亡补助金。死者的孩子可得到死者补助金的 15%，每个孩子得到的金额是平等的；如果孩子是孤儿的话，则可得到 25% 的死亡补助金。死者父母每人可得到死亡补助金的 10%。如果死者没有妻子、孩子，死者父母已离世，那么死者的亲戚有权领取死亡补助金，并在他们间平均分配。值得指出的是，全部死亡补助金不得超过死者养老金的全额。

2. 医疗和生育的社会保障

喀麦隆政府最早于 1956 年建立了医疗和生育的社会保障体系。现行的法规是 1967 年颁布的，并于 1995 年进行补充修订。

（1）生育保险

喀麦隆政府采取社会保险的形式，使得生育妇女从中受益。覆盖范围为就业妇女，不包括个体劳动者。享受这种待遇的条件是，妇女从事受保职业至少连续 6 个月，并参加这种保险。

对该项投保者发给生育保健费，投保妇女及其投保的丈夫可得到 1400 非洲法郎的生育费用；孕妇每次产前检查和婴儿最初 6 个月的每次儿科保健都可得到 200 非洲法郎的补贴。另外，政府的医疗机构还提供一些免费医疗。

（2）医疗福利

喀麦隆政府在这方面没有专门的法律规定。但是《劳动法》规定，在劳动者生病缺勤期间，病情诊断须由雇主同意，或由国家承认的医院或医生开具证明，其休息期限不得超过 6 个月；劳动者可享受申明的缺勤时间应得的部分报酬，享受内、外科门诊治疗、住院和康复等医疗待遇。

3. 工伤、殉职的社会保障

早在 1944 年，工伤保险就成为喀麦隆立法最早的保险项目，目前实施中的是 1977 年的有关法规。

这一保险的覆盖对象包括雇工、学徒、海员、技校学生、培训人员，如果雇主愿意投保，也可列为投保对象；但不包括公务员。受保人本人不用缴纳工伤保险金，由雇主按雇工工作风险的不同等级缴纳雇工工资收入的 1.75%、2.5% 或 5% 的工伤保险金。工伤补助享受条件规定：临时伤残待遇，享受事故前 3 个月内受保人月工资收入的 2/3，从工伤次日起支付，直至痊愈或证明其永久残疾；永久性伤残可得到永久残疾抚恤金，标准为事故前 3 个月内受保人平均收入的 85%。

殉职抚恤金：如果投保人在工作时间死亡，抚恤金为生前最后 3 个月平均收入的 85%。其遗属享受的待遇标准，与前述死亡补助金相同。

4. 家庭津贴

喀麦隆政府对有子女的员工家庭发放津贴，并于 1956 年首次立法。目前的法律是 1967 年的文本，后于 1995 年进行了修订。

覆盖范围为所有劳动者，但不包括个体劳动者，对于学徒工的家庭另有特殊规定。家庭津贴的支付对象还包括已经退休领取养老金且家中有无劳动能力的孩子；符合条件的遗属和幼小子女。

受保人不用缴纳保险金，由雇主按雇工工资总额的 7%、农业部门为 5.65%、私立学校为 3.7% 交纳。

符合领取家庭津贴的条件：子女未满 14 周岁（18 岁的学徒、21 岁的全日制学生或无劳动能力者），其父母必须每个月工作 18 天或 120 个小时。

第五章

军　事

第一节　国家安全环境和安全政策

一　国家安全环境

1. 外部安全环境

复杂的殖民历史带给了喀麦隆特殊的国家安全环境。殖民时期，喀麦隆由于曾受到德、英、法三国的殖民统治，而且是唯一作为前德国的殖民地却又遭到英、法瓜分的非洲国家，因此，喀麦隆的对外关系受到多国的影响。独立初期，喀麦隆一方面需要通过维护和法国的友好关系，获得援助；另一方面，喀麦隆在各个方面又要努力弱化前殖民宗主国英国和法国在喀麦隆的影响，维护民族的自决和独立。独立初期，喀麦隆同前宗主国法国签订了一系列合作条约，其中包括军事方面的合作，这种合作关系一直维持到现在。长期的军事合作使喀麦隆的外部安全在很大程度上依赖法国提供重要的保证，军事装备、训练、战术等多来源于法国。

长期以来，对喀麦隆造成外部威胁的主要因素来自强邻尼日利亚。由于历史的关系，喀麦隆和尼日利亚有着长期的边界争端。作为中非地区的一个主要国家，喀麦隆在该地区有着较强的军事实力，但面对比自己拥有更强军事力量的尼日利亚，喀麦隆对本国的国防安全一直感到不安。尤其是 20 世纪 90 年代以来，双方在巴卡西半岛多次发生武装冲突，加剧了喀麦隆的担心，喀麦隆开始重视加强国防建设。

法国对喀麦隆的军事援助是喀麦隆的重要军事保证。但是法国也允许喀麦隆发展自己的武装力量，因此，独立后的喀麦隆建立了自己的军队。法国对喀麦隆的经济援助也是非常大的。20 世纪 80 年代以来，喀麦隆国内经济不景气，国家财政对法国和国际社会援助的依赖性增加。喀麦隆和尼日利亚边界冲突以来，建立一支能够对邻国尼日利亚具有一定威慑力的军队成为喀麦隆发展军事的主要目标之一。为此，喀麦隆在外援下，其国防和经济能力得到了很大的提高。

2002 年 10 月 10 日，海牙国际法庭做出了巴卡西半岛主权归属的最终裁决，判决认定巴卡西半岛主权属于喀麦隆，部分边境陆地主权属于尼日利亚。2003 年 12 月喀麦隆和尼日利亚解决领土争端混合委员会第七次会议在喀麦隆首都雅温得召开，会议发表了联合公报。根据公报，尼日利亚将于 2003 年 12 月 8 日开始从喀麦隆乍得湖地区的 33 个村庄撤出在该地区设立的行政管理机构以及军队和警察。

虽然目前喀麦隆同尼日利亚领土争端带来的威胁日益消失，但是由于发生美国"9·11"恐怖袭击事件之后国际安全环境发生了很大的变化，加强本国的军事现代化建设也成为喀麦隆维护国家安全的要求。

2. 内部安全环境

独立以来，喀麦隆一直维持着政治局势的稳定，在这过程中，军队发挥了重要的作用。喀麦隆联邦时期，总统阿希乔在加强中央权力的同时，牢牢控制着军队的指挥权，军人当政的情况没有在喀麦隆出现。

影响喀麦隆安全的内部因素主要来自三方面：20 世纪 60 年代以来喀麦隆国内武装反抗力量的影响；喀麦隆联邦结束后，西部英语区民众的不满；阿希乔下台后，北方部族出现反抗情绪。独立初期，由于新政权刚刚建立，国内民族独立运动风起云涌，社会秩序混乱，20 世纪 60～70 年代，喀麦隆国内主要受到喀麦隆人民联盟运动的影响，为此，政府的核心任务是打击喀麦隆人民联盟的游击运动。

阿希乔政府时期，国家实现了东、西喀麦隆的统一，国家长期实行一党制，社会稳定，经济发展，成为非洲备受瞩目的国家之一。20 世纪 80 年代，随着阿希乔—比亚政府的过渡，国家出现了短暂的动荡。在 80 年代末 90 年代初的非洲政治民主化浪潮中，喀麦隆率先实行了平稳过渡，实行多党制，并进行市场经济改革。

由于国内存在 200 多个部族，加上长期的殖民影响，造成了喀麦隆部族之间发展的不平衡：西南沿海地区的部族，如芳族、巴米累克族、杜阿拉族等由于受西方国家的影响最早，社会、经济和文化发展程度较高；北方地区的部族，如富拉尼族等受伊斯兰文化影响久远，有着较为完整、稳定的社会机制；南方地区的部族，一直受地域限制，发展较慢，社会化程度较低。长期存在的部族之间发展的不平衡一直是影响喀麦隆内部稳定的重要因素。20 世纪 80 年代喀麦隆政治局势出现的短期动荡，就是由部族问题产生的。为此，维护国内的社会稳定是喀麦隆的主要内部安全问题。

喀麦隆在 20 世纪 60 年代独立后，由于国内爆发了反抗运动，特别是在巴米累克和巴萨地区发生游击战争，使喀麦隆社会的稳定受到威胁。在法国帮助下，喀麦隆政府在镇压国内反抗运动的同时，开始维持了一支强有力的军事力量。此后，虽然国内反抗势力被镇压，但在国内政治生活中，国家安全和军事戒备一直受到政府的重视。

二　国家安全政策

不同于多数法语非洲国家，喀麦隆从来没有经历过军人统治。从表面来看，喀麦隆摆脱了殖民统治，取得了独立，但在实际上，如同其他前法国殖民地国家一样，独立后的喀麦隆在很多方面仍依赖法国。特别是当这些国家的国内不同意见危及国家的稳定时，法国派兵维持当局的行为更加能说明这点。在经济方面，同样是法国对这些国家提供了大量的援助。20 世纪80 年代中期以来，由于国际市场油价和一些初级产品价格下跌，导致喀麦隆的收入锐减，在这种情况下，喀麦隆经济的自主能力下降，它对法国和国际多边金融机构的援助依赖增加。80 年代中期以来，喀麦隆国内经济不景气，社会问题加重，加上 90 年代初以来与尼日利亚在双边问题上的军事冲突，导致喀麦隆在一个时期内军事预算增加，军队武器现代化需求急迫。随着近年来双方边界问题的解决，喀麦隆在军事方面的重点转向地区合作，维护安全。

三　国家军事战略

喀麦隆从独立以来一直和法国维持着重要的军事合作关系，这使得喀麦隆在国家防务方面更多地依赖法国的军事援助。但是，作为中非的一个重要国家，喀麦隆的军事力量保持着一定的地区优势。喀麦隆宪法规定，军队的任务是维护国家的安全和稳定。由于北部同强大的尼日利亚接壤，加上长期以来尼喀两国之间的领土纠纷，以及边界地区存在复杂的民族问题，喀麦隆的军事战略更多的时候受到邻国的影响。随着国际安全环境的变化，积极发展本国的军事力量，提升国家的军事实力，进行军事革新，已经成为喀麦隆日益关注的问题。陆军是喀麦隆的最主要的武装力量，喀麦隆一直把陆军的现代化作为增强军队战斗力的重要目标来抓，近年来已经有了很大的发展。海军的革新战略目前虽然没有具体的方案，但是海军一直要求政府增加对海军的预算以增加海军的装备。根据喀麦隆和法国的军事协议，如果法国舰队中的军舰进一步升级或者更新，喀麦隆将有可能从法国得到替换后的海军舰艇以及相关设备。由于制空权在现代战争中的重要性，喀麦隆也在积极谋求空军现代化。目前喀麦隆虽然没有公布有关提升空军战斗力的方案，但是由于对现代战争中制空权重要性的考虑，可以认为它将是喀麦隆未来军费投资优先考虑的部门。

第二节　军事组织

一　建军简史

独立前，作为英、法的殖民地，喀麦隆没有独立的武装力量。随着喀麦隆独立运动的发展，建军事宜被提上日程。1959 年 11 月 10 日，喀麦隆建立了本国最早的武装部队——陆军，随后于 1960 年 12 月建立了海军，1963 年建立了空军。建军初期，喀麦隆军队中的军官多为法国人，1965 年后，喀麦隆逐步选用本国军官代替了法国军官在军队中的地位。1973 年，喀麦隆正式从法国手中接管了对三军的指挥权。经过多年的建设和发展，喀麦隆逐步形成了陆海空三军体系下的多军种国防部队。此外，宪兵也是喀麦隆重要的武装力量，其规模在不断扩大，建制日趋完善。

二　国防体制

1. 指挥体系

根据喀麦隆宪法规定，喀麦隆总统为武装力量最高统帅。国家最高国防决策机构是武装部队部。喀麦隆武装部队最高指挥机构原为总司令部，1983 年宣布撤销总司令部，陆海空三军统属总参谋部指挥。1984 年 4 月设立总统特别参谋部，并另组总统府卫队。

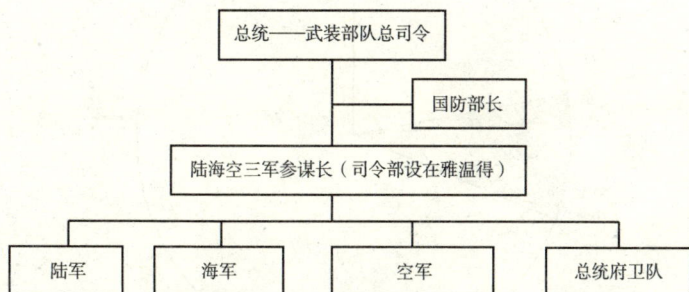

图 5－1

2. 军队部署

1985 年喀麦隆全国设立了四个军区：第一军区总部设在埃博洛瓦，管辖东部省和中南省（除海洋州）；第二军区总部设在杜阿拉，管辖滨海省、西南省（除马尼龙州）和中南省的海洋州；第三军区总部设在巴富萨姆，管辖西部省、西北省和西南省的马尼龙州；第四军区总部设在加鲁阿，管辖北部省。

2001 年 7 月，喀麦隆军队实行重大改革，建立总统—国防部长—大军区司令—省军区司令的垂直领导体制。全国分为三个大军区，司令部分别设在雅温得、杜阿拉和加鲁阿，这三地还设立 3 个宪兵军区。10 个省内设立 10 个陆军军区。

第三节 军种与装备

喀麦隆军事力量主要分为陆军、海军（包括海军陆战队）、空军和宪兵部队。

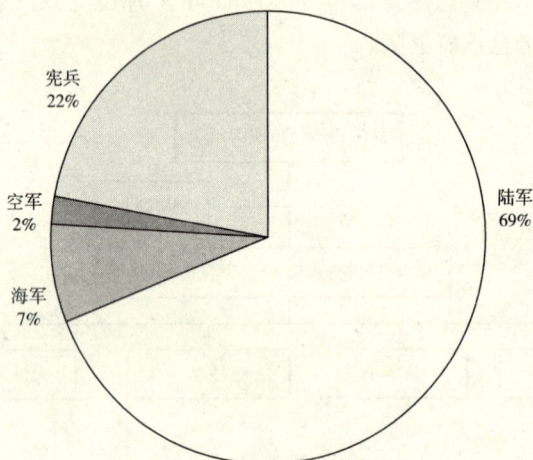

图 5 - 2

一 陆军

1. 指挥系统

根据宪法，总统是武装部队总司令，军队直接听命于总统，总统对军事行动做出决策，然后通过国防部长直接给三军参谋长下达命令，三军参谋长实施命令传达。

2. 陆军编制

陆军兵力主要根据国家行政区的设置来部署，10 个行政省设立 10 个军区，每个军区都驻扎一定的军队。在 1985～1995 年，喀麦隆陆军人数维持在 6600 人左右；1995 年之后，陆军数量有所上升，1995 年达到 13000 人。1995 年前，喀麦隆陆军兵力分配大致为 1 个伞兵突击营、5 个步兵营、1 个工程兵营、1 个炮兵营、1 个高炮营和总统府卫队（包含有 1 个警卫营、1 个装甲侦察营、3 个步兵连）。1995 年后，13000 人的陆军分为总

```
                          三军参谋长
    ┌──────────────┬──────────────┼──────────────┬──────────────┐
野战军（司令部        训练营          总统府卫队          工程兵营
设在雅温得）
    ├──────────────┬──────────────┬──────────────┬──────────────┐
  步兵营          步兵营          步兵营          步兵营          步兵营
    ├──────────────┬──────────────┐
  炮兵营          防空营      空降/两栖突击营
    ├──────────────┐
  宪兵（包括10个宪兵大队）
```

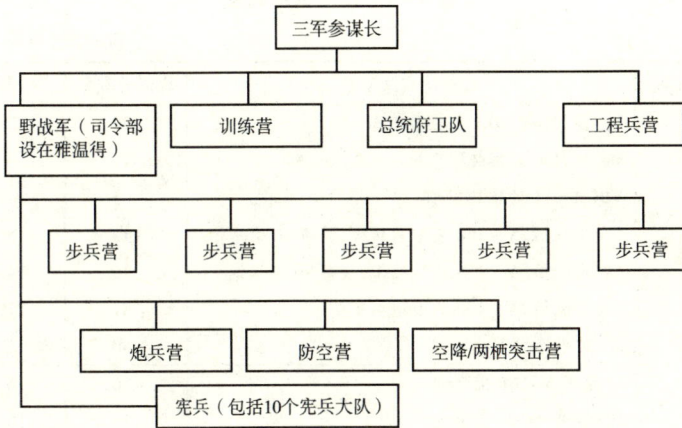

图 5 - 3 　陆军指挥系统

统府卫队（辖 1 个警卫营、1 个装甲侦察营、3 个步兵连）、1 个
空降/两栖突击营、5 个步兵营、1 个工程兵营、1 个炮兵营（辖
5 个炮连）、1 个防空营。目前陆军武器配备主要有装甲侦察车、
步兵战车、装甲输送车、牵引炮、迫击炮、反坦克导弹、火箭
筒、无坐力炮、高炮等（见表 5 - 1）。

　　3. 基地及其训练

　　陆军基地主要设在主要的城镇或城镇附近。通常来说，喀麦
隆的军事基地都是随着喀麦隆的主要行政区部署的。重要的陆军
驻地有设在滨海省的杜阿拉基地、中央省的雅温得基地、北部省
的加鲁阿基地和东部省的巴图里基地。此外，在雅温得、杜阿
拉、巴图里、加鲁阿、南部省海滨地区的克里比以及滨海省的恩
康桑巴都设有陆军军事要塞。军队的地区性训练主要在与法国的
合作指导下进行，较为高级的军事理论研究主要通过在法国的各
种军事院校来完成。

表 5 - 1　陆军武器装备

单位：辆，门

陆军	武器种类及型号	武器总数量	在役数量
装甲车配备	"白鼬" MK1/MK2 侦察装甲车	20	12
	M8 和 M20 侦察装甲车	10	6
	VBLM – 11 侦察装甲车	5	4
	"突击队员" V – 150 装甲运兵车，装备 20 毫米炮	12	8
	"突击队员" V – 150 步兵战车，装备 90 毫米炮	16	14
	"突击队员" V – 150 装甲运兵车	32	21
	M3 装甲运兵车	40	15
炮兵配备	75 毫米 M116P 榴弹炮	6	6
	105 毫米 M101 榴弹炮	16	16
	130 毫米 59 型野战炮	12	12
	85 毫米 56 型野战炮	12	12
	122 毫米 Grad 火箭发射车	20	20
反坦克武器	106 毫米 M40A2 无后坐力步枪	100	86
	"米兰" 反坦克导弹	60	60
	"HOT" 反坦克导弹	60	60
	牵引型反坦克导弹	24	24
	57 毫米 52 型野战炮	18	13
防空武器	14.5 毫米 58 型轻型防空炮	24	24
	35 毫米（双管）阿里肯防空高炮火控系统	6	6
	37 毫米 M1939 – 63 型防空炮	18	18

陆军	种类及型号	武器功能
步兵武器	9 * 9 毫米 FN35	手枪
	9 毫米 MAC Mle50	手枪
	0.357 Manurhin MR73	手枪
	9 毫米 H&K MP5	轻机枪
	5.56 毫米 SIG540	攻击步枪
	5.56 毫米 Steyr AUG	攻击步枪
	5.56 毫米 M16A1	攻击步枪

续表 5 - 1

种类及型号	武器功能
7.62 * 54 毫米 FN – FAL	攻击步枪
7.62 * 54 毫米 HK21	机关枪
0.50 "勃朗宁" M2HB	机关枪
14.5 毫米 KPV	机关枪
40 毫米 M203	手榴弹发射器
60 毫米 "伯莱塔"	轻型迫击炮
81 毫米 "伯莱塔"	中型迫击炮
81 毫米 L16	中型迫击炮
120 毫米 SB "伯莱塔"	重型迫击炮
120 毫米	重型迫击炮

(步兵武器)

资料来源：*Jane's Sentinel Security Assessment Central Africa*, January-June 2000。

二 海军

1. 指挥系统

海军部门指挥机构是设在杜阿拉的海军司令部。海军司令根据三军总参谋长下达的命令，通过设立在杜阿拉的海军基地实施指挥。在本部门内，海军司令拥有决策权。

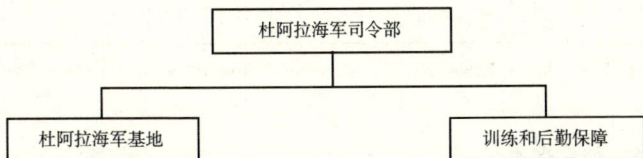

图 5 - 4 海军指挥系统

2. 海军编制与装备

喀麦隆海军在 20 世纪 80 年代发展较快。1987 年海军人数为 350 人，1988 年增加到 670 人，1989 年达到 700 人，1992 年增加到 800 人，到 1995 年已经发展到 1300 人的规模，成为喀麦隆三军中发展最快的部队。它的主要装备有导弹攻击舰"巴喀西"PFM 型、巡逻艇、登陆艇等 10 余艘。近年来喀麦隆海军力量不断得到加强，各类舰艇由 1991 年的 10 余艘上升到 2002 年 32 艘，其中包括内河巡逻艇。具有作战能力的海军主要装备是"巴喀西"PFM 型导弹攻击舰。近年来，该型导弹攻击舰已经安装了更新的雷达系统，装备有 8 枚 SSMM 40 型导弹以及光电雷达系统。此外，PR49 大型巡逻艇装备有 8 枚 SS12M 对空导弹，它主要用来协助"巴喀西"型舰艇进行作战。

表 5-2 海军武器装备组成

单位：艘，架

海军兵种	舰船种类及型号	装备时间	数量
海军装备	P48S 型导弹巡逻艇	1982 年	1
	P48 型大型巡逻艇	1973 年	1
	"西米诺"巡逻艇	1991 年	6
	PBR 内河巡逻艇	1988 年	20
	LCM 登陆艇	1982 年，1983 年	2
陆战队装备	Do-128-6MPA 型海上巡逻直升机		3

资料来源：*Jane's Sentinel Security Assessment Central Africa*，January-June 2000。

3. 海军基地

喀麦隆海军下辖三个军事基地：杜阿拉海军基地、林贝海军基地和克里比海军基地。

三 空军

```
                    ┌─────────────────┐
                    │  杜阿拉空军司令部  │
                    └─────────────────┘
```

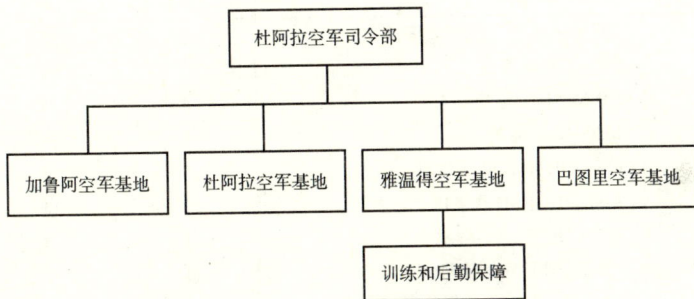

图 5 - 5 空军指挥系统

1. 空军编制及武器装备

长 期以来，喀麦隆空军人数维持在 300 人左右，主要配备为作战飞机、武装直升机、直升机和运输机。1985 年空军装备有 15 架作战飞机和 2 架武装直升机。1987 年空军为 350 人，装备作战飞机 15 架、武装直升机 2 架、运输机 25 架、直升机 11 架。1988 年空军为 350 人，装备 13 架作战飞机（其中 5 架阿尔法喷气攻击机、4 架"教师"教练机）、25 架运输机、14 架直升机（其中 2 架为武装直升机）。1991 年编为 1 个混成中队、1 个总统专机小队；主要飞机包括攻击战斗兼防暴机 5 架（"阿尔法喷气"式）、CM - 170 型机 11 架、海上侦察机 2 架（DO - 128 - 6 型）、攻击直升机 4 架（SA - 342L 型）、运输机 11 架（C - 130 型 3 架、DHC - 4 型 1 架、DHC - 5D 型 4 架、IAI - 201 型 1 架、PA - 23 型 2 架）、直升机 11 架（贝尔 206 型 3 架、SE - 3130 型 3 架、SA - 318 型 1 架、SA - 319 型 4 架）。

表 5 - 3 空军武器装备

空军	武器种类及型号	武器总数量（架）	在役数量（架）
固定翼飞行器	"阿尔法喷气"近援/教练机	7	5
	CM - 170 防暴机	10	5
	DHC - 5D 运输机	4	4
	DHC - 4 运输机	9	不详
	C - 130H/H - 30 运输机	3	3
	Arava201 运输/联络机	3	1
	727 - 2R1 贵宾运输机	1	1
	"湾流"Ⅲ贵宾运输机	1	1
	PA - 23 - 250Aztec 联络/轻型运输机	2	1
	Do28A - 1 功能机	3	1
	Atlas Impala MK Ⅰ/Ⅱ近援/教练	6	6
旋翼飞行器	SA318C 通信机	1	1
	SA319B 通信/功能机	3	2
	SA330C 通信/功能机	2	2
	SA342L 攻击直升机	4	4
	"贝尔"206 - 3"长巡者"Ⅲ通信/功能机	3	3
	AS365N		
	AS332L"超级美洲豹"通信/功能机	1	1
	AS332C"美洲豹"功能机	2	2

资料来源：*Jane's Sentinel Security Assessment Central Africa*，January-June 2000。

2. 空军基地

喀麦隆空军在全国的基地主要有：杜阿拉空军基地、雅温得空军基地、加鲁阿空军基地和巴图里空军基地。其中，杜阿拉空军基地和雅温得空军基地是喀麦隆的空军要塞，空军的主要装备和防卫设在这两个基地。雅温得空军基地还为空军提供主要的训练和后勤保障。恩冈代雷和普埃特港（Port Pouet）也是空军基地，但是使用率不高。

四 宪兵

20 世纪 80 年代，喀麦隆宪兵人数一直维持在 4000 人左右，1985 年编为 7 个宪兵大队，1987 年改编为 10 个宪兵大队。1995 年宪兵人数增加并维持在 9000 人左右。宪兵部队配备有轻型武器和轻型装甲车以及时速可达 20 海里的 10 艘 PBR 级内河快速巡逻艇。这些快艇是 1988 年 3 月购置，配置有 12.7 毫米和 7.62 毫米机关枪。宪兵通常协助警察维护地方治安，直接受地方政府的管辖。

五 其他军事人员

主 要包括海关军事人员和警察。海关军事人员主要负责喀麦隆各海关关口的日常安全工作，并负责在紧急时刻召唤地方宪兵进行援助。海关军事人员配备有 2 艘 36PBR 级内河巡逻艇进行缉私活动。巡逻艇装备有 7.62 毫米机关枪和"弗鲁诺"地面搜索雷达。警察主要负责地方的安全和社会治安。警察人员主要使用轻型武器和其他防暴器材。

第四节 国防预算和军费开支

喀 麦隆是中部非洲的重要国家。因此，维护一定的军事实力是必要的。独立后的 20 世纪 60、70 年代，由于喀麦隆存在人民联盟的武装反抗活动，喀麦隆通过法国的援助加强国家的军事力量。80 年代，阿希乔下台后出现了社会的短期混乱；90 年代初，喀麦隆和尼日利亚由于边界纠纷发生多次军事冲突，这些都使政府重视加强军事力量，政府对军费预算有所增加（具体预算参见表 5 - 4）。

表 5 - 4 军费开支情况

年份	GNP（百万美元）	中央政府支出（百万美元）	军费开支（百万美元）	武装力量（万人）	军费支出占中央政府支出（%）	人均军费支出（美元）
1987	9720	2240	188	1.5	8.4	17
1988	8950	—	145	2.1	—	13
1989	8690	1830	121	2.1	6.6	10
1990	8120	1810	132	2.3	7.3	11
1991	7640	1760	115	2.4	6.5	9
1992	7500	1440	119	1.2	8.2	9
1993	7190	1220	125	1.2	10.2	10
1994	6920	1060	123	1.2	11.7	9
1995	7170	983	188（估计）	2.2（估计）	19.1	14
1996	7540	1300	201（估计）	1.5	15.5	14
1997	7890	1360	240（估计）	1.3	17.7	16

资料来源：*World Military Expenditures and Arms Transfer 1998*；*U. S Department of State Bureau of Verification and Compliance*, released April, 2000。

政府军费预算一方面用来购置武器（见表 5 - 5）；另一方面，用来改善军人的待遇（见表 5 - 6），主要用来支付军人的工资、福利等，其总额约占军费经常开支的 90%，约占国防预算的 85%。服务支出约占总开支的 10%，占国防预算的 7%。用于军事设施以及装备的军事投资约占国防预算的 3% ~ 5%。此外，政府还有可能通过预算外资金或者额外预算来增加购买武器等支出。

1982 ~ 1986 年，由于政府面临国内紧张局势，喀麦隆的军费支出上升，这一期间政府军费支出上升了 29%。之后，由于财政紧张，1987 年政府军费支出下降了 14%；1988 年在 1987年的基础上又下降了 7.3%，达到政府预算的 20.3%。

1989～1991年，由于政府面临国内政局不稳定以及同尼日利亚的边界冲突，军费支出又上升，1989 年占政府支出的 6.6%，1990 年达到 7.3%。此后军费开支上升的趋势一直维持到 1994 年，军费支出达到政府预算的 11%。

表5-5　武器贸易情况

年份	武器进口（百万美元）	商品总进口（百万美元）	武器进口/总进口（%）
1987	13	2251	0.6
1988	13	1609	0.8
1989	12	1535	0.8
1990	12	1640	0.7
1991	0	1329	0
1992	0	1289	0
1993	0	956	0
1994	11	758	1.4
1995	10	1242	0.8
1996	20	1247	1.6
1997	10	1359	0.7

资料来源：*World Military Expenditures and Arms Transfer 1998*；*U. S Department of State Bureau of Verification and Compliance*，released April，2000。

表5-6　政府军费支出内容

单位：10 亿非洲法郎

军费支出类别 ＼ 年度	1997/1998	1998/1999	1999/2000	2000/2001
日常支出	65.5	75.5	79.4	67.5
服务支出	7.1	7.6	8.2	10.9
军事投资	3.1	3.1	4.3	4.8
总　额	75.7	86.2	91.9	83.2

资料来源：喀麦隆财政部 2000/2001 年度为估计值，转引自：*S SIPRI Research Report* No. 17。

1995～2002 年由于非洲法郎贬值幅度约为 50%，喀麦隆同尼日利亚的边界冲突加剧，军费支出从 1995 年起大量增加。政府军费支出占政府财政预算上升了 47%。[①]

第五节　军事训练和兵役制度

一　军事训练

21 世纪前，喀麦隆很少进行例行的军事训练。美国"9·11"恐怖袭击事件之后，由于国际安全环境的变化，全球许多国家都在进行军事变革，其中包括战略思想和思维方式的变革，双边或多边联合军演成了必然趋势。联合军演有利于建立互信、互利、平等、协作的新安全观，有利于各国军队相互了解、相互学习和相互提高。同时，由于非洲联盟的成立，通过集体行动维护地区安全成为新形势下的新要求。基于此，喀麦隆开始积极寻求同周边国家以及发达国家合作的军事演习。

随着国际局势的变化，目前喀麦隆在不断加强国际军事合作。2002 年中国军事代表团访问了喀麦隆。作为中部非洲国家经济共同体成员国，喀麦隆参加了 2003 年 7 月 21～26 日在加蓬东南重镇佛朗斯维尔地区举行的代号为"比永果 2003"的联合维和军事演习。该次演习假设"比永果"国家爆发内部危机，中非经济共同体成员国决定立即组建一支非洲多国部队，前往该国进行维和行动和人道主义救援。演习将加强喀麦隆与中非经济共同体成员国之间的军事合作、协调与维和能力。除喀麦隆外，布隆迪、刚果（布）、加蓬、赤道几内亚、中非共

---

① International Monetary Fund , *Government Finance Statistics Yearbook* , 1999.

和国、乍得 6 国也参加了演习。为确保中部非洲地区的持久和平与稳定，使共同体成员国有一个和平与安全的发展环境，中部非洲国家经济共同体各国加强合作。2003 年 11 月，喀麦隆海军参加了美国海军陆战队同南非、冈比亚、加纳、摩洛哥、塞内加尔、塞拉利昂等国家举行代号为"西非巡航"的联合军事演习，演习内容包括舰船训练、实弹射击、两栖突袭和搜救等。通过参加国际军事合作，喀麦隆军队的战斗力和战时合作能力有了很大的提高。

二　兵役制度

喀麦隆宪法规定，喀麦隆实行自愿兵役制，但是每个公民都有义务接受初步军事训练，服役年龄为 18 岁以上。

1998 年喀麦隆空军人数为 300 人，国民每千人拥有空军人员 0.01 人。陆军人数 1.3 万人，每千人拥有 0.82 名陆军官兵。海军人数 1300 人，每千人拥有 0.08 人。①

第六节　对外军事关系

一　军事协定

喀麦隆在军事上有着重要的战略意义，有"非洲中心"、"黑非洲心脏"之称。喀麦隆独立前后，法国为了确保在喀麦隆的军事存在，维护法国在中非地区的战略利益，1961 年喀麦隆和法国签订了一系列合作条约，其中包括军事方面的合作。由此，法国成为喀麦隆军事合作的重要国家。

---

① 　http：//www. nationmaster. com/encyclopedia/Military-of-Cameroon.

二 武器来源

喀麦隆国内没有武器工业，也没有开发军事用途的科研机构，喀麦隆军事装备主要依靠进口。20 世纪 80 年代前，法国是喀麦隆武器进口的主要国家。80 年代后期以来，随着国际形势的发展，加拿大、德国、以色列、美国等都成为喀麦隆的武器进口国。

三 军事合作

20世纪 80 年代前，法国是喀麦隆的重要军事援助国家。法国不仅向喀麦隆提供武器装备，还为喀麦隆提供军事训练、财政援助等。60 年代法国向喀麦隆提供了大量的援助，特别是军事方面的援助，以帮助喀麦隆政府消灭国内的反政府游击活动。独立初期，喀麦隆军队中的军官大部分是法国人，随着喀麦隆对本国军事人员的培养和任用，法国军事人员在喀麦隆军队中的比重才逐步下降。1996 年喀麦隆和尼日利亚发生武装冲突后，法国向喀麦隆派驻了军事人员，这些法国军事人员在喀麦隆一些军事要塞同喀麦隆军队协防并提供军事指导。从 20 世纪 80 年代后期开始，喀麦隆注重发展同美国等其他国家的军事关系。近年来，美国已经成为喀麦隆军事装备的重要提供者，此外，美国还对喀麦隆提供军事援助，帮助喀麦隆进行军事培训。随着喀麦隆独立后政治经济的发展，喀麦隆积极开展多边军事合作。英国、法国、德国、苏联、瑞士、加拿大、意大利都曾经向喀麦隆提供过武器装备。以色列向喀麦隆派遣过军事顾问和教官。

第六章

教育、科学、文艺、卫生

喀麦隆独立以来，教育、科学、文艺、卫生等各项事业均有不同程度的发展。联合国《2004 年人类发展报告》显示，1975～1990 年，喀麦隆的人文发展指数（HDI）一直保持上升势头，从 0.415 增长到 0.519；20 世纪 90 年代至 2002 年期间，大体呈现下滑势头，1995 年下降到 0.508，2002 年下降到 0.501。2002 年在全世界 174 个国家中排名 141 位；在非洲排名第 17 位，不仅低于突尼斯、埃及、南非等国家，而且低于赤道几内亚、加蓬、加纳等邻国。①

第一节　教育

一　教育发展概况

喀麦隆历来以重视教育闻名黑非洲，独立后的大多数年份，教育经费在各部门年度预算份额中一直名列前茅，约占政府总预算的 10% 左右。政府一方面增加教育经费，

---

① UNDP: *Human Development Report 2004*, http: //hdr. undp. org/statistics/data/ indic/indic_ 10_ 1_ 1. html.

改进助学金发放制度来发展国立学校，另一方面允许教会继续办学，同时还提供补贴来鼓励私人办学。

喀麦隆各地区的教育发展具有不平衡的特点，西部和南部发展较快，水平也较高；北部地区在阿希乔执政期间发展迅速，但仍落后于西部和南部；东部地区最为落后。1999 年全国居民文盲率为 25%，2006 年为 22%。

20 世纪 90 年代初，喀麦隆遭遇经济危机，政府大幅削减教育经费（特别是对高等学校的补贴），致使高等学校不得不进行改革。90 年代中期以来，随着喀麦隆经济的好转，教育经费重新得到提高。按照联合国统计，政府教育经费占国内生产总值的比重从 1990 年的 3.2% 提高到 1999/2000 年度的 5.4%。尽管如此，教育仍存在许多问题。小学生入学率因 2000 年公立小学取消了学费而上升，但教育质量并没有提高。教师短缺，工资低，工作热情得不到调动。特别在农村地区，因没有办法吸引、留住教师，教师的缺编更为严重。教室和课本等教学设施短缺，一些学校甚至没有黑板和桌椅，学生坐在地上上课。技术和职业教育不受重视。在 740 所中学中，只有 11 个学校开设计算机普及教育课程。

2002 年，喀麦隆 6 所国立大学在校生 6.7 万人。有 12 所私人性质的高等教育机构，包括享有盛誉的天主教大学。

2004 年，喀麦隆政府的教育经费为 1830 亿非洲法郎，占当年政府全部经费支出的 22.7%。2002/2003 年度喀麦隆总的入学率为99.6%，96% 的儿童进入小学学习。然而，2002 年有 41.2% 的学生没有完成为期 5 年的学业而中途辍学。2001/2001 年度，国立学校教学设备更新率为 24.5%。大多数学生仍在国立学校就读，只有 26% 的小学生和 36% 的中学生在私立学校学习。在喀麦隆，男女儿童在受教育方面还存在不平等现象。2000/2001 年度喀麦隆全国范围内男女生比例提高到 1∶0.9，但是在极北省男生占学生总数的 64%，北部省男生占学生总数的 63%。

二　教育方针

独立后，喀麦隆十分重视教育事业，把对青少年的教育和培养放在最优先的地位。长期以来，喀麦隆政府将四项严肃、行为道德、社会正义和民族融洽作为教育方针，培养国家未来人才。近年来，喀麦隆教育的基本目标是：实现教育民族化，即扫除文盲，普及教育，弘扬民族文化以加强民族团结，力求使公民人格得到全面发展；在推行公立学校实施世俗化教育的同时，努力使私人办学法制化。

三　教育体制与教育体系

喀麦隆有两种教育体制：英语区教育体制、法语区教育体制。教育体系由学前教育、初等教育、中等教育、高等教育、师范教育五部分组成。

1. 学前教育

喀麦隆的学前教育不属于国家义务教育范畴。喀麦隆幼儿教育虽不断发展，但并未普及，迄今仍主要集中在大中城市。在英语区，3 岁儿童可进入幼儿园，分为三个班次（3 岁、4 岁、5 岁）；在法语区，4 岁儿童可进入幼儿园，分为两个班次（4 岁、5 岁）。喀麦隆的幼儿园大多是私人经营的，当然也有政府经办的。

2. 初等教育

喀麦隆英语区进入小学的法定年龄为 5 岁，学制为 7 年。小学教育为义务教育，分为国立小学和教会学校，二者的区别在于国立小学免交学费。全国小学师生比仅为 1∶63，极北省为 1∶77，在大城市中有的班级学生人数甚至达到 100 人左右。2005 年师生比为 1∶48。在英语区，小学生要经过 7 年的学习，最后要参加并通过一些考试方可毕业。这些考试包括小学毕业统考、中学入学考试；另外，还设有技能和技巧考试、职业考试等，为学生进入某些专业领域提供途径。

3. 中等教育

中等教育主要分为三类：普通中学教育、中等专业教育（包括中等师范教育）、中等技术教育。

喀麦隆开办普通中学教育已有 25 年的历史，有公立中学、教会中学、私立中学 3 种。由政府开办的公立中学一般免费，即使收费也比其他两类中学的费用低得多。学生进入公立中学的必备条件是通过入学考试。在英语区，初中学制 5 年。学习文科和自然科学的学生，在毕业前，必须参加初中教育证书考试，如获通过，学生就可得到进入高中学习的资格。高中学制为 2 年，学生毕业前要参加高中教育证书考试，考试合格者有资格入大学。

中等专业教育并不普及，主要目的是培养学生在科学技术领域或从事专门职业的能力，学制为 4 年。毕业前必须通过专业考试，方有资格进入高级专业学校学习，或应聘从事某些专业技术工作岗位。

中等技术教育的对象主要是针对那些未通过小学毕业考试、或者因家境贫寒上不起中学的学生。中等技术教育既有培训汽车修理工、木匠、裁缝、砖匠等的学校，也有培训秘书、打字员、职员、厨师的学校。

4. 高等教育

高等教育是喀麦隆整个教育体系中的重要组成部分。根据 2001 年 4 月 16 日喀麦隆政府颁布的关于高等教育定位的第五号法令，喀麦隆高等教育的主要目标是：在所有知识领域追求卓越；促进科学、文化和社会进步；为国家发展提供支持；为高层职员提供培训和再培训；增强伦理意识和国家意识；促进民主及民主文化的发展；促进双语发展；通过传播尊崇公平、尊重权利和崇尚自由的文化，参与倡导遵守法律法规。

　　喀麦隆的高等教育创始于独立后的 1961 年。独立前，喀麦隆没有高等院校，大多数喀麦隆学生只能到国外接受高等教育。1960 年喀麦隆共和国成立后，国家急需快速培训一批高素质的行政管理人员，以承担管理国家的重任，并减少对国外专家的依赖。在联合国教科文组织和法国政府的帮助下，喀麦隆于 1961 年 7 月 26 日建立了历史上第一所高等学府——国立大学学院，1962 年升格为喀麦隆联邦大学。创办之初，该大学主要开设了法律、经济、文学、人文科学和理学方面的学位科目，也开设了一些管理、农业、军事科学和教育等方面的培训科目。

　　1967 年，喀麦隆政府成立了高等教育委员会，负责拟订国家高等教育政策和发展规划。随后几年，喀麦隆联邦大学先后建立了商学院、医学院、新闻学院、国际关系学院和工程学院。这样 1967 年就成为该校办学历史上的分水岭。此前，该大学的办学以综合教育为主，此后，则以发展专业和技术教育为主。1972 年喀麦隆取消联邦制后，喀麦隆联邦大学于 1973 年更名为雅温得大学。到 1974 年，喀麦隆教育在结构层面上已形成两类主要的高等教育建制：综合教育和专业技术教育。

　　至 1976 年，雅温得大学仍为喀麦隆唯一的大学。该大学在中部非洲享有很高的声誉，来自非洲大陆其他国家的学生也来此深造。与此同时，喀麦隆政府为了鼓励更多的高中毕业的青年入学，降低赴国外求学的学生人数，开始实施慷慨的学生福利制度，大学生不仅免交学费，而且可以获得食宿补贴和可观的助学金，促使大学生入学人数不断扩大，1962 年为 600 名，1970 年为 7000 人，1984 年为 1.8 万人，1992 年超过 5 万人。遗憾的是，该大学的基础设施和师资队伍并未因学生人数的增加而得到改善，师生比例有很大差距。就 1990/1991 学年而言，文学院为

1∶58，法律与经济学院为 1∶132，而理学院更是达到了 1∶252。①
学生人数膨胀而师资力量不足，给教学和管理带来很大困难，教
育体制亟待改革。

1993 年喀麦隆政府推出了新的高教改革方案，旨在提高入
学率、改进教学质量、增强实力、多元筹资。该方案的主要内容
和政策目标包括：（1）为缓解雅温得大学学生人数过多的局面，
全国共组建了 6 所大学，逐步形成各自的特色，更好地服务于国
家建设与发展的需要。一方面，将雅温得大学一分为二，成立雅
温得大学和雅温得第二大学；另一方面，新成立了 4 所大学，即
布埃亚大学、恩冈德雷大学、杜阿拉大学和德昌大学。（2）通
过调整大学布局和专业设置，为所有喀麦隆公民提供平等接受大
学教育的机会。（3）增强大学教育对劳动力市场的适应能力，
提高学生服务于私营部门及自我创业的能力。（4）大学向本埠、
本地区和国际开放。（5）更合理、更充分地利用已有的大学教
育基础设施、设备和服务。（6）取消奖学金制度，实行国家、
社会和个人分担教育经费，以减轻国家的财政负担。（7）保障
大学的基础设施和基本投入，赋予大学在学术研究和管理方面更
多的自主权。（8）为教师营造更好的教学、科研氛围和环境。
（9）鼓励国内大学间的合作；鼓励本国大学开展国际合作；鼓
励大学与工厂、企业单位挂钩，实行互利合作，为大学生毕业后
就业创造条件。（10）改善教职工的福利待遇，改进学生的学习
条件。这场改革是在喀麦隆面临严重经济危机的情况下推出的，
虽然由于政府投入减少、学生不愿付费、教学设施缺乏、师资严
重不足、改革措施难于落实等原因，使得这场改革步履艰难，但
改革还是取得了明显的成效：（1）增强了高教系统的活力。在

---

① 顾建新、张三花：《喀麦隆高等教育的发展与改革：历程、政策与经验》，
《西亚非洲》2005 年第 6 期。

管理体制方面，实行分权管理，发挥了地方和各高校办学的积极性。在办学体制方面，新组建的布埃亚大学采纳了英式教育系统，英语为其课堂教学语言，改变了法国模式一统天下的局面。另外，政府允许社会力量投资办学，建立了一批私立高校，增加了教育经费来源。在资金投入方面，民间资本的投入和高等教育受益人的象征性成本分担，使高教系统经费来源出现多元化格局。（2）大学布局合理，促进了社会公正和教育平等。6 所大学的合理区域分布为方便学生入学提供了条件。雅温得大学和其他高校入学人数趋于合理化。更为重要的是，高教改革后，喀麦隆高校非常重视英、法双语授课的重要性。在雅温得大学、雅温得第二大学、杜阿拉大学、德昌大学实行英、法双语授课；在布埃亚大学则采纳了盎格鲁撒克逊人的教育系统，英语为课堂教学语言；在恩冈德雷大学则按照法国教育模式，法语是教学用语。通过这一措施，使得那些在小学和中学一直使用英语或法语作为单一教学用语的学生可以在大学期间继续运用原用语种。双语制教学促进了民族团结、社会对话和国家融合。（3）提高了大学教育质量。通过对大学师资的整合，师生比例由 1992/1993 学年的1:54 到 1995/1996 学年的 1:34，恩冈德雷大学和德昌大学甚至分别降到了1:15 和 1:19。师生比例的变化促进了教学质量的提高，学生考试合格率有了明显提高。1992 年，雅温得大学学生的考试合格率平均为 30%；而在 1995/1996 学年，雅温得大学、布埃亚大学和德昌大学学生的考试合格率分别达到了 48%、70% 和 48%。[①] 此外，高教改革还增强了大学自身的办学能力，缓解了政府的财政负担。

客观地讲，1993 年的高教改革也存在着一些问题：舆论准

---

① 顾建新、张三花：《喀麦隆高等教育的发展与改革：历程、政策与经验》，《西亚非洲》2005 年第 6 期。

备不足，对改革的目标和内容早期宣传不够，致使部分管理人员无思想准备，而家长和学生对增收入学费用感到不理解甚至采取抵制态度。宏观上缺乏长远目标和战略规划，微观上缺少具体的政策手段。缺乏一批训练有素的大学管理人员和一套问责、透明的管理体系与制度。师资数量缺乏、学历偏低，教学缺乏质量控制，而高教系统缺乏质量保障机制，面临着教育的适应性、质量、管理、经费等诸多的压力和挑战。更为严重的是，随着近几年的发展，喀麦隆的 6 所大学相继出现了当时雅温得大学人满为患的局面。

截至 2005 年底，喀麦隆共有 8 所综合性大学，其中 6 所为公立大学，2 所为私立大学。另外，还有十几所职业学校，附属于不同的大学。6 所公立大学构成了高等教育机构的核心，以及高等教育部所属的学习中心。2002 年 6 所公立大学的在校学生为 6.7 万人。两所私立大学是：巴门达科技大学、中非（雅温得）天主教大学。十几所职业学校是：布埃亚高级翻译学校、杜阿拉高级经商学校、杜阿拉高级师范学院、杜阿拉技术学院、德昌技术学院、恩冈德雷农用工业高级学校、雅温得高级工程学校、雅温得高级师范学院、雅温得第二大学大众传媒高级学校、雅温得第二大学人口学培训研究学院、雅温得第二大学国际关系学院，以及国家行政司法学校、青年和体育学院、国家高等邮电学校、公共管理高等学院等专科院校。

5. 师范教育

幼师、中小学师资由初等师范学校、初等师范辅助学校、高等师范学校及其在邦比里的分校负责培养。技术与职业中学教师由高等技术教育师范学校、初等技术教育辅助师范学校负责培养。在职教师可通过各种进修班或出国培训等方式提高教学业务水平。

四 国际教育合作

1. 双边合作

法国是喀麦隆进行教育合作的主要对象。20 世纪 90 年代以来，在学前教育和中、小学教育方面，法国根据"在喀麦隆实施支持学前、初中、小学法语教学"项目，为喀麦隆培养教师，廉价提供教科书并派遣专家。在普通中学教育方面，喀麦隆通过与法国合作部所属"合作与援助基金"，于 1990 年 9 月和 1991 年 1 月先后与法国签订有关"培养教师并提供教科书"的协议，获得该基金向喀麦隆提供的各类复印器材、教学参考资料和教学器具，并在法国或喀麦隆培训法语和数学教师。1996 年 1 月 23 日法国政府签署了向喀麦隆政府提供 16 亿非洲法郎（约合 303.7 万美元）的教育援助协议。根据协议，该援助款项用于喀麦隆培训师资和普及现代化教学设备，并向喀麦隆派遣 42 名专业人员协助喀麦隆有关部门实施上述计划。

德国主要为喀麦隆培养德语教师。应聘在雅温得大学任教的德国专家，在德国文化中心为喀麦隆培训德语人才，除定期上课外，还经常举办德语教学研讨会。此外，德国还向喀麦隆 24 所普通中学提供物理、化学和工艺学教学所需的设备，并负责安装。

根据喀麦隆与英国之间的一项协议，英国在学前教育和中、小学教育方面向喀麦隆派遣教学顾问，提供教科书，并为其培训英语教学师资。

喀麦隆与法、德、英、美、比利时、意大利、加拿大、埃及、摩洛哥等国签有教师合作协定。这种协定大致分为两类：一类是在喀麦隆任教的外国教师的薪金由派遣国提供，喀麦隆只负担其住宿和国内交通费。这类来喀麦隆工作的外国教师到 1992 年 7 月有 287 名，其中法国 169 名，美国 71 名，德国 28 名，意大利 19 名。另一类是由喀麦隆方面负担薪金、地方补贴、离家补助、往返派出国的交通费的外国合作教师。此类教师现有 11 人，其中埃及 9 人，比利时 2 人。喀麦隆拟逐步减少外籍教师，以减轻日益紧缩的国家财政负担。

2. 多边合作

喀麦隆同联合国教科文组织在农村扫盲、培养学前教育和中小学教育教师，编写法语和数学教材等方面的合作日益密切。喀麦隆与世界银行签订的第四个教育与职业培训项目正在执行，世界银行向喀麦隆提供财政与技术援助。非洲开发银行资助喀麦隆建造装备两所初等师范直属教育学校的建设，由非洲开发银行负担费用的 80%，喀麦隆负担 20%。伊斯兰开发银行资助喀麦隆修建一批遭到破坏的小学。根据一项国际多边合作协议，喀麦隆在巴富萨姆、巴门达、贝尔图阿、昆巴、萨格里马和雅温得 6 城市兴建了 6 所技术学校。

此外，联合国世界卫生组织、人口基金会和欧盟等国际组织，在保护喀麦隆中小学生健康、宣传性知识和防止艾滋病等方面均给予一定的资助。

第二节　科学研究

喀麦隆农业研究院是全国最重要的科研机构。其分支研究所遍布各个重要的农业区。该院成立于 1974 年，当时隶属全国科技研究所，经过一系列变迁，1979 年才改为现名，地点也从布埃亚搬到雅温得。现在拥有 6 个研究中心、16 个农技站、29 个分队遍及全国各地区；共有 150 名研究人员、200 名技术人员，还有大批职工，总人数达 2300 人，成为黑非洲最大的农业研究机构。在那里工作的，除了喀麦隆人外，还有 50 余名来自法国、美国、菲律宾、印度、斯里兰卡、毛里求斯和邻国的研究人员。农研院负责有关的农业和林业发展的各项研究计划，并进行具体实施。它还担负向农民推广科研成果，培训基层农技人员的任务。该院除对主要的粮食作物（水稻、玉米、高粱、谷子）和主要的经济作物（咖啡、可可、棉花、橡胶等）的种植技术进行研究外，还从事有关林业、食品加工、土壤学、植物学等方面的研究。农研院与政府各部、各大学和一些公、私企业有着经常和广泛的联系，并与 20 多个国际和地区组织进行密切合作。农研院的科研成果对喀麦隆农业发展发挥了重要的作用，在增加玉米产量、防治橡胶树虫病及发展畜牧业等方面的效果尤为明显。

另一重要的研究机构是位于杜阿拉的气象服务中心。它拥有自己的专业图书馆，并出版 4 种杂志。此外，在杜阿拉还有一个法国巴斯德研究所（the Pasteur Institute of France）的分支机构，主要从事生物学领域的研究。

喀麦隆其他的科研机构还有：1949 年成立的油料植物研究所；1971 年成立的喀麦隆国际关系研究所；1974 年成立的兽医和畜牧业研究所；1979 年成立的地质、矿业研究所；1979 年成立的人类科学研究所。

第三节　文学艺术

喀麦隆部族众多，多种宗教并存，又地处贝宁、西部苏丹和班图三大文化区地带。这种特定的人文地理和历史文化环境，使其成为非洲国家中具有丰富多彩的传统文化艺术的国家之一。其口头文化源远流长；传统舞蹈多姿多彩；传统造型艺术，如芳族的木雕像、巴蒙族的面具、巴米累克族的建筑和串珠装饰艺术、提卡尔族的青铜艺术等，均饮誉非洲，声名远扬。

一 文化政策及机构

16 世纪始，西方殖民主义者相继入侵，喀麦隆民族文化遭到严重摧残。独立后，喀麦隆政府重视文化事业，把发展民族文化看成是巩固国家统一、加强民族团结、促进社会进步的有力手段。

独立初期，政府对一些文化艺术项目加以扶持，使喀麦隆的民族文化得到发展，包括建立了由商务部领导的工匠服务局，出版了双语文化杂志《阿比亚》（*Abbia*），创立了阿马杜·阿希乔文学、艺术和科学奖金，维修了许多图书馆和展览馆等。在第三个五年发展规划中还包括建立国家博物馆、国家剧院、艺术学校等内容。

1982 年比亚上台后，提出了"国家复兴"政策，旨在把喀麦隆建成一个具有正义、民主、开放的"集体自由主义社会"。比亚政府主张发展民族文化，反对照搬外国文化，反对外国文化异化民族文化。1985 年 3 月又强调："我们要忠于非洲文化，即忠于我们自己的文化"。通过发展民族文化，让喀麦隆对世界文明作出了更大的贡献。在发展民族文化方面，喀麦隆政府反对部族主义，崇尚民族精神，把每种部族文化都看成是喀麦隆总体文化不可缺少的环节，因此，兼收并蓄和博采各部族文化精华，就成了发展喀麦隆民族文化的基础。

在这一政策指导下，喀麦隆于 1985 年举办了第二届全国文化周，集中展示和研讨喀麦隆文化特点和各种文学艺术表现形式，进一步强调文化应该成为消除惰性的精神力量，以便振奋人们的进取精神和提高人们对人生价值的认识。

由于喀麦隆经济不发达，文化事业受到较大冲击。1988 年底，喀麦隆文化部依靠商界、企业界的鼎力相助，在杜阿拉举办了第一届全国文化艺术节，获得很大成功。

喀麦隆文化部是主管文化事业的政府机构，下设总秘书处、电影司、国家档案司和总务司。文化部长向全国 10 省派出代表，主持各省的文化工作。

喀麦隆有各种文化团体，全国性的文化专业组织有：非洲和喀麦隆文化发展基金会、喀麦隆诗人和作家协会、喀麦隆绘画和造型艺术家协会、喀麦隆演员协会、国际戏剧研究所喀麦隆小组、雅温得大学教科文组织俱乐部、滨海省造型艺术家联谊会等。

二　文学

1. 口头文学

口头文学是喀麦隆文化的瑰宝。神话、故事、谚语、寓言以及其他口头传颂的传说体现着社会学和美学的功能，它们生动形象地反映了喀麦隆各部族的历史，人们的劳动、生息及各种礼仪风俗。直到如今，口头文学在全国各地仍广为流传。其中芳族的"维茨"最具文化特色，是该族文化最高成就，也是喀麦隆民间文化最珍贵的部分之一。

2. 现代文学

巴蒙文学被记录在国王恩乔亚（1870～1933 年）发明的文字手稿中。巴蒙是撒哈拉以南非洲的一个部族，它拥有自己的文字。巴蒙书面文学包括一部《巴蒙王朝编年史》，记载了从殖民前的巴蒙到 19 世纪末期恩乔亚国王统治时期的历史；一部描写宗教习俗和记载宫廷中值得推崇的礼节和礼仪的书；一部描写乡村医药知识的书。

在芳族中，第一次使用的文字是由西方传教士引进的，它最初被用来翻译圣经和编写赞美诗。尽管翻译有许多错误，但是它们变得日益流行。杰姆巴·梅度（Jemba Medu）用布卢（Boulou）语写的小说《白化变种幻影》（*Phantom Albinos*），描写了传统的布卢人生活和第一个白人来到他们中间的过程。

20 世纪 50 年代，喀麦隆文学作品不断涌现。随着几部用法文写成的抨击殖民主义、描绘传统非洲社会和经济生活的作品，如《惨痛的城市》、《邦巴的可怜基督》、《侍者的生活》、《老黑人和勋章的故事》等相继问世，开始了现代文学创作运动。

1963年基督教组织在雅温得创办了福音文学中心出版社，差不多在同时，喀麦隆又创办了文学刊物《阿比亚》。这对20世纪60~70年代喀麦隆文学运动起了很大推动作用。这一时期涌现了一批优秀作家，其作品内容都具有鲜明的反对殖民主义、争取民族独立的思想性。例如，诗人埃邦雅·永多于1960年发表的诗集《喀麦隆！喀麦隆!》，充满爱国激情和民族自豪感；达尼耶尔·埃旺代于1968年发表的《总统万岁!》，是一部杂文式的政治讽刺作品。

3. 著名作家及作品

喀麦隆有众多使用英语、法语创作的作家。现代文学作家来自全国各地的各个部族。由于说法语的人口众多，所以用法语出版的文学作品多于英语出版的文学作品。喀麦隆著名的两位作家是蒙戈·贝蒂（Mongo Beti）和斐迪南·奥约诺（Ferdinand Oyono），他们都使用法语创作。

蒙戈·贝蒂原名为亚历山大·比伊迪，1932年出生在喀麦隆南部的姆巴尔马约。1951年毕业于雅温得中学，曾去法国进修，获得巴黎大学文学士学位，后在法国鲁昂等地的中学任教。1994年回国定居，并在雅温得开办了"黑色人民书店"，2001年10月8日在杜阿拉逝世，享年69岁。他的中篇小说《无恨与无爱》（1953年），描写茅茅起义时期游击战争的故事。长篇小说《残酷的城市》（1954年），描写流入城市的农民的艰难处境和工人反抗资本家的故事。小说《可怜的蓬巴基督》（1956年）引起了广泛的重视，它描写一个所谓"虔诚的"白人传教士为殖民主义者效劳，受到非洲人民的抵制的故事。小说《完成的使命》（1957年）和《死里逃生的国王》（1958年）都是讽喻性的作品，批判了非洲传统生活中一些落后的习俗。他在 1972 年发表政论性小册子《抢劫喀麦隆》，遭到法国警察当局的查禁。他创作的其他作品还有 1974 年发表的长篇小说《牢记路本》和《贝尔彼杜》。《牢记路本》描写一位献身于喀麦隆独立运动的青年遇刺身亡的故事，作者召唤青年为民族解放事业而战斗。

斐迪南·奥约诺，1929 年生于埃博洛瓦附近的恩古莱马孔。他在雅温得完成中学学业，1950 年去法国普罗凡公立中学进修，并进入巴黎大学研究法律和政治经济学。他著有三部反对殖民主义和种族歧视的小说《家僮的一生》（1956 年）、《老黑人和奖章》（1956 年）和《欧洲的道路》（1960 年）。

《家僮的一生》是日记体小说，揭露欧洲殖民主义者的残暴与丑恶。

《老黑人和奖章》是他的代表作，是一部描写喀麦隆黑人生活的中篇小说。主人公老黑人麦卡是一个普通农民，他的两个儿子被法国殖民者征兵，死于第二次世界大战中。他的土地被天主教会骗去建教堂。为了表彰他对法国殖民事业所作的这些"贡献"，殖民当局决定授给他一枚奖章。这件事在当地居民中间引起了很大的反应，麦卡和他的同族人认为这是白人给予黑人的莫大光荣。可是，就在授奖的当天夜里，殖民主义者在庆祝晚宴上侈谈白人和黑人的亲密友谊的话音还在耳际，麦卡却在黑夜的风雨中由于不辨方向误入白人社区而被捕，奖章并没有使他少受一些凌辱和鞭打。在残酷的现实面前，老黑人和他们的同胞终于认识到殖民者的伪善和暴虐，明白黑人和骑在他们头上的白人之间永远不会有什么友谊。作者通过描写麦卡这个善良的老黑人的遭遇，以锋利的笔触，令人信服地揭露了殖民主义者和被压迫人民之间的深刻矛盾。麦卡这一形象具有典型的意义，他代表老一代黑人中那些对殖民者仍然抱有幻想的人，他的觉醒有力地表明殖民统治在当地人民中间已经失去最后的一根支柱，它必将被起来斗争的被压迫人民所埋葬。在这部作品里，作者还细致地描绘了喀麦隆人民在殖民主义枷锁下所过的贫困悲惨的生活，他们的风俗习惯、思想感情和愿望。目前，这部小说已被译成多种文字出版。

《欧洲的道路》谴责了殖民主义制度在思想意识上对非洲青年一代的腐蚀。作者用现实主义手法进行创作，文字简洁，对话生动，具有浓厚的非洲地区色彩和黑人的幽默感。

其他用法语创作的作家还有班雅曼·马蒂普（Benjamin Matip）。他于1956年发表了《非洲，我们不了解你!》，这部中篇小说描写了第二次世界大战前夕非洲青年一代对殖民政策强烈的愤恨。他于1962年又发表了《在美丽的星空下》。法语作家约瑟夫·奥约诺发表了小说《贝拉姨妈》；弗郎西斯·贝贝（Francis Bebey）的小说《阿加莎的儿子》被法语作家协会授予1976年的黑非洲文学奖；诗人雷内·费隆贝（Rene Philombe）是喀麦隆诗人和作家协会的奠基人和秘书长。

小说家梅杜·姆沃莫（Remy Gilbert Medou Mvomo）和剧作家纪尧姆·奥约诺－姆比亚（Guillaume Oyono-Mbia）都是英语和法语的双语作家。梅杜·姆沃莫在1969年发表小说《阿非利加巴阿村》，对现代非洲城市生活中的腐败现象作了尖锐的批判。他的小说《我黑色和白色的爱》参评1972年的黑非洲文学奖，排名第二。纪尧姆·奥约诺－姆比亚1960年发表《三个求婚者一个丈夫》，作品描写父母贪图彩礼，女儿以巧妙的办法终于和自己心爱的情人——一个穷大学生结成姻缘的故事。

三 戏剧、电影

1. 戏剧

喀麦隆早就存在传统的民间戏剧活动，但用法语表演的非洲戏剧则是在19世纪30年代"黑人性"运动的影响下出现的。喀麦隆的现代戏剧始于20世纪60年代初期。第一个被正式搬上舞台的剧本是纪尧姆·奥约诺－姆比亚于1960年发表的《三个求婚者一个丈夫》，该剧于1961年在雅温得上演，还以多种语言在欧洲演出，获得成功。70年代喀麦隆的戏剧活动十分活跃，各大城市几乎每周都有演出。在法国国际广播电台举办的非洲国家戏剧比赛中，喀麦隆的参赛作品和获奖作品均雄居榜首。80年代初，喀麦隆戏剧开始出现滑坡，演出注重诙谐、滑稽，创作片面，追求娱乐性。

2. 电影

喀麦隆的电影受到非洲和欧洲两种文明价值观的影响。早期电影以外国艺术家创作的短片为主要特征。20世纪50年代创作的几十部电影以种族为基本创作要素，例如1954年创作的《奥马鲁》和1955年创作的《卡拉》。

1960年独立以后，很少有喀麦隆的电影在法国的电影机构登记，1962年喀麦隆时事社的建立改变了这个国家电影业的前景。这一时期主要的电影作品包括塔·西塔－贝拉（Therese Sita-Bella）导演的《在巴黎那边》、让·保罗·恩卡萨（Jean Paul Ngassa）导演的《法国冒险》和《巴米累克大案》。这些电影和吉孔克·庇巴（J. P. Dikonge Pipa）、丹尼尔·卡姆瓦（Daniel Kamwa）导演的电影构成喀麦隆本土电影发展的第二个阶段。

19世纪70年代中期以来，喀麦隆电影艺术家尝试创作长片电影，开辟了喀麦隆电影业的新时期。这一时期，主要的电影包括许多非常受欢迎的成功之作，如1978年J.娜玛导演的《里波》、1976年D.卡姆瓦导演的《四轮马车》和1981年问世的《我们的女儿》。其中，吉孔克·庇巴1976年拍摄的《别人的孩子》获杜古泛非电影节大奖。1978年他进一步分析了非洲社会的传统观念及陈旧的价值观，拍摄了《自由的价值》。

80年代末期和90年代初期，标志着喀麦隆电影又一个新时期的到来。这个时期，喀麦隆电影业蓬勃发展。其中，《阴谋艺术》和《你见过富兰克林·罗斯福吗?》都是让－皮埃尔·贝科罗（Jean-Pierre Bekolo）创制的。而《云头》（La tete dans les nuages）和《卡兰多》（Clando）都是让·玛丽·特诺（Jean Marie Teno）拍摄的。这些电影的重点已经从过去的恋爱婚姻转移到喀麦隆的社会政治问题。

尽管喀麦隆文化部和其他机构鼓励喀麦隆本土电影业的发展，但是喀麦隆电影在制作成本、后期设计和发行方面面临严重的资金短缺问题。然而，喀麦隆政府坚信，一部好的电影可以成为喀麦隆信息传播和道德教育的重要工具。

2003 年 5 月喀麦隆影片《森林的沉默》（The silence of the forest），参加法国嘎纳电影节，成为在该电影节放映的两部非洲影片中的一部。

四　音乐、舞蹈

喀麦隆人拥有极好的音乐细胞和舞蹈天赋，他们的歌声雄浑、粗犷、明朗而疯狂。他们的音乐以打击乐器为主，其中鼓是整个乐章的灵魂。喀麦隆的鼓大体上分为音乐鼓、信息鼓和战鼓三种，从婴儿新生、婚嫁、寿庆、贵宾临门到死丧归天和宣战打仗，无不以鼓传递信息，振奋人心。作为一名熟练的击鼓手，除了要通晓乐理与节拍，还要熟悉当地的文化和传统习俗，通常要接受完整的艺术教育。

喀麦隆的舞蹈有着近千年的悠久历史，拥有非洲大陆的各种音律和节奏，传统舞蹈十分丰富多彩。喀麦隆舞蹈属于非洲舞蹈中的黑人舞，又分为传统的风俗、宗教礼仪舞和民间娱乐舞两大类。就风格而言，由于生活环境、风俗习惯、宗教信仰、语言、音乐等各不相同，各省区，各部族的舞蹈有各自不同的风格色彩。喀麦隆人十分喜爱跳舞，遇上传统节日或隆重庆典，总以盛装出席歌舞盛会。表演者和参与者的装饰古朴、原始，以树叶、兽皮、羽毛作衣料，一些人打扮成狮子、大象、花豹等威猛野兽的形状。就算不是喜庆节日，喀麦隆人也有跳舞的雅趣。每逢星期日的下午，只要"天公作美"，男女老少相约在首都的广场大跳"祖祖舞"，场面非常热烈、欢快。

1. 传统歌舞

在传统上，音乐和舞蹈是喀麦隆人每一个宗教仪式和社会活动的必要组成部分。

传统音乐即部族音乐，以节奏为基础，与音响、歌唱尤其是与舞蹈动作完美地融为一体，是一种整体艺术，而不是一种声音设计、一种纯听觉艺术。传统的声乐经常由领唱和合唱轮流演唱；不过也有例外，单人的民谣歌手就是自己在竖琴状的齐特琴的伴奏下独唱。传统的音乐通常是多节奏的，以打击乐器为主，乐器包括葫芦状木琴、拇指琴、共鸣器、铃（经常系在舞者的脚裸上）、玲舌、刮板和各种各样的鼓。值得特别指出的是，一种叫作"说话鼓"（talking drum）可以发出各种声响，模拟语言的音调，鼓的定调因调整固定在鼓两头皮膜的松紧度而发生变化。其他的传统乐器包括哨、笛子、竹角和弦乐葫芦共鸣器。

尽管传统舞蹈多种多样，但是随着基督教的传播和遭受殖民统治，许多古老的舞蹈已销声匿迹，有一些传统舞蹈因被基督教认定为异端或淫秽而遭到殖民当局的取缔；还有一些传统舞蹈随着仪式的合并而渐渐绝灭；而那些残存下来的传统舞蹈也失去了它的仪式功能，形成纯粹娱乐性的或审美的特点。

2. 受近代影响的歌舞

喀麦隆有"微型非洲"的美誉，许多歌舞也是从非洲各国流传、引进的。这些歌舞包括 1850 年从加纳引进 Maringa，1925年从尼日利亚引进的 Ashiko，从尼日利亚引进的 Abele（杜阿拉叫作 Tindibwe）。西方音乐和舞蹈在城市比较流行。在芳人居住的地区，人们通过探戈一词认知欧美舞蹈。尽管一些基督教教派企图限制礼拜仪式上的世俗音乐，但是基督教音乐的风格形成还是受到喀麦隆传统音乐的浓厚影响，众多的作品可以在商业性的唱片中找到，包括巴米累克的圣歌、杜阿拉的弥撒音乐。在雅温得，舞蹈成为弥撒音乐的一部分。

弗朗西斯·贝贝（Francis Bebey）是喀麦隆著名的音乐家。1929 年出生在杜阿拉，受过法国和美国的教育。1957 年移居加纳。20 世纪 60 年代早期离开加纳返回法国，开始了艺术生涯。他不仅是一个吉他弹奏者，而且是作曲家、作家、雕塑家。贝贝曾经担任过联合国教科文组织的顾问，著有两本非洲音乐的书。他最著名的书是《阿加莎的儿子》（Agatha Moudio's Son），也被写成一首非常流行的歌。他的歌带有创新的特色，影响着听众的情绪和引导着听众的智慧，但是也充满幽默和严肃。他的其他特长就是把传统乐器运用到他的音乐中。吉他和麦克风是他在舞台上演出的两个重要工具。他的音乐轻松地将他诗歌创作的灵感和想象及他本人婉转的声音结合起来，运用吉他演奏来描述现实，使得他的音乐具有与众不同的格调和技巧。

3. 现代歌舞

喀麦隆的现代音乐（也称城市音乐）是非洲的缩影，不仅使用传统的木琴、说话鼓等做配器，也使用西方手风琴、教堂和声音乐与伊斯兰音乐。这种音乐始于 20 世纪 60 年代国家独立前后，其基本节奏仍是传统音乐节奏，兼容了西方音乐的某些特点。在现代音乐中，目前已有四种成了全国性音乐：它们是马科萨、比库其、芒康贝和阿西科。最具影响力的当属马科萨，这是一种具有城市风情的摇摆乐。另一种重要的流行乐是比库其，它源自贝蒂族的战歌，使用葫芦嘎嘎器、鼓与木琴伴奏，夹杂着大量的俚语，表现生活中的喜怒哀乐。

至于喀麦隆巴卡矮黑人的音乐，近年因路易斯·萨尔诺

（Louis Sarno）、科林·特恩布尔（Colin Turnbull）、让·皮埃尔·阿莱（Jean-Pierre Hallet）等几位民族音乐学者的积极探索，将其复杂美妙的复音音乐（polyphony）推广给世人，而后，英国"巴卡超越"乐团与比利时"扎普妈妈"乐团也大量使用巴卡人的复音音乐。巴卡二字遂成为世界音乐圈的热门词语。

2002 年 5 月我国首都举行的第三届"相约北京"联欢活动中，喀麦隆派艺术团参加演出。喀麦隆艺术家先于 5 月 18 日在北京火车站站前广场用他们的表演展现了一个非洲之夜，后于 5 月 25 日在保利剧院又给北京观众带来了一台精彩的演出。喀麦隆的歌舞艺术既富有历史和文化的厚重感，又具有绚丽多姿、五彩缤纷的时尚感，充分体现了喀麦隆人民崇尚自然、热爱生活的天性。

五 美术

1. 雕刻

像大多数黑非洲国家一样，雕刻在喀麦隆艺术中占有重要地位。喀麦隆的雕刻艺术比较发达，面具和木雕都十分有名。面具艺术是黑人雕刻艺术最完美的表现形式，它把抽象法则、概括手法、象征主义、超自然主义等许多艺术手法和风格体现得淋漓尽致。著名面具有：朝族的象头舞蹈面具，是串珠装饰应用在造型艺术方面的杰出作品；巴蒙族的面具，世俗特点浓重，形态夸张而又内含诙谐，给人以享受；杜阿拉族的羚羊头面具，是由黑、白、红三色菱形块构成的几何图形，雕琢风格粗犷中见精细，是喀麦隆面具之佳品；科维雷族的心型面具，别具风韵，给人以很大的抽象美。

喀麦隆人物雕像具有非洲造型艺术的基本特点。一是以表现祖先为主要题材，因为非洲的艺术与人们的信仰和宗教密切相关，艺术家们工作的首要目的是宗教利益。二是把人体分成头、躯干、腿三个明显部分，但头的比例过大，下肢有时很短。如果因此而认为非洲艺术家不懂得人体解剖学，那就错了。在非洲人看来，祖先的头或首领的头，应该是一个充满智慧、具有伟大思想、力量和正义的头，而身体的其他部分只不过是头的支撑物罢了。为突出头部，艺术家的处理手法往往过于夸张、变形，给人以稀奇古怪之感；有的则把人物和动物的特征在头部上有机地混为一体，给人以模糊之感。

2. 绘画

喀麦隆的绘画艺术起步较晚，没有非常著名的画家。作品以狩猎、捕鱼、劳动、婚礼、市场等传统题材为多，反映社会现实的作品较少。目前，绘画艺术无论从技巧上，还是审美观上，都在朝着西方现代派方向发展，立体派、抽象派、印象派、表现派等流派风格占据着画坛。

西部高地人的艺术以多样性品质著称，在那里传统艺术受到酋长们的鼓励。艺术家经常从一个宫廷转移到另一个宫廷，就像欧洲文艺复兴时期的艺术家一样。艺术风格随之传播，使得人们很难断定古老艺术对象的起源。在众多的宫廷艺术品中，最突出的是雕刻复杂的支柱和绘满壁画的圆顶状的宫殿。

古老的巴蒙王国恩乔亚国王是一位目光远大的艺术指导大师，是建筑和艺术的重要赞助人，不仅发明了文字，还创办了艺术学校，教授绘画、历史等科目。在恩乔亚国王统治时期，建造了一系列不同凡响的宫殿，堪称艺术品集锦。与其父亲恩沙·恩古国王时期的建筑明显不同的是，恩乔亚国王采用男女雕像成对的支柱，宫殿内女像支柱那细长但强健的身躯以及醒目的王室头饰强调王室的权力、威望与历史。其他的艺术品包括雕刻的面具、酒具、烟斗、浇注的铜器、刺绣或靛青染的手编棉织物等。面具经常被雕刻成动物的形状，赋予不同的含义。蜘蛛是占卜的标志，青蛙和蛇表明药物的疗效，蜥蜴代表家族的宁静，蝙蝠象征智慧，大象代表王室实力，水牛象征力量。

在巴蒙王国，恩多普布——一种蓝白相间的美丽条布，经常在重要的庆典场合展示，或者将它们悬挂在宫殿的外墙。这种以靛青染有醒目图案的条布的织造方法是：先编制 5 厘米宽的布条，而后将这些布条缝合起来，再用防染的酒椰纤维绳将它们缝合起来，最后浸泡在靛青的深蓝色染料中。恩多普布上绘有各种各样的图形。易卜拉欣·恩乔亚王子创作的描绘巴蒙宫廷艺术家在绘画中，曾刻画了一系列以纺织为主题的画面，画面上采纳了圆形、半圆形、正方形、V 形和 X 形等蜘蛛占卜符号和宫廷建筑式样（强调对比的正方形、长方形、圆形、三角形和十字形）。沿着水平线和垂直轴心变化以及有鲜明对比的明区和暗区之分，表明了建筑设计的完美无缺。据说，在美国的俄勒冈州波特兰艺术博物馆内，收藏着一块描绘巴蒙宫殿地面布局的恩多普编织地图，展示了长期以来人们对二维框架内将空间概念化和外形重新界定的关注。另外，巴蒙王国的葫芦和雕刻艺术品经常被装饰上珠子，包括著名的恩沙·恩古国王的王座（现收藏在柏林民族博物馆）。

　　传统的芳人木雕包括祖先的形象，经常被设计在圣物箱上，面具大多用在与宗教相关的活动中。鼓、凳子、棒和器具也经常被装饰上浮雕图形。芳人的雕刻艺术大部分随着礼拜仪式而消失，一小部分被卖给旅游者的商业性雕刻品所取代，剩下的部分被演变成基督教宗教艺术品。房屋和罗马天主教堂里装饰的壁画相当有趣，这些壁画经常描绘宗教场景、动物和名人，营造出全新的现象。具有代表性的芳人的绘画事实上不为人所知，杜阿拉还保存着传统的绘画，在装饰复杂的独木舟船头画有黑、白、红、蓝色的牛头状面具。

　　2004 年 9 月，韩国光州举办第五届美术双年展。来自世界 41 个国家和地区的 200 多件美术作品参展。其中，喀麦隆黑人艺术家马拉姆创作的题为《9·11 恐怖》的美术作品，把肆意摧残生命的恐怖主义淋漓尽致地展现在人们面前，营造出一种强烈的震撼感，体现了对恐怖行径的鞭挞和对人类和平的向往。

六　文化设施

喀麦隆有 500 多个图书馆，其中大多数设在教育机构内。最重要的三个图书馆中两个在雅温得，一个在杜阿拉。喀麦隆国家图书馆设在雅温得，藏书 1 万多册。设在杜阿拉的喀麦隆研究所是法国建立的黑非洲基础研究所的继承者，为研究社会科学的机构，它的图书馆被公认是最好的。在杜阿拉还有一些小型图书馆，由法国海外科学技术研究办公室主管。国家档案馆设在雅温得，由 2100 册图书和 2 万多个案卷文献组成。国家档案馆的任务是保存所有的与喀麦隆共和国有关的文献。

目前，喀麦隆共有七家博物馆。其中杜阿拉博物馆是最早成立的博物馆，建于 1944 年，由法国黑非洲基础研究机构建立，主要收藏史前文物和巴蒙族、巴米累克族、芳族的艺术珍品。此后，博物馆的数量随着保护国家文化遗产的兴趣的增长而增加。1972 年建立的雅温得国家博物馆，收藏文物约有 500 件，大部分是西部三省的传统艺术品，还有少量现代绘画和雕刻品及史前文物。雅温得黑人艺术博物馆收藏着该馆创始人多次旅行非洲大陆收集到的黑人艺术品。巴蒙人艺术和传统博物馆，位于丰班，藏有巴蒙族的雕像、面具、木板雕刻等大量艺术珍品。巴门达博物馆收藏品达 1890 件，主要反映西北省各族人民的文明和文化。马鲁阿博物馆，位于迪亚马勒，收藏极北省各族的艺术品。

此外，法国、德国和美国还在喀麦隆设有外国文化中心。法国文化中心设在雅温德和杜阿拉，它们的活动十分频繁，主要参加者是喀麦隆的中、下层人士和学生。德国文化中心（哥德学院）规模不如法国文化中心，但活动较多，它与喀麦隆文化界关系密切，经常为喀麦隆艺术家举办各种活动。美国文化中心活动不太多，主要宣传对象侧重于中、上层人士和知识界人士。

第四节　医疗卫生

一　常见疾病

喀麦隆是一个热带国家，常年肆虐各种热带疾病。独立以来，喀麦隆人的医疗卫生状况虽有所改善，但他们的生活质量并没有明显提高。首先，人群中广泛存在着营养不良现象。2004 年，通过对成年男人、妇女和儿童的贫血检测发现，5 岁以下儿童营养不良的比率高达 22.8%。其次，人均寿命也没有明显提高。20 世纪 60 年代末期，喀麦隆人的平均寿命为 35 岁；2004 年平均寿命只有 45.1 岁，不仅低于邻国加蓬的 57.4 岁，而且比邻国乍得的 45.4 岁还低。[①] 这表明喀麦隆居民的健康水平较低，并且长期受到众多热带传染病的威胁。

疟疾是在喀麦隆最常见的疾病之一，根除疟疾已成为喀麦隆卫生部的一项工作目标。它已经发起了一场对少年儿童和妇女两个高危人群防治疟疾的攻坚战，为此购买了 15 万顶蚊帐，对其中 7.2 万顶蚊帐进行了预处理，分发给了怀孕的妇女；另用重债穷国专用资金购买了 1.8 万顶蚊帐。

肺结核是仅次于疟疾的第二种严重的疾病，主要是因居住条件差和营养不良所致。目前，喀麦隆每年新感染肺结核的病例大约为 1.8 万例，其中一半的病例与艾滋病有关，已经引起有关机构的重视。喀麦隆防治肺结核病计划已经将治疗肺结核的药品价

---

① AfDB/OECD：*African Economic Outlook-Cameroon*，2005，www. oecd. org/dev/aeo.

格从 4.8 万非洲法郎降到 5000 非洲法郎，治疗中的有些检查是免费的。

艾滋病是近年来对喀麦隆人危害最大、蔓延甚广的传染病，艾滋病病毒感染率从 1987 年的 0.5% 猛增到 2002 年的 11.8%。全国艾滋病毒携带者和艾滋病病人共达 92 万人，其中 50 万人是妇女，6.9 万人是 0~4 岁的儿童。为此，防治艾滋病已经成为喀麦隆卫生部工作的头等大事。2004 年进行的新的人口统计中，对艾滋病知识的了解情况、艾滋病患者面临的社会歧视进行了调查，引入匿名自愿检测原则，采用更广泛的人口采样方法，最新的统计结果显示，艾滋病感染率有所下降。为了让更多的艾滋病患者有能力支付医疗费并得到及时治疗，喀麦隆从 2004 年 12 月 1 日起，在全国范围内对艾滋病患者的医疗费用实行全面降价。根据卫生部公布的新价目表，艾滋病患者每月所需支付的基础医疗费，由原来的 1.1 万~1.5 万非洲法郎（550 非洲法郎约合 1 美元）降至 3000~7000 非洲法郎；艾滋病患者所需的连续生物检查费用，也从原来的每半年 3.7 万非洲法郎降至 1.8 万非洲法郎。

盘尾丝虫病（河盲病）是一种通过感染此病的蚊子和苍蝇传播的流行病，主要发生在马约凯比河流域和贝努埃河上游以北的地区。该病导致数千儿童、青少年失明。

血吸虫病在喀麦隆北部省特别是临近乍得湖地区普遍流行。

在 20 世纪六七十年代，喀麦隆严重流行麻风病，据悉，1973 年东喀麦隆地区记录在案的病例就有约 55500 例。目前，这种疾病不再像过去那样背负着社会的污名，被感染的人自愿到麻风病防治站接受治疗。

雅司病仍然是一个严重危害人体健康的热带传染病，过去仅仅局限在喀麦隆南部热带林区，但是在巴宾加人、俾格米人群落中呈现增长之势，那里似乎成为了雅司病感染者的"储备库"。在 20 世纪 60 年代中期，大约有 10 万人被此病夺去生命。

性病在城市中非常普遍，特别是北方地区的城市更加严重。麻疹在喀麦隆也非常严重。在北部山区，每年 1～2 月时气候寒冷，人们容易感染呼吸道系统的疾病，脑膜炎患者也较多。另外，伤寒病十分普遍，但是斑疹伤寒却是偶发的，例如据雅温得医院陈述，每年大约有 100 个病例被诊断为伤寒。此外，肝炎、风湿、高血压、糖尿病等常见病在喀麦隆也较为普遍。

另据世界卫生组织资料显示，该国一些地区还偶发霍乱、黄热病等传染病。2004 年初爆发的霍乱，始于喀麦隆滨海省的杜阿拉市，随后蔓延到全国 7 个省的 20 个地区，截至当年 9 月中旬，全国已发现 6000 多名患者，死亡人数达 138 人。经调查证实，霍乱流行的主要原因是喀麦隆人住地的卫生条件差和人们饮用不洁净的水。

二 医疗卫生状况

喀麦隆政府十分关注广大民众的健康。1973 年初，由卫生部副部长主管公共医疗卫生工作。卫生部的一个分支机构负责对省级和区级医院的管理，其中包括杜阿拉综合医院 2 所、雅温得医院 1 所、亚佑（AYOS）地区医院 1 所；另一分支机构负责农村医疗卫生规划和实施，控制地方病的传播。省级的预防医学中心接受来自卫生部的技术指导，组织和掌控疾病预防方案的执行，组织预防医学和公共卫生方面的人员培训工作。

在资金投入方面，喀麦隆政府比较重视医疗卫生事业的发展。但是，政府对医疗卫生事业的支出占财政总支出的比重，随着国民经济的发展情况的好坏有所升降，1980 年为 5.1%，1990 年为 3.4%，2000 年为 9.5%，2002 年为 7.9%。与大多数邻国相比，喀麦隆用于医疗卫生方面的财政支出的比重一直相对较高，但是医疗卫生事业的落后面貌并未得到明显缓解，主要表现在三个方面：

一是医疗设备陈旧；二是医疗费用昂贵，普通百姓看病难；三是医护人员数量少、素质较低。

表 6-1　医疗卫生经费支出指标

	1998 年	1999 年	2000 年	2001 年	2002 年
卫生总支出占 GDP 的百分比(%)	4.4	4.9	4.7	4.5	4.6
政府卫生支出占卫生总支出的百分比(%)	17.0	24.4	27.8	26.2	26.2
私人卫生支出占卫生总支出的百分比(%)	83.0	75.6	72.2	73.8	73.8
政府卫生支出占政府财政总支出的百分比(%)	4.6	7.2	9.5	7.4	7.9
社会保险金占政府卫生总支出的百分比(%)	0.1	0.1	0.1	0.1	0.1
已预付和风险集资计划占私人卫生支出的百分比(%)	n/a	n/a	n/a	n/a	n/a
私人家庭现金支出占私人卫生支出的百分比(%)	94.1	94.2	93.7	93.6	93.7
外来卫生资金占卫生总支出的百分比(%)	5.9	5.2	6.1	7.0	6.4
按平均汇率计算的人均卫生总支出(美元)	28	31	28	28	31
按美元汇率计算的人均卫生总支出(美元)	55	62	62	64	68
按平均汇率计算的人均政府卫生支出(美元)	5	8	8	7	8
按美元汇率计算的人均政府卫生支出(美元)	9	15	17	17	18

资料来源：联合国世界卫生组织网站。http：//www3. who. int/whosis/country/indicators. cfm? country = CMR&language = english。

1967 年，喀麦隆全国只有 210 名医生，其中 146 名在政府主管的医疗卫生机构服务，11 名是牙医；此外，还有 446 名助理医生，55 名药剂师，76 名助产士，590 名护士，1055 名助理护士。20 世纪 90 年代初期，喀麦隆 1300 万人口中，平均每万人中才有 0.7 个医生，每万人中有 5.02 个护士，每万人拥有 26 张病床，每 2.8 万人才有一家药店，而且药品价格不断上涨。儿童死亡率居高不下，1990 年是 65‰，1998 年是 77‰，2000 年下降到76‰，2001年下降到74.5‰。得到助产士接生的产妇比例只是从1990年的63.8提高到2000年的75.7%。

表6－2　喀麦隆医疗卫生条件

单位：个

	1970～1974年	1975～1979年	1980～1984年	1985～1989年	1990～1994年
进入健康关怀的人口比例（%）	—	—	22	15	—
每万人拥有医生人数	0.34	0.72	—	0.85	0.70
每万人护士人数	3.84	5.13	—	5.43	5.02
每万人拥有医院床位数	17.52	24.71	—	26.26	26.00

资料来源：The African development bank, *Gender, poverty and Environmental Indicators - 2005.*, p. 102（网络版）。www. afdb. org/pls/portal/url/ITEM/F64750F1E531835DE030A8C0668C10E8, May 4, 2005。

　　针对这些问题，喀麦隆政府首先通过财政拨款和国际援助大力兴建和改善医疗设施。20世纪90年代中期以来，喀麦隆先后在首都雅温得等地兴建了多家医疗机构。2002年中国帮助援建了雅温得妇女儿童医院；在世界银行的资助下，兴建了4所区级医院，改造了150多个医疗卫生中心。到2006年，喀麦隆拥有4所国家级医院，11所省级医院，39所州级医院，15所区级医院，约1000所医疗中心，初步形成了医疗卫生设施的配套网络。其次，喀麦隆不断整顿药品市场，打击走私伪劣药品，完善对药品进口管理的规定，简化药品进口手续。与此同时，喀麦隆在欧盟的资助下，建立了全国药品生产中心，尽量在本国生产和加工各类药品，从而达到减少药品进口和降低药品价格的目的。再次，喀麦隆加强了对现有医护人员的职业培训，提高医护人员的服务质量，强化医护人员的职业道德，打击医疗卫生行业的不正之风，清除医务部门普遍存在的多收费、乱收费的现象。最后，喀麦隆政府还制定了到"2000年人人享有健康"的目标，酝酿医疗保险制度，以使喀麦隆人通过保险互助，不再担心治病支付不起医疗费用。

根据2004年度喀麦隆政府经济、财政、社会及文化发展计划的报告，喀麦隆政府在卫生领域的工作重点是：（1）继续扩大实施免疫计划，将儿童注射预防白喉百日咳破伤风混合疫苗的比例由目前的约63%提高到不低于70%（到2003年年底，72.5%的人口接种过白喉百日咳破伤风混合疫苗，也包括防治黄热病、肝炎、麻疹等疫苗的注射）；（2）向更多孕妇发放经过防蚊预处理的蚊帐，加强对疟疾病的控制和预防工作；（3）继续实施国家艾滋病防治计划；（4）改善基础医疗卫生服务；（5）优先改善公民获取基本药品和医用耗材的渠道。

目前，喀麦隆的制药业比较落后，全国只有两家合资药厂，只能生产阿斯匹林等少数几种药品，生产的药品仅占市场份额的8%，其余都需进口，进口药品的90%来自法国。

三　民族医药

喀麦隆人有用草药疗伤的传统，草药医生通常将植物药膏敷在患者的伤处。在西部高地，生长着几百种药材。采药人通常被视为治病的医生，对胃痛、头痛、妇女不孕症等疾病有独特的药方，通常用栽培在药圃里的一种或两种草药治疗。传统的草药医生特别喜欢这样一种治疗方法，将草药粉反复在切口处擦拭，以向身体的不适部位转移。羚羊角通常被用作拔罐，以便吸出患者身上不适部位的有害物质。

在喀麦隆，人们虽然不排斥现代医药，但是许多患者经常轮换看西医和本土的草药医生。然而，与流传甚广的传统草药相比，现代医药对人们的影响要少得多。

四 医护人员的培养

在1969 年雅温得大学成立健康科学中心之前，喀麦隆的学生都是到国外的高等院校学习医学。雅温得大学的健康科学中心是在联合国技术援助项目支持下成立的一个多学科、培养医疗人员的地方，最优秀的学生毕业后将成为正式医生。他们在为期 6 年的学习过程中，如果不能继续学业，国家将视他们实际的能力安排合适的医疗岗位。1971 年 12 月联合国向喀麦隆赠送了 250 万美元，修建一家有 150 个床位的医院，作为雅温得大学健康科学中心的附属医院。

亚佑医护培训学校、雅温得天主教学校、杜阿拉新教学校、维多利亚护士学校为本国培养护士和助产士。

第五节 体育

一 体育机构

喀麦隆政府的青年和体育部负责体育工作。现代体育运动最早是在小学和中学中开展，并由中小学和大学体育竞赛办公室组织每学年的地区级、省级、国家级的体育比赛。1992 年，体育国家联盟取代了体育竞赛办公室的职能。体育国家联盟组织省一级的小学体育比赛、国家级的中学体育竞赛和大学体育比赛。尽管非院校类的体育运动是非常业余的，但在各种层面上却是最流行的。在喀麦隆法语地区，以部族为基础成立了各种各样的运动队；而在讲英语的省份，有以部门和公司命名的运动队。

除了青年和体育部这个政府机构外，喀麦隆奥林匹克委员会承担着传播体育道德规范的全部义务。各种各样的体育联盟如喀麦隆足球联盟的工作，与青年和体育部、国家奥林匹克委员会的工作紧密地结合在一起。其他一些体育联盟，如喀麦隆手球联盟、喀麦隆拳击联盟、喀麦隆排球联盟经常组织专项体育运动的训练和比赛。

国家体育学院设在雅温得，其他的体育中心则遍布全国，承担培训运动员和教练员的任务。私人企业在促进体育运动发展方面也发挥了一定的作用，例如喀麦隆酿酒公司目前经营着杜阿拉的一支足球队。

二　足球运动

很久以来，喀麦隆的基础体育设施老化，缺少高水平的体育场，喀麦隆年轻人没有专业的训练场地，但这些都没有影响喀麦隆人民对体育运动的热爱。特别是喀麦隆国家足球队在世界享有盛誉，它在 1982 年和 1990 年都打进了世界杯决赛；它在非洲国家杯比赛中赢得胜利；在众多的非洲大陆俱乐部比赛中多次称雄。喀麦隆国家足球队被称为不可征服的雄狮。

早在 1880 年，德国人把足球运动引入喀麦隆，但喀麦隆的首场足球比赛直到 1926 年才举行，这场比赛是在法国殖民者和当地土著居民之间进行的。足球锦标赛从那时起开始举办，初期主要在雅温得地区进行；后来，杜阿拉地区和其他地区的足球队也很快加入该项赛事。

喀麦隆国家足球队成立于 1972 年 10 月 31 日。1972～1978 年是国家足球队严重危机阶段，辜负了官方和支持者的期望。但自 1979 年始，喀麦隆国家足球队开始在非洲大陆和世界足坛展现他们的雄姿，曾获得在利比亚举行的第 13 届非洲国家杯参赛资格，赢得 1984 年、1988 年非洲国家杯比赛冠军。在世界杯赛场上，喀麦隆国家足球队在 1982～1998 年的 5 次世界杯赛中，4 次获小组赛出线权。在 1982 年的世界杯决赛阶段的比赛中，喀麦隆队在小组赛上取得 3 战 3 和的成绩，只因净胜球比后来取得该届世界杯赛冠军的意大利队少一个而未能进入第二阶段的比赛，而被称为"黑蜘蛛"的守门员恩科诺在这届比赛中表现出色。1990 年在意大利举行的世界杯比赛中，喀麦隆队更令世界足坛震惊：它在揭幕战中以 1∶0 力克卫冕冠军阿根廷队，并以小组第一的身份打入第二轮；在第二轮淘汰赛中击败哥伦比亚队，成为第一支率先进入世界 8 强的非洲球队；但在 1/4 决赛中，仅以 2∶3 负于英格兰队。喀麦隆足球队队员罗杰·米拉是 1976 年和 1990 年非洲金球奖获得者，2000 年被授予共和国总统奖。2000 年 2 月喀麦隆国家足球队第三次获得非洲杯赛的冠军，并夺得 2000 年悉尼奥运会男子足球赛金牌（有史以来第一块奥运金牌）。同年 12 月 31 日，喀麦隆国家足球队被评为 20 世纪非洲最佳足球队。2002 年喀麦隆国家足球队第四次获得非洲杯赛冠军；同年闯入在韩日两国举办的世界杯赛。截至 2002 年，喀麦隆国家足球队已经 5 次闯入世界杯决赛圈，是进入决赛圈次数最多的非洲球队，达到了整个非洲足坛的巅峰。喀麦隆国家足球队多采用 3 - 5 - 2 的战术打法，以快速、硬朗、个人技术好、攻击力强而著称，拥有优秀的守门员和前锋。喀麦隆国家足球队的队服与该国国旗颜色一致，传统上为绿色上衣、红色短裤、黄色球袜。喀麦隆足坛名将除罗杰·米拉外，还有托马·恩科诺、奥马姆·比耶克、帕德里克·姆博马等。足球为喀麦隆带来了诸多荣耀，因此喀麦隆国家足球队早已成为喀麦隆国家的公开标志。

三　奥运会成绩

喀麦隆 1964 年开始参加奥运会，除抵制 1976 年蒙特利尔奥运会外，之后参加历届奥运会。截至 2008 年年底，喀麦隆总共得过 5 块奥运奖牌，它们分别是：1968 年约瑟夫·贝萨拉获得男子重量级拳击银牌，1984 年马丁·恩东戈·

埃班加获得男子轻量级拳击铜牌，2000 年获得男子足球金牌，2004 年姆邦戈（Francoise Mbango）获得女子三级跳远金牌，2008 年姆邦戈在北京奥运会上蝉联女子三级跳远金牌。

第六节　新闻出版

一　新闻出版政策

喀麦隆政府规定，新闻要真实反映国家和社会现实，维护国家的团结统一和喀麦隆的国际形象。喀麦隆广播电视公司和喀麦隆新闻出版公司为政府传媒机构，属喀麦隆政府新闻部领导。

二　通讯社与报纸

独立时，喀麦隆国家的新闻机构为喀麦隆通讯社，1977年 7 月改名为喀麦隆新闻出版公司，下辖喀麦隆通讯社和《喀麦隆论坛报》报社。

目前，喀麦隆国内登记注册的报刊有 500 多种，含宗教报纸 2 种，其中只有十几家能定期出版发行，大多数报刊经营困难。主要报纸如下：

《喀麦隆论坛报》（*Cameroon Tribune*），1974 年 7 月 1 日创刊，全国性官方报纸（法、英双语版），全国唯一的日报，由喀麦隆新闻出版公司主管，出版地雅温得。该报前身是《喀麦隆新闻》，发挥着政府和政党喉舌的作用。《喀麦隆论坛报》的职业作者大多在雅温得大众传媒高级学校培训过，他们遍布国内外。《喀麦隆论坛报》最受大众欢迎的是它的体育、文化和公告等版面的内容。1988 年保罗·泰萨成为喀麦隆新闻出版公司的负责人，亨利·班多洛（Henri Bandolo）成为该报主编。报纸创立初期只出法语版，1986 年 8 月始出英文版，年发行量 3 万余份。

《信使报》（*Le Messager*），1979 年 11 月创刊，是喀麦隆历史最长和影响较大的私营报纸。尽管该报不属于任何党派，但主要刊发政府反对派的观点，对现政权持批评态度。该报每周出版三期，年发行量 2 万份。

《喀麦隆时报》（*Cameroon times*，英文版），1960 年 12 月 9 日在维多利亚（现林贝）创刊，由杜阿拉商人保罗·普里索（Paul Priso）创办，1961 年成为有影响的全国性报纸。独立初期，该报成为支持喀麦隆民族民主党（National Democratic Party）的政治论坛。1968 年 4 月该报停止发行，1969 年重新出版，改为每周发行 2~3 期。与其他英文报纸相比，《喀麦隆时报》现在更多的是支持议会中间派议员的主张。20 世纪 70 年代，发行量一度翻番，但是 80 年代新征募的年轻编辑们因发表一封对总统的公开批评信，引起了对保罗·比亚新政权的一场辩论，编辑们被拘留而后释放。目前，《喀麦隆时报》要么每周出版一次，要么不定期出版。

《喀麦隆展望》（*Cameroon Outlook*），是一份争论性的英文报纸，1969 年创办。与早期的《喀麦隆时报》不同的是，《喀麦隆展望》不限制任何政治观点，也不惧怕对腐败、部族主义、歧视和低效等问题的公开批评，因此成为政府审查机构现成的靶子，并经常在版面上出现空白。它最流行的专栏是 Ako-Aya，展示该报编辑和出版者塔陶·欧本桑（Tataw Obenson）的观点。该专栏反映从政治、社会到文化等方面的闲谈，特别是街谈巷议的内容。1978 年因该报出版者死亡导致影响力下降，现在是不定期出版。在该报的鼎盛时期，年发行量曾接近 1 万份。

《喀麦隆的奋斗》（*L'Effort Camerounais*），1955 年保禄会神父在雅温得创办的基督教周报，被公认为是最有煽动性的非官方报纸。它的特征是发表的文章和评论具有相对的自由性。因为批判、反映社会弊端，该报经常被查抄或查禁。20 世纪 70 年代初，报社遭受财政困难，最受欢迎的专栏也在政府的强迫下被迫取缔。1988 年该报主编被不知名的持枪男子暗杀。到 90 年代，《信使报》后来居上，成为最具影响力的私营报纸。

其他报纸还有：《行动报》，执政党喀麦隆人民民主联盟机关报，法、英双语排版，周报，年发行量 3000 份，但因资金问题现已停刊；《官方公报》，半月刊，由总统府出版发行，法、英文合刊，主要刊载总统、总理及各部颁布的法令、法律；《新言论报》，私营报纸，每周三期，年发行量约 1 万份。此外还有《动荡报》（*Quotidien Mutations*），《先驱报》（*The Herald Newspaper*）等。

三　广播、电视

喀麦隆广播电台的总台设在首都雅温得，从每日 5 时至次日凌晨 2 时连续播音 21 个小时，用法、英和多种地方语言广播，覆盖率约为全国领土的 60%。在布埃亚、杜阿拉、巴富萨姆、巴门达、恩冈德雷、加鲁阿、贝尔图阿等 10 个省会设立地区电台，并在雅温得、杜阿拉、布埃亚和巴塞萨姆建立了 4 个商业性调频电台。

喀麦隆国家电视台于 1986 年 4 月建立，播放彩色电视节目，发射网可覆盖全国领土的约 50%。平日播出时间为 10 个小时，从每日 15 时至次日 1 时；周六和周日延长至 13 和 16 个小时。政府规定电视台为商业性国营企业单位，财务上独立核算。1988 年 1 月建成全国电视制作中心。1996 年 4 月国家电视台增开电视二台。

喀麦隆广播电台和国家电视台被国有的喀麦隆广播电视公司独家垄断。尽管如此，私人广播电台的数量在增长。大多数电台集中在雅温得和杜阿拉。它们和独立的报社一样面临着同样的财政困难。法国国际广播电台和英国的 BBC 节目可通过雅温得、杜阿拉等大城市电台调频收听。2000 年 4 月政府公布关于私人视听传媒企业建立和运营条件的法令，允许私人进入视听传媒领域。私人投资者已经在杜阿拉建立电视台。

四 期刊

《阿比亚：喀麦隆文化评论》（*Abbia：Cameroon Culture Review*）是唯一反映喀麦隆文化和用英、法双语发文的期刊，创办者是喀麦隆双语之父伯纳德·丰隆。阿比亚的名字源自喀麦隆南部一些人，特别是雅温得地区贝蒂人的一种舞蹈游戏。舞蹈游戏的片段——阿比亚石头，雕刻着当地树木和水果。一块阿比亚石头和恩乔亚国王发明的巴蒙文字（shu mom）被用来装饰杂志的封面。该文化评论期刊的发行有赖于作为双语思想的先锋喀麦隆精英们之间的顺利合作。然而，自 1963 年起，《阿比亚：喀麦隆文化评论》经历了一个艰难的时期，1986 年 8 月丰隆的逝世使得该期刊的前景变得暗淡。

《喀麦隆艺术和文化新闻评论》（*AFO A KOM*）1982 年 5 月第一次出版，它由信息和文化部赞助下的喀麦隆作家协会主办。该期刊通过发表公众人物的言论和平日的表现，反映国家文化的个性，经常发表反映喀麦隆音乐、文学、戏剧、舞蹈和艺术家的社论和新闻。

《喀麦隆科学院学报》（*Journal of the Cameroon Academy of Sciences*）是一本致力于基础和应用研究方面的多学科出版物，它也发表一些关于艺术、人文和文化方面的评论文章。

第七章

外　交

第一节　外交政策

一　外交政策

从喀麦隆独立到现在，其外交政策保持了一定的连续性，按照其发展阶段来看，又可以分为两个阶段。

第一阶段是 1961～1982 年，这一时期喀麦隆由阿希乔总统执政，是喀麦隆外交政策的形成阶段。20 世纪 50 年代，亚非地区的许多民族国家取得了独立。这些国家在独立后，面临着巩固国内新生政权，发展民族经济的共同任务。在此背景下，改变长期以来的殖民秩序，维护和平的国际秩序，增进国家间的合作和交流成为新独立民族国家的共同要求。1973 年 9 月不结盟国家在阿尔及尔通过了《政治宣言》，积极倡导共同的不结盟外交。随着第三世界国家独立自主不结盟外交政策的提出，喀麦隆也成为积极赞同和主张实行不结盟外交政策的国家。1975 年阿希乔总统宣告了喀麦隆实施不结盟主义外交，希望在国际事务中不依赖外国，保持自主性，谋求独立发展。但是，出于发展的需要，喀麦隆保持了同前宗主国法国的密切关系。阿希乔执政期间，他虽然一再强调喀麦隆在同英、法关系上的"中间"态度，但是由于独立初期喀麦隆和法国签订的多种合作条约，喀麦隆保持了同法国的事实上的联盟关系。在法国的大量援助下，尤其是军事援助，帮助阿希乔政府镇压了 20 世纪 50、60 年代的国内的反抗运动，建立了联邦制国家，并在此基础上建立了喀麦隆权力高度集中的政治体制。国家统一后，喀麦隆政府为维护主权的独立和自主，曾积极实施政府官员的"喀麦隆化"，用喀麦隆官员取代前殖民体制中的英、法官员，取得了很大的成就。

为了创造有利于国内经济发展的良好环境，扩大外援、外资来源，喀麦隆对外关系中坚持"政治独立和经济开放"政策。在保持同法国的密切友好关系的同时，还积极发展同美国以及其他西方国家之间的关系，并注意发展同阿拉伯国家之间的交往。它通过大量吸收外资，在"合资企业"的形式下加强对各种企业的监督和管理，借以逐步发展民族资本。如在石油开采业中，成立"国家液体燃料公司"，其任务是保证同外资石油公司的合作，控制本国的石油资源，使喀麦隆应得的利润得以兑现。在发展经济作物方面，成立了"喀麦隆可可发展公司"，为了扩大可可的种植面积并提高技术管理，以高薪聘请法国农业专家作为该公司的总经理。政府还集中精力扩建与修建港口、公路和水电工程，为吸引外资创造更加有利的条件。但由于喀麦隆的内政和外交是建立在同法国"联盟"的基础上的，所以，政府一直严重依赖法国。

第二阶段是 1982 年比亚总统执政时期。这一时期，喀麦隆仍然实行不结盟的外交政策，重视发展务实外交，强调在平等基础上发展同各个国家的外交关系。在维系同法国密切关系的同时，积极开展同英国、美国、德国等西方发达国家的友好关系，积极促进国内的经济发展。

比亚上台后，由于国际环境的变化，喀麦隆虽积极发展更加自主的对外关系，但仍然保持了同法国的重要关系，政府的外交思维和外交政策的导向并没有发生根本的变化。目前，喀麦隆在许多重要国际问题上都保持着同法国的一致立场，法国的援助仍然是影响喀麦隆国内经济发展的重要因素。由于喀麦隆向民主政治转变，政府在对外关系中，更加从务实的角度优先考虑国家的利益，对外关系中显著的调整是加入了英联邦。

二　外交基本目标和原则

喀麦隆的外交政策是以维护本国的根本利益为出发点的。由于曾经有过被殖民统治的历史，喀麦隆和西方国家的关系是传统对外关系的重点。这种外交关系的确立以相互的合作和交流为基础。喀麦隆国内经济的二元性决定了其对国际市场的依赖。由此，虽然喀麦隆外交决策者在不同时期的对外关系上体现出了不同的特点，但同时，这种变化有很大的局限性。

反对外来干涉，对外奉行独立自主原则。喀麦隆从独立以来就把维护国家的安全和独立自主看做是国家的最高利益。阿希乔总统在喀麦隆独立后，为了维护国家的安全和独立自主，在需要继续和英、法进行经济合作的同时，仍然坚持在国家机关的人事制度上推进喀麦隆化，用喀麦隆土著人员取代前殖民机构中的英、法官员，并多次在公开场合宣称喀麦隆既不亲英也不亲法。为了保持这种独立性，喀麦隆曾长期坚持不参加法国在非洲法语国家的合作组织，也不加入英联邦。喀麦隆反对帝国主义干涉非洲内政；主张非洲国家团结一致和合作，促进非洲各国的国内经济、社会发展。喀麦隆还一贯反对前南非的白人种族主义统治，主张由非洲人治理自己的国家。

坚持不结盟原则，奉行灵活务实的全方位外交政策。独立初期，喀麦隆就加入了非洲—马尔加什共同组织，强调发展同周边国家的经济、文化等方面的合作，并通过该组织发展同欧洲国家的经贸关系。对喀麦隆而言，发展经济一直是外交政策的出发点，这充分反映了喀麦隆外交政策的灵活性。冷战期间，喀麦隆在积极维护主要同法国的外交关系的同时，不断扩大和加强同其他西方资本主义国家的关系，也发展同东欧社会主义国家和中国的关系。第三世界不结盟运动兴起以来，喀麦隆一直强调外交政策的不结盟性，主张在平等、互利的基础上发展同各国的友好合作关系，主张非洲国家团结一致和合作，并通过引进外资和发展同外国的经济合作来促进国内经济的增长和发展。独立以来，喀麦隆一直是非洲引进西方外资的重要国家。

开放与和平的外交原则。喀麦隆一直奉行开放的外交政策，积极寻求外援和吸引外资发展本国经济。冷战期间，喀麦隆就主张淡化意识形态的争论。随着冷战的结束，喀麦隆外交政策变得更加开放。目前，喀麦隆是重要的法郎区国家，积极参加同法非集团国家的合作，还加入了英联邦，积极谋求发展多边外交关系，注重发展同非洲国家之间的关系。它主张通过对话和相互宽容，用和平手段解决国际争端。在非洲问题上，它支持建立地区集体安全机制维护非洲的良好发展环境。作为发展中国家，喀麦隆积极要求建立公平、合理的国际政治经济新秩序，呼吁国际社会更多关注非洲的发展问题，强调在发展的基础上，促进非洲的民主化进程，创造非洲的和平与民主。

重视周边关系和地区关系。从地区安全和合作来看，维护一个稳定、友好的周边环境有利于国内经济的发展和政治的稳定。因此，喀麦隆一贯重视发展同周边国家的友好合作关系，并通过和平协商解决了与尼日利亚、赤道几内亚的边界问题。在区域化合作中，喀麦隆是中部非洲国家经济共同体、中非关税和经济联盟、乍得湖盆地委员会等区域性组织的成员国。在地区外交中，喀麦隆一直支持泛非主义运动，并积极参加非洲联盟的建设和发展。

三 参加国际组织

喀麦隆参加的国际组织主要有：联合国（UN）；联合国教科文组织（UNESCO）；世界贸易组织（WTO）；世界卫生组织（WHO）；世界知识产权组织（WIPO）；世界气象组织（WMO）；万国邮政联盟（UPU）；国际货币基金组织（IMF）；国际复兴开发银行（IBRD）；国际农业发展基金（IFAD）；国际金融组织（IFC）；国际通信卫星组织（INTELSAT）；国际邮政联盟（IPU）；国际通信联盟（ITU）；国际劳工组织（ILO）；国际标准化组织（ISO）；国际原子能组织（IAEA）；国际海运组织（IMO）；国际民间航空组织（ICAO）；国际警察组织（INTERPOL）；77国集团（G-77）；联合国粮农组织（FAO）；非洲联盟（AU）；非洲发展银行（AfDB）；非洲经济委员会（ECA）；中部非洲国家经济共同体（CEEAC）；中部非洲经济货币共同体（CEMAC）；中非国家发展银行（BDEAC）；非洲、加勒比和太平洋国家组织（ACP）；非洲与欧盟洛美会议；中非国家组织（BEAC）；中非关税和经济联盟（CCC）；乍得湖盆地委员会（LCBC）；尼日尔河委员会（NRC）；不结盟运动（NAM）；伊斯兰开发银行（IsDB）；伊斯兰会议组织（ICO）；欧洲投资银行（EIB）；法郎区（FZ）；英联邦（CN）等。

第二节 同美国和加拿大的关系

一 同美国的关系

喀麦隆独立后，一直重视发展同美国的关系。喀麦隆总统阿希乔在执政的20多年期间曾4次访问美国。但是，美国出于其全球战略的考虑，对非洲国家援助的分配主要根据其政治需要来进行。由于历史的关系，冷战时期美国对前法属非洲国家的援助较少。作为同法国有着重要合作关系的喀麦隆，美国表示出友好态度，在发展同喀麦隆经贸关系的同时，也对喀麦隆进行援助。1970～1975 年，美国对喀麦隆出口额为 1150 万非洲法郎，从喀麦隆进口额为 340 万非洲法郎。70 年代喀麦隆与美国私人投资合办了稻米、玉米生产公司。1946～1968 年，美国向喀麦隆提供的经济援助为 2900 万美元。到 1975 年为止，美国国际开发署向喀麦隆提供贷款总计达 50 亿非洲法郎。① 1978 年喀麦隆接受美国援助额 1510 万美元，1979 年为 1050 美元。②

比亚总统上台后，喀麦隆同美国的友好关系有了进一步发展，主要表现在两个方面。

第一，双边高层往来频繁。冷战结束后，国际环境发生了很大变化，发展经济成为全球各国的共识。在此背景下，喀麦隆外交更加注重多元化。1986 年 2 月，比亚总统访问了美国，寻求加强同美国的合作和得到美国的援助。90 年代后期以来，双方高层互访不断。1998 年 7、8 月间，比亚总统分别会见了到访的美国总统特使、美国交通部长和华盛顿市长率领的代表团，就双方开展相关领域的合作进行了会谈。1999 年喀麦隆工商发展国务部长贝洛·布巴·马伊加里（Bello Bouba Magari）出席了在美国召开的 21 世纪美非伙伴关系部长级会议。2000 年 4 月，喀麦隆农业部长佩雷韦·扎沙里耶（Perevet Zacharie）访问美国。同月，喀麦隆总理彼得·马法尼·穆松格（Peter Mafany Musonge）率领包括工商国务部长、交通部长、总统府特别事务部长、财政部部长级代表等在内的喀麦隆政府要员组成的经贸代表团，对美

① 王维喜整理《喀麦隆联合共和国》，湘潭大学非洲研究所编《非洲问题参考资料》1981 年第 1 期。
② 冯炳昆：《美国对非洲的政策》，《西亚非洲资料》第 53 期（1980 年 10 月 27 日）。

国进行了为期 11 天的访问。2003 年 3 月 20～21 日，喀麦隆总统比亚应美国总统布什的邀请，再次对美国进行访问。期间，布什对喀麦隆近年来在政治民主化方面做出的努力表示赞赏，同时肯定了双边关系发展取得的成就；两国领导人还就加强在贸易、基础设施建设、艾滋病防治等方面的合作交换了意见。2003 年 6 月 18 日，喀麦隆总理穆松格代表比亚总统赴美国出席了美国非洲商务理事会主办的美非商务峰会。

第二，在双方政府的积极推动下，美国对喀麦隆的援助以及双边经贸关系有了很大的发展。1995～1998 年，美国对喀麦隆援助金额达 1936.8 万美元。2000 年 2 月，美国投资 26.2425 万美元用于对喀麦隆机场和港口设施建设的技术援助，并为喀麦隆尼奥斯湖的毒气排除项目提供了 45 万美元的援助。2000 年 8 月，美国向喀麦隆 9 省提供了 8000 万非洲法郎的援助，用于改善 19 个社区的基础设施。自世界银行和国际货币基金组织的重债穷国计划实施以来，美国对喀麦隆官方债务进行了几次调整。1996 年美国对喀麦隆进行了官方债务重新安排，涉及金额达 50 亿非洲法郎。2002 年 2 月 5 日，双方签署债务减免协议，美国为喀麦隆减免到期债务 176 亿非洲法郎。2003 年 7 月 11 日，美国驻喀麦隆大使斯塔普勒斯同喀麦隆农业国务部长科多克签署粮食援助协议，根据协议，美国政府在其"促进发展粮食计划"项目下，向喀麦隆提供总值约 40 亿非洲法郎的大米并责成喀麦隆政府出售，将售后所得款项用于极北省和北方省的减贫、农业发展和增加就业等方面。同年 8 月 18 日，美国进出口银行和喀麦隆非洲第一银行签署担保协议，根据协议，美国将在"非洲增长与机会法案"框架内向喀麦隆提供短期贷款和相关技术支持，以推动喀麦隆企业进入美国市场，促进两国的贸易发展。1999 年两国贸易额为 649.84 亿非洲法郎，其中美国出口额为 401.78 亿非洲法郎。2000/2001 财年两国贸易额为 807.79 亿非洲法郎，其中喀麦隆对美国出口额为 213.02 亿非洲法郎。美国对喀麦隆石油业的投资也增强了两国的合作关系。美国"9·11"恐怖袭击事件之后，喀麦隆一直表示对美国遭受恐怖袭击表示同情。当年 9 月 18 日，喀麦隆总理等政府高级官员出席了美国为"9·11"事件遇难者举行的追思弥撒。在美国军事打击阿富汗塔利班政权问题上，喀麦隆也表示支持。

二 同加拿大的关系

由于两国都实行双语制，这一特殊的历史背景为两国开展合作提供了很好的基础。喀麦隆独立后，一直维持着同加拿大的友好合作关系。在 20 世纪 90 年代喀麦隆加入英联邦后，双方的合作关系有了进一步发展，除一般的经贸关系外，喀麦隆还从加拿大进口武器装备。

第三节 同法国、英国、英联邦和欧盟的关系

一 同法国的关系

喀麦隆曾是法国的委任统治地和托管地，双方有着特殊的关系。喀麦隆独立以来，法国一直把喀麦隆作为其在非洲的重要基地；喀麦隆则把法国当作获得外援与合作的重要伙伴。

独立前的殖民关系 从 1916 年法国部分地占有喀麦隆以来，法国曾统治过喀麦隆 4/5 的领土。长期的殖民统治，使法国成为喀麦隆具有绝对优势的殖民势力。法国通过在喀麦隆建立的政治、经济、文化等体制控制着喀麦隆的发展。喀麦隆在政治、经济等方面对法国产生了严重的依赖性。一方面，喀麦隆成为法国

的原材料生产基地以及商品输出市场。喀麦隆国内的经济产出主要以法国需要为主，多为原材料产品，其国内经济成为法国经济发展的重要补充。另一方面，喀麦隆缺少自主的国家机构建设和执政能力建设，在政治、军事和外交等方面严重依赖法国。喀麦隆独立前夕，法国为了继续维护其在喀麦隆的利益，加上阿希乔政府出于发展经济的需要，双方签订了一系列合作协议。1959 年法国成立了与殖民地的"协商委员会"。通过该委员会，法国继续保持了同喀麦隆在政治、经济、军事、外交等方面的特殊关系。

独立运动对双方关系的影响　二战结束后，喀麦隆的民族独立意识高涨，迫使法国在对喀麦隆关系上不得不做出一些调整。1958 年戴高乐出任法国总理后，法国对喀麦隆的关系有了重大调整，同意了喀麦隆要求结束托管的要求。随着联合国通过了喀麦隆于 1960 年获得独立的决议之后，阿希乔政府强调喀麦隆的独立自主。为维护喀麦隆的独立，消除殖民宗主国对喀麦隆的影响，喀麦隆在实施了积极的人事改革，实行行政人员本土化。在法国影响严重的东喀麦隆地区，政府起用大量的喀麦隆官员取代了法国官员。这一阶段，法国在喀麦隆的影响力有所下降。

20 世纪 60 年代，喀麦隆一方面维持同法国的合作关系，另一方面强调国家的独立自主。1961 年喀麦隆和法国签署了涉及经济、教育、军事领域的全面合作条约。60 年代，为镇压国内由喀麦隆人民联盟发起的反政府游击运动，喀麦隆当局从法国获得了大量的援助，特别是军事方面的援助。法国军队在参与镇压喀麦隆人民联盟军事行动的同时，还帮助喀麦隆建立军队、培训军事人员。随着法国和喀麦隆各项合作协议的实施，法国成为严重影响喀麦隆内政外交的国家，大量的法国人重新留在了喀麦隆的政府和相关机构中，并占有权势的地位。在喀麦隆的商业、工业、贸易和其他经济领域，法国的利益占有压倒性地位。喀麦隆政府为维护统治，向法国大举借债。法国通过在喀麦隆不断扩大的贸易和投资维护了自身的利益。此外，法国还通过地区政策，加强同喀麦隆的联系。1960 年 12 月，包括喀麦隆在内的 12 个法语非洲国家，为保持彼此间的联系，以及维护同法国的特殊关系的共同需要，在刚果（布）首都布拉柴维尔聚会，形成了布拉柴维尔集团，1961 年 9 月 12 日，该集团在马尔加什首都塔那那利佛建立了非洲—马尔加什联盟。法国利用这些法语非洲国家发展的需要，重新确立了与包括喀麦隆在内的这些国家在政治、经济、军事、文化等方面的合作关系。喀麦隆从维护自身独立和国内稳定出发，阿希乔政府一直强调喀麦隆的独立自主，为此，喀麦隆没有参加 1969 年成立的法非文化技术合作组织。但是，从 1973 年开始，喀麦隆总统阿希乔参加法、非首脑会议，并作为法非文化技术合作组织联系国参加法、非国家间的活动。

　　20 世纪 70 年代，随着非洲国家独立意识的进一步加强，法语非洲国家要求摆脱法国控制的呼声日益高涨。同时，由于苏联在非洲的扩张、渗透，威胁到了法国在非洲的传统利益。在此背景下，为适应新的形势，继续维护法国在喀麦隆的利益，法国开始调整对喀麦隆的政策。在蓬皮杜政府上台后，法国积极调整同法语非洲国家的关系。1972 年，法国控制的中央非洲国家银行（成员国包括喀麦隆）修改了章程。新章程规定，法国将逐步减少法国在该银行董事会中的代表名额，同时任用喀麦隆人担任该银行中的重要职务；喀麦隆外汇储备可根据国家发展需要做出调整。1974 年德斯坦政府上台后，法国针对苏联在非洲的扩张，提出了"非洲是非洲人的非洲"、"反对一切外来干涉"等口号，主张对法语非洲国家政策的"全非性"；声称要在"平等"、"伙伴"基础上巩固和发展同法语非洲国家的关系，加强同这些国家的合作。在对喀麦隆问题上显著的变化是，法国与喀麦隆在 1975 年全面修改了在 60 年代签订的合作协定，并撤回了法国在喀麦隆的军事代表团。在法国对喀麦隆政策的调整下，两国合作关系得到加强，高层互访不断。1976 年 7 月，阿希乔总统正式访问法国。1979 年 2 月，法国总统德斯坦对喀麦隆进行了正式访问。1979 年 4、5 月间，阿希乔以私人身份访问法国并会见了德斯坦总统。

20 世纪 80 年代初比亚执政后，随着冷战的结束和美、苏退出了在非洲的争夺，非洲的国际关系进行了新的调整。喀麦隆在积极发展同西方国家关系的同时，也积极发展同法国的密切关系。比亚执政初期，由于国内政治局势的变化以及随后形成的非洲政治民主化浪潮，比亚政府积极寻求法国的支持。在法国的支持下，比亚政府稳定了国内局势，并顺利完成了国内的政治民主化改革。20 世纪 90 年代以来，喀麦隆同尼日利亚的边界纠纷不断升级，在此过程中，喀麦隆加强了同法国的军事、外交合作。特别是在 1994 年尼日利亚同喀麦隆在巴卡西驻军发生冲突后，在喀麦隆的要求下，法国军事代表团进驻喀麦隆。此后，法国在双方的冲突中每次都积极担当调停者的角色，这对于综合国力远远小于尼日利亚的喀麦隆来说，维护同法国的密切关系无疑在维护自身利益，对提升喀麦隆在中非的地位和国际地位是有益的。随着喀麦隆经济改革的进行，喀麦隆加入了法国同前非洲殖民国家的法非文化技术合作组织，以获得法国更多的经济和财政援助。近年来，喀麦隆同法国的友好合作关系进一步发展，双方在政治、经济、军事等方面的交流稳定，高层互访不断。进入 21 世纪，国际局势发生了巨大变化，特别在伊拉克战争以后，由于法国在国际问题上反对美国日益严重的单边主义，喀麦隆和法国在国际问题上的交流不断加强。2003 年 3 月，法国外长德维尔潘访问喀麦隆，就伊拉克问题同比亚总统交换了意见。同年 5 月，法国外交部军事国防合作司司长德维斯耶尔中将访问喀麦隆，与喀麦隆国防部长埃索交换了军事合作方面的意见。同月，法国前总理、人民运动联盟主席阿兰·朱佩访问喀麦隆，会见了比亚总统。10 月，欧洲议会议员、法国前总理罗卡尔访问喀麦隆。12 月，法国负责合作和法语国家组织事务的部长维尔泽访问喀麦隆，与喀麦隆总理穆松格进行了会见。2005 年 1 月 18～22 日，法国三军参谋长邦泰亚上将率军事代表团访问喀麦隆。同年 2 月 15～19 日，法国外交部军事与防务合作局局长吉罗海军中将访问喀麦隆。5 月 30 日，应法国一非洲友好协会的邀请，喀麦隆议会代表团访问法国。2006 年 7 月 26～28 日，比亚总统对法国进行正式访问。

法国是喀麦隆最大援助国和投资国。截至 2004 年底，法国在喀麦隆共有 160 多家企业，雇佣当地员工约 3 万人；法国在喀麦隆投资额占外国对喀麦隆直接投资额的近 50%；法国援助份额占喀麦隆接受外援的 30%～40%。2002～2004 年，法国发展署向喀麦隆提供项目援助贷款 5.18 亿欧元，其中 2004 年为 1.86 亿欧元。法国在喀麦隆的侨民约 7000 人；喀麦隆在法国侨民近 2 万人，留学生约 2000 人。法国是喀麦隆第一大贸易伙伴，2004 年两国贸易额为 7.074 亿欧元。[①]

二 同英国与英联邦的关系

作为最早的西方殖民强国，英国是最早进入喀麦隆地区的国家之一。第一次世界大战后，英国以委任统治的形式占领了喀麦隆的西部地区。二战结束后，英国又以托管的形式继续占有该地区。英国对喀麦隆西部地区的影响较大。

脱离英联邦 随着第二次世界大战后民族独立运动的兴起，英属喀麦隆地区要求摆脱英国统治的呼声高涨，1958 年英属喀麦隆议会通过了要求政府职员全部喀麦隆化的议案，之后英国在英属喀麦隆的人员开始逐步减少。1961 年英属喀麦隆实行了全民公决。之后，英属喀麦隆并入喀麦隆共和国，英国同喀麦隆所属

---

① 中国外交部网站：http://www.fmprc.gov.cn/chn/pds/gjhdq/gj/fz/1206_21/。

关系终结。但是由于英国曾长期统治英属喀麦隆地区，该地区在并入喀麦隆共和国后仍然保留着同英国的密切联系，政府机构的很多工作人员仍然是英国人，许多英国公司继续经营在该地区的业务。此外，很多英语教师在当地从事教学。喀麦隆统一后，虽然在经济合作方面一直保持同英国的友好关系，但由于阿希乔政府强调喀麦隆的独立自主，英国同喀麦隆的政治关系进一步弱化。

回归英联邦 比亚上台执政后，出于发展经济的需要，喀麦隆积极发展同英国的友好关系，提出重新加入英联邦的要求，并于1989年向英国提出重归英联邦的申请。1995年11月1日，英国批准了喀麦隆的申请，喀麦隆加入英联邦。同年11月10日，比亚总统出席了英联邦成员国在新西兰的奥克兰举行的第13届首脑会议。之后，喀麦隆同英国维持着良好的合作关系，双边经贸合作加强，高层互访不断。为增强喀麦隆新生代国民对英国的亲和力，2001年3月12日，喀麦隆在全国各地举办了主题为"新的一代"盛大活动，庆祝英联邦日。为加强喀麦隆同英联邦的关系，2001年6月英联邦秘书长唐·麦金农对喀麦隆进行了正式访问。2003年3月，喀麦隆派出了部长级代表团参加英联邦在澳大利亚举行的首脑会议。同年7月和12月，英联邦秘书长特使、加拿大前外交国务秘书克里斯蒂娜·斯特瓦特女士两次访问喀麦隆。2003年3月1～7日，喀麦隆举行各种活动纪念英联邦周。同年12月4日、5日，喀麦隆总统比亚携夫人参加了英联邦在尼日利亚举行的成员国元首和政府首脑会议，并同与会成员国讨论了进一步开展合作的事宜。2005年5月17～19日，由加拿大前总理克拉克率领的英联邦代表团访喀麦隆，并召开第四届喀麦隆—英联邦会议。6月7日，英国政府非洲事务委员会秘书处负责人麦克尔率团访问喀麦隆。10月11～13日，应比亚总统邀请，英联邦秘书长唐·麦金农对喀麦隆进行正式访问。11月25～27日，埃弗兰总理代表比亚总统出席在马耳他举行的英联邦峰会。在喀麦隆的努力下，英联邦对喀麦隆的开发援助有了新的发展，截至 2002 年底，英联邦为喀麦隆提供了约 9 亿非洲法郎的技术援助，援助涉及喀麦隆的民主人权、政府效能改革、扶贫和高等教育等 30 多个合作项目。此外，英联邦每年还向喀麦隆提供 10 余个到英联邦国家如英国、加拿大、南非等国家的留学生名额，通过教育交流项目推动喀麦隆的人才培养。[①]

三 同欧盟的关系

由于喀麦隆同法国的特殊关系，喀麦隆一直积极寻求同欧盟国家之间的合作关系。早在 1957 年，喀麦隆就参加欧洲经济共同体罗马条约。独立后，喀麦隆对保持同欧盟国家的联系一直持积极态度。1963 年在雅温得会议上，喀麦隆同大多数前法属非洲国家一起加入了欧共体。1975 年喀麦隆加入非加太国家集团（非洲、加勒比和太平洋国家集团，ACP）。

此外，发展同欧盟的关系也有助于喀麦隆和前殖民宗主国德国加强经济等方面的合作。在德国殖民时期，德国和喀麦隆确立的关系也为喀麦隆和德国发展双边关系奠定了重要基础，在喀麦隆积极寻求同德国发展关系的同时，德国也保持了对喀麦隆的良好关系，双边经贸合作以及德国对喀麦隆的经济援助一直存在。

第四节 同苏联/俄罗斯、东欧国家的关系

冷战期间，喀麦隆更注重发展同苏联以及东欧社会主义国家之间的关系。这种合作关系涉及政治、经济、军事、文化等多个方面。独立初期，喀麦隆政府一方面积极寻求社会主义国家的支持，对抗英、法等国家对新政权的干涉，维护国

---

① 中国外交部：http：//www.fmprc.gov.cn/chn/pds/gjhdq/gj/fz/1206_21/。

家的主权独立；另一方面，由于对抗国内喀麦隆人民联盟武装斗争的需要，喀麦隆政府积极寻求社会主义国家在这一问题上的理解和支持。由此，喀麦隆在发展同苏联以及东欧社会主义国家关系方面是主动和积极的。早在 1962 年，喀麦隆就向东欧社会主义国家派出了访问团，寻求同这些国家的政府间合作。1964 年 3 月，喀麦隆同苏联建交。但是，由于冷战期间苏联同美国在非洲的争夺，以及苏联对非洲的渗透和扩张，引起了许多非洲国家的不满甚至反抗。这在一定程度上破坏了苏联在喀麦隆外交关系中的形象；再加上喀麦隆保持同法国的密切合作关系，使得苏联和东欧社会主义国家同喀麦隆的关系并没有深入发展。阿希乔总统曾多次表示，大国的统治欲望威胁着非洲的独立、安全和稳定。他呼吁非洲国家团结起来，保持警惕，反对超级大国争夺造成的威胁，并公开表示反对苏联对非洲事务的干涉。为此，喀麦隆政府对苏联提供的援助也表示出小心翼翼，双边贸易并不显著。到 1969 年，东欧社会主义国家对喀麦隆的商品出口额只占喀麦隆进口总额的不足 2%，而东欧社会主义国家购买喀麦隆出口商品只占喀麦隆出口总额的不到 1%。在整个 80 年代前，喀麦隆同东欧社会主义国家及苏联的进出口贸易并没有明显提高。[1] 1958 ~ 1976 年，苏联向喀麦隆提供经济援助为 800 万美元。苏联还提供贷款用于喀麦隆修建农业学校和林业学校各一所。70 年代末 80 年代初，喀麦隆在苏联的留学生每年达到 40 多名。从 1974 年起，苏联向喀麦隆大量购买可可和木材。80 年代初，苏联每年向喀麦隆销售它在非洲沿海捕获的鱼约 6000 ~ 7000 吨。[2]

[1] *The Political Economy of Cameroon*, Edited by Michael G. . Schatzberg; William Zartman, *A Sais Study on Africa CBS Educational and Professional Publishing*, Praeger Publishers, 1986.
[2] 王维喜整理《喀麦隆联合共和国》，湘潭大学非洲研究所编《非洲问题参考资料》1981 年第 1 期。

冷战结束后，出于发展经济的需要，喀麦隆同俄罗斯和东欧国家的经济关系有了一定的发展。但是，由于喀麦隆外交政策的重点一直以西方国家为主，喀麦隆同俄罗斯和东欧国家的关系并不密切。

第五节　同周边国家的关系

周边地区外交是喀麦隆务实外交的重点。独立后的喀麦隆，为了创造和维护积极、友好、互助、合作的周边环境，非常重视同周边国家的交往。这种交往一方面是支持周边国家的统一和独立，另一方面积极开展同这些国家的友好合作和交往。20 世纪 60 年代初，由于许多非洲国家支持喀麦隆国内反对派发动的游击战争，喀麦隆对非洲国家外交关系的重点在于争取更多国家对其内政的支持，并开展国际合作。随着国内反政府抵抗运动的消失，喀麦隆更加关注同非洲国家特别是周边国家的友好合作，一是加强同法语非洲国家的友好交往；二是注重同赤道非洲国家的友好合作和交往。

淡化分歧，积极参加地区合作　20 世纪 60 年代，由于喀麦隆内战，在一定程度上妨碍了喀麦隆同埃及、几内亚、加纳等几个国家关系的发展，喀麦隆政府认为这些国家向喀麦隆国内的反政府势力喀麦隆人民联盟提供了援助。随着喀麦隆人民联盟在喀麦隆活动的终止，喀麦隆同这些国家的关系很快就恢复了。独立初期，喀麦隆一方面谋求同这些国家的合作，另一方面积极支持非洲国家的民族独立运动。1960 年 12 月，喀麦隆参加了 12 个法语非洲国家在布拉柴维尔举行的首脑会议，与会国家主张加强区域经济合作。1961 年 9 月，喀麦隆参加了布拉柴维尔集团国家间建立的非洲—马尔加什联盟，1964 年 3 月该联盟改名为非洲－马尔加什经济合作联盟，1965 年 2 月又改称非洲—马尔加什共同组织，1966 年 6 月联盟成员国正式签署了组织宪章。1961 年，喀麦隆参加了 20 个非洲国家在蒙罗维亚召开的首脑会议，会议在强调开展经济、文化等合作的基础上，确立了各国主权平等、保护各国生存权利、不反对自愿合作、不干涉内政、维护各国领土完整的处理非洲国际关系的五项原则。1964 年，喀麦隆同刚果、加蓬、中非、乍得 5 国在布拉柴维尔召开的首脑会议上决定建立中非关税和经济同盟，成为中非经济关税同盟的发起国之一。1984 年，喀麦隆同扎伊尔、安哥拉等一些中部非洲国家共同组建了中非国家经济共同体（CEEAC）。中部非洲国家经济与货币共同体（CEMAC）成立后，喀麦隆成为该共同体的重要成员国。此外，喀麦隆还加入了乍得湖盆地委员会、尼日尔河委员会以及负责咖啡、森林的全非性商业组织。由于喀麦隆在地区合作方面的积极努力，70 年代以来，喀麦隆一直是中非地区经济、政治活动的中心。

重视发展睦邻友好关系，积极推动地区和平发展 由于喀麦隆位于非洲大陆中心，面临部族复杂、人口流动性大的问题，再加上历史原因造成的与周边国家的一些领土争议，使得喀麦隆政府历来重视改善和加强同邻国的关系。在处理同刚果、中非、赤道几内亚、加蓬、乍得等邻国的关系时，喀麦隆主张通过协商、对话来解决矿产资源、边境冲突等方面的纠纷和争端，以非洲团结为重，坚持睦邻友好政策。80 年代后，随着国际局势的变化，地区安全重新成为喀麦隆面临的问题。在喀麦隆等国的建议下，1991 年联合国第 46 届大会通过了中非地区加强国家间信任措施的决议，并于 1992 年由联合国秘书长加利宣布成立了中部非洲安全问题常设协商委员会。之后，该委员会多次在喀麦隆首都雅温得举行部长会议和首脑会议，协商地区安全问题。1996 年 7 月，该委员会的喀麦隆、布隆迪、赤道几内亚、刚果（布）、加蓬、卢旺达、圣多美和普林西比、刚果（金）、乍得、中非、安哥拉等 11 个成员国的元首，在雅温得集体签署了《互不侵犯条约》。1997 年，该委员会首脑会议做出了建立快速预警机制的决定，并对刚果（布）发生的危机进行了积极的调解，要求联合国向刚果（布）派遣维和部队。1999 年 2 月，该委员会首脑会议再次在雅温得举行，通过了《关于中部非洲和平、安全和稳定的雅温得宣言》，签署了《关于在中部非洲建立推动、维护和巩固和平与安全机制的决定》，在建立地区安全机制上又向前迈进了一步。1999 年 7 月在雅温得召开的第 11 次部长会议上，提出并通过中部非洲国家经济共同体、联合国和非统三方会议，要求尽快建立地区快速预警机制。2000 年 2 月，在赤道几内亚首都马拉博召开的中非国家经济共同体国家元首和政府首脑特别会议上，与会各国共同签署了《关于中部非洲和平与安全理事会的议定书》和《中非经济共同体成员国和平与安全互助条约》。近年来，该委员会还对武器扩散以及刑事警察合作等问题进行了多次磋商。该委员会还对移民问题以及私人武装等问题给予了关注。随着喀麦隆在中非安全问题上的努力，喀麦隆在中非地区的地位进一步提升，影响不断扩大，为喀麦隆创造了良好的周边环境。

支持泛非主义运动　在重视同赤道非洲和法语非洲国家合作的同时，喀麦隆还积极参加泛非组织的活动。由于喀麦隆具有被英、法殖民的历史以及目前的双语优势，喀麦隆领导人一直认为推动泛非运动是喀麦隆的天职，喀麦隆有能力为前英治和法治下的非洲国家提供合作的平台。为此，喀麦隆前总统阿希乔曾这样描述："（喀麦隆）应该作为一个为非洲英属地和法属地重新统一的桥梁来（为泛非运动）服务"。为支持非洲国家的民族独立，喀麦隆在 1962 年 1 月蒙罗维亚集团的拉各斯首脑会议上，同与会各国共同做出了建立非洲国家组织的决定。1963 年，在该集团的引导下，非洲统一组织成立，喀麦隆成为非统组织的缔造国之一。喀麦隆一直坚决反对南非的种族隔离统治，支持南非人民的反抗运动。喀麦隆在泛非运动中的积极作用得到了非洲国家的广泛认同。1969～1970 年，喀麦隆总统阿希乔曾担任非统主席。此外，在 80 年代前，喀麦隆还曾有两人担任过非统秘书长：1972 年 6 月非统第 9 届首脑会议上喀麦隆人祖·恩加基（NZO EKangaki）被选为秘书长，两年后由于卷入罗诺（Lonrho）丑闻而被迫辞职；1974 年 6 月非统第 11 届首脑会议上，喀麦隆人埃特基（William Eteki Mboumoua）被选为秘书长，一直任职到1978 年。90 年代初期，喀麦隆在泛非事务中活动积极。1996年，喀麦隆现任总统比亚在非统组织召开的雅温得首脑会议上当选为非统主席。2001 年 3 月 2 日，喀麦隆总理代表比亚总统出席了在利比亚锡尔特举行的非统特别首脑会议，并签署了《非盟成立章程》。在泛非运动中，喀麦隆强调必须扩大非洲，特别是中部非洲的区域合作，以加强非洲的团结和促进非洲全面发展，并为建立团结与公正的国际经济新秩序而作出贡献。喀麦隆要求建立世界经济新秩序的坚定立场曾使前总统阿希乔当选过"南北对话"委员会的副主席。喀麦隆在泛非运动中特殊的地位和突出的作用，为喀麦隆赢得了良好的国际声誉。

喀麦隆与尼日利亚的关系　尼日利亚是喀麦隆的重要邻邦，1961 年，英属北喀麦隆通过公投并入尼日利亚，目前双方有着1680 多公里的共同边界。由于殖民时期殖民宗主国人为划定疆界，造成了喀麦隆和尼日利亚独立后存在多处边界争端。喀麦隆和尼日利亚从独立以来，就对边界问题举行过多次谈判。由于尼日利亚是中非大国，无论从军事实力还是经济实力来说都比喀麦隆强大得多，长期以来，维护同尼日利亚的和平友好关系一直是喀麦隆的周边外交的重点。1968 年尼日利亚发生比夫拉战争时，喀麦隆就采取了坚决支持尼日利亚政府的立场，声明维护尼日利亚的领土完整，反对比夫拉势力的分裂活动。1975 年，双方曾签订边界条约，但是由于尼日利亚政权更迭，协议最终没有被认同。80 年代后，双方在巴卡西半岛的冲突不断发生。90 年代初，由于巴卡西半岛南部地区发现石油，双方对该岛的争夺加剧，冲突一度升级。

巴卡西半岛位于喀麦隆和尼日利亚陆地边界南端的几内亚湾，面积 665 平方公里，加上周围一些小岛，面积约 1000 平方公里。关于巴卡西半岛归属的协议最早在 1885 年由英国和德国签订的，当时的协议规定，该半岛属于英国管辖。之后，英、德曾就该半岛归属问题在 1890 年、1893 年和 1913 年重新签订多次协议，其中 1913 年的协议将该半岛划归德国。第一次世界大战后，英、法取代德国占领该地区。喀麦隆和尼日利亚独立后，由于一直没有签订有效的边界条约，该地区一直存在领土争议。从地理角度看，巴卡西半岛属于喀麦隆西南省的一部分。但是，该半岛上的喀麦隆居民少，而作为人口大国的尼日利亚却不断有人移居到岛上生活。特别是 20 世纪 80 年代以来，巴卡西半岛丰富的渔业资源吸引了大量的尼日利亚渔民来到该岛从事渔业生产，为此，该岛的尼、喀居民冲突不断。喀麦隆政府根据 1913 年英、德签订的协议，声称半岛主权属于喀麦隆，要求尼日利亚退出该岛；而尼日利亚则根据岛上尼日利亚人口众多，声称该岛主权属于尼日利亚。阿希乔政府时期，喀麦隆对同尼日利亚的领土争端主张通过和平协商解决，但是没有取得显著成效。比亚上台执政初期，由于国内政治局势的不稳定，两国边界问题协商没有取得进展。1991 年 6 月，尼日利亚政府宣布喀麦隆侵占了其在巴卡西半岛的 9 个渔民定居点，双方的领土争端再次公开化。1993 年 12 月 31 日，尼日利亚武装占领巴卡西岛的贾巴尼·阿巴纳和迪亚芒岛等 4 个据点，同时宣布"收复失地"，随后将占领地区划归其临近的阿克瓦·伊布姆州和克罗斯河州管辖。1994 年 2 月 9 日，尼日利亚派出 10 艘巡逻艇和百余名士兵进驻巴卡西半岛，与岛上的喀麦隆驻军发生流血冲突。在国际社会的调停下，双方停战对峙。喀麦隆一方面请求法国军事援助，一方面通过国际社会寻求解决方法。在喀麦隆的要求下，1994 年 2 月 27 日，法国向喀麦隆派出了军事小组，并向尼日利亚派出外交使团进行斡旋。2 月 28 日，喀麦隆将此领土争端分别提交联合国安理会、非洲统一组织和海牙国际法庭要求做出公正裁决。在此问题上，尼日利亚主张举行双边谈判解决问题，不希望使两国边界问题国际化，并提出在有争议的地区实行全民公决，遭到喀麦隆的拒绝。3 月，埃及、多哥、加蓬等周边国家元首出面调解两国争端。3 月底，在非统组织的要求下，双方在冲突地区撤军。6 月，在突尼斯召开的非统组织第 13 次首脑会议上，喀麦隆和尼日利亚两国元首举行会晤并发表联合公报，同意将巴卡西归属交国际法院裁决。之后，两国之间小规模军事冲突不断。1995 年 3 月 16 日，喀麦隆正式向国际法院递交诉状，并附带 200 公斤的关于两国边界冲突的备忘录，要求海牙国际法庭对喀麦隆和尼日利亚的边界纠纷做出裁决。喀麦隆还聘请了数名法国律师和两位前法国部长作顾问参与诉讼，而尼日利亚聘请了英国顾问。在此期间，双方积极开展活动，增加在巴卡西岛的实力。为巩固迁移渔民的地盘，尼日利亚于 1995 年初在克罗斯河州发行巴卡西彩票，筹集资金以改善巴卡西半岛上尼日利亚居民的卫生、饮水条件。与此同时，喀麦隆则一方面积极组织移民，增加岛内的喀麦隆人口；一方面在岛上设立了市政管理机构，并筹划市政选举。1996 年初，喀麦隆在岛内的一些地区进行了选举。喀麦隆的举动激怒了尼日利亚，尼方要求喀麦隆尽快停止相关的一切活动，并以战争相威胁。喀麦隆认为，巴卡西半岛是喀麦隆的领土，实行选举是喀麦隆的内政，尼方无权干涉，并无视尼方的威胁如期完成了选举。1996 年 2 月 3 日，一支尼日利亚部队向驻扎在岛内的喀麦隆守军开火，双方发生激战，战争持续了两天，双方动用了大炮、直升机和武装船只，军民死亡人数达 100 多人。随后，双方在巴卡西半岛的驻兵不断增加。冲突引起了国际社会的广泛关注，2 月 5 日，联合国秘书长加利呼吁双方保持克制，并要求冲突双方迅速从冲突地点撤军，等待国际法院做出裁决。1996 年 2 月 16 日两国外长在多哥会晤，就停止军事行动等待国际法院裁决达成协议。3 月 15 日，国际法院做出裁决，要求停止在该岛的一切敌对行为，维持 1996 年 2 月 3 日前的领土状况，等待做出最终裁决。此后，两国虽然在该岛归属问题上仍争论不休，但大规模的军事冲突没有发生。1999 年 4 月，喀麦隆加强了对该岛的防卫，驻军达到 3000 人，陆军还装备了地对空武器。尼日利亚新总统奥巴桑乔上台执政后，双方和解的思路更加明确。1999 年 3 月奥巴桑乔访问喀麦隆，双方领导人就和解进行了友好的对话。①

2002 年 2 月 18 日，海牙国际法院开庭审理此案。2002 年 10 月 10 日，海牙国际法庭做出了巴卡西半岛主权属于喀麦隆和部分边境陆地主权属于尼日利亚的最终裁决，至此，喀、尼边界纠纷得以解决。2003 年 12 月 3 日，喀麦隆和尼日利亚在雅温得召开的解决领土争端混合委员会第七次会议上发表联合公报，宣布尼日利亚将于 2003 年 12 月 8 日开始从喀麦隆乍得湖地区的 33 个村庄撤出其行政部门、军队和警察。2006 年 8 月，尼日利亚向喀麦隆正式移交巴卡西半岛。

第六节　同中国的关系

一　阿希乔总统时期同中国的关系

20 世纪 50、60 年代，由于喀麦隆政府对国内喀麦隆人民联盟运动的镇压，中华人民共和国政府同喀麦隆政

---

① 参见王文昌主编《世界军事年鉴 1997 年》，世界军事年鉴出版社，1997。

府关系冷淡。随着喀麦隆政府同喀麦隆人民联盟战争的结束，中、喀关系有了较快的发展。1971 年 3 月 26 日中国和喀麦隆正式建立外交关系。之后，两国友好关系不断向前发展。1972 年 8 月，喀麦隆外长率领政府代表团对中国进行友好访问，访问期间，双方签订了政府间经济技术合作协定和贸易协定，中国总理周恩来会见了代表团。同年 10 月，中国代表团回访喀麦隆。1973 年 3 月，阿希乔总统率团访问中国，访问期间，阿希乔总统对北京、上海、杭州、广州等地进行了参观。1977 年，阿希乔总统再次访问中国。1978 年，中国副总理陈慕华率领代表团访问喀麦隆。

二　比亚总统执政以来同中国的关系

比亚总统上台后，一直重视发展同中国的友好合作关系，曾于 1987 年 3 月、1993 年 10 月、2003 年 9 月、2006 年 11 月四次访问中国。2003 年访华期间，双方签署了《中华人民共和国政府和喀麦隆共和国政府经济技术合作协定》等文件，进一步推动了两国的合作。2000 年 6 月，喀麦隆对外关系国务部长孔楚访华。2000 年 11 月，喀麦隆高教部长梅巴拉访华。2008 年 5 月，中国四川汶川发生特大地震灾害后，比亚总统向国家主席胡锦涛发来慰问函。8 月，比亚总统就北京奥运会成功举办向胡锦涛主席发来贺电。由于比亚政府重视同中国开展多方面的合作和交流，目前喀麦隆在政治、经济、文化等多方面同中国有着良好的合作关系。在国际上，喀麦隆政府一贯坚定支持中国在人权问题上的立场，反对西方发达国家以"人权问题"为借口干涉中国内政。喀麦隆的政治立场以及长期以来同中国的友好合作关系，使喀麦隆成为中国在中非地区的重要伙伴国家。

中国政府一贯重视发展同喀麦隆的友好关系。20 世纪 80 年代以来，中国党政要员多次访问喀麦隆。1986 年国务委员张劲夫、1988 年全国政协副主席钱正英先后访问喀麦隆。之后，国务委员兼外交部长钱其琛、中国政府副总理李岚清、中国全国人大副委员长布赫和中国政府总理李鹏先后访问喀麦隆。2000 年 2 月，中共中央对外联络部部长戴秉国率中共代表团访问喀麦隆。同年 11 月，中华全国妇女联合会常委王晓钟率中国妇女代表团对喀麦隆进行友好访问。2001 年 1 月，唐家璇外长率团访问喀麦隆。2002 年 8 月，中国政府总理朱镕基访问喀麦隆。2003 年 4 月，中国外交部副部长杨文昌访问喀麦隆。2003 年 11 月，全国人大常委会副委员长李铁映率团访问喀麦隆。双边高层的友好交往为双方开展多形式的合作奠定了基础。在 2000 年和 2003 年召开的两次"中非部长级会议"上，喀麦隆都是积极的参加者。2006 年，比亚总统出席了中非北京峰会。中国和喀麦隆还开展了多次经贸混委会，磋商两国发展经贸关系问题。2001 年中、喀建交 30 周年之际，中国国家主席江泽民同喀麦隆总统保罗·比亚以及双方外长互致贺电表示祝贺，两国还分别举行了庆祝活动。2008 年 2 月，中共中央对外联络部部长王家瑞访问喀麦隆，会见了喀麦隆总统保罗·比亚，与喀麦隆执政党人民民主联盟总书记萨迪·勒内举行会谈。9 月，全国人大外事委员会副主任齐续春和全国青年联合会主席杨岳分别访问喀麦隆。11 月，中国政府监察部高级监察专员吴玉良访问喀麦隆。8 月，喀麦隆青年与体育部长埃佐阿·奥古斯丁（Edjoa Augustin）率 33 名运动员参加北京奥运会。同月，喀麦隆文化部长阿玛·图图·穆纳（Ama Tutu Muna）访华，双方签署了《中喀文化协定 2008 ~ 2010 年执行计划》。9 月，喀麦隆三军总参谋长勒内·克罗德·梅卡少将访华。

作为发展中国家，中国在积极促进同喀麦隆的经济合作与文化交流的同时，在力所能及的范围内向喀麦隆提供援助，促进喀麦隆的社会经济发展。中国曾在喀麦隆的雅温得援建了巨大的文化中心、喀麦隆政党总部大楼以及剧院、礼堂和民居，还帮助喀麦隆发展乡村电力设施。1978 年，中国同喀麦隆、乍得签订了建设沙里河公路桥（在喀麦隆和乍得边界）的会谈纪要。喀麦隆在建设拉格多水电站高压输变电工程中，中国也给予了援助。此外，中国还分批向喀麦隆派遣医疗队，实施医疗援助，协助喀麦隆修建医疗设施，发展当地的医疗卫生事业。20 世纪 90 年代以来，随着双方政治、经济、文化等方面的发展，两国在各个领域的合作都取得了进步。2001 年，中国与喀麦隆进出口贸易总额为 21306 万美元，同比增长 32.6%。其中中国出口额 2936 万美元，同比增长 29.7%；中国进口额 18370 万美元，同比增长 33.1%。2002 年，中国与喀麦隆进出口总额为 15863 万美元，同比下降 25.5%。其中中国出口额 4397 万美元，同比增长 49.8%；中国进口额 11466 万美元，同比下降 37.6%。2003 年，中国与喀麦隆贸易总额为 18029 万美元，同比增长 13.7%。其中中国出口额 6494 万美元，同比增长 47.7%；中国进口额 11535 万美元，同比增长 0.6%。2004 年，中国与喀麦隆贸易总额为 24892 万美元，同比增长 38.2%。其中中国出口额 10002 万美元，同比增长 54.0%；中国进口额 14891 万美元，同比增长 29.2%。2005 年，中国与喀麦隆贸易总额为 19662 万美元，同比下降 21.0%。其中中国出口额 12986 万美元，同比增长 29.8%；中国进口额 6675 万美元，同比下降 55.2%。2006 年，中国与喀麦隆贸易总额为 39095 万美元，同比增长 98.8%。其中中国出口额 19115 万美元，同比增长 47.2%；中国进口额 19980 万美元，同比增长 199.3%。2007 年，中国与喀麦隆贸易总额为 45660 万美元，同比增长 16.8%。其中中国出口额 29673 万美元，同比增长 55.2%；中国进口额 15987 万美元，同比下降 19.9%。2008 年，中国与喀麦隆贸易总额为 8.54 亿美元, 同比增长 87.1%。其中中国进口额 5 亿美元, 同比增长 199.6%;中国出口额 3.75 亿美元, 同比增长 26.4%。[①]

2003 ~ 2007 年中国对喀麦隆非金融类直接投资流量分别为 28 万美元、37 万美元、19 万美元、73 万美元、205 万美元。2003 年至 2007 年末, 中国对喀麦隆非金融类直接投资存量分别为 5.73 亿美元、6.98 亿美元、7.87 亿美元、16.46 亿美元、18.51 亿美元。[②]

[①] 中国商务部统计信息: http://xyf. mofcom. gov. cn/date/date. html。

[②] 中国商务部、中国国家统计局、国家外汇管理局:《2007 年度中国对外直接投资统计公报》, 第 19、24 页。

主要参考文献

一 外文文献

Cameroon: *Report on Observance of Standards and Codes Date Module*, IMF Country Report NO. 01/150, August 2001.

David E. Gardinier, *Cameroon United Nations Challenge to French Policy*, London Institute of Race Relations, Oxford University Press, 1963.

Gabriel Carron and Ta Ngoc chau, *Reduction of regional disparities the role of educational planning*, The Unesco Press Paris, 1981.

George Echu and Allan W. Grundstrom, *Official Bilingualism and Linguistic Communication in Cameroon*, Peter Lang Publishing, Inc. , New York: 1999.

Harold D. Nelson al, *Area Handbook for the United Republic of Cameroon*, Washington: 1974.

How Integration into the Central African Economic and Monetary Community Affects Cameroon's Economy, Policy Research Working Paper 1872, General Equilibrium Estimates, The World Bank Department Research Group January 1998.

Joseph Takougang and Milton Krieger, *African State and Society in the 1990s Cameroon's Political Crossroads*, Westview Press, 1998.

Jane's Sentinel Security Assessment Central Africa January-June 2000.

Mark W. DeLancey al, *Historical Dictionary of the Republic of Cameroon* (second edition), The Scarecrow Press, 1990.

Mark W. DeLancey, *Cameroon: Dependence and Independence*, Westview Press, 1989.

Mark W. DeLancey al, *Historical Dictionary of the Republic of Cameroon*, Maryland and London: The Lanham, 2000.

Michael G. . Schatzberg and I. William Zartman, *The Political Economy of Cameroon*, A SAIS Study on Africa, CBS Educational and Professional Publishing, by Praeger Publishers, 1986.

Pamela Feldman-Savelsberg, *Plundered Kitchens, Empty Wombs, Threatened Reproduction and Identity in the Cameroon Grassfields*, The University of Michigan Press, 1999.

Southern Cameroons, 1922 – 1961: A Constitutional History Victory Julius Ngoh Contemporary Perspctives on Developing Societies Printed and bound by Athenaeum Press, Ltd. , Gateshead, Tyne & Wear.

Surveys of African Economies, IMF Washington, D. C. 1968.

Intergovernmental Conference on Communication Policies in Africa Yaounde 22 – 31 July 1980, FINAL REPORT Unesco paris, January 1981.

WORLD Bibliographical Series Volume 63 Cameroon Mark W. Delancey and Peter J. Schraeder Clio Press Ltd 1986.

二 中文文献

联合国教科文组织《非洲通史》国际科学委员会、G. 莫赫塔尔主编《非洲通史·第二卷·非洲古代文明》，中国对外翻译出版公司，1984。

联合国教科文组织《非洲通史》国际科学委员会、J. 基 - 泽博编《非洲通史·第一卷·编史方法及非洲史前史》，中国对外翻译出版公司，1984。

联合国教科文组织《非洲通史》国际科学委员会、D. T. 尼昂主编《非洲通史·第四卷·12 世纪至 16 世纪的非洲》，中国对外翻译出版公司，1992。

联合国教科文组织《非洲通史》国际科学委员会、A. 阿杜·博亨主编《非洲通史·第七卷·殖民统治下的非洲 1880 ~ 1935》，中国对外翻译出版公司，1991。

〔法〕埃德蒙·莱吉耶：《20 世纪初以来德非关系概述》，中国非洲史研究会编《非洲历史研究》1985 年第 1、2 期合刊。

〔喀麦隆〕恩格瓦：《喀麦隆联邦共和国地理概貌》，安徽师范大学外国地理翻译组译，安徽人民出版社，1976。

〔喀麦隆〕裴迪南·奥约：《老黑人和奖章》，王崇廉译，中国青年出版社，1959。

〔美〕维克托·勒维讷：《喀麦隆——从委任统治到独立》（上、下册），上海人民出版社，1973。

〔美〕苏珊娜·普莱斯顿·布莉尔：《非洲王室艺术》，留根红、周师迅译，广西师范大学出版社，2004。

〔美〕维克托·勒维讷：《喀麦隆联合共和国》，上海外国语学院英语翻译组译，上海人民出版社，1975。

〔美〕戴维·拉姆：《非洲人》，张理初、沈志彦译，上海译文出版社，1990。

〔匈〕西克·安德烈：《黑非洲史》第一卷上册，上海新闻出版系统"五·七"干校翻译组译，上海人民出版社，1973。

〔匈〕西克·安德烈：《黑非洲史》第一卷下册，上海新闻出版系统"五·七"干校翻译组译，上海人民出版社，1973。

〔匈〕西克·安德烈：《黑非洲史》第二卷上册，上海新闻出版系统"五·七"干校翻译组译，上海人民出版社，1973。

〔匈〕西克·安德烈：《黑非洲史》第二卷下册，上海新闻出版系统"五·七"干校翻译组译，上海人民出版社，1973。

〔匈〕西克·安德烈：《黑非洲史》第三卷上册，上海新闻出版系统"五·七"干校翻译组译，上海人民出版社，1973。

〔匈〕西克·安德烈：《黑非洲史》第三卷下册，上海新闻出版系统"五·七"干校翻译组译，上海人民出版社，1973。

〔英〕帕林德：《非洲传统宗教》，商务印书馆，1999。

陈宗德、吴兆契主编《撒哈拉以南非洲经济发展战略研究》，北京大学出版社，1987。

丹林编《非洲大事年表》，知识出版社，1986。

葛公尚主编《万国博览·非洲卷》新华出版社，1998。

葛公尚、宋丽梅编译《中非民族概况》，中国社会科学院民族研究所，1987。

《各国概况·非洲部分》，世界知识出版社，1993。

何芳川、宁骚主编《非洲通史·古代卷》，华东师范大学出版社，1995。

艾周昌、郑家馨主编《非洲通史·近代卷》，华东师范大学出版社，1995。

姜士林、鲁仁、刘政主编《世界政府辞书》，中国法制出版社，1991。

刘鹏、姜笑梅、张立非编著《非洲热带木材》，中国林业出版社，1996。

锰淑贤主编《各国概况——中部非洲》，世界知识出版社，1997。

钱今昔、张容喜主编《西非石油经济》，华东师范大学出版社，1993。

《世界政治家大辞典》，人民日报出版社，1992。

熊复主编《世界政党辞典》，红旗出版社，1984。

徐济明、谈世中主编《当代非洲政治变革》，经济科学出版社，1998。

雅菲：《喀麦隆》，世界知识出版社，1960。

中国现代国际关系研究所非洲经济编写组编《非洲国家经济发展与改革》，时事出版社，1992。

中国台北非洲及拉丁美洲资料中心编《热带非洲之社会结构》，1963。

中国社会科学院西亚非洲研究所：《非洲经济》人民出版社，1987。

竹桥编著《世界各国知识丛书（非洲卷）——中央非洲诸国（二）》，军事谊文出版社，1997。

三 主要网站

喀麦隆总统府（http：//www. prc. cm）

喀麦隆总理府（http：//www. spm. gov. cm）

喀麦隆商务部（http：//www. mincommerce. cm）

联合国粮农组织（http：//www. fao. org）

联合国贸发会（http：//www. unctad. org）

联合国开发计划署（http：//www. undp. org）

联合国教科文组织（http：//www. unesco. org）

世界银行（http：//www. world. org）

国际货币基金组织（http：//www. imf. org）

经济合作发展组织（http：//www. oced. org）

非洲开发银行（http：//www. afdb. org）

非洲经济委员会（http：//www. eca. org）

新非洲（http：//www. newafrica. com）

非洲在线（http：//www. africaonline. com）

中华人民共和国外交部（http：//www. fmprc. gov. cn）

中华人民共和国商务部（http：//www. mofcom. gov. cn）

中国教育部（http：//www. moe. edu. cn）

新华社（http：//www. info. xinhua. org）

中国法律法规资讯网（http：//www. chinalaw114. com）

http：//www. statoids. com/ycm. html

欧盟中、西非矿产论坛（http：//www. mines98. com）

《列国志》已出书书目

《新加坡》，鲁虎编著

《尼泊尔》，王宏纬主编

《斯里兰卡》，王兰编著

《乌兹别克斯坦》，孙壮志、苏畅、吴宏伟编著

《哥伦比亚》，徐宝华编著

《肯尼亚》，高晋元编著

《智利》，王晓燕编著

《科威特》，王景祺编著

《巴西》，吕银春、周俊南编著

《贝宁》，张宏明编著

《美国》，杨会军编著

《国际货币基金组织》，王德迅、张金杰编著

《世界银行集团》，何曼青、马仁真编著

《阿尔巴尼亚》，马细谱、郑恩波编著

《马尔代夫》，朱在明主编

《老挝》，马树洪、方芸编著

《比利时》，马胜利编著

《不丹》，朱在明、唐明超、宋旭如编著

《刚果民主共和国》，李智彪编著

《巴基斯坦》，杨翠柏、刘成琼编著

《土库曼斯坦》，施玉宇编著

《捷克》，陈广嗣、姜琍编著

2005 年度

《泰国》，田禾、周方冶编著

《波兰》，高德平编著

《加拿大》，刘军编著

《刚果》，张象、车效梅编著

《越南》，徐绍丽、利国、张训常编著

《吉尔吉斯斯坦》，刘庚岑、徐小云编著

《文莱》，刘新生、潘正秀编著

《阿塞拜疆》，孙壮志、赵会荣、包毅、靳芳编著

《日本》，孙叔林、韩铁英主编

《几内亚》，吴清和编著

《白俄罗斯》，李允华、农雪梅编著

《俄罗斯》，潘德礼主编

《独联体（1991～2002）》，郑羽主编

《加蓬》，安春英编著

《格鲁吉亚》，苏畅主编

《玻利维亚》，曾昭耀编著

《巴拉圭》，杨建民编著

《乌拉圭》，贺双荣编著

《柬埔寨》，李晨阳、瞿健文、卢光盛、韦德星编著

《委内瑞拉》，焦震衡编著

《卢森堡》，彭姝祎编著

《阿根廷》，宋晓平编著

《伊朗》，张铁伟编著

《缅甸》，贺圣达、李晨阳编著

《亚美尼亚》，施玉宇、高歌、王鸣野编著

《韩国》，董向荣编著

2006 年度

《联合国》，李东燕编著

《塞尔维亚和黑山》，章永勇编著

《埃及》，杨灏城、许林根编著

《利比里亚》，李文刚编著

《罗马尼亚》，李秀环编著

《瑞士》，任丁秋、杨解朴等编著

《印度尼西亚》，王受业、梁敏和、刘新生编著

《葡萄牙》，李靖堃编著

《埃塞俄比亚　厄立特里亚》，钟伟云编著

《阿尔及利亚》，赵慧杰编著

《新西兰》，王章辉编著

《保加利亚》，张颖编著

《塔吉克斯坦》，刘启芸编著

《莱索托　斯威士兰》，陈晓红编著

《斯洛文尼亚》，汪丽敏编著

《欧洲联盟》，张健雄编著

《丹麦》，王鹤编著

《索马里 吉布提》，顾章义、付吉军、周海泓编著

《尼日尔》，彭坤元编著

《马里》，张忠祥编著

《斯洛伐克》，姜琍编著

《马拉维》，夏新华、顾荣新编著

《约旦》，唐志超编著

《安哥拉》，刘海方编著

《匈牙利》，李丹琳编著

《秘鲁》，白凤森编著

2007 年度

《利比亚》，潘蓓英编著

《博茨瓦纳》，徐人龙编著

《塞内加尔 冈比亚》，张象、贾锡萍、邢富华编著

《瑞典》，梁光严编著

《冰岛》，刘立群编著

《德国》，顾俊礼编著

《阿富汗》，王凤编著

《菲律宾》，马燕冰、黄莺编著

《赤道几内亚 几内亚比绍 圣多美和普林西比 佛得
   角》，李广一主编

《黎巴嫩》，徐心辉编著

《爱尔兰》，王振华、陈志瑞、李靖堃编著

《伊拉克》，刘月琴编著

《克罗地亚》，左娅编著

《西班牙》，张敏编著

《圭亚那》，吴德明编著

《厄瓜多尔》，张颖、宋晓平编著

《挪威》，田德文编著

《蒙古》，郝时远、杜世伟编著

2008 年度

《希腊》，宋晓敏编著

《芬兰》，王平贞、赵俊杰编著

《摩洛哥》，肖克编著

《毛里塔尼亚　西撒哈拉》，李广一主编

《苏里南》，吴德明编著

《苏丹》，刘鸿武、姜恒昆编著

《马耳他》，蔡雅洁编著

《坦桑尼亚》，裴善勤编著

《奥地利》，孙莹炜编著

《叙利亚》，高光福、马学清编著

2009 年度

《中非　乍得》，汪勤梅编著

《尼加拉瓜　巴拿马》，汤小棣、张凡编著

《海地　多米尼加》，赵重阳、范蕾编著

《巴林》，韩志斌编著

《卡塔尔》，孙培德、史菊琴编著

《也门》，林庆春、杨鲁萍编著

2010 年度

《阿曼》，仝菲、韩志斌编著

《华沙条约组织与经济互助委员会》，李锐、吴伟、
　金哲编著

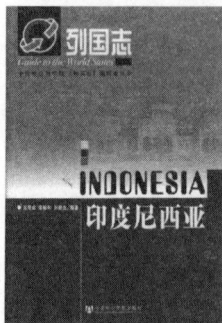

印度尼西亚

王受业 梁敏和 刘新生 编著
2006 年 5 月出版 35.00 元
ISBN 7-80230-005-3/K·226

印尼地处亚洲和澳洲两大陆之间，是连接太平洋和印度洋的重要通道。她幅员辽阔，岛屿众多，堪称"万岛之国"。她风光绮丽，物茂地葱，水果飘香，民风奇特。本书以简明的笔法介绍这个国家的人文社会、历史，以及政治、经济、旅游、军事、科技文化、外交活动，为走向印尼研究的门楣提供了便捷的路径，为通向开展多边交流构筑了一道可靠的知识通衢，为一般了解印尼提供了翔实的资料。

新加坡

鲁虎 编著
2004 年 2 月出版 25.00 元
ISBN 7-80149-941-7/K·035

新加坡，昔日的英国殖民地。国家独立后，是亚洲国家中走现代化之路的先行者。现已成为东方的发达国家：经济繁荣，政局稳定，社会文明，民族融洽，国民富裕，具有"花园城市之邦"和"小国中的大国"之美称。本书向读者评述这个蕞尔岛国"腾飞"的历程和现状。

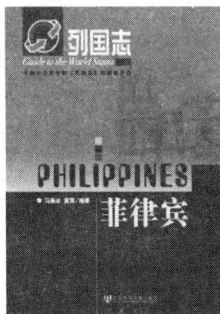

菲律宾

马燕冰　黄莺　编著
2007 年 5 月出版　35.00 元
ISBN 978-7-80230-563-2/K·072

　　菲律宾共和国位于亚洲东南部，是有名的"千岛之国"。早在唐朝时，中菲之间已有贸易来往。宋朝时期，已有华人移居菲岛，成为菲律宾的第一批华侨。现在菲律宾约有华人、华侨 125 万人，约占菲律宾总人口的 2%。本书资料翔实，是了解菲律宾的好材料。

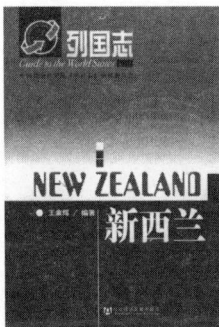

新西兰

王章辉　编著
2006 年 4 月出版　24.00 元
ISBN 7-80230-000-2/K·220

　　新西兰是大洋州的第二大国，是由主要来自欧洲外来移民和土著毛利人组成的多民族国家，呈现出多元化的绚丽多彩。自 20 世纪 30 年代初摆脱英国殖民统治获得独立后，经济有了长足发展，社会不断进步，迄今已步入发达国家的行列。近年来，我国与新西兰在政治、经济和文化方面的交往迅速发展，人们迫切需要了解这个国家的历史、现状和风土人情。本书为读者认知新西兰提供了全面的介绍。

相关链接

更多信息请查询：www.ssap.com.cn

泰国（第二版）

田禾　周方冶　编著
2009 年 1 月出版　　39.00 元
ISBN 978-7-5097-0545-2/K·0051

　　泰国全称泰王国，地处东南亚的中心，在地理上具有重要的战略位置，是东南亚与南亚、东方与西方文化的交汇点，泰国沃野千里，物产丰富，美丽的自然风光伴以温和友善的人民，是世界著名旅游目的地。该书全面、系统和深入地介绍和描述泰国的政治、经济、文化、历史和人民。

越南（第二版）

徐绍丽　利国　张训常　编著
2009 年 1 月出版　39.00 元
ISBN 978-7-5097-0546-9/K·0052

　　越南社会主义共和国，简称"越南"，位于中南半岛东部，是与中国有悠久关系的邻邦。狭长的国土 3/4 是山地和高原，红河和湄公河河流域人口密集、农业发达。近年来工业发展较快。1976 年越南南北统一后，特别是 1986 年实行经济改革后，历经沧桑的越南的社会和经济取得了长跑般的进步。

图书在版编目（CIP）数据

喀麦隆/姚桂梅，杨宝荣编著 .—北京：社会科学文献出
版社，2010.11
（列国志）
ISBN 978 - 7 - 5097 - 1628 - 1

Ⅰ.①喀… Ⅱ.①姚… ②杨… Ⅲ.①喀麦隆 - 概况
Ⅳ.①K943.8

中国版本图书馆 CIP 数据核字（2010）第 155875 号

喀麦隆（Cameroon）

·列国志·

编 著 者 / 姚桂梅 杨宝荣
审 定 人 / 陈公元

出 版 人 / 谢寿光
总 编 辑 / 邹东涛
出 版 者 / 社会科学文献出版社
地 址 / 北京市西城区北三环中路甲 29 号院 3 号楼华龙大厦
邮政编码 / 100029
网 址 / http：//www.ssap.com.cn
网站支持 / （010）59367077
责任部门 / 人文科学图书事业部 （010）59367215
电子信箱 / bianjibu@ ssap.cn
项目经理 / 宋月华
责任编辑 / 朱希淦
责任校对 / 王洪强
责任印制 / 郭 妍 岳 阳 吴 波

总 经 销 / 社会科学文献出版社发行部
（010）59367081 59367089
经 销 / 各地书店
读者服务 / 读者服务中心（010）59367028
排 版 / 北京中文天地文化艺术有限公司
印 刷 / 三河市尚艺印装有限公司

开 本 / 880mm×1230mm 1/32
印 张 / 12.125 字数 / 306 千字
插图印张 / 0.25
版 次 / 2010 年 11 月第 1 版 印次 / 2010 年 11 月第 1 次印刷

书 号 / ISBN 978 - 7 - 5097 - 1628 - 1
定 价 / 39.00 元

《列国志》主要编辑出版发行人

出　版　人　谢寿光

总　编　辑　邹东涛

项目负责人　杨　群

发　行　人　王　菲

编辑主任　宋月华

编　　　辑　（按姓名笔画排序）

孙以年　朱希淦　宋月华

宋培军　周志宽　范　迎

范明礼　袁卫华　徐思彦

黄　丹　魏小薇

封面设计　孙元明

内文设计　熠　菲

责任印制　岳　阳　郭　妍　吴　波

编　　　务　杨春花

责任部门　人文科学图书事业部

电　　　话　（010）59367215

网　　　址　ssdphzh_cn@sohu.com